I. Cygon • Natürliche Pferdeausbildung

Ina Cygon

Die Natürliche Pferdeausbildung

Der einfache klassische Weg zum rittigen Pferd

2003
Olms Presse
Hildesheim • Zürich • New York

Titelfoto:
Ina Cygon auf Laudatio im Effektiven Leichten Sitz

Bibliographische Information der Deutschen Bibliothek
Die Deutsche Bibliothek verzeichnet diese Publikation
in der Deutschen Nationalbibliografie; detaillierte bibliografische Daten sind im
Internet über http://dnb.ddb.de abrufbar.

∞ ISO 9706

www.olms.de

Printed in Italy
Gedruckt auf säurefreiem und alterungsbeständigem Papier
Umschlagentwurf: Eva König, Hamburg
Produktion: Weiss – Grafik & Buchgestaltung, Freiburg
ISBN 3-487-08445-7

Danksagung

Ich bedanke mich ganz besonders bei Gabriele Greindl-Schweizer, Annika Hammerle und Barbara Langrehr, die mir bei der Entstehung dieses Buches eine wertvolle Hilfe gewesen sind. Sie haben nicht nur immer alles Korrektur gelesen, sondern mir auch wertvolle Anregungen gegeben – und mich stets ermutigt, dieses Buch zu schreiben.

Mein ganz besonderer Dank gilt vor allem auch Frau Barbara Langrehr, die mit großem Verständnis in wochenlanger, mühevoller Arbeit das Manuskript redigiert hat.

Die Natürliche Ausbildungsmethode
ist *kein* alternatives Reiten, sondern
die Quintessenz folgerichtigen Denkens,
die sich logischerweise aus dem Wissen
über das Pferd ergibt.

Rolf Becher

Inhaltsverzeichnis

Vorwort *9*
Wie Sie dieses Buch lesen sollten *11*

Teil I *13*
Die Natürliche Pferdeausbildung –
Entstehung und Entwicklung *15*
Möglichkeiten und Vorzüge der
Natürlichen Pferdeausbildung *26*
Allgemeines über Muskeltätigkeit *32*
Der Rücken – die Rücken-Wirbelbrücke *39*
Die Dehnungshaltung *50*
Die verschiedenen Formen der Dehnungshaltung *70*
Das rückenschonende Reiten *86*
Das Pferd muss durchs Genick gehen *89*
Der lose Zügel *96*
Die Anlehnung *103*
Das Tempo *111*
Die Kriterien der Rittigkeit *115*

Teil II *123*
Der Effektive Leichte Sitz *125*
Die Technik, ein Pferd in die Tiefe, in eine
korrekte Dehnungshaltung zu reiten *149*
Die Bedeutung der Lektionen *169*
Die seitliche Biegung *173*
Das Schenkelweichen *185*
Rückwärtsrichten *199*
Die Paraden *216*
Die Vorhandwendung *224*
Der Galopp – Das Angaloppieren *227*
Der Außengalopp *234*
Der fliegende Galoppwechsel *236*
Die Umstellung des Pferdes auf den Dressursitz *243*
Das Anreiten eines jungen Pferdes *247*
Das Gogue *257*
Pferde-Psycho-Logie *272*

Nachwort *298*
Laudatio *300*
Abbildungs- und Literaturnachweis *303*

Vorwort

Ich selber hatte nie vor, ein Buch zu schreiben.

Lehrgangsteilnehmer in meinen Kursen äußerten oft den Wunsch nach einem Buch. Sie sagten mir: „Wenn wir jetzt ein Buch hätten, in dem wir alles noch einmal nachlesen könnten, das uns weiter hilft, wenn wir irgendwo auf ein Problem gestoßen sind!"

Da dieser Wunsch immer wieder vorgetragen wurde, habe ich mich eines Tages dann doch dazu entschlossen, dieses Buch zu schreiben. Im Grunde aber schreibe ich es für die Pferde, denen mein ganzes Herz gehört.

Denn die Pferde lieben es, so geritten zu werden, wie die Natürliche Ausbildungsmethode es lehrt. Das habe ich in den mehr als 25 Jahren, in denen ich in diesem System reite und Pferde ausbilde, immer so erfahren – wirklich immer. Nicht von ungefähr heißt diese Methode die Natürliche.

Eine artgerechte, natürliche Pferdehaltung ist heute schon vielen Pferdebesitzern zur Selbstverständlichkeit geworden. Hierüber gibt es inzwischen auch eine Menge guter Literatur. Die artgerechte, natürliche Reit- und Ausbildungsmethode ist noch kaum bekannt.

Möge dieses Buch dazu beitragen, dass dieses System der Natürlichen Ausbildung mehr bekannt und verbreitet wird – zum Wohle der Pferde. Und nicht zuletzt auch zur Freude ihrer Reiter, weil die Pferde nun auf einmal so gehen – gehen können – wie sich das doch eigentlich jeder Reiter wünscht.

Wie Sie dieses Buch lesen sollten

Die Natürliche Ausbildungsmethode ist bis jetzt ein wenig bekanntes Ausbildungssystem. Einiges darin ist sicherlich ganz anders als Sie es bisher gewusst und gemacht haben. Manche Erklärungen und Zusammenhänge werden Ihnen wahrscheinlich neu sein.

Es gibt unterschiedliche Methoden, an ein neues Buch „heranzugehen". Ich habe neue Fachbücher immer zuerst „quer durch" gelesen, um zu erfahren, was steht überhaupt darin. Dann lese ich oftmals dieses oder jenes Kapitel, das mich im Moment ganz besonders interessiert. Habe ich so meine Neugier zufriedengestellt, fange ich vorne wieder an und studiere sorgfältig jedes Kapitel und jeden Abschnitt.

Da es sich hier nicht um einen Roman handelt, sondern um ein Fachbuch, in dem vor allem auch viele Techniken und Vorgehensweisen dargestellt werden, die Ihnen vielleicht zum Teil unbekannt sind, werden Sie sicherlich manches Kapitel mehrmals lesen, um das Gelesene auch zu verinnerlichen. Sie wollen ja das Buch nicht nur lesen, sondern möchten Ihr Pferd so reiten und ausbilden; dafür muss Ihnen alles auch zu Pferde präsent und geläufig sein.

Ich habe mich sehr bemüht, nicht nur zu sagen, was sein soll oder was nicht sein soll; mir war vor allem ganz besonders wichtig, so genau wie eben möglich zu erklären, wie der Reiter es machen muss, Schritt für Schritt. Nur zu wissen was sein soll – oder auch nicht, würde Ihnen sicherlich nichts nützen.

Es ist daher für Ihren reiterlichen Erfolg von ausschlaggebender Bedeutung, die angegebenen Techniken bezüglich der Hilfen und des Sitzes, sowie auch bestimmte Vorgehensweisen so genau wie eben möglich zu praktizieren; je besser und präziser die Technik ist, umso besser kann das Pferd gehen. Wenn etwas nicht klappt beim Reiten, sind daran oftmals technische Fehler des Reiters schuld.

Wenn Sie Ihr Pferd so reiten und ausbilden, wie es in diesem Buch beschrieben ist, werden Sie mit der Zeit vieles von dem erfahren, was ich dargestellt habe. Lesen Sie dann mit diesen praktischen Erfahrungen das Buch oder einzelne Kapitel erneut, werden Sie vieles noch besser verstehen. Mit diesem noch genaueren Verständnis wird Ihnen zu Pferde alles noch besser gelingen; und Ihr Pferd wird immer schöner und korrekter gehen.

Meine Vorstellung war, das Buch auch als Nachschlagewerk zu konzipieren. Haben Sie irgendwo ein Problem, wollen Sie noch einmal dieses oder jenes nachlesen, sollten Sie das rasch finden können, ohne lange suchen zu müssen.

Ich bin mir sicher, dass Ihnen im Laufe der Zeit diese Reitweise und Ausbildungsmethode immer vertrauter werden wird; Sie werden zunehmend ihren Wert und ihre Vorzüge erfahren und immer mehr zu schätzen wissen.

Wahrscheinlich ist in diesem Buch vieles für Sie zunächst ungewöhnlich; aber nicht immer ist das Gewöhnliche das Stärkste. Haben Sie den Mut, neue Wege zu gehen. Die Reiterei hat eine Geschichte und eine Entwicklung, die nach meiner Auffassung noch keineswegs abgeschlossen ist. Sie brauchen Objektivität sowie körperliche und geistige Beweglichkeit; aber daran wird es Ihnen sicherlich nicht mangeln.

Wenn Sie Ihrem Pferd die nötige Zeit lassen, sich zu entwickeln und die angegebenen Techniken und Vorgehensweisen so genau wie eben möglich praktizieren, wird der Erfolg nicht ausbleiben. Ihr Pferd wird wunderbar rittig werden. Sie und Ihr Pferd werden immer mehr Freude und Erfolg beim Reiten erleben.

Teil I

Die natürliche Pferdeausbildung
Entstehung und Entwicklung

Der Entdecker

Die Natürliche Ausbildungsmethode entwickelte sich aus der Italienischen Schule. Deren Entdecker und Begründer war Federico Caprilli (1868–1907).

Entstehung

Caprilli war Capitano in der italienischen Kavallerie. Es waren sicherlich zuerst militärische Erwägungen, die ihn veranlassten, seine natürliche Methode der Pferdeausbildung zu entwickeln. Die sportlichen Aspekte kamen erst später hinzu. Nach dem Krieg von 1870/71 war klar geworden, dass die Schlachten-Kavallerie durch die Weiterentwicklung der Schnellfeuerwaffen ihre einstige Bedeutung fast restlos verloren hatte.

Caprillis Überlegung war, dass die Kavallerie, um sie erhalten zu können, in einem modernen Heer andere Aufgaben erfüllen müsste. Beispielsweise konnte sie zur Aufklärung eingesetzt werden oder als bewegliche Infanterie mit Hilfe der Pferde schnellstens an die vordersten Fronten gebracht werden. Kavalleristen konnten auf Pferden selbst in schwierigstem Gelände in die Flanken oder sogar in den Rücken des Gegners gelangen, also auf Wegen, auf denen weder Autos noch Panzer fahren konnten. Diese Aufgaben waren nur zu erfüllen, wenn die Reiterverbände sehr beweglich und geländesicher gemacht wurden.

Erfordernis einer veränderten Reitweise

Caprilli erkannte sehr richtig, dass man die Schnelligkeit, Beweglichkeit und Geländesicherheit der Pferde, die notwendig war, um diese neuen Aufgaben erfüllen zu können, nur dann voll entwickeln konnte, wenn sich der Reiter den Bewegungen des Pferdes vollkommen anzupassen verstand.

Dazu war es erforderlich, dass das Pferd in seinem Rücken nicht gestört wurde und volle Bewegungsfreiheit sowie volle Halsfreiheit hatte, um sich selbst ausbalancieren zu können. Die Entlastung der Rückenmuskulatur, die Anpassung des Reiters an die Bewegungen des Pferdes und an den in unebenem Gelände sich ständig stark verändernden Schwerpunkt standen im Vordergrund.

Aus diesen Überlegungen heraus entwickelte Caprilli seinen Vorwärtssitz, den Sitz mit kurzem Bügel und vorgeneigtem Oberkörper, sowie das Gehen der Pferde mit längerem und tieferem Halsbogen bei losem Zügel.

Der sehr viel kürzere Bügel und der in die Vorwärtsbewegung hineingeneigte Oberkörper ermöglichten es dem Reiter, sich den Bewegungen des Pferdes und der sich rasch ändernden Schwerpunktlage besser anzupassen, ohne dabei das Pferd zu stören. Außerdem erlaubte der leichte Sitz sehr viel schnelleres Galoppieren, vor allem auch bergauf und bergab; diese Schnelligkeit war für die kriegerischen Aufgaben solcher Reitertruppen oft von ausschlaggebender Bedeutung.

Genial und revolutionär

Diese Einsichten und Ideen Caprillis waren genial und revolutionär zugleich, wenn man bedenkt, dass die bisherige Grundlage der Reiterei der tiefe Sitz **im** Sattel mit langem Bügel war, und man zudem die Auffassung vertrat, dass ein Pferd, um beherrschbar und für den Reitdienst tauglich zu sein, mit konstanter fester Anlehnung geritten, zusammengestellt, aufgerichtet und versammelt werden müsste.

Dass dem Pferd durch Caprillis Art zu sitzen und zu reiten auch das Springen erleichtert wurde, kam erst an zweiter Stelle. Caprilli hat dies erst entdeckt, als er, nach der Geländeschule, die ersten Springversuche unternahm.

Die alte Springlehre

Die Lehre der alten Schule besagte, dass ein Reiter beim Überwinden eines Hindernisses fest im Sattel sitzen bleiben müsse, sich nach hintenüber zu lehnen habe und das Pferd über dem Sprung eine kräftige Parade brauche, damit es auf den Hinterbeinen landen könne, um die schwache Vorhand zu schonen. Diese Art der Springreiterei ging ganz zu Lasten der Pferde.

Caprilli hat durch Versuche mit freispringenden Pferden bewiesen, dass Pferde immer auf ganz natürliche Weise mit den Vorderbeinen zuerst landen und dass sie viel Rücken- und Halsfreiheit brauchen, um ein Hindernis einwandfrei über-winden zu können. Daraus schloss er, dass der Reiter sich dieser natürlichen Art aller Pferde, über ein Hindernis zu springen, anpassen müsse und es erforderlich sei, diesen natürlichen Bewegungsablauf noch zu fördern und das Pferd dabei nicht zu stören. Diese Erkenntnisse baute er in sein System ein.

Cesare Paderni, Leiter der Kavallerie-Schule in Pinerolo (Italien) vor der Zeit Caprillis

Um die Jahrhundertwende entdeckte man dank Caprillis Reitweise, dass ein Pferd mit langem Hals, gewölbtem Rücken und gymnastizierter Hinterhand in spielerischer Leichtigkeit zwei Meter und höher springen konnte.

Anpassung an die natürliche Art zu springen

Im Springsport waren die italienischen Offiziere lange Zeit unschlagbar. Dr. Gustav Rau sagte 1930 über sie: „Sie sind und sie bleiben die besten, die tollkühnsten Reiter der Welt. Das verdanken sie ihrem Meister Caprilli und ihren Schulen in Pinerolo und Tor di Quinto“.

Caprilli sagte selbst, dass er mit seinen Ideen experimentiert habe. Beispielsweise waren die Bügel anfangs nicht ganz so kurz und der Oberkörper nicht ganz so weit vorgeneigt, wie dies später der Fall war. Seine Ausbildungsprinzipien hatte er aus seinen Beobachtungen, aus seinen persönlichen Erfahrungen und Versuchen mit Pferden, im Gelände und beim Springen, entwickelt.

Experimente

Federico Caprilli um die Jahrhundertwende

Anfänglich wurden Caprillis Ideen und Vorstellungen abgelehnt, weil sie wirklich sehr revolutionär waren und die bisherigen Ausbildungsprinzipien geradezu „auf den Kopf“ stellten. Er konnte aber dann die Zweifler durch seine ungewöhnlichen Erfolge, die er mit seinen Reitern im Gelände und auch beim Springen erzielte, überzeugen.

Caprilli muss ein außergewöhnlich einfühlsamer Reiter gewesen sein und auch ein sehr guter Beobachter, der offensichtlich eine besondere Beziehung zum Wesen Pferd hatte.

Anfängliche Ablehnung

Rolf Becher erzählte immer folgende Geschichte:

Die Ablehnung der Ideen Caprillis war anfangs so groß, dass er strafversetzt wurde, sozusagen verbannt, weiter weg nach Süd-Sizilien. Die Generalität war zunächst nicht in der Lage, sich Caprillis Vorstellungen zu öffnen.

Einer der Generäle soll ein leidenschaftlicher Jagdreiter gewesen sein. Dieser dachte sich wohl im Stillen: Vielleicht ist es doch wahr und richtig, was dieser Mann sagt. So holte man Caprilli nach einiger Zeit zurück und sagte ihm, er könne sich 30 Reiter und 30 Pferde aussuchen, und diese ein Jahr lang nach seinen Ideen und Vorstellungen trainieren und ausbilden. Nach einem Jahr käme man wieder, um sich das Ergebnis anzusehen.

Als die Herren Generäle nach einem Jahr Caprillis Reiter und Pferde inspizierten, waren sie in höchstem Grade erstaunt über das, was sie da zu sehen bekamen und was Caprilli mit seinen Leuten im Gelände und beim Springen vorführte und leistete. Dass diese Art zu sitzen und zu reiten solche Möglichkeiten bot, hatte man sich nicht träumen lassen.

Von da an war man von der Richtigkeit und Nützlichkeit der Methode Caprillis überzeugt.

Tor di Quinto und Pinerolo

Caprilli wurde Chefreitlehrer in den berühmten Schulen von Tor di Quinto und Pinerolo in Oberitalien. Diese Schulen wurden bald für die Armeen in aller Welt das „Mekka“ der Spring- und Geländereiterei.

Begeisterung für die neue Methode

Mit Begeisterung verfolgten abgesandte Offiziere vieler Staaten aus der ganzen Welt die Reitvorführungen der italienischen Schulen. Das war so imponierend, so überzeugend, so einleuchtend, dass viele die bisherigen Ausbildungsgrundsätze aufgaben, um sich nur noch mit der Reit- und Ausbildungmethode Caprillis zu befassen.

Die Deutschen

Die Letzten, die sich die Erfahrungen der italienischen Schule zu eigen machten, waren die Deutschen. Nachdem der Rittmeister Graf Rothkirch das Caprillische System in den Schulen von Pinerolo und Tor die Quinto studiert hatte, brachte er es voller Begeisterung nach Deutschland und setzte es als erster Leiter des 1928 eingerichteten Turnierstalles der Kavallerie-Schule in Hannover in Theorie und Praxis durch.

Caprillis Ausbildungs-Prinzipien

Erhaltung der natürlichen Bewegungen

Caprilli hatte erkannt, dass man ein Pferd nur dann zu Höchstleistungen bringen kann, wenn es seine Muskeln vollständig beherrscht, und diese Beherrschung nur dann möglich ist, wenn die Muskeln locker und die Gelenke geschmeidig sind. So war seine Methode ganz auf die Erhaltung der natürlichen Bewegungsabläufe des Pferdes abgestimmt, und zielte auf eine bessere Anpassung an die Natur des Pferdes und seiner Psyche.

Es ging in erster Linie darum, Pferd und Reiter im Gelände so sicher zu machen, dass sie an einem **langen** Zügel ohne Mühe sich bewegen, galoppieren, klettern und springen konnten.

Caprillis System beruhte nicht nur auf der Vorlage des Oberkörpers (im Gegensatz zur Rücklage oder dem senkrechten Sitz) und auf einem kurzen Bügel; dies waren wichtige Bestandteile seines „natürlichen" Reitens.

Weitere ganz wesentliche Grundsätze waren:

Lesen Sie bitte diese Grundsätze mehrmals, da sie wesentliche Elemente sind; machen Sie sich von jedem Prinzip ein innerliches Bild, eine innere Vorstellung; verweilen Sie einige Augenblicke dabei, um dieses Bild zu verinnerlichen. Nur so können Sie diese Grundsätze zu Pferde nutzen und ihren Wert erfahren.

- Der Rücken sollte entlastet werden, um dadurch dem Pferd die Möglichkeit zu geben, den Rücken aufzuwölben und die Hinterhand mehr unterzusetzen;
- Eine tiefere Einstellung von Kopf und Hals sollte dem Pferd das Tragen und Ausbalancieren des Reitergewichtes erleichtern – und es befähigen, ständig über den entspannten Rücken- und Halsbogen zu gehen;
- Das Pferd sollte mehr Halsfreiheit haben, als dies in der gewöhnlichen Dressur üblich war, um sich selbständig besser ausbalancieren zu können;
- Es sollte vorwärts-abwärts den Zügel suchen;
- Ganz wichtig war es Caprilli, dass die Hand niemals hart oder nach rückwärts einwirkte; sie sollte jederzeit bereit sein, nach vorne nachzugeben;
- Die Verstärkung des Kontaktes der Reiterhand mit dem Pferdemaul soll nicht durch ein Zurückziehen der Hand zustande kommen, sondern durch ein Nach-vorne-Gehen mit der Hand;
- Caprilli forderte eine stets leichtestmögliche Anlehnung;
- Der Vorwärtsdrang sollte erhalten bleiben, so wie ihn das Pferd auf der Koppel als Fohlen gelernt hatte;
- Jeden Kampf mit dem Pferd, der sich bei der alten Methode nicht vermeiden ließ, da sie viel Zwang beinhaltete, lehnte er ab;
- Das Pferd sollte unbedingt die Freude an seinen Bewegungen und an seinen Aufgaben behalten.

Eine leicht erlernbare Methode für jedes Pferd

Eine weitere sehr bedeutsame Forderung Caprillis war:

- Seine Methode sollte leicht und in kurzer Zeit von jedermann erlernbar, sowie auf alle Pferde anwendbar sein.

Diese von Caprilli aufgestellten Grundsätze sind ganz wesentliche Elemente der Natürlichen Ausbildungsmethode.

Subtilste Zügelführung

Caprilli forderte eine äußerst subtile Abstimmung bei der Führung der Hand. In den wenigen schriftlichen Dokumenten, die er hinterlassen hat, sprach er immer wieder sehr dezidiert über die Einwirkungen mit der Hand. Die unbedingt nachgebende Hand – im Gegensatz zur aufnehmenden der Schulreiterei – bildete zusammen mit der Entlastung des Rückens die Kernpunkte seines Systems.

Die Erneuerung der Reiterei

Aufgrund seines leichten Sitzes, der das Pferd nicht im Rücken störte und der ermöglichte, leichter und deutlicher mit der Hand nachgeben zu können, sowie durch den vorgeneigten Oberkörper, der erlaubte, mehr in die Vorwärtsbewegung mit einzugehen, entwickelte sich eine Erneuerung der Reiterei, die Geschichte gemacht hat.

Natürliches Reiten

Caprilli ging von der Natur des Pferdes aus und forderte die Anpassung an sie. Er nannte seine Methode ein „natürliches" Reiten, weil der Reiter sich dieser Natur des Pferdes, seinen natürlichen Bewegungsabläufen und seiner Psyche anpassen sollte. Das Pferd sollte zu einer größeren Freiheit und Selbständigkeit erzogen werden.

Er war der Auffassung, dass durch die Anpassung an die Natur der Pferde diese leichter dazu zu bewegen wären, dem Reiter zu folgen und eine vertrauensvolle Zusammenarbeit mit ihm einzugehen, und dass die Widerstände der Pferde gegen eine totale Unterordnung unter den Menschen – wie sie bis dahin praktiziert wurde – bei dieser Methode erst gar nicht aufträten. Dies stand in krassem Gegensatz zu der bis dahin üblichen Ausbildungsart, in der das Pferd dem Reiter unterworfen und vorwiegend über das Gebiss beherrscht wurde.

Leicht und spielerisch

Caprillis ganzes Lebensziel war der Widerstand gegen jegliche Form „dressierender" Ausbildung gewesen. Seine Reit- und Ausbildungsweise hatte etwas **Leichtes, Spielerisches** – im Gegensatz zur althergebrachten Lehre. Diese leichte, spielerische Art kam den romanischen Völkern besonders entgegen. So ist es verständlich, dass Caprilli gerade in Italien, Spanien, Portugal und Frankreich die ersten begeisterten Schüler hatte.

Kein Kompromiss

Caprilli suchte nicht den Kompromiss mit der Schulreiterei; er hielt die beiden Auffassungen sogar für unvereinbar. Das Auseinanderklaffen von reiterlicher Theorie und reiterlicher Wirklichkeit, das er bei seinen Beobachtungen von Reitern und ihren Pferden erkennen musste, veranlasste Caprilli nicht zur Kritik an der Fähigkeit einzelner Reiter, sondern **er stellte das überkommene System in Frage.**

Genial und revolutionär

Wie **genial und revolutionär** diese Ausbildungsprinzipien Caprillis waren, wie konträr gegenüber der althergebrachten Methode, kann man nur dann wirklich ermessen, wenn man bedenkt, wie die Ausbildungsweise vor Caprilli war.

Man vertrat die Auffassung, dass Pferd könne nur rittig sein bei einer unbedingten Versammlung und einer Nasenlinie senkrecht zum Horizont, bei fest anstehenden Zügeln. Der Reiter müsse das Pferd mit Kreuz und Schenkeln gegen die stehende – meistens jedoch zurückwirkende Hand – reiten, um es so zusammenzustellen und zu versammeln.

Caprilli hatte seine Reitweise vorwiegend aufgrund seiner Beobachtungen von Pferden und Reitern und den daraus gewonnenen Einsichten entwickelt, sowie aus den veränderten Ansprüchen an die Kavallerie. Er hat dann diese Erkenntnisse experimentell im praktischen Reiten erforscht, und die dabei gemachten Erfahrungen ausgewertet und zu einem System zusammengefasst. Zur Zeit Caprillis gab es noch nicht in dem Maße wie heute wissenschaftlich gesicherte Kenntnisse vor allem über die muskulären Verhältnisse beim Pferd, aus denen Caprilli seine Rückschlüsse hätte ziehen können.

Betrachtet man heute das sogenannte „Englisch-Reiten“, muss man oftmals den Eindruck haben, als hätte sich an dieser Auffassung nichts geändert. Wir haben heute hervorragende, wissenschaftlich fundierte Kenntnisse über das Pferd, (seine Anatomie, seine Psyche, etc.), aus der Bewegungslehre und aus anderen Gebieten, die aber offensichtlich in der Reiterei nicht wirklich genutzt und umgesetzt werden.

Das Buch „Der Reiter formt das Pferd"

Das Buch „Der Reiter formt das Pferd – Tätigkeit und Entwicklung der Muskeln des Reitpferdes“ von Prof. Otto Zietzschmann und Dr. Udo Bürger erschien erst 1939.
Auszug aus dem Vorwort zu diesem Buch von H. D. Donner, FN:

„Dr. Udo Bürger war leitender Veterinäroffizier an der berühmten ‚Kavallerie-Schule' in Hannover und stand mit Dr. Dr. h. c. Otto Zietzschmann, Professor der Anatomie an der Tierärztlichen Hochschule in Hannover, in engem Kontakt. Beide waren aktive Reiter und standen in enger Verbindung mit den Weltklassereitern der Kavallerie-Schule."

Dieses Buch beschreibt den muskulären Aufbau und die muskulären Zusammenhänge beim Pferd und die sich daraus zwangsläufig ergebenden Schlussfolgerungen und Konsequenzen für das Reiten und Ausbilden eines Pferdes.

Ich meine, dieses Buch sollte die Pflichtlektüre zumindest eines jeden guten Bereiters und Ausbilders sein. Dieses Wissen soll verhindern, dass der Reiter gegen die Natur des Pferdes arbeitet, und bewirken, dass er sich in diese so störungsfrei wie möglich einfügen kann.

Das Warum

Die Frage ist immer, **warum** ist etwas falsch oder richtig? Warum muss man etwas so und nicht anders machen? Warum ist das Eine besser als das Andere? Die Antworten auf diese Fragen liegen im Pferd selbst, in seinen anatomischen, vor allem muskulären, und in seinen psychischen Gegebenheiten und Verhältnissen; in diese muss der Reiter sich einfügen und an sie anpassen; nur so kann er ein pferdegerechtes Reiten praktizieren, das dem Pferd nicht schadet – und alle seine Möglichkeiten und sein ganzes Bewegungspotenzial zur vollen Entfaltung bringt.

Die Mängel des Systems

Was im System Caprillis fehlte, war eine **gezielte dressurmäßige** Ausbildung. Das hat man seiner Methode auch zum Vorwurf gemacht. Trotz der absolut richtigen Grundprinzipien und der darauf beruhenden außerordentlichen Erfolge zeigten sich in diesem italienischen System Schwächen. Diese Schwächen beruhten auf dem Fehlen einer **gründlichen dressurmäßigen Gymnastizierung** des Pferdes.

Diesen Mangel hat man in der Kavallerie-Schule in Hannover zur Zeit der Waldenfelsschen Ära richtig erkannt und unter Beibehaltung der Prinzipien Caprillis seinem System eine dressurmäßige Ausbildung beigefügt.

Freiherr v. Waldenfels

Der Rittmeister (spätere Oberst) Freiherr v. Waldenfels leitete als direkter Nachfolger des Grafen v. Rothkirch von 1930 bis 1936 die Kavallerie-Schule in Hannover. Freiherr von Waldenfels war eine außerordentliche Persönlichkeit und ein hervorragender Reiter. Er war maßgeblich am Erfolg dieser Schule beteiligt.

Auf dieser Kombination – Caprillis System verbunden mit einer dressurmäßigen Ausbildung – beruhten die jahrzehntelangen ganz außerordentlichen nationalen und internationalen Erfolge der Vertreter dieser berühmten Schule im Springsport.

Die Beibehaltung des italienischen Systems

Bei der dressurmäßigen Ausbildung wurde vor allem auch das italienische Prinzip beibehalten, am Beginn der Ausbildung Kopf und Hals des Pferdes ganz tief zu stellen. Man hatte die Vorzüge voll erkannt, die sich aus dem tiefen Nach-unten-Dehnen des Pferdehalses ergeben, nämlich vor allem

- das richtige Tragen des Reitergewichtes,
- die optimale Aufwölbung des Rückens und damit
- die völlige Entspannung der Rückenmuskulatur
- und das dann möglich werdende energische Untertreten der Hinterhand.

Das sind immer die unabdingbaren Voraussetzungen einer jeden Ausbildung.

Mühelos und spielerisch Verweilen Sie bei diesen Punkten einen Augenblick, um sie zu verinnerlichen, damit Sie sich auf Ihrem Pferd daran erinnern.

Einige der Prinzipien zur Zeit ‚v. Waldenfels' waren:

- **Selbst bei Höchstleistungen sollen der klassische schöne Sitz und das geschmeidige Reiten nicht aufgegeben werden;**
- **Alles sollte mühelos und spielerisch sein;**
- **Bewegungen und Hilfen, die der Reiter gab, sollten auf ein Minimum eingeschränkt werden.**

Der moderne Springsport

Die Reiter der Kavallerie-Schule Hannover ritten offensichtlich einen sehr viel besseren Stil als er heute praktiziert wird. Und ihre Pferde waren auch hervorragend dressurgymnastisch ausgebildet. Heute muss man häufig den Eindruck haben, als hätten viele Reiter ihre Erfolge nur dem angezüchteten außerordentlichen Springvermögen ihrer Pferde zu verdanken.

Caprillis Tod

Caprilli war 1907 (mit 39 Jahren) unerwartet gestorben. Er hatte nur sehr wenige schriftliche Dokumente hinterlassen.

Nach dem Zweiten Weltkrieg

Nach dem Zweiten Weltkrieg waren die Schulen von Tor di Quinto und und Pinerolo zerstört und bestanden nicht mehr. Auch die Kavallerie-Schule in Hannover war aufgelöst worden. Das Gedankengut Caprillis war weitestgehend verloren gegangen. Kaum einer wusste mehr, wer Caprilli gewesen war und was er gewollt hatte.

Ein Offizier der Kavallerie-Schule Hannover. Perfekt gesessener Effektiver Leichter Sitz, hervorragender Springstil

Rolf Becher

Rolf Becher (1906–2002) war ein leidenschaftlicher Springreiter. Von seinem Lehrer von Flotow ist er auf Caprilli und seine Ausbildungsmethode hingewiesen worden. Rolf Becher hat dann Caprillis Ideen und sein System aufgegriffen. Er hat sie – wie er selbst immer gesagt hat – weiter ausgebaut, verfeinert und für unsere heutige Zeit lehrbar gemacht. Das ist sein unschätzbares Verdienst. Ohne Rolf Becher wäre diese natürliche, pferdegerechte und moderne Ausbildungsmethode wahrscheinlich für immer verloren gegangen.

Es waren seine lebenslangen Bestrebungen, den Springsport zu verbessern, zu kultivieren und pferdegerechter zu gestalten. Um seinen Bemühungen eine breitere Basis zu verleihen, gründete er 1988 den Chiron-Verein.

Die Erweiterung der Methode Rolf Bechers

1976 lernte ich Rolf Becher kennen. Zuerst studierte ich seine Bücher und hospitierte dann eine Weile bei ihm. Er autorisierte mich persönlich, die Natürliche Ausbildungsmethode zu lehren und weiter zu verbreiten. Seit dieser Zeit bilde ich als Berufsreiterin in diesem System Pferde und Reiter aus. Da ich immer mehr eine leidenschaftliche Dressurreiterin als eine Springreiterin gewesen bin, habe ich den bei Rolf Becher fehlenden dressurgymnastischen Teil ergänzt, und zwar in einer Form, die dem Geist und den Grundgedanken der Natürlichen Ausbildungsmethode entspricht – auf der Basis der Prinzipien klassischer Reitlehre, da wo sie richtig und unverzichtbar sind. Außerdem habe ich die Kriterien der Dehnungshaltung und die Technik, ein Pferd in die Tiefe zu reiten, hinzugefügt.

Die Vollständigkeit des Systems

Mit diesen Ergänzungen wird die Methode der Natürlichen Ausbildung vollständig und eignet sich nicht nur für die Ausbildung von Springpferden, sondern

- in hervorragender Weise auch für die Ausbildung von Dressurpferden, vom Anreiten bis zur Klasse A und L,
- für die grundlegende Ausbildung aller Pferde mit dem Ziel der Rittigkeit.

Möglichkeiten und Vorzüge der Natürlichen Pferdeausbildung

Modern und klassisch

Die Natürliche Ausbildungsmethode beruht heute auf modernen, wissenschaftlich fundierten Erkenntnissen über die anatomischen, vor allem muskulären und psychischen Verhältnisse beim Pferd, sowie auf Erkenntnissen aus der Bewegungslehre.

Dieses Wissen ist das gedankliche Fundament, das „innere Gerüst" dieser Methode. Der Reiter muss sich mit seinem Sitz und seinen Einwirkungen in diese Gegebenheiten beim Pferd einfügen. Nur so wird das Pferd in seinen natürlichen Bewegungsabläufen nicht gestört.

Die Natürliche Ausbildungsmethode verbindet die Prinzipien der klassischen Reitlehre, da wo sie richtig und unerlässlich sind, mit dem modernen Wissen über das Pferd in einer sinnvollen und pferdegerechten Weise.

Kein alternatives Reiten

*Sie ist daher **kein** alternatives Reiten,*
sondern die Quintessenz folgerichtigen Denkens,
die sich zwingend und logischerweise
aus dem Wissen über das Pferd ergibt.
Rolf Becher

Ein pferdegerechtes System

Die Natürliche Ausbildungsmethode

- ist ein zügelunabhängiges „Signal-Reiten";
- mit stets dezenten Einwirkungen auf der Basis der Körpersprache;
- der Reiter fügt sich mit seinem Sitz und seinen Einwirkungen in die anatomischen, vor allem muskulären Gegebenheiten des Pferdes ein;
- sie bringt daher wunderbar rittige Pferde hervor, die losgelassen und geschmeidig in korrekter Form gehen;
- die Pferde werden „pferde-psychologisch" richtig belehrt und geschult – nicht gedrillt;
- sie spielen daher freudig und interessiert das „Spiel" mit als echte Partner des Reiters.

Da es in der Methode der Natürlichen Ausbildung um die so wichtigen Grundlagen der Rittigkeit geht – wie sie für jedes Reitpferd erforderlich sind – eignet sich dieses System, so wie es in diesem Buch dargestellt ist, in ganz besonderer Weise:

- **für das Anreiten junger Pferde**
- **das dressurmäßige Ausbilden aller Pferde bis Klasse A und L**
- **für die Korrektur verrittener Pferde**
- **für die Korrektur von Pferden mit Rückenproblemen**
- **für das Ausbilden und Reiten von Freizeitpferden.**

Eignung der Natürlichen Ausbildungsmethode

Die in der Natürlichen Ausbildungsmethode und im Effektiven Leichten Sitz ausgebildeten Pferde lassen sich später, wenn sie die Grundlagen der Rittigkeit sicher beherrschen, problemlos im Dressursitz weiterreiten.

Später im Dressursitz

Im Effektiven Leichten Sitz lässt sich ein Pferd nicht stark versammeln, nicht auf die Hanke setzen. Für alle Lektionen, für die eine höhere Versammlung, also eine stark verkürzte Unterstützungsbasis, erforderlich ist, wie Seitengänge (Schulterherein, Travers, Renvers), Piaffe, Passage, Pirouetten, Einerwechsel ist der gestreckte klassische Dressursitz erforderlich. Diese höheren Lektionen und eine stärkere Versammlung gehen aber über die Grundausbildung eines Pferdes hinaus. Sie beginnen erst in Klasse M – nach den Regeln klassischer Reitlehre.

Nicht geeignet für höhere Lektionen

Ich habe immer bedauert, dass sich diese höheren Lektionen und eine stärkere schulgerecht korrekte Versammlung nicht im Effektiven Leichten Sitz reiten lassen, weil die Pferde den Reiter lieber über den Steigbügel tragen als in ihrem Rücken. Auch für den Reiter ist dies viel angenehmer und leichter, weil er die ganzen Stöße und Wellenbewegungen im Rücken des Pferdes, das Auf und Ab und Hin und Her nicht kompensieren muss.

Im Effektiven Leichten Sitz lassen sich die Pferde sehr gut „schließen“ und korrekt in den ersten Graden der Versammlung reiten.

Das Pferd geht in einer schönen, zügelunabhängigen Selbsthaltung, mit zwangloser Genickbiegung bei losem Zügel, mit sehr schwungvollen, raumgreifenden Bewegungen, in einer geschlossenen Form.

Kriterien der Rittigkeit

Die Pferde gehen dann

- in einem **horizontalen** Gleichgewicht,
- in einer schönen, **zügelunabhängigen** Selbsthaltung,
- mit **zwangloser** Genickbiegung,
- bei **losem** Zügel,
- **konstant** über den Rücken- und Halsbogen,
- geradegerichtet,
- mit **aktiven** Hinterbeinen,
- in sehr **schwungvollen** und **raumgreifenden** Bewegungen,
- in einer **geschlossenen** Form.

Die Grundlagen der Ausbildung

Lesen Sie diese Kriterien der Rittigkeit mehrmals; machen Sie sich von jedem Punkt ein inneres Bild; stellen Sie sich vor, Ihr Pferd geht so. Beim Reiten ist es wichtig, dass man nach einem inneren Bild arbeitet, nach einer inneren Vorstellung, wie idealerweise das Pferd gehen sollte.

Diese Kriterien stellen die **Grundlagen der Ausbildung für jedes Reitpferd** dar. Nur damit wird es auf Zeit und Dauer angenehm und leicht zu reiten sein und durch das Gerittenwerden keinen Schaden nehmen, sowie auch in höheren Klassen erfolgreich ausgebildet werden können.

Ideal bis Klasse L

Wenn auch für höhere Dressur-Lektionen der Effektive Leichte Sitz nicht geeignet ist, so ist er ideal für das Anreiten eines Pferdes und die ersten Ausbildungsabschnitte bis einschließlich Klasse L. Das beinhaltet immer die Grundlagen bzw. die grundlegende Rittigkeit eines Pferdes.

Die Grundlagen

Das Erlernen dieser Grundlagen bedeutet für jedes Reitpferd eine Art „Umformung“, eine körperliche und psychische „Neu-Orientierung“.

Diese umfasst unter anderem:

- **Das konstante Gehen über den Rücken- und Halsbogen, das für das anatomisch einzig richtige Tragen des Reitergewichtes unbedingt notwendig ist, bieten die Pferde von sich aus nicht an, weil sie es für sich alleine nicht nötig haben.**
- **Weil die Pferde in der Bewegungszentrale ihres Gehirnes keinerlei Vorgaben für das Tragen eines zusätzlichen Gewichtes haben, müssen sie unter dem Reiter ein völlig neues Gleichgewichtsmuster erlernen.**
- **Da ohne Geraderichtung die erforderliche Durchlässigkeit nicht zu erreichen ist, muss die angeborene Schiefe ausgeglichen werden.**

Dies sind die für jedes Reitpferd notwendigen Grundlagen der Ausbildung. Sie sind daher auch für jedes Pferd, das als Reitpferd genutzt wird, von gleich zwingender Notwendigkeit, soll das Pferd auf Zeit und Dauer durch das Gerittenwerden keinen Schaden nehmen und für den Reiter gehorsam, angenehm und leicht zu reiten sein, und soll es die gewünschten Leistungen erbringen, wie auch immer diese geartet sein mögen.

Rittigkeitsmängel

Man kann immer wieder beobachten, dass es bei sehr vielen Pferden – auch in den gehobenen Turnierklassen – gerade an dieser Grundrittigkeit mangelt. Diese Mängel können nicht durch das Reiten höherer Lektionen behoben werden. Man muss leider wieder auf die unteren Stufen der Ausbildung heruntergehen, um solche Fehler wirklich verbessern zu können.

Die in der Natürlichen Ausbildungsmethode geschulten Pferde behalten ihre hervorragende Rittigkeit, wenn sie später im Dressursitz weitergeritten werden, vorausgesetzt der Reiter begeht keine gravierenden Sitz- und Einwirkungsfehler.

Da es sich um die für **jedes Reitpferd erforderlichen Grundlagen** handelt, lässt sich diese Ausbildungsmethode auch in jede andere Reitweise integrieren.

Es sind passionierte Westernreiter in meine Kurse gekommen, die, nachdem sie die Vorzüge dieser Methode erfahren hatten und erlebten, wie schnell ihre Pferde an Rittigkeit gewannen, begeistert dieses System in ihr Reiten integrierten.

Die Einfachheit der Methode

Caprillis Idee war, die Kompliziertheit des üblichen Ausbildungssystems zu vereinfachen.

Natürlich und leicht zu erlernen

Seine Methode sollte für das Pferd natürlich sein und für jeden Reiter leicht zu erlernen.

Die Natürliche Ausbildungsmethode ist einfach

- durch den Effektiven Leichten Sitz
    - durch den das Pferd in seiner Rückentätigkeit nicht gestört ist
    - durch den auch der Reiter in seinem Sitz nicht gestört ist durch unregulierte Bewegungen des Pferdes
    - der sehr viel leichter zu erlernen und zu reiten ist als der klassische Dressursitz.
- durch die Einwirkungen, die vorwiegend aus dem Sitz heraus gegeben werden, mit Körpersprache und den Händen am Hals (was leicht möglich ist durch den vorgeneigten Oberkörper); das vereinfacht die Einwirkungen und fördert sehr das Verständnis der Pferde, weil Körpersprache ihre eigene Sprache ist; vor allem auch bei jungen Pferden und solchen, die noch nicht so rittig sind;
- durch den losen Zügel, der das Pferd niemals einengt oder behindert; die Pferde haben daher nie einen Grund gegen die Hand zu gehen oder sich auf den Zügel zu legen, sie lernen dadurch eine zügelunabhängige, wirkliche Selbsthaltung;
- durch die besonderen Techniken für das Reiten der erforderlichen Lektionen. Diese Techniken ergeben sich aus dem natürlichen Bewegungsablauf des Pferdes – und haben eine einfache, logische Folgerichtigkeit, die für Reiter und Pferd leicht nachzuvollziehen ist;
- durch die Art der Belehrung des Pferdes und sein daraus erwachsendes Verständnis, sowie seine Erziehung zur Selbständigkeit innerhalb des Gehorsams.

Die großen Vorzüge der Natürlichen Ausbildungsmethode sowie ihr Erfolg bestehen darin, dass sie einfach, klar und pferdegerecht ist. Sie ist der einfache klassische Weg zum rittigen Pferd.

Allgemeines über Muskeltätigkeit

Die Zitate und Abbildungen wurden mit freundl. Genehmigung des FN Verlages entnommen aus „Udo Bürger, Otto Zietzschmann, Der Reiter formt das Pferd". S. auch Literaturverzeichnis.

Um das System der Natürlichen Ausbildung sowie seine Techniken und Methoden verstehen zu können, muss der Reiter etwas über die Tätigkeit der Muskeln wissen. Die physiologischen Zusammenhänge müssen in einer Ausbildung, die pferdegerecht sein soll, berücksichtigt werden. Sie geben unter anderem auch Anhaltspunkte für das Erkennen und Beseitigen von Schwierigkeiten in der Ausbildung des Pferdes.

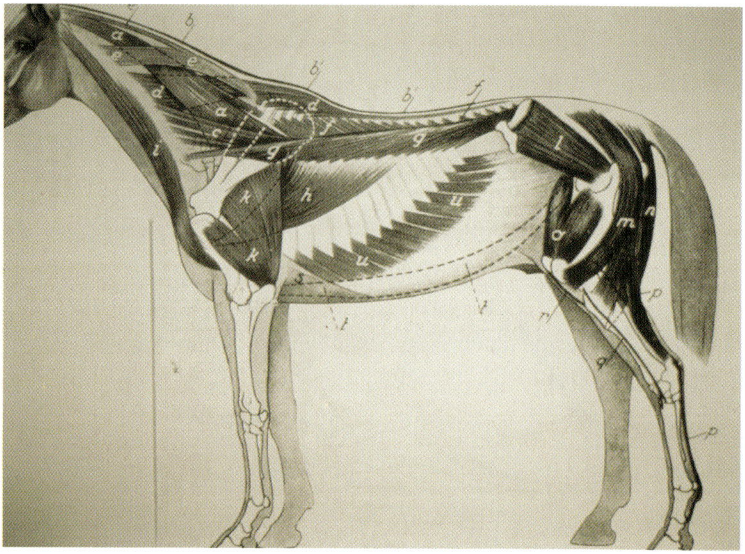

„Die Muskeln an den Gliedmaßen werden nach ihrer Lage zu den Gelenken und nach ihrer Tätigkeit in Beuger und Strecker eingeteilt.

Die Abhängigkeit der großen Muskelgruppen voneinander

Die Tätigkeit der Rumpfmuskeln ist nicht auf einen so einfachen Nenner zu bringen. Sie heften sich über große Flächen hinweg bzw. in langen Reihen am Rumpfskelett an, und die Wirkungsgebiete verschiedener Muskelgruppen greifen ineinander; darüber hinaus sind viele unter sich mittels bindegewebiger Häute (Faszien) verbunden und somit noch in weiterem Maße voneinander abhängig.

Einfügen in die Harmonie der Bewegungsabläufe

Diese Abhängigkeit hat zur Folge, dass in der Bewegung die großen Muskelgruppen in einem geordneten Zusammenspiel arbeiten müssen, und dass dieses Zusammenspiel gestört wird, wenn nur eine der großen Muskelgruppen in ihrer freien natürlichen Tätigkeit durch den Reiter behindert wird.

Nur das harmonische Zusammenarbeiten der gesamten Körpermuskulatur verbindet die höchste Leistung mit Schönheit der Bewegung.

Dem Reiter soll es gelingen, sich in diese Harmonie einzufühlen bzw. sie während der Ausbildung eines jungen Pferdes zu erwecken und zu erhalten, sie aber keinesfalls zu stören.

Nur dann wird er über die Bewegungen und die vier Beine des Pferdes mit seinen Hilfen verfügen können, als wäre er damit „verwachsen".

Die zwei unterschiedlichen Arten von Muskeln

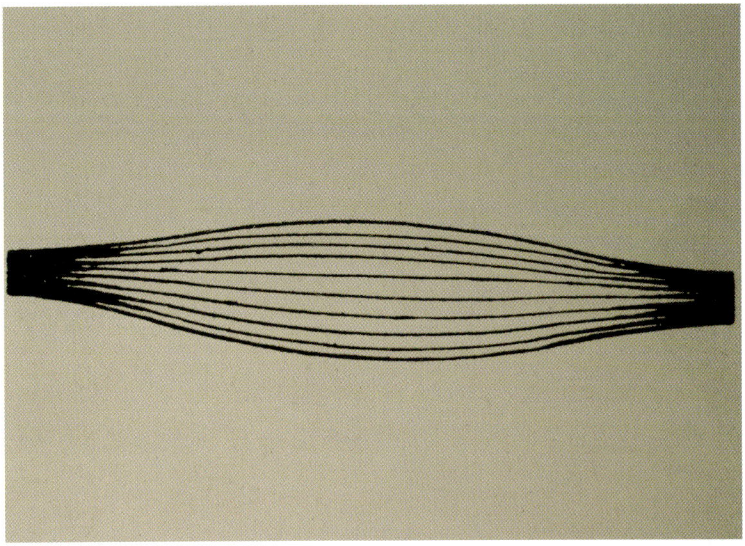

Ein rein fleischiger Muskel

1. Die rein fleischigen Muskeln

Die rein fleischigen Muskeln

„Es gibt Muskeln, die praktisch ausschließlich aus parallel zueinander angeordneten Zellen (gleich Fleischfasern) bestehen; diese Fasern durchsetzen den Muskel in seiner ganzen Länge unter annähernd parallelem Verlauf. Am Ende sich rasch verjüngend, gehen sie in dünnere Sehnenfasern aus, die alle zusammen die dem Muskelbauch gegenüber schlankere Sehne bilden. Diese Sehne setzt am Knochen an, in dessen Beinhautüberzug sie sich fest verankert.

Ihre Funktion:

Die Funktion eines solchen Muskels ist, sich kräftig zusammenzuziehen und wieder nachzugeben, d. h. sich passiv durch Gegenmuskeln (Antagonisten) wieder dehnen zu lassen.

Nur für die Vorwärtsbewegung

Diese langfaserigen Muskeln verkürzen sich dank der Länge ihrer Bauelemente in sehr hohem Maße (große Hubhöhe); sie führen demzufolge Bewegungen mit großem Ausschlag aus und **dienen in erster Linie der Vorwärtsbewegung.**

In ihnen sammeln sich außerordentlich schnell Ermüdungsstoffe an, wenn sie gezwungen sind, in Dauerkontraktion (-spannung) zu verharren. Dann schwellen sie unter Austritt von Flüssigkeit (Lymphe) in die Gewebszwischenräume an und schmerzen infolge des dadurch erzeugten Druckes auf die Nervenenden.

Je rhythmischer der Wechsel zwischen Kontraktion und Dehnung, desto besser ist die Durchblutung, also auch die Abfuhr der Stoffwechselprodukte, und desto geringer die Ermüdung.“

Zum Tragen nicht geeignet

Diese Art von Muskeln befinden sich im Rücken des Pferdes. Der lange Rückenmuskel (longissimus dorsi) und der breite Rückenmuskel (latissimus dorsi), die sich von der Hinterhand bis zur Vorhand breitflächig über den Rücken und Rumpf des Pferdes ziehen, sind rein fleischige Muskeln, ohne sehnige Einlagerungen. Sie sind also physiologisch auf einen schnellen Rhythmus von spannen und entspannen ausgelegt.

Sie eignen sich daher nicht für Dauerdehnungen oder Dauerkontraktionen – und darum nicht zum Tragen des Reitergewichtes.

Für das Lauftier Pferd ist dies so von der Natur sicherlich sinnvoll und richtig eingerichtet worden. Für seine Aufgabe als Reittier ist diese Konstruktion sehr ungünstig. Das ist ein Hauptgrund, warum das Reitergewicht für das Pferd so problematisch ist.

Werden die Rückenmuskeln doch zum Tragen gezwungen, aufgrund falschen Reitens und Sitzens, kommt es ganz schnell zu Verspannungen und Verkrampfungen, die für das Pferd sehr unangenehm und schmerzhaft sind.

Keine optimalen Bewegungen möglich

Dann können der Schub und die Energien aus der Hinterhand nicht mehr frei und unbehindert nach vorne zur Vorhand durchfließen; das Pferd kann seine Beine nicht mehr optimal bewegen, weil diese unmittelbar mit dem Rücken verbunden sind.

Wenn Reiter mir erzählten, ihr Pferd gehe alle Lektionen ganz korrekt, nur sei es so triebig und benutze seine Hinterhand nicht aktiv genug, dann wusste ich immer, das Pferd ist fest im Rücken. Solche Pferde sind nur Schenkelgänger und keine Rückengänger. Ein lockerer und schwingender Rücken ist das Wichtigste. Wenn dann die Pferde in einer Lektion einmal einen Fehler machen, ist das weniger schwerwiegend.

Aus diesen muskulären Zusammenhängen ergibt sich, dass das Pferd die Rückenmuskeln nicht zum Tragen des Reitergewichtes benutzen darf.

Das lernt ein Pferd nur durch eine korrekte Dehnungshaltung, die der Reiter ihm vermitteln muss.

Die Muskeln der Hinterhand

sind leider (aus der Sicht des Reiters!) auch im wesentlichen fleischig; sie haben keine oder nur geringe sehnige Durchsetzungen. Das erklärt, warum fast alle Pferde – auch bei korrekter Ausbildung – der geforderten stärkeren Versammlung und Hankenbiegung hartnäckigen Widerstand entgegen setzen, denn diese Bewegung ist muskulär sehr anstrengend.

Wie anstrengend, kann jeder selbst leicht erfahren, wenn er in tiefer Kniebeuge um den Reitplatz geht. Ganz schnell hat man das Bestreben, die Beine wieder zu strecken. Genauso geht es dem Pferd.

Die Notwendigkeit der nachgebenden Hand

Pferde nehmen es sehr übel, wenn eine gefühllose und starre Zügeleinwirkung sie aus dem so anstrengenden Beugegang nicht wieder herauskommen lässt. Dann kämpfen sie mit allen Mitteln gegen den Reiter und diese Art von „Gymnastik“ und Versammlung – und werden widerspenstig und schenkeltot.

2. Die sehnig durchsetzten oder überzogenen Muskeln

Die sehnig durchsetzten Muskeln

„Diese Art von Muskeln sind mehr oder weniger stark sehnig durchsetzt und überzogen. Die sehnigen Einlagerungen betreffen den Anfangs- oder den Endteil des Muskels; sie können aber auch den ganzen Muskelbauch der Länge nach durchziehen, sodass sie über den Muskel hinweg Anfangs- und Endsehne miteinander verbinden. Es handelt sich dabei um sehnige Stränge von manchmal bedeutender Stärke oder um plattenförmige Einlagerungen.

Bei all diesen mit sehnigen ‚Sonderapparaten‘ ausgestatteten Muskeln sind die kontraktilen Muskelfasern nicht parallel, sondern schräg zur Längsachse des Muskels angeordnet; sie können deshalb nicht den ganzen Muskelkörper durchziehen, sondern sie springen von einer sehnigen Platte zur anderen über.

Ein sehnig durchsetzter Muskel

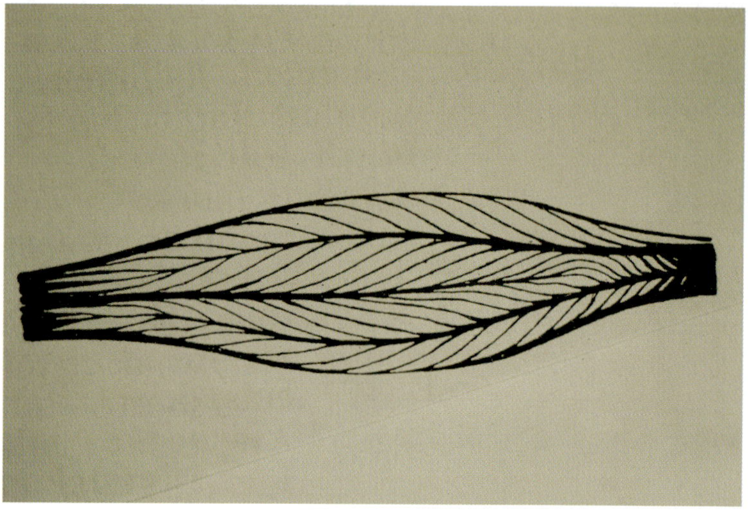

Bei dieser Anordnung ist die einzelne Muskelfaser verkürzt; ihre Zahl im Gesamtmuskel aber um ein vielfaches vermehrt. Da jede Muskelfaser gleicher Dicke die gleiche Kraft zu entfalten vermag, ob sie kurz oder ob sie lang ist, so wird es verständlich, dass bei einem solchermaßen gefiederten Muskel die Hubkraft in entsprechendem Maße vermehrt sein muss. Je mehr Arbeitskräfte (Muskelfasern) in einem Muskel untergebracht sind, um so größer ist seine Kraft."

Ihre Funktion:

In der Funktion nimmt das zugwiderstandsfähige Sehnengewebe dem kontraktilen Muskelgewebe (den Fleischfasern) die rein passive Arbeit des Tragens und Haltens ab.

Wichtig! Muskeln ermüden – Sehnen können nicht ermüden.

Diese Muskeln sind aufgrund ihres nicht ermüdbaren Sehnengewebes zu einer Dauerleistung in elastischer Spannung befähigt. Sie können über längere Zeit als „statische Organe" wirken, ohne wesentlich zu ermüden. Sie übernehmen daher alle Trage- und Halteaufgaben.

Wo hat das Pferd diese Muskeln?

Diese Art von Muskeln befinden sich am Hals des Pferdes. Der Kopfträger (Muskelbild a) – der den Kopf zu tragen hat und die Haltung des Reitpferdes bestimmt – und die Halsträger (Muskelbild c, d) – die auch an den Rückenwirbeln und an der Halswirbelsäule ansetzen und den Hals tragen – sind sehnig durchzogen.

Welche Muskeln können welche Aufgaben erfüllen?

Welche Muskeln für welche Aufgaben?

Auch das Pferd muss – wie jeder menschliche Sportler auch – für bestimmte Bewegungsabläufe bzw. sportliche oder gymnastische Übungen und Haltungen die dafür richtigen, geeigneten Muskeln und Muskelgruppen benutzen. Ansonsten sind optimale Bewegungen nicht möglich und es kommt sehr schnell zu Verspannungen und Verkrampfungen und zu eingeschränkten Bewegungsabläufen.

„Aus der Kenntnis der Anatomie eines Muskels nach Lage und innerem Bau ist auf seine Aufgabe zu schließen.

Sehnige Muskeln

Die sehnig durchsetzten, kurzfaserigen Muskeln können lange Zeit als elastische Spanner haltend wirken. Sie übernehmen alle Arbeit, die für längere Dauer in gleichmäßiger Spannung oder Dehnung zu leisten ist. Sie geben als statische Organe dem Pferde die vom Reiter verlangte Haltung und sie übernehmen es, das Reitergewicht auszubalancieren."

Diese Art von Muskeln hat das Pferd am Hals.

Fleischige Muskeln

„Dagegen sind die in der Hauptsache aus langen Fasern ohne Sehneneinlagerungen bestehenden Muskeln ausschließlich für die Fortbewegung da, in schnellem Wechsel zwischen Kontraktion und Dehnung. Werden sie zum Tragen oder zum dauernden Halten beansprucht, dann werden sie frühzeitig ermüden, zuerst in einen krampfhaften Spannungszustand übergehen und später erschlaffend nachgeben."

Diese Art von Muskeln hat das Pferd in seinem Rücken.

Fazit:

Darum muss das Pferd mit Kopf und Hals in Verbindung mit dem sehnigen Nackenband, die Rücken-Wirbelbrücke aufwölben (in ihre natürliche Lage zurückbringen), um sie skelettmäßig tragfähig zu machen und so die Rückenmuskeln vom Tragen des Reitergewichtes zu befreien. **Das ist nur mittels einer korrekten Dehnungshaltung möglich.**

„Die Förderung der Muskelkraft

Wann wächst der Muskel?

ist gleichbedeutend mit einer Anregung des Muskelwachstums. Ein Muskel wächst durch Übung nur, wenn er seiner Lage und seinem inneren Aufbau entsprechend in seiner natürlichen Funktion beansprucht wird. Er verliert jedoch an Umfang (atrophiert), wenn er in falscher, krampfhafter Anspannung zu einer Arbeitsleistung herangezogen wird, die er auf die Dauer nicht vollbringen kann. Die dabei eintretende Anschwellung und Erschlaffung hat Ernährungsstörungen im Muskel zur Folge.

Der Aufbau neuer Muskelsubstanz hält dann mit dem physiologischen Abbau (Verschleiß!) nicht Schritt, der Muskel nimmt infolgedessen an Umfang ab.

Wachstum der Muskeln

Physiologisch richtig, losgelassen und taktmäßig arbeitende Muskeln dagegen werden gut durchblutet und dadurch besser ernährt. Sie bauen neue Muskelfasern auf und werden dicker (Arbeitswachstum).“

Der Rücken – die Rücken-Wirbelbrücke

Keine natürlichen Vorgaben

Die Natur hat das Pferd als Lauftier konzipiert – nicht als Lasttier. Es hat daher von Natur aus in der Bewegungszentrale seines Gehirnes keinerlei Vorgaben für das Tragen eines zusätzlichen Gewichtes. Das Pferd ist darum nicht in der Lage, **von sich aus** das Problem zu lösen, ein Reitergewicht tragen zu müssen. Daher ist für das Pferd das Reitergewicht das **größte** Problem.

Jedes Pferd muss darum erst **lernen,** dieses zusätzliche, ungewohnte Gewicht so zu tragen, dass es in seinen natürlichen Bewegungsabläufen nicht gestört wird.

Das dem Pferd zu vermitteln, ist Aufgabe des Reiters.

Die richtige Tragekonstruktion

Das Pferd hat nur eine einzige anatomisch richtige Tragekonstruktion: es muss lernen, das zusätzliche Gewicht mittels Nackenband und Nackenmuskeln zu tragen (dazu im Folgenden mehr).

Nur wenigen Reitern ist die komplexe Bedeutung der Wirbelsäule klar. Daher werden der Struktur und Funktion des Rückens selten genug das notwendige Verständnis und die erforderliche Aufmerksamkeit entgegengebracht.

Die Bewegungszentrale

Der Rücken bzw. die Wirbelsäule ist das verbindende und tragende Element, das Herzstück des Bewegungsapparates, die Bewegungszentrale des Pferdes. Über sie werden die ihr angehefteten Gliedmaßen zu einer übergeordneten Einheit verbunden. Die Koordination der Energien und Bewegungen des Pferdes findet im und über den Rücken statt.

Schon geringfügige Verspannungen bewirken eine eklatante Beeinträchtigung der Entwicklung des Pferdes und der Entfaltung seines Ganges. Ernsthafte Erkrankungen in diesem Bereich führen häufig zu weitgehender oder sogar dauernder Unbrauchbarkeit des Pferdes.

Rückenprobleme

Oft werden die ersten Anzeichen nicht erkannt oder falsch und ungenügend interpretiert. Eine beachtliche Dunkelziffer von Pferden leidet unter leistungsmindernden Symptomen, welche weder bemerkt noch behandelt werden.

Es ist eine erschreckende Tatsache, dass heute immer mehr Pferde unter Rückenverspannungen und ernsthaften Rücken-

problemen leiden – seien es nun Pferde von Turnierreitern aller Klassen und Disziplinen – oder von Freizeitreitern.

Schlechtes Reiten verursacht Rückenprobleme

Die meisten dieser Rückenprobleme entstehen durch schlechtes Reiten; durch einen falschen Sitz und falsche Einwirkung, sowie durch eine dem Pferd nicht gerecht werdende Ausbildungsmethode.

Selbstverständlich spielen auch schlecht passende Sättel eine Rolle.

Sind Rückenprobleme, Verspannungen und Erkrankungen diagnostiziert und medizinisch behandelt worden, sind viele Reiter nicht in der Lage, die Ursache, nämlich ihr schlechtes Reiten und ihre falschen Ausbildungsmethoden so zu verändern und zu verbessern, dass solche Rückenprobleme nicht mehr auftreten. Das zu beheben, ist ein großes Problem für viele Reiter und leider auch für viele Ausbilder.

Mehr als die Hälfte der Teilnehmer an meinen Lehrgängen kommen, weil ihre Pferde Rückenprobleme haben und sie bisher nirgendwo Hilfe oder eine Lösung dafür finden konnten. Wenn dieses System der Natürlichen Ausbildung konsequent und in seiner Technik und Methodik richtig praktiziert wird, kommen die Pferde immer aus ihren Problemen heraus – und das in relativ kurzer Zeit. Sogar Pferde mit dem gefürchteten „kissing spines" werden wieder reitbar. Solange noch keine Knochenauftreibungen oder -verwachsungen an den Wirbeln oder Dornfortsätzen erfolgt sind, solange noch wenigstens einige Millimeter „Luft" zwischen den einzelnen Dornfortsätzen bestehen, können selbst diese Pferde mit Hilfe dieser Methode wieder reitbar gemacht werden – Pferde, die ansonsten keine Chance mehr hätten. Ich habe das immer wieder so erfahren.

Der knöcherne Aufbau des Rückens

Noch einmal etwas Anatomie. Nur so viel, wie nötig ist, damit Sie verstehen können, warum ein rückenschonendes Reiten so wichtig ist – und was es beinhalten muss.

Die Wirbelsäule gibt dem Körper den wesentlichen Halt. Sie ist das Herzstück des Bewegungsapparates. Über sie werden die mit ihr unmittelbar verbundenen Gliedmaßen zu einer Einheit verbunden.

Die Rückenwirbel

Das Pferd hat 18 (selten auch 17 oder 19) Brustwirbel. Die einzelnen Wirbelkörper sind durch große Gelenkflächen und knorpelige Zwischenwirbelscheiben (auch Bandscheiben genannt) gelenkig miteinander verbunden.

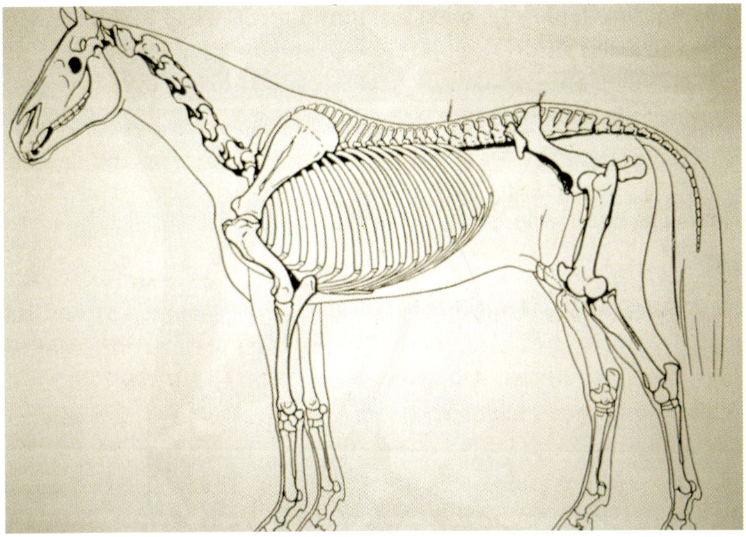

Das Skelett

Jeder Wirbel hat links und rechts je einen kurzen und kräftigen Querfortsatz und einen nach oben gerichteten Dornfortsatz von unterschiedlicher Länge und Neigung. An diesen Quer- und Dornfortsätzen setzen Muskeln und Bänder an, die auch die Beweglichkeit der einzelnen Wirbelsäulenabschnitte mitbestimmen.

Die Länge der Dornfortsätze steigt bis zum vierten oder fünften Brustwirbel an und sinkt dann allmählich wieder ab; dadurch entsteht äußerlich erkennbar der Widerrist.

Die Beweglichkeit des Rückens ist durch die Fortsätze und die Form der Gelenke sowie durch sehnige Verbindung eingeschränkt; sie ist daher wesentlich geringer als die der Halswirbelsäule. Eine geringe seitliche Biegsamkeit ist nur in den ersten beiden Dritteln der Wirbelsäule vorhanden.

Die Lendenwirbel

Das Pferd besitzt sechs Lendenwirbel (selten auch fünf). Diese haben lange Querfortsätze und massive Körper – aber nur kurze Dornfortsätze, deren Länge nach hinten etwas zunimmt. Die Wirbel sind wenig beweglich miteinander verbunden; daher ist im Bereich der Lendenwirbelsäule die Beweglichkeit erheblich eingeschränkt. Eine seitliche Biegung ist kaum möglich.

Das Kreuzbein

Die fünf Wirbel des Kreuzbeines und ihre Bandscheiben, die anfangs noch selbständig und beweglich sind, verknöchern etwa im vierten bis fünften Lebensjahr zu einer festen Knochenplatte mit zwei mächtigen Seitenflügeln und starken Dornfortsätzen.

Das Kreuzbein dient der Verbindung der Muskulatur der Hinterhand mit der des Rumpfes; es stellt eine starre Verbindung von Wirbelsäule und Becken dar. Hier erfolgt die Kraftübertragung von der Hinterhand auf die Wirbelsäule.

Die Rippen

Mit jedem Brustwirbel ist je ein Rippenpaar gelenkig verbunden. Die ersten acht Rippen – auch „wahre" Rippen genannt – sind fest mit dem Brustbein verbunden. Sie bilden den Brustkorb, in dem geschützt Herz und Lunge liegen. Die restlichen zehn Rippen – „falsche" Rippen genannt – liegen mit ihren knorpeligen Enden nur lose aneinander und bilden den hinteren Rippenbogen. Sie werden auch Atmungsrippen genannt, weil hier die Atmung des Pferdes zu sehen und zu fühlen ist.

Der Schweif

Das Pferd hat ca. 18–21 Schweifwirbel. Diese haben im Bereich der Schweifwurzel noch die Gestalt eigentlicher Wirbel, mit Fortsätzen und Gelenken. Ihre Form degeneriert im weiteren Verlauf zu walzenförmigen Knochenstäbchen mit verdickten Enden. Der Schweif ist – wie Kopf und Hals – eine weitere, hintere Balancierstange des Pferdes. Muskelverspannungen oder versetzte Wirbel im Bereiche von Kopf, Hals und Rücken kennzeichnen sich in der Haltung des Schweifes; ebenso psychische Beeinträchtigungen.

Brust- und Lendenwirbelsäule stellen die Verbindung her zwischen den Vorder- und Hinterbeinen und sind die Träger, an denen die Organe des Rumpfes aufgehängt sind.

Querfortsätze und Dornfortsätze

Die Quer- und die Dornfortsätze der Rückenwirbel bilden die Verstrebungen. Die nach oben gerichteten Dornfortsätze weisen außer einer unterschiedlichen Länge auch eine unterschiedliche Schrägstellung auf; die vorderen bis einschließlich dem 15. neigen sich nach hinten, der 16. steht senkrecht, 17. und 18. sowie die Lendendornfortsätze neigen sich nach vorne. Die Dornfortsätze des Kreuzbeines neigen sich wieder etwas nach hinten. Durch ihre unterschiedliche Länge und Neigung haben die Dornfortsätze als Hebelarme für die Aufwölbung des Rückens durch das Nackenband und die Nackenmuskeln eine ideale Stellung.

Jeder der Wirbel (Hals-, Brust-, Lenden- und Kreuzbeinwirbel) hat ein Wirbelloch. Diese aneinander gereiht bilden den Wirbelkanal, durch den das Rückenmark mit seinen vegetativen und zentralen Nervensträngen verläuft.

Das Nackenband

Die Wirbel des Rückens (Brust-, Lenden- und Kreuzbeinwirbel) werden durch ein starkes, elastisches, sehniges Band, das sogenannte Nackenband (ligamentum nuchae) miteinander verbunden.

Dieses Nackenband setzt am Hinterhauptsbein (also am Schädel) an, bildet die Grundlage des Mähnenkammes und im Bereich des Widerristes eine breite Kappe, die Widerristkappe; es ist mit allen Kuppen aller Dornfortsätze fest verbunden – und findet im Kreuzbein sein hinteres Widerlager.

Andere Bänder

Diesem oberen sehnigen Strang entspricht bauchseits ein unterer; dieser untere Strang setzt am 8. Brustwirbel an und reicht bis zum Kreuzbein.

Ein weiteres Längsband befindet sich im Boden des Wirbelkanals. Zusätzlich zu diesen langen Bändern sind die einzelnen Wirbel durch kurze, horizontale Zwischendornbänder miteinander verbunden. Durch diese Verspannungen und Verstrebungen bildet der Rücken eine gewölbte Tragekonstruktion.

Die Rücken-Wirbelbrücke

Der Rücken des Pferdes kann mit einer Brücke – der Rücken-Wirbelbrücke – verglichen werden. Der vordere Brückenpfeiler wird von den Vorderbeinen, den Schultern und deren Muskeln sowie den ersten Brustwirbeln gebildet. Die hinteren Pfeiler sind die Hinterbeine, das Becken und seine Muskeln sowie das Kreuzbein.

Der Rücken, bzw. die Rücken-Wirbelbrücke, haben aber außer ihrer statischen Funktion auch eine dynamische zu erfüllen. Denn über den Rücken (Kreuz-, Lenden- und Rückenwirbel) müssen die Bewegungsimpulse und Bewegungsenergien der Hinterbeine auf die Vorhand übertragen werden.

Beeinträchtigung des Bewegungsablaufs

Da die Vorder- und Hintergliedmaßen unmittelbar mit dem Rücken verbunden sind und durch die Nerven im Rückenmarksstrang die motorische Steuerung des Bewegungsapparates erfolgt, findet das Koordinieren der Kräfte im und über den Rücken statt. Daher stellt jede Beeinträchtigung der Wirbelsäule zwangsläufig auch immer eine ebensolche des Bewegungsablaufs und der Leistungsfähigkeit dar.

Psychische Störung

Da durch den Rücken auch alle vegetativen und zentralen Nervenstränge verlaufen, ist er auch immer eine ganz empfindliche psychische „Schaltstelle". Jede Störung geht daher stets mit einer psychischen Beeinträchtigung und Minderung der Arbeitsbereitschaft und des Gehorsams einher.

Diese Zusammenhänge kann man sich als Reiter gar nicht klar genug machen. Jede Missachtung hat weitreichende Folgen. Meistens fangen die Probleme im Rücken an – und setzten sich dann fort durch den ganzen Körper des Pferdes, bis hinein in seine Psyche.

Der muskuläre Aufbau des Rückens

„Im Rücken des Pferdes spielt der lange Rückenmuskel (Abb. 4g), der M. longissimus dorsi, die Hauptrolle. Er ist einer der gewaltigsten Muskeln des Pferdekörpers überhaupt, und besteht aus vielen parallel laufenden Muskelplatten, die nur mit kurzen Endsehnenspiegeln belegt sind.

Die Abbildung wurde mit freundl. Genehmigung des FN Verlages entnommen aus „Udo Bürger, Otto Zietzschmann, Der Reiter formt das Pferd".

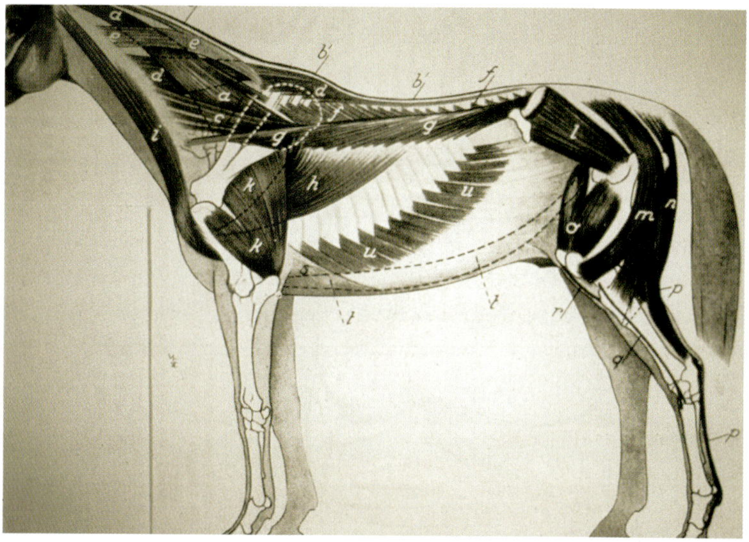

Das Muskelbild

Es handelt sich also um einen rein fleischigen Muskel, ohne sehnige Einlagerungen. Er ist physiologisch auf einen schnellen Rhythmus von spannen und entspannen ausgelegt. Dies ist von der Natur für das Lauftier Pferd sinnvoll eingerichtet, denn diese Rückenmuskulatur muss die Bewegungsenergien der Hinterhand nach vorne zur Vorhand weiterleiten.

Er eignet sich daher nicht für Dauerkontraktionen. Wird er dazu gezwungen, weil z. B. das Pferd versucht, das Reitergewicht mit diesen Rückenmuskeln zu tragen, kommt es sehr schnell zu Verspannungen und Verkrampfungen, die sehr schmerzhaft sind.

Diese parallel laufenden Muskelplatten des langen Rückenmuskels ziehen in der Richtung **von hinten oben nach vorn unten.** Der Muskel entspringt hinten an den ersten Kreuzbeindornen und zwischen Kreuzhöcker und Hüfthöcker an der Darmbeinschaufel des Beckens, aber auch an den Dornfortsätzen der Lenden- und letzten Brustwirbel und an der starken Eigenaponeurose (sehnigen Umkleidung), die ihn im Lendengebiet außen überzieht (hinteren Aktionsbasis). Die Muskelbündel ziehen schräg vor- und abwärts und finden ihre vordere Aktionsbasis an allen Brustwirbeln und am 7. Halswirbel.

Die Wirkungsweise des langen Rückenmuskels

Wirkt er von seiner hinteren Basis aus, erhebt er die Vorhand bei aufgewölbtem Rücken. Zieht er sich von seiner vorderen Aktionsbasis aus zusammen, biegt er den Rücken nach unten durch. Wenn ein Pferd versucht, sich das Reitergewicht durch Kontraktion seines langen Rückenmuskels leichter zu machen, dann versteift es den Rücken, es schwingt nicht, es lässt nicht sitzen.

Der große Kruppen- oder Gesäßmuskel

Auf der den langen Rückenmuskel deckenden Faszie – das ist seine derbe, sehnige Oberflächenbekleidung – entspringt ein Teil des großen Gesäß- oder Kruppenmuskels (1). Damit sind diese beiden Muskeln in der Bewegung miteinander verkoppelt, d. h. die Hinterbeine können nicht frei und ungezwungen treten, wenn der Rücken verkrampft festgehalten wird. Und umgekehrt kann der Rückenmuskel nicht ungestört arbeiten, wenn die Hinterbeine in ihrem natürlichen taktmäßigen Gang durch den Reiter behindert werden (falsche Schenkel- und Zügelhilfen!).

Der breite Rückenmuskel

Beide Muskeln, den langen Rücken- und den großen Kruppen- oder Gesäßmuskel, überzieht die Rücken-Lendenfaszie. Aus dieser geht der breite Rückenmuskel, der latissimus dorsi (Abb. 4h) hervor, der von der Lende und dem hinteren Rücken aus als breite Platte schräg über die Rippen zum Oberarm zieht.

Gebundener Gang

Ist der lange Rückenmuskel in krampfhafter Anspannung, so überträgt sich dieser Zustand auch auf den breiten Rückenmuskel. Dadurch wird der Oberarm festgehalten und der Vortritt des Vorderbeins behindert. Das Pferd hat dann einen gebundenen Gang. Erst mit der Losgelassenheit des Rückens und des breiten Rückenmuskels kommt die Schulterfreiheit.

Eine freie Atmung

Der lange Rückenmuskel setzt auch an den Rippen an. Solange er gespannt ist, behindert er das Pferd in der freien Atmung. Sowie er seine krampfhafte Spannung aufgibt und taktmäßig schwingt, kann das Pferd durchatmen, und es schnaubt ab. Erfahrungsgemäß ist das Abschnauben eines der Zeichen dafür, dass das Pferd sich loslässt.

Die Hauptstörungsquelle für die Tätigkeit der Rückenmuskulatur ist der falsche Sitz des Reiters.

Die hauptsächliche Störungsquelle

Ein im Trabe in senkrechter Richtung auf den langen Rückenmuskel hämmerndes Gesäß zwingt diesen zur krampfhaften Anspannung. Der Reiter soll mit dem Gesäß weich nach vorne einsitzen, d. h. in der Richtung des Faserverlaufes des langen Rückenmuskels. Der Pferderücken wird sich um so eher loslassen, **je weniger er belastet wird und je vorsichtiger der Reiter einsitzt.**"

Im klassischen Dressursitz hat das Pferd das gesamte Reitergewicht (plus Sattel) ungemildert in seinem Rücken. Das ist generell eine enorme Belastung für den Rücken. Ganz besonders für junge Pferde, deren Muskulatur insgesamt noch völlig unentwickelt ist und die außerdem für das Tragen dieser ungewohnten Last noch kein Verständnis haben. Bei Pferden mit Rücken- oder Rittigkeitsproblemen bestehen die gleichen Schwierigkeiten. Wenn nun ein Reiter im Dressursitz nicht wirklich ausbalanciert und losgelassen sitzen kann, mit geschulter Beckendynamik, führt das ganz schnell zu Verspannungen und Verkrampfungen im Rücken des Pferdes.

Die untere „Verspannung" der Rückenwirbelbrücke

In Ergänzung zur oberen „Verspannung" der Rückenwirbelbrücke besteht auf der Bauchseite eine untere. Die Bauchmuskeln sind hauptsächlich Träger für den Leibesinhalt; darüber hinaus sind sie auch Bewegungsmuskeln. In bestimmten Situationen tragen sie auch zur Aufwölbung des Rückens bei; diese Funktion wird aber häufig überschätzt.

Die ganz eindeutige reiterliche Erfahrung bei **allen** Pferden ist, dass **zuerst** das sehnige Nackenband und die Nackenmuskeln den Rücken aufwölben müssen. Diese obere Verspannung der Rückenwirbelbrücke ist die wichtigste, die **immer zuerst** hergestellt werden muss.

Der Rücken kommt in seine natürliche Lage zurück

Unter Aufwölben darf man nicht verstehen, dass das Pferd einen ‚Katzenbuckel' macht, sondern der Rücken kommt in seine **natürliche** Lage zurück. Unter dem Reitergewicht nehmen die Biegemomente im Rücken des Pferdes ein Ausmaß an, das für den Rücken schädlich ist, weil dadurch die Rückenwirbel bauchseitig auseinander gezogen, im Bereiche der Dornfortsätze dagegen zusammengedrückt werden. Die rein fleischigen Bewegungsmuskeln im Rücken des Pferdes spannen sich dabei krampfhaft an und können dann ihre Funktion, die Bewegungen von Vor- und Hinterhand zu koordinieren, nicht mehr erfüllen.

Erst dann, wenn diese obere Aufwölbung des Rückens mittels Nackenband und Nackenmuskeln hergestellt ist – und das geht immer nur durch eine korrekte Dehnungshaltung – kann auch die untere „Verspannung" tätig werden. Daher vollzieht sich die hauptsächliche Aufwölbung des Rückens **nicht** durch die Bauchmuskeln. Wenn dem so wäre, bedeutete das für die Bauchmuskeln eine Dauerkontraktion, eine Kraftanstrengung, der sie auf die Dauer nicht gewachsen wären, denn solange der Reiter auf dem Pferd sitzt, muss der Rücken aufgewölbt sein und bleiben. Außerdem würde diese Dauerkontraktion einen unerträglichen Druck auf die Eingeweide des Pferdes ausüben und so auch die Atmung behindern.

Zuerst die Aufwölbung durch Nackenband und Nackenmuskeln

Wenn die Aufwölbung des Rückens hauptsächlich durch die Bauchmuskeln erfolgte, wäre es nicht erforderlich, die Pferde in die Tiefe und in Dehnungshaltung zu reiten. Man könnte sie dann gefahrlos gleich „da oben hinstellen"; aber genau das funktioniert nicht. Dieses vielfach praktizierte Verfahren ist heute mit ein Grundübel in der Ausbildung der Pferde.

Die reiterliche Erfahrung zeigt, dass sogar sehr verkrampfte Pferde sich **sofort** entspannen und freier vorwärts gehen, wenn sie den Hals fallen lassen und dadurch den Rücken mittels Nackenband und Nackenmuskeln aufwölben – und das auch schon im Schritt.

In dieser langsamen und schwunglosen Gangart können die Bauchmuskeln nicht in der Weise aktiv werden bzw. sich zusammenziehen, dass sie alleine konstant den Rücken – mit Reitergewicht – aufwölben könnten.

Wie maßgeblich die Nackenmuskeln an der Aufwölbung des Rückens beteiligt sind, lässt sich auch daran erkennen, dass die Halsmuskeln am **meisten und schnellsten** an Umfang zunehmen, wenn sie zusammen mit dem Nackenband durch eine korrekte Dehnungshaltung den Rücken aufwölben. Andererseits sind es auch die Muskeln, die am ehesten wieder an Umfang verlieren, wenn Pferde falsch geritten werden oder nur auf der Weide gehen.

Die Halsmuskeln wachsen am schnellsten

Die Bauchmuskeln sind vor allem in zwei Situationen an der Aufwölbung des Rückens beteiligt. Dies ist zum einen im Galopp der Fall, hier vor allem in der Schwebephase, wenn das Pferd alle vier Beine unter den Bauch zieht bzw. die Hinterbeine nach vorne

Aufwölbung des Rückens durch die Bauchmuskeln

schwingen und damit Brustbein und Becken gegeneinander gezogen werden. Die Erfahrung lehrt, dass sogenannte Hängebäuche, mögen sie vom Weidegang herrühren oder von der Trächtigkeit, vorwiegend durch Galoppieren zurückgehen. Durch langes Galoppieren wird die erschlaffte Bauchmuskulatur am schnellsten wieder gekräftigt und straff. Schritt und Trab können das nicht in dieser Weise bewirken.

Zum anderen wird auch bei einer korrekten Versammlung, einer Hankenbeuge, eine zusätzliche Aufwölbung des Rückens über die Bauchmuskeln bewirkt. Die Einwirkungen von Schenkeln – und Sporen – provoziert eine Kontraktion der Bauchmuskeln, vor allem des geraden Bauchmuskels; dadurch gelingt es dem Pferd, das Becken im Kreuz-Darmbeingelenk mehr abzukippen bzw. den unteren Beckenrand vorzuziehen. Das ermöglicht den Hinterbeinen ein weiteres Vor- und Untertreten; der ganze Rücken wird von hinten her zusätzlich aufgewölbt. Diese Reaktion ist aber nicht automatisch, reflexiv, sondern muss vom Pferd erlernt werden. Die Pferde benötigen dazu eine große Lockerheit und Losgelassenheit, vor allem auch im Rücken. Ist der Rücken nicht mittels Nackenband und Nackenmuskeln aufgewölbt, sodass die Rücken- und Hinterhandmuskulatur losgelassen und entspannt sind, kann das Pferd seine Bauchmuskeln nicht in der beschriebenen Weise einsetzen.

Bei einer korrekten Dehnungshaltung ziehen das Nackenband und die Nackenmuskeln **immer** die Rückenwirbelbrücke nach vorne oben. Dies ist anatomisch nicht anders möglich. Eine zusätzliche Aufwölbung des Rückens durch die Kontraktion des geraden Bauchmuskels ist nicht in gleicher Weise automatisch, da diese Reaktion vom Pferd auch unterdrückt werden kann, vor allem bei anhaltenden Verspannungen im Rücken. Ohne Frage können sich auch die Bauchmuskeln an der Aufwölbung des Rückens beteiligen, sie spielen dabei aber nicht die Hauptrolle. Das sind ganz eindeutige reiterliche Erfahrungen. Theorien müssen im Sattel durch die Reaktion des Pferdes bestätigt werden, sonst können sie nicht richtig sein.

Um die Wichtigkeit eines rückenschonenden Reitens zu betonen, sei zusammenfassend nochmals darauf hingewiesen:

Der lange Rückenmuskel (g) ist ein ausgesprochener Bewegungsmuskel, dessen Tätigkeit

Die Rückenmuskeln dienen nur der Fortbewegung

**ausschließlich der Fortbewegung dient
und nicht dem Tragen des Reitergewichtes.**

Er hat durch den breiten Rücken- (h) und den großen Gesäßmuskel (l) Verbindung mit den Vorder- und Hintergliedmaßen und ist somit in den Takt der Bewegung eingeschaltet. Ein freier, geräumiger und taktmäßiger Gang ist nur denkbar, wenn der lange Rückenmuskel in natürlicher Weise elastisch schwingt, ohne durch den Reiter und sein Gewicht gestört zu werden.

Das primäre Ziel zu Beginn der Reitstunde ist also, die Losgelassenheit des Rückens zu erreichen.

Die Losgelassenheit des Rückens ist das primäre Ziel

Am Anfang der Reit- oder Trainingsstunde das Pferd nur 1–2 Runden Schritt gehen zu lassen, um dann sofort auszusitzen und es zusammenzustellen, wie es oft praktiziert wird, muss zu Verspannungen und Verkrampfungen führen. Jeder Sportler beginnt sein Training mit einer ausgiebigen und sorgfältigen Aufwärm- und Lösungsphase, um so gute Voraussetzungen für seine Leistungen zu schaffen.

Deshalb soll der Reiter grundsätzlich zu Beginn der Reitstunde im Dressursitz leichttraben und erst im Sattel Platz nehmen und den Trab aussitzen, wenn der Rücken losgelassen schwingt.

Im Effektiven Leichten Sitz gibt der Reiter dem Pferd konstant den Rücken frei, da er **nicht im** Sattel sitzt, sondern nur **am** Sattel. Das ist u.a. der unschätzbare Vorzug dieses Sitzes. Außer diesem rückenschonenden und entlastenden Aspekt ist er auch noch sehr bequem für Reiter und Pferd.

Die Dehnungshaltung

Die Dehnungshaltung ist in der reiterlichen Fachliteratur nicht eindeutig genug definiert, weder in ihren unterschiedlichen Formen, noch in ihren Auswirkungen. Die Dehnungshaltung ist nicht nur in der Natürlichen Ausbildungsmethode ein „Kernstück" – die Basis, auf der alles weitere aufbaut – sie ist dies grundsätzlich für jede Art von reiterlicher Ausbildung, die pferdegerecht sein will, ganz gleich welches „Etikett" diese trägt, aufgrund der muskulären Gegebenheiten beim Pferd.

Gustav Steinbrecht (1808 bis 1885) – einer der genialsten Reiter in der Geschichte der Reiterei – hatte die Bedeutung der Dehnungshaltung voll erkannt. Paul Plinzner schreibt über Steinbrecht in seinem Buch „Gymnasium des Reiters":

„In seinem Unterricht legte Steinbrecht ganz überwiegenden Wert auf die Hervorbringung mächtiger schwingender Hankenbewegungen, wozu er naturgemäß die Vorhand ganz tief stellen und Rücken und Nachhand meist durch leichten Sitz entlasten ließ. Dies war die Grundlage seiner schulmäßigen Arbeit."

Die besondere Bedeutung dieser Aussage liegt in der Steinbrecht'schen Erkenntnis, dass man **naturgemäß** die Vorhand ganz **tief stellen** und Rücken und Nachhand durch **leichten Sitz entlasten** muss, um das Bewegungspotenzial eines Pferdes zur optimalen Entfaltung zu bringen. Dies gilt nicht nur für die Bedürfnisse der Gebrauchsreiterei, sondern nicht zuletzt auch für eine spätere Versammlung und Entwicklung schulmäßiger Gänge und Lektionen.

Aus der Dehnungshaltung entsteht die Genickbiegung

Aber nicht nur für die optimale Entfaltung des ganzen Bewegungspotenzials eines Pferdes ist die Dehnungshaltung erforderlich, sondern

aus der korrekten Dehnungshaltung geht immer auch eine zwanglose Genickbiegung hervor.

Diese Tatsache scheint unbekannt zu sein, denn die Dehnungshaltung wird heute zu wenig oder nicht richtig praktiziert.

Ein dritter ganz wichtiger Aspekt ist, dass ein Pferd nur über die richtige Dehnungshaltung lernt, das Reitergewicht so zu tragen, dass es in seinem **Rücken** – in seiner empfindlichen Bewegungszentrale – **keinen Schaden** nimmt.

Diese drei ganz wesentlichen Gründe, warum eine Dehnungshaltung erforderlich ist, nämlich

1. **das richtige Tragen des Reitergewichtes**
2. **eine zwanglose Genickbiegung**
3. **die optimale Entfaltung des ganzen Bewegungspotenzials.**

beruhen nicht nur auf praktischer reiterlicher Erfahrung, sondern haben ihre Begründung in den anatomischen und muskulären Gegebenheiten des Pferdes.

Im 20. Jahrhundert hat sich die Wissenschaft auch des Pferdes „bemächtigt". Wir haben heute moderne wissenschaftliche Erkenntnisse über das „System Pferd", über seinen anatomischen, vor allem muskulären Aufbau. Ein Wissen, das in früheren Zeiten den Reitern nicht zur Verfügung stand.

1. Das anatomisch richtige Tragen des Reitergewichtes

Mancher Berufskollege hat mir gesagt: „Warum soll ich das Pferd zuerst so tief einstellen, ich muss es ja doch ‚da oben hinstellen' (aufrichten), also tue ich das gleich." Das ist leider eine weit verbreitete Meinung. Aufgrund der muskulären Gegebenheiten beim Pferd kann diese Vorgehensweise niemals zu einem wirklich rittigen Pferd führen, das den Ansprüchen genügt.
Ein wirkliches Verständnis für die Notwendigkeit der Dehnungshaltung und dafür, wie diese auszusehen hat, erwirbt man nur aus der Kenntnis der anatomischen Zusammenhänge.

Die anatomisch-funktionelle Begründung, warum es erforderlich ist, ein Pferd mit nach vorn unten gedehntem Hals zu reiten.

„Wie findet sich das Pferd mit dem Reitergewicht ab?

Nachdem klar geworden ist, dass der lange Rückenmuskel die Wirbelbrücke nicht versteifen darf (siehe hierzu das Kapitel ‚Der Rücken, die Rückenwirbelbrücke des Pferdes'), müssen wir daraus schließen, dass er eine andere Aufgabe hat und das Tragen des Reitergewichtes anderen Muskelgruppen zufällt."

Ich habe den folgenden Text in vielen kleinen Abschnitten geschrieben; ich möchte Ihnen empfehlen: lesen Sie jeden Abschnitt für sich – legen Sie dann eine kleine „Denkpause" ein; versuchen Sie, sich dabei ein inneres Bild von dem Gelesenen zu machen; sehen Sie sich immer wieder das Muskelbild an, damit Sie eine genaue Vorstellung bekommen. Haben Sie diese „verankert", dann lesen Sie weiter. Nebenbei bemerkt, auf diese Weise wird die vielleicht etwas ‚trockene' Anatomie auf einmal spannend.

Aufgrund der anatomischen, muskulären Gegebenheiten darf das Pferd das Reitergewicht nicht mit den Rückenmuskeln tragen, sondern muss lernen, dieses zusätzliche Gewicht vorwiegend mit **Kopf, Hals und Nackenband zu tragen.**

„Die Aufgabe, dem belasteten Rücken seine natürliche Haltung wiederzugeben, hat ein Teil der Nackenmuskeln mit dem Nackenband. Die Gipfel aller Dornfortsätze des Rückens sind von einem sehnigen Band überzogen, das im Bereich des Widerristes eine breite Kappe, die Widerristkappe, bildet. Vom 3. Brustdorn ab zieht es als starker elastischer Nackenstrang zum Hinterhauptsbein. Dieser Nackenstrang bildet die Grundlage des Mähnenkammes.

Die Muskeln in Wort und Bild

Die Abbildung wurde mit freundl. Genehmigung des FN Verlages entnommen aus „Udo Bürger, Otto Zietzschmann, Der Reiter formt das Pferd".

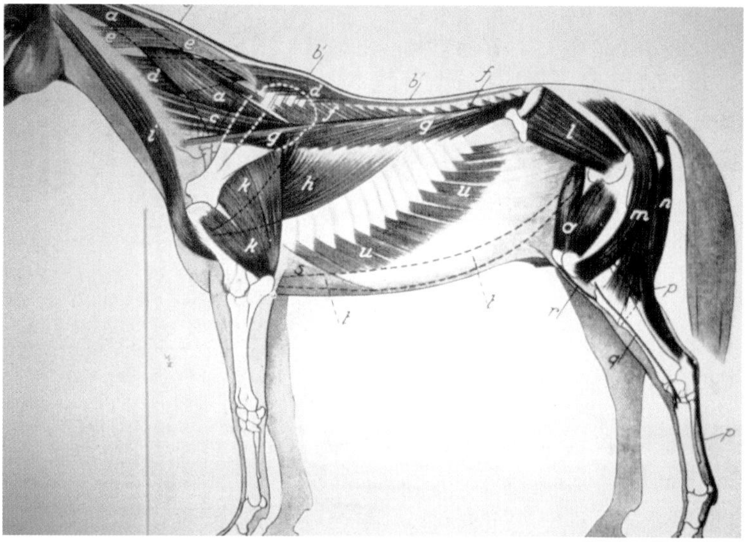

Gleiche Zugrichtung

Vom Nackenstrang bzw. den ersten Widerristdornfortsätzen geht eine aus gleichem Gewebe bestehende elastische Platte an die Halswirbel. Beiderseits dieser Nackenbandplatte liegen die Nackenmuskeln. Sie füllen den großen Zwischenraum zwischen der Halswirbelsäule und dem Nackenstrang vom Hinterhauptsbein bis zum Widerrist aus und **wirken in derselben Zugrichtung wie das Nackenband.** Es sind mehrere Muskeln mit verschiedener Ursprungsbasis.

Kopfträger und Halsträger

Zum Verständnis ihrer Wirkungsweise genügt es zu wissen, dass sie in zwei Gruppen angeordnet sind. Die Muskeln der einen Gruppe gehen von den Hals- und Brustwirbeln zum Hinterhauptsbein; sie sind die Träger des Kopfes (a). Die Muskeln der anderen Gruppe gehen von den Rückenwirbeln und von der Widerrist-Schulter-Platte zu den Halswirbeln; sie sind die Träger des Halses (c, d). Der tiefste dieser Nackenmuskeln, der Träger des Kopfes (a), ist mit sehnigen Streifen durchsetzt; er ist also zu einer Dauerleistung in elastischer Spannung am meisten befähigt.

Der stärkste Nackenmuskel, der milzförmige Muskel (e), zieht von dem Widerrist und der Widerrist-Schulter-Platte fächerartig zum 5. bis 3. Halswirbel und zum Hinterhaupt. Er ist rein fleischig und führt die großen Bewegungen des Halses und Kopfes aus.

Betrachten wir jetzt die Dornfortsätze des Widerristes. Sie sind lang und steigen von vorn unten schräg nach hinten oben an. Sie haben also als Hebelarme für eine Zugwirkung, die durch die Nackenmuskeln nach vorne ausgeübt wird, eine ideale Stellung.

Aufrichtung der Dornfortsätze

Dehnt das Pferd den Hals nach vorne unten, so üben die Nackenmuskeln und das Nackenband (b) eine entsprechende Zugwirkung aus, und die Dornfortsätze des Widerristes werden aufgerichtet.

Diese Zugwirkung wird durch das sehnige Band, das als direkte Fortsetzung des Nackenstranges (b) alle Dornfortsätze am Rücken miteinander verbindet und durch den vielgespaltenen Querdornmuskel (f) auf den Rücken übertragen.

Dieser Querdornmuskel (f) besteht aus vielen mit Sehnenspiegeln bedeckten Strahlen, die von jedem einzelnen Dornfortsatz schräg abwärts nach hinten an die Bögen der Rücken- und Lendenwirbel ziehen, wobei sie zwei bis sechs Wirbel überspringen. Sie greifen an den Rücken- und Lendenwirbelbögen in der **gleichen Zugrichtung** an wie die Nackenmuskeln an den Dornfortsätzen.

Anhebung des Rückens

Werden also die Dornfortsätze nach vorne aufgerichtet, so müssen ihnen die Rücken- und Lendenwirbel nach vorne und oben folgen. **Damit wird der Rücken gehoben, d. h. er kommt in seine natürliche Lage zurück.**“

Das bedeutet, der Rücken wird skelettmäßig tragfähig; damit bleiben die Rückenmuskeln frei vom Tragen des Gewichtes – und können somit ihre eigentliche Aufgabe erfüllen, nämlich die Bewegungen von Vor- und Hinterhand zu koordinieren.

Passiv am Widerrist aufgehängt

„Das Pferd soll mit dem Gewicht von Kopf und Hals das Reitergewicht ausbalancieren – wie eine Waage – wobei in der Gebrauchshaltung* Kopf und Hals mittels Nackenband und Nackenmuskeln einfach passiv **am Widerrist aufgehängt** werden. Bei solcher Haltung dehnen sich die Nackenmuskeln; die Entfernung zwischen Widerrist und Hinterhauptsbein wird möglichst groß.“

Die Konsequenzen

Aus diesen anatomischen Gegebenheiten geht hervor, dass der Hals nicht nur gedehnt sein muss, sondern das Pferd muss ihn auch

fallen lassen – zwanglos aus der Schulter heraus.

* In der Gebrauchshaltung bewegt sich das Pferd geschlossen, in einem horizontalen Gleichgewicht, in Selbsthaltung und zwangloser Genickbiegung, ohne tiefe Hankenbeuge, Aufrichtung und Versammlung.

Diesen Zusammenhang muss man genau verstehen

Denn nur wenn der Hals gedehnt ist und **„hängt" – wenn er an den Halsträgern aufgehängt ist** – kann der Effekt zustande kommen, dass das Nackenband und die Nackenmuskeln die Rückenwirbelbrücke aufwölben – und damit skelettmäßig tragfähig machen, um so die Rückenmuskeln vom Tragen des Gewichtes zu entlasten.

Nur den Hals nach vorne zu dehnen **reicht also nicht aus,** um den Rücken aufzuwölben und tragfähig zu machen. Der Reiter muss das Pferd dazu veranlassen, **den Hals fallen zu lassen, und zwar zwanglos aus der Schulter heraus.** Das zu wissen ist äußerst wichtig.

Erst dann kann die anatomisch einzig richtige „Tragekonstruktion", die das Pferd hat, nämlich das zusätzliche Gewicht mittels Nackenband, Kopf und Hals zu tragen, in Aktion treten.

„Für das gerittene Pferd ist also der Kopf-Hals-Hebel die Balancierstange, die es dazu benutzt, sich so mit dem Reitergewicht abzufinden, dass die Muskelgruppen des Rückens und der Kruppe für ihre ureigenste Tätigkeit, die Fortbewegung, frei bleiben."

Das zwanglose Fallenlassen von Kopf und Hals wird mit der in diesem Buch beschriebenen Technik, ein Pferd in die Tiefe zu reiten, immer erreicht (lesen Sie bitte hierzu das Kapitel „Die Technik, ein Pferd in die Tiefe zu reiten").

2. Die zwanglose Genickbiegung

Aus der korrekten Dehnungshaltung entsteht die zwanglose Genickbiegung

Alle Pferde, die in einer korrekten Dehnungshaltung gehen, also mit gedehntem und fallen gelassenem Hals, geben auch immer völlig zwanglos im Genick nach.

Diese Tatsache ist von weitreichender Bedeutung. Da sie unbekannt zu sein scheint, weise ich auf die anatomischen Zusammenhänge hin:

„Die Aufhängung des Halses am Widerrist und die Ganaschenbiegung.

Der Kopf wird vom (sehnig) durchflochtenen Kopfmuskel (a) getragen. Dieser hat eine breite Ursprungsbasis an der Widerrist-Schulter-Platte, an den Brust- und Halswirbeln und zieht, sich verjüngend, mit einer starken Sehne zum Hinterhauptsbein. Seine Basis an der Halswirbelsäule ist beweglich, sein Spannungszustand also abhängig von dem der Halsträger (c,d).

Der durchflochtene Kopfmuskel hat bei der Haltung des Reitpferdes nur eine statische Funktion, er ist Aufhängeapparat für den Kopf; er arbeitet deshalb im Zustand passiver Dehnung und nicht in dem aktiver Kontraktion.

Lässt das Pferd den Kopf einfach fallen ohne ihn aktiv zu beugen, dann hängt er am gedehnten Muskel und dem Nackenband; die obere Halslinie wird möglichst lang, und zwangsläufig folgt die losgelassene Ganaschenbiegung, da die fraglichen Muskeln am Hinterhauptsbein ansetzen.

Der durchflochtene Kopfmuskel gibt also die Haltung des Kopfes, die Halsträger bestimmen den Grad der Aufrichtung des Halses.

Wichtiger Hinweis

Den Kopfbeugemuskeln im unteren Bereich des Halses darf keine aktive Aufgabe zufallen. Wohl gemerkt, das Pferd soll den Kopf und gedehnten Hals **fallen lassen,** nicht aktiv beugen."

Die Haltung des Pferdes unter dem Reiter ist zwar eine Beugehaltung, das Pferd darf aber die Beugemuskeln an der Unterseite des Halses für diese Beugung nicht benutzen.

Keine aktive Beugung

„Das Pferd soll weder den Hals im Ganzen noch das Hinterhauptsgelenk aktiv beugen. Täte es dies, dann würde es sich im ersten Fall aufrollen und ‚auf die Hand gehen', im zweiten durch aktive Ganaschenbiegung dem Gebiss nach hinten ausweichen und hinter den Zügel kommen."

Die Beugemuskeln an der Unterseite des Halses haben keinen wesentlichen Widerstand zu überwinden, wenn die Antagonisten, die Nackenmuskeln, von sich aus im Zustand der Dehnung sind, was nur der Fall ist, wenn das Pferd **zwanglos** Kopf und Hals **fallen lässt.** Wegen dieser Untätigkeit der Beugemuskeln stellt man bei gut gerittenen Pferden eine Rückbildung dieser Muskeln fest und ein Schlankerwerden der ganzen Halspartie unterhalb der Halswirbelsäule.

Haben Pferde einen starken Unterhals, so ist das immer ein untrügliches Indiz für falsches Reiten. Bei richtig gerittenen Pferden, d. h. solchen, die eine korrekte Dehnungshaltung gelernt haben, also das Reitergewicht mit Kopf, Hals und Nackenband tragen, befindet sich an der Unterseite des Halses keine ausgeprägte Muskulatur; die Drosselrinne ist deutlich sichtbar und die Muskulatur völlig weich und unentwickelt.

Ich weise noch einmal darauf hin, dass die Pferde bei einer korrekten Dehnungshaltung, also bei fallengelassenem Kopf und Hals, immer völlig zwanglos im Genick nachgeben – und das bei einem losen Zügel. Das habe ich immer so erfahren.

Problem gelöst

Damit ist eine der gravierendsten reiterlichen Schwierigkeiten, nämlich eine zwanglose Genickbiegung zu erreichen, auf eine problemlose und pferdegerechte Art gelöst.

Bei so ausgebildeten Pferden bleibt die zwanglose Genickbiegung auch dann erhalten, wenn sie später aus dem Dressursitz heraus weiter geritten werden.

Ein großes Problem

Für viele Reiter ist die zwanglose Genickbiegung des Pferdes ein großes Problem.

Viele Pferde geben im Genick nach – jedoch aufgrund eines mehr oder weniger starken Zwanges durch die Hand; sie gehen ein paar Tritte durchs Genick, drücken dann wieder gegen die Hand und heben sich nach oben heraus, wobei sie zwangsläufig auch immer den Rücken wegdrücken. Dann zwingt die Hand das Pferd wieder durchs Genick – die Pferde geben ein paar Tritte wieder nach – drücken dann erneut gegen die Hand und den Rücken weg. Das setzt sich so fort. Viele Reiter und Pferde leben damit ihr Leben lang. **Lockerheit und Losgelassenheit** des Pferdes als erste Voraussetzungen für eine korrekte Ausbildung **können so nicht erreicht werden.**

„Hilfszügel"…

Es dauert dann meistens nicht lange, bis die Pferde durch das fortlaufende Gegen-die-Hand-Gehen, Wegdrücken des Rückens und Herausdrücken des Unterhalses so verkrampft und versteift sind, dass die Muskeln des Reiterarmes das Pferd nicht mehr zum Nachgeben zwingen können. Dann werden die fatalen „Hilfszügel" eingesetzt, wie Schlaufzügel, Halsverlängerer (ich habe noch nie gesehen, dass damit ein Hals länger geworden ist), Wiener Zügel, Köhlerzügel und ähnliche Erfindungen. Diese Instrumente verschlimmern die

Sache nur, weil sie die **Ursachen** des Widerstandes **nicht beheben. „Hilfszügel“ zwängen den Hals noch mehr ein als es die harte Hand schon tut. Die Halsmuskulatur wird dadurch „kurz und kraus“. Damit ist dem Pferd ein Dehnen und Fallenlassen seines Halses, um in der Folge von selbst zwanglos im Genick nachzugeben, nicht möglich.**

...und ihre Wirkung

Bedeutung eines Hilfszügels

Ein Hilfszügel soll dem Pferd helfen, etwas schneller und leichter zu verstehen; hat es erst einmal verstanden, wird es dies auch von sich aus tun. Diese vorgenannten „Hilfszügel“ verhindern aber jegliches Verständnis seitens des Pferdes, weil sie gegen seine anatomischen Gegebenheiten arbeiten. Sie sind daher Ausdruck reiterlicher Hilflosigkeit und Unwissenheit. (Lesen Sie hierzu auch das Kapitel „Das Gogue“).

Schwere Schäden durch Hilfszügel

Die meisten Reiter sind sich nicht darüber im klaren, welche schweren Schäden durch dieses zwanghafte Verkürzen und Zusammenziehen des Halses entstehen. Diese Art des „Abrichtens“ (reiten kann man das wohl nicht nennen) führt nicht nur zu massiven Verspannungen und Verkrampfungen im Kopf- und Halsbereich, sondern auch zu einem „Auseinanderbrechen“ der Halswirbelsäule. Die Zwischenwirbelscheiben, vor allem zwischen dem 2. und 3. sowie 3. und 4. Halswirbel, die aus Knorpel bestehen, werden einerseits übermäßig auseinander gezogen – andererseits unterliegen sie einem ständigen unnatürlichen Druck, was zu einer Quetschung der Zwischenwirbelscheiben und der aus dem Halsmark austretenden Nerven führt.

Die Vorhand wird behindert

Außerdem wird durch das Einzwängen des Halses und damit Verkürzen der Halsmuskulatur die Bewegungsfreiheit der Vorhand stark eingeschränkt, weil der milzförmige Muskel als der große Bewegungsmuskel des Nackens und der Kopf-Hals-Armmuskel (der M. brachiocephalicus) als Vorschwinger des Vorderbeins miteinander verkoppelt sind; dadurch sind die Bewegungen der Vorhand abhängig von der Stellung des Halses. Tritt eine Verkürzung des Halses ein, ist dadurch der Aktionsradius des Kopf-Hals-Armmuskels ebenfalls verkürzt und damit das Vorschwingen der Vorderbeine eingeschränkt.

Der Hals ist die Balancierstange

Auch wird nicht beachtet, dass Kopf und Hals die Balancierstange des Pferdes sind. Jedes Einengen dieser Körperteile behindert das Pferd in seinem Gleichgewicht und seiner Balancierfähigkeit.

Die immer zu beobachtende Wirkung jeglicher Zwangsmaßnahmen mittels vorgenannter „Hilfszügel" ist, dass die Pferde, in dem Moment, in dem der Zwang aufhört, sofort wieder die alten, falschen Bewegungsmuster zeigen, nämlich Widerstand gegen die Hand, Herausheben nach oben, Wegdrücken des Rückens.

Oder sie haben gelernt, auf falsche Weise nachzugeben, indem sie dem Gebiss – und damit der Hand – nach rückwärts ausweichen durch Aufrollen des Halses oder Nachgeben im dritten bis vierten Halswirbel, wobei die Pferde dann „auf dem Kopf stehen" oder „hinter der Senkrechten gehen", hinter den Zügel kommen und auf die Hand drücken.

Nur eines haben die Pferde auf diese Weise nicht gelernt, konstant und zwanglos im lockeren Genick nachzugeben – bei leichter Hand.

Scharfe Gebisse

Scharfe Gebisse oder solche mit Hebelwirkung sollen die Pferde meistens auch nur auf mechanische Weise durchs Genick zwingen und haben dann die gleichen fatalen Auswirkungen wie die sogenannten „Hilfszügel".

Pferde können bis in höhere Klassen mit einfacher, doppelt gebrochener Wassertrense ausgebildet werden. Als Steigerung der einfachen Wassertrense genügt die ganz normale Kandare (mit Unterlegtrense und Stange mit Unterbäumen), die dazu dient, bei einem korrekt ausgebildeten Pferd, die bereits schon gut – auf Trense – hergestellte Selbsthaltung, Durchlässigkeit, Versammlung und Hankenbeuge noch weiter zu verbessern. Steinbrecht sagt: „Ein gut gerittenes Pferd geht mit einem ‚Schlüssel' im Maul!"

Meiner Erfahrung nach sind die Ursachen für das fehlende zwanglose Nachgeben des Pferdes im Genick immer
a) der nicht gedehnte und fallengelassene Hals
b) das nicht konstante Gehen über den Rücken- und Halsbogen.

„Die Rollkur"

Generell sieht man heute nur noch ganz wenige Reiter, die ihre Pferde mit gedehntem Hals und leicht vor der Senkrechten stehenden Nasenlinie reiten. Sehr viele Reiter arbeiten ihre Pferde mit aufgerolltem Hals und weit hinter der Senkrechten stehender, oftmals sogar bis auf die Brust gezogener Nase. Diese als „Rollkur" bekannt gewordene Unsitte hat sich – weil von sehr erfolgreichen Turnierreitern erfunden – inzwischen überall verbreitet und wird gedankenlos auf allen Ebenen und jedem Leistungsniveau nachgeahmt.

Diese aus Unwissenheit und gedanklicher Oberflächlichkeit geborene Methode richtet in der gesamten Reiterei großen Schaden an.

Die „Rollkur"

Prof. Dr. Heinz Meyer, einer der bekanntesten und angesehensten Hippologen, die wir heute haben, hat zu dieser Fehlentwicklung in einem Artikel mit der Überschrift „Rollkur" 1992 im Novemberheft der Pferdefachzeitschrift „St. Georg" wie folgt Stellung genommen: (Auszugsweise gebe ich hier den Artikel wieder)

> „...Meines Erachtens ist die Kritik aber dringend geboten, dies weniger wegen der letztlich kleinen Gruppe der internationalen Spitzenreiter, sondern wegen der Nachahmung durch die vielen Reiterinnen und Reiter auf mittlerem und unterem Leistungsniveau.
>
> Generell besagt diese Kritik, dass manche Spitzenreiterinnen und -reiter **nicht wegen** der aufgerollten Hälse ihrer Pferde zum Wettkampferfolg kommen, dass sie vielmehr **trotz** dieser Methoden an die Spitze reiten.
>
> Ferner beinhaltet diese Kritik die Bedingungen des Erfolgs, nämlich Richter, welche die negativen Auswirkungen eines solchen Trainings im Viereck nicht oder nicht hinreichend bestrafen. Schließlich weist die Kritik darauf hin, dass die Zucht heute Pferde produziert, die so viel Rahmen, Gang und Temperament haben, dass es nahe liegt, ihren Turniereinsatz mit unkonventionellen Methoden zu fördern (sprich: zu beschleunigen, Anm. d. A.)
>
> ...Die vorliegende Kritik wendet sich gegen den aufgerollten Hals, gegen das Abbiegen des Halses im Bereich des dritten oder vierten Wirbels, gegen die weit hinter der Senkrechten stehende Nasenlinie, gegen das Sich-in-die-Brust-beißen – nicht gegen das Fallenlassen des Halses, nicht gegen die Arbeit eines Pferdes über den Rücken.
>
> Letzteres wird, so die Kritik, in Wirklichkeit durch den aufgerollten Hals nicht erreicht; zudem werden die Pferde mit dieser Methode häufig nicht hinreichend oder nur partiell entspannt und gymnastiziert. Ferner lernen die Pferde derart häufig nicht in ausreichendem Maße, sich bei gedehntem Hals und vor der Senkrechten stehender Nasenlinie auf den Reiter zu konzentrieren, d. h., sich von der Umgebung nicht mehr ablenken zu lassen.

Der aufgerollte und verkürzte Hals behindert in der Regel das Schwingen des Rückens und auch das vermehrte Aufnehmen von Last durch die Hinterbeine; er behindert das lockere und freie Vorschwingen der Beine, insbesondere der Hinterbeine, das entspannte Vorwärtstreten, das einen wichtigen Schritt auf dem Weg zur Entspannung des Rückens und auch auf den Weg der Versammlung darstellt.

I. d. R. ist es also schwieriger, und nicht leichter, das Pferd bei verkürztem Hals im Rücken zu lockern und zu versammeln."

Soweit auszugsweise die Ausführungen von Prof. Dr. Heinz Meyer in seinem Zeitungsartikel „Die Rollkur".

Noch eine Stimme gegen die Rollkur. Philippe Karl schreibt in seinem Buch „Die ReitKunst" (blv, 2000):

„Diese Haltung des ‚eingerollten' Pferdes bietet unendlich größere Nachteile als Vorteile.

Vorteil :

Schnell erreichte, elementare Beherrschung, meist unter missbräuchlicher Anwendung von Hilfszügeln. Notbehelf und bequeme Lösung.

Nachteile:

- Was der Reiter für Leichtheit hält, ist nur ein Sich-Verkriechen hinter den Zügel mit dem Risiko, dass das Pferd es dann auch von sich aus tut.
- Weil die Anlehnung aufgehoben ist, kann der Reiter meinen, sein Pferd sei im Gleichgewicht, obwohl es auf der Vorhand geht. Trügerische Eindrücke!
- Die krampfhafte Verkürzung der Kopf-Hals-Arm-Muskeln blockiert völlig das Spiel der Schultern. Insgesamt besteht die Gefahr, dass das Pferd, das stark auf die Vorhand kommt und in seiner Vorwärtsbewegung eingeschränkt ist, seinen ‚Biss' verliert und eventuell sogar stätisch wird."

Sollten Sie auch zu den Reitern gehören, die ihre Pferde „rollkurartig" reiten, dann wird Ihnen hoffentlich bewusst geworden sein, was Sie damit Ihrem Pferd antun – und dass diese Methode nur Nachteile hat.

3. Die optimale Entfaltung des ganzen Bewegungspotenzials (aufgrund einer korrekten Dehnungshaltung)

Zuerst die Schub- und Schnellkräfte entwickeln

Je unbelasteter der Rücken ist, um so optimaler kann sich das Pferd bewegen. Im System der Natürlichen Ausbildung ist das Pferd durch den Effektiven Leichten Sitz in seinem Rücken nicht behindert. Andererseits ist auch der Reiter durch unausbalancierte Bewegungen des Pferdes in seinem Sitz und seiner Einwirkung nicht gestört. Bevor die Trag- und Federkräfte entwickelt werden können, müssen zuerst die Schub- und Schnellkräfte ausgebildet werden, weil diese Kräfte dem Pferd als Lauftier viel natürlicher sind als die Trag- und Federkräfte, die es in freier Natur nur ausnahmsweise einsetzt (z. B. ein Hengst bei seinem Imponiergehabe, beim Steigen).

Sind die Schub- und Schnellkräfte gut ausgebildet, fällt dem Pferd später die Ausbildung der Trag- und Federkräfte viel leichter, weil es dazu dieselben Muskeln benutzen muss, die dann schon entwickelt sind. Außerdem haben die Pferde dann auch schon gelernt, sich mit den Hinterbeinen immer zu engagieren.

Mit den Hinterbeinen stets energisch abzuschieben und weit unter das Gesamtgewicht vorzugreifen, müssen die Pferde zuerst lernen, weil sie dieses Bewegungsmuster unbelastet, ohne Reiter, nicht brauchen.

Zur Gewohnheit machen

> Durch eine ständige Aufforderung und Übung muss ihnen das zur **Gewohnheit, zur Eigenschaft** gemacht werden.

Energisch vorwärtsreiten

Lernen die Pferde das nicht von Anfang an, fällt es ihnen später um so schwerer, wenn sie mehr Gewicht aufnehmen sollen. Dazu müssen sie energisch vorwärts geritten werden, in raumgreifenden Gängen und frischem Tempo, damit die Schub- und Schnellkräfte auch entsprechend angeregt werden. (Siehe hierzu auch das Kapitel „Das Tempo“).

Diese raumgreifenden, sehr schwungvollen und energischen Bewegungen, in denen das Pferd gehen soll, sind im Dressursitz meistens schwer zu sitzen, besonders auch über einen längeren Zeitraum hinweg, der jedoch nötig ist, um eine Gewohnheit herauszubilden; um das überhaupt „aussitzen“ zu können, müssen die Pferde zusammengestellt werden.

Das Pferd bewegt sich in sehr energischen, raumgreifenden Gängen. Es schwingt über den Rücken- und Halsbogen. Der Hals ist gedehnt bei zwangloser Genickbiegung und losen Zügeln

Wertvolle Vorzüge des Effektiven Leichten Sitzes

Im Effektiven Leichten Sitz kann der Reiter sehr raumgreifende und sehr schwungvolle Bewegungen des Pferdes über längeren Zeitraum hinweg bequem sitzen, ohne dass er selbst oder das Pferd gestört sind; die Pferde können dabei in einem langen und tiefen Halsbogen gehen, mit leichtem oder losem Zügel, der diese raumgreifenden Bewegungen nicht behindert.

Das sind unschätzbare Vorzüge, auf denen u. a. auch der Erfolg dieser Methode beruht.

Wie tief soll die Dehnungshaltung sein?

Verschiedene Formen der Dehnungshaltung

Die Dehnungshaltung durchläuft verschiedene Formen. Grundsätzlich sieht sie bei einem jungen Pferd – in der Phase des Anreitens und in der ersten Zeit danach – anders aus als bei einem weiter ausgebildeten Pferd.

Junge Pferde

Junge Pferde wollen zuerst sehr tief in die Tiefe. Ihnen fehlen noch die Kraft und die ausgebildete Muskulatur (vor allem auch die Halsmuskulatur) sowie die Fähigkeit zu vermehrter Gewichtsaufnahme durch die Hinterhand, um sich in einer ausbalancierten Selbsthaltung in einem horizontalen Gleichgewicht und damit höherer Kopf- und Halshaltung bewegen zu können.

Dasselbe gilt auch für ältere, aber unrittige Pferde, bei denen man wieder „von vorne“ anfangen muss, um sie aus ihren Problemen herauszuführen.

Das Pferd bewegt sich in tiefer Dehnungshaltung. Es lässt zwanglos aus der Schulter heraus den Hals fallen. Diese tiefe Dehnungshaltung ist immer der Anfang und muss unbedingt zugelassen werden.

Diese manchmal sehr tiefe Dehnungshaltung – bei der einige Pferde mit der Nase fast über dem Boden gehen – muss man unbedingt zulassen. Da die Pferde von sich aus diese tiefe Dehnungshaltung suchen, muss man davon ausgehen, dass ihnen das ein dringendes Bedürfnis ist, dem der Reiter unbedingt Rechnung zu tragen hat.

Eine große Erleichterung

Vor allem auch sehr steife Pferde, die zum erstenmal erfahren, dass sie in die Tiefe sollen, gehen nach einer Weile, wenn sie begriffen haben, dass sie das – nun endlich! – dürfen, mit Kopf und Hals ganz tief und laufen mit der Nase manchmal fast im Sand. Offensichtlich ist den Pferden das eine große **Erleichterung: „Endlich hört der Krampf in meinem Rücken auf!“**

Aber nicht nur diese älteren, sehr steifen Pferde verhalten sich so, sondern auch viele junge Pferde, wenn sie angeritten werden, reagieren in dieser Weise; selbst dann noch, wenn sie lange Zeit an der Longe mit dem Gogue in der Dehnungshaltung vorgeschult wurden. Ich habe den Eindruck, in diesem Falle veranlasst sie das ungewohnte Gewicht dazu.

Diese tiefe Dehnungshaltung kann nur positiv bewertet werden:

Positive Bewertung

- sie bewirkt eine **maximale Dehnung der Oberlinie** und damit Aufwölbung und Entlastung des Rückens
- die Pferde lernen, den Hals **wirklich fallen zu lassen.**

Oft wird die Meinung vertreten, die Pferde dürften nicht so tief mit Kopf und Hals gehen. Meistens mit den Argumenten:

a) sie würden dann auf der Vorhand laufen;
b) es käme dadurch zu einer Überdehnung in der Oberlinie.

Dazu muss Folgendes gesagt werden:

Auf diese Weise kann das Pferd als Lauftier sehr schnell sein. Ein gesetztes Pferd, das mehr Last mit den Hinterbeinen trägt, ist nicht mehr schnell.

Zu a) **Alle** Pferde laufen auf der Vorhand (je nach individueller Statik etwas mehr oder weniger); sie tun das grundsätzlich, denn das Pferd ist von der Natur vorderlastig konstruiert; beim frei laufenden Pferd trägt die Vorhand mehr Last und die Hinterhand schiebt die „Masse Pferd" vor sich her.

Das horizontale Gleichgewicht

Das horizontale Gleichgewicht bei zwangloser Genickbiegung – in dem die Pferde dann nicht mehr auf der Vorhand laufen – erfordert ein vermehrtes Tragen des Gewichts durch die Hinterhand und gut entwickelte Muskeln, vor allem auch am Hals. Diese erwerben die Pferde immer erst in einer längeren Ausbildung – und zwar ganz gleich in welchem Sitz und in welchem System sie geritten werden.

Weiterhin auf der Vorhand

Aufgrund dessen laufen auch die jungen oder unrittigen Pferde weiterhin auf der Vorhand, die von Anfang an aus dem Dressursitz heraus geritten werden, „zusammengestellt" und in Anlehnung gehen. Dieses übliche Verfahren ist daher keine Garantie dafür, dass die Pferde nicht mehr auf der Vorhand gehen.

Das „Auf-der-Vorhand-Laufen" ist offensichtlich – laut moderner wissenschaftlicher Forschungen – für die Vorhand selbst weit weniger schädlich als allgemein angenommen und behauptet wird. (Hierzu weise ich auch auf den Artikel „Außer Kraft gesetzt" in der Pferdefachzeitschrift „Cavallo", Ausgabe 2/2001 hin.)

Es ist weniger schädlich, die Pferde auf der Vorhand gehen zu lassen als sie in falschen Versammlungsbemühungen „zusammenzuschrauben", um sie krampfhaft auf die Hinterhand zu bringen.

Sicherlich sollte das Pferd von dem Bewegungsmuster „auf der Vorhand gehen" im Laufe seiner Ausbildung wegkommen; aber nicht so sehr, weil das die Vorhand schädigt, sondern weil die auf der Vorhand laufenden Pferde von mangelnder „Bewegungsgefügigkeit" sind. Sie sind weniger wendig, biegsam, geschmeidig und durchlässig; sie können nicht in eine ausbalancierte Selbsthaltung kommen; eine Verkürzung der Unterstützungs-Basis, wie sie erforderlich ist für das „Schließen" und spätere Versammeln eines Pferdes, ist so nicht möglich.

Das Argument, die Pferde würden vermehrt auf der Vorhand gehen und an ihren Vorderbeinen Schaden nehmen, wenn sie im Effektiven Leichten Sitz und in tiefer Dehnungshaltung geritten werden, entspringt einer fatalen Unwissenheit und Unerfahrenheit. Es ist eine ganz unüberlegte Behauptung, die ständig vorgebracht wird. Aber weitverbreitete und tief sitzende Missverständnisse sind ja bekanntlich sehr schwer auszurotten.

Ich möchte daher besonders eindringlich auf folgendes hinweisen:

Pferde, die im Effektiven Leichten Sitz und im System der Natürlichen Ausbildungsmethode ausgebildet werden, kommen sehr viel schneller vom Auf-der-Vorhand-Laufen weg als solche, die von Anfang an im Dressursitz und in Anlehnung geritten werden.

Warum ist das so?

Freie Bewegungen

Weil das Pferd im Effektiven Leichten Sitz das Reitergewicht nicht voll in seinem Rücken hat – in seiner empfindlichen Bewegungszentrale – und weil es von Anfang an mit fallengelassenem Hals geht, bei losen Zügeln, kommt es nicht zu Verspannungen im Rücken des Pferdes.

Es kann sich daher so frei und unbehindert in seinem Rücken bewegen, wie ihm das unter einem Reiter im Dressursitz niemals möglich wäre.

Verspannungen im Rücken

Kommt es zu Verspannungen im Rücken, ist automatisch die Hinterhandmuskulatur auch verspannt, in ihrer Bewegungsfreiheit behindert und eingeschränkt, weil die Hinterhand-Muskulatur in die Rückenmuskulatur hineingreift und mit dieser verzahnt ist; daher sind beide Muskelgruppen in der Bewegung voneinander abhängig. Infolgedessen kann das Pferd die Hinterbeine nur dann unbehindert, in **optimaler** Weise bewegen und mehr nach vorne unter das Gewicht treten, wenn die Rückenmuskulatur frei von allen Verspannungen ist.

Bei jungen Pferden, deren Rücken noch schwach und unentwickelt ist, kommt es sehr schnell zu Verspannungen im Rücken, wenn sie gleich von vornherein aus dem Dressursitz heraus geritten und zusammengestellt werden; bei verrittenen Pferden ist der Rücken sehr oft verkrampft und damit ist auch immer die Hinterhand in ihrer Tätigkeit eingeschränkt.

Optimale Aktivität der Hinterbeine

Solche Pferde können mit Hilfe des Effektiven Leichten Sitzes und des in die Tiefe gedehnten Halses mit Leichtigkeit zu einer vermehrten, optimalen Aktivität der Hinterbeine angeregt werden; das bedeutet, die Pferde lernen sehr schnell, mit dem Stützbein energischer abzuschieben, dem das Schwingbein Rechnung tragen muss und weiter vorgreift. Damit tritt es weiter vor und unter und nimmt infolgedessen mehr Gewicht auf.

Da die Rückenmuskulatur auch in die Muskulatur der Vorhand hineingreift, ist diese ebenfalls locker und entspannt, wenn der Rücken entspannt ist. Daher kann der energische Schub aus der Hinterhand, der unbehindert über den losgelassenen Rücken- und Halsbogen fließt, von den Vorderbeinen frei nach vorne „ausgeschwungen" werden.

Darüber hinaus ist der Kopf-Hals-Arm-Muskel (M. brachiocephalicus) als Vorschwinger des Vorderbeines aufgrund des losen Zügels in seiner Aktion nicht eingeschränkt und ermöglicht daher ein weites Vorgreifen mit den Vorderbeinen.

Die automatische Folge davon ist :

Die Pferde heben sich in der Vorhand und mit Kopf und Hals. Sie tun dies selbständig, genau in Relation zur vermehrten Gewichtsaufnahme durch die Hinterbeine und zu der durch das Training erworbenen Muskelkraft, vor allem auch am Hals. Der lose Zügel lässt dem Pferd dazu die nötige Freiheit.

Relative Aufrichtung

Das ist dann eine wirkliche relative Aufrichtung, bei der die Funktion der gedehnten Nackenmuskeln voll erhalten bleibt; der Rücken schwingt weiter, es tritt keine Verkürzung oder Einengung des Halses ein.

Frühe Gewichtsaufnahme

Der Effektive Leichte Sitz und der fallengelassene Hals haben außerdem den Vorzug, dass man junge und auch verrittene Pferde im Tempo schon bald forciert reiten kann, um energische, raumgreifende und schwingenden Hankenbewegungen hervorzubringen; daher fangen sie schon früh an, mehr Gewicht mit den

Hinterbeinen aufzunehmen, ohne dass dadurch ihr Rücken Schaden leidet, denn der Reiter sitzt nicht im Rücken des Pferdes.

Zu b) Es käme durch die sehr tiefe Dehnungshaltung zu einer Überdehnung der Oberlinie

Diese Behauptung ist leicht zu widerlegen mit dem Hinweis darauf, dass sich die Pferde auf der Weide stundenlang mit der Nase im Gras bewegen, um zu fressen. Es müsste dann auch zu einer Überdehnung kommen und somit wäre das Pferd eine „Fehlkonstruktion" der Natur.

Ich sagte bereits, dass die Dehnungshaltung verschiedene Stadien durchläuft und dass die meisten Pferde am Anfang der Ausbildung ganz tief mit Kopf und Hals gehen wollen.

Ich weise noch einmal darauf hin, dass man dies unbedingt zulassen muss, auch wenn es manchmal etwas unangenehm sein kann, zeitweilig „nichts mehr vor sich zu haben".

Das Bedürfnis, Kopf und Hals tief zu stellen

Auf gar keinen Fall dürfen die Pferde daran gehindert werden, so tief mit Kopf und Hals zu gehen. Da die meisten jungen und auch verrittenen Pferde das so machen, muss von einer Notwendigkeit ausgegangen werden, von einem dringenden Bedürfnis, das die Pferde haben.

Neues Bewegungsmuster

Die Pferde dürfen auch nicht mit den Zügeln, bzw. mit den Händen angehoben werden. Das wäre ganz fatal, weil dann die **Entwicklung eines neuen Bewegungsmusters** unterbrochen wird, nämlich bei jedem Schritt über den Rücken- und Halsbogen zu gehen, mit fallengelassenem – und damit auch immer gedehntem Hals.

Die Pferde heben sich von selbst

Ich habe immer die Erfahrung gemacht, dass die Pferde sich **von selbst** aus der tiefen Dehnungshaltung anheben, wenn folgende Voraussetzungen geschaffen sind:

1. das Pferd geht mit einem wirklich fallengelassenen Kopf und Hals – und zwar konstant
2. die Nackenmuskeln sind stark genug geworden, um Kopf und Hals anzuheben
3. aufgrund weiterer Gymnastizierung durch die Lektionen und schwungvolle, raumgreifende Bewegungen haben die Pferde gelernt, mehr Gewicht mit den Hinterbeinen aufzunehmen

Wenn diese Voraussetzungen gegeben sind, heben sich die Pferde **von selber – und solange muss man warten!**

Ein längerer Prozess

Selbstverständlich ist das immer ein längerer Prozess; eine Entwicklung, die Zeit benötigt.

Grundsätzlich geht in der Pferdeausbildung nichts schnell. Das Entwickeln neuer Bewegungsmuster muss logischerweise Zeit in Anspruch nehmen; von den psychischen Belastungen, die das Pferd auch erst einmal verkraften muss, ganz zu schweigen. Fredy Knie sagt: „Jeden Tag ein Zentimeter (Fortschritt) – bringt schließlich auch einen Meter. Bei mir bestimmt das Pferd den Gang der Ausbildung."

Bei einem jungen Pferd z. B. sollte wenigstens viermal in der Woche eine Gymnastizierung erfolgen, will man kontinuierlich weiterkommen; dabei reichen ca. 30 bis 35 Minuten vollkommen aus. Nicht das stundenlange (windelweich und klatschnass), sondern das reittechnisch und pferdepsychologisch richtige Reiten fördern das Pferd und bringen den Erfolg.

Vor allem junge und auch verrittene Pferde sind sehr schnell in ihren mentalen und psychischen Kräften erschöpft; und dann ist Lernen und Bewegungen koordinieren nicht mehr möglich.

Stufenweises Anheben

Die Pferde heben sich immer nur allmählich und stufenweise, langsam, nach und nach. Einige brauchen dafür etwas mehr Zeit, andere weniger. Das ist abhängig von der individuellen Statik des Pferdes und davon, wie oft und wie korrekt das Pferd geritten wird. Zwischendurch wollen die Pferde auch immer wieder in die Tiefe; das muss man unbedingt zulassen, um vor allem auch die Nackenmuskeln zu entlasten. Wenn Pferde am Anfang ihrer Ausbildung, und besonders auch Korrekturpferde, nicht diese tiefe Dehnungshaltung einnehmen, dann liegt das meistens daran:

Wenn das Pferd die tiefe Dehnungshaltung nicht einnimmt

- dass die Pferde sehr steif und fest sind, fast immer haben sie dann auch noch dicke, ausgeprägte Unterhälse
- dass sie sich bisher nie in die Tiefe dehnen durften und sich nun nicht trauen
- dass der Reiter dem Pferd den Weg in die Tiefe nicht richtig zeigt

Die Grundlagen der Rittigkeit

Die Pferde brauchen nach diesem Dehnen in die Tiefe mindestens ein halbes, meistens ein dreiviertel Jahr, häufig sogar länger, bis sie sich mit Kopf und Hals soweit gehoben haben, dass sie sich

- in einem horizontalen Gleichgewicht,
- in zügelunabhängiger Selbsthaltung,
- bei zwangloser Genickbiegung,
- ausbalanciert

bewegen können und gelernt haben

- konstant über den Rücken- und Halsbogen zu schwingen, mit aktiven Hinterbeinen.

Das ist eine relativ kurze Zeit zum Erlernen dieser Fähigkeiten, die für jedes Reitpferd die notwendigen Grundlagen sind. Andere Ausbildungssysteme brauchen oft sehr viel länger, um diese Grundlagen zu erarbeiten, falls dies überhaupt gelingt.

Die Pferde behalten alle diese Eigenschaften bei, wenn sie später aus dem Dressursitz heraus weiter geritten werden.

Wenn Pferde sehr lange Zeit brauchen, um die vorgenannten Fähigkeiten zu entwickeln, dann hat das meistens folgende Gründe:

Die Entwicklung braucht zu lange

1. junge Pferde sind nicht lange genug vom Boden aus mit der Longe (und dem Gogue) sowie durch Handarbeit vorbereitet worden
2. die Pferde sind stark verritten, d. h. sie sind steif und fest, mit falsch entwickelten oder mangelhaft ausgeprägter Muskulatur an erforderlicher Stelle, und haben falsche Reflexe erlernt;
3. der Reiter macht technische Fehler und / oder reitet das Pferd zu selten.

Die verschiedenen Formen der Dehnungshaltung

Es gibt drei Formen der Dehnungshaltung, die genau unterschieden werden müssen:

Machen Sie sich eine genaue Vorstellung von den drei Formen der Dehnungshaltung. Diese benötigen Sie für Ihr Reiten.

1. ein Strecken vorwärts-abwärts in die Tiefe
2. ein Fallenlassen von Kopf und Hals
3. ein Vorstrecken von Kopf und Hals

1. Das Strecken vorwärts-abwärts in die Tiefe

Hierbei **strecken** die Pferde Kopf und Hals **vorwärts-abwärts in die Tiefe.** Sie kommen dabei manchmal sehr tief – was man unbedingt zulassen muss. Kopf und Hals sind dabei nach unten **gestreckt.**

Tiefes Strecken ist der Anfang

Dieses tiefe Strecken nach unten vorwärts-abwärts ist der Anfang, die erste Form der Dehnungshaltung, die von den Pferden eingenommen werden muss – weil sie nur aus diesem tiefen Strecken vorwärts-abwärts lernen, den Hals wirklich fallen zu lassen.

Und auf dieses **Fallenlassen** des Halses kommt es an – das ist das Entscheidende. Dieses Fallenlassen von Kopf und Hals **müssen alle Pferde zuerst lernen;** sie können und machen es nicht von Anfang an.

Das Pferd streckt sich vorwärts-abwärts in die Tiefe. Manchmal kommen die Pferde dabei sehr tief; das muss man zulassen. Das ist die erste Form der Dehnungshaltung.

Junge Pferde wollen sich anfangs immer zuerst so tief strecken. Es scheint ihnen ein dringendes Bedürfnis zu sein, dem der Reiter Rechnung tragen muss. Ganz offensichtlich fehlt den jungen Pferden noch die Muskelkraft in der Hinterhand und am Hals, sowie insgesamt die Geschicklichkeit, sich **zügelunabhängig unter dem Reiter** im horizontalen Gleichgewicht bewegen zu können.

Ältere Pferde muss man zu diesem tiefen Strecken vorwärts-abwärts veranlassen; meistens darum, weil sie steif und fest sind, oder auch, weil sie nie in die Tiefe durften. Diese Pferde brauchen dann eine Weile, bis sie das Prinzip verstanden haben. (Siehe hierzu auch das Kapitel „Die Technik, ein Pferd in die Tiefe zu reiten.“)

Wie tief das Pferd dabei mit Kopf und Hals geht, **reguliert es selber,** was ihm die durchhängenden Zügel auch ermöglichen. Einmal wird das eine etwas tiefere Haltung sein, ein anderes Mal eine weniger tiefe. Das hängt vorwiegend ab von der Tätigkeit der Hinterbeine und des Rückens, vom Tempos und von der Lektion, die gerade geritten wird – und nicht zuletzt auch von der bereits erworbenen Muskelkraft, vorwiegend auch im Hals.

Aber grundsätzlich muss am Anfang immer ein tiefes Strecken vorwärts-abwäts erfolgen.

Energisch vorwärtsreiten

Diese anfangs manchmal sehr tiefe Haltung von Kopf und Hals – die man unbedingt zulassen muss – hat keinerlei Nachteile, **wenn man energisch vorwärts reitet** und dadurch die Hinterbeine zu weitem Vortreten und damit vermehrter Lastaufnahme aktiviert. Dieses energische Vorwärtsreiten – bei dem die Pferde über **den Rücken- und Halsbogen schwingen** müssen – ist unbedingt erforderlich, sonst können sich die Pferde nicht selber aus der tiefen Dehnungshaltung heraus anheben.

Weil die Pferde durch den Effektiven Leichten Sitz und durch die korrekte Dehnungshaltung bei losem Zügel weder in ihrem Rücken noch in der Hinterhand behindert sind, können sie sich entspannt und losgelassen bewegen; energisches und schwungvolles Vorwärtsgehen (vor allem auch im Trabe) bereitet ihnen daher keine Probleme; die meisten Pferde lieben es und können leicht dazu animiert werden.

Schwungvolles Vorwärtsgehen

Ohne diesen Schwung kann sich in der Ausbildung eines Pferdes nichts weiterentwickeln. Schwung kommt von Schwingen, und so sollte es sich auch anfühlen, nämlich so, dass die Pferde völlig locker und losgelassen über den Rücken- und Halsbogen nach vorne schwingen.

Der Reiter hat das Gefühl, als würde sich der Rücken noch mehr aufwölben (was er auch tut). Die Bewegungen des Pferdes sind weich und federnd, sehr locker und losgelassen; es geht in einer angenehmen dynamischen Spannung.

Immer wenn die Pferde mit ihren Hinterbeinen energischer und raumgreifender nach vorne treten,

- wird vorne die Dehnungshaltung besser, d. h. das Pferd dehnt und „rundet" sich und der Rücken wölbt sich mehr auf
- und das Pferd hebt sich mit Kopf und Hals automatisch etwas an.

Zu 2. Das Fallenlassen von Kopf und Hals

Aus dem tiefen Vorwärts-Abwärts-Strecken fangen die Pferde allmählich an, sich mit Kopf und Hals selbst anzuheben.

Das Anheben von Kopf und Hals aus dem tiefen Strecken erfolgt:

- durch die Aktivierung der Hinterbeine zu **raumgreifenden** und **schwungvollen** Bewegungen
- durch **vermehrte Gewichtsaufnahme** mit den Hinterbeinen aufgrund der Gymnastizierung in den Lektionen
- und durch ein **Wachstum der Nackenmuskeln**

Je mehr die Pferde lernen, Gewicht mit den Hinterbeinen aufzunehmen, und je stärker die Halsträger werden, um den Hals anzuheben, um so mehr heben die Pferde sich selber aus dem tiefen Vorwärts-Abwärts-Strecken an und beginnen dann, den Hals einfach fallenzulassen.

*Das Pferd lässt zwanglos aus der Schulter heraus Kopf und Hals **fallen**, bei losen Zügeln.*

Anatomisch muskulärer Zusammenhang:

„Die Aufhängung des Halses am Widerrist

Die muskulären Zusammenhänge und die Prinzipien der korrekten Dehnungshaltung

Der Hals wird von den Halsträgern getragen; das sind der lange Halsmuskel (Muskelbild 4c) und der Widerristmuskel (Muskelbild 4d). Sie entspringen an der Widerrist-Schulter-Platte und den Brustwirbeln und gehen zum 7. bis 4. Halswirbel.

Hat der Hals natürlicherweise eine S-Form, so setzen sich diese Halsträger im unteren, nach oben konkaven Bogen an. Streckt oder senkt das Pferd den Hals, so hängt der untere Abschnitt der Halswirbelsäule an diesen Muskeln. Je stärker sie im Laufe der Ausbildung werden, desto mehr geht ihre nur statische, d. h. nur haltende Funktion in aktives Tragen über. Sie befinden sich dann im Zustand einer vermehrten Spannung. Damit heben sie den 7. bis 4. Halswirbel zum Widerrist, wobei der bisher konkave Bogen sich streckt, der Hals seine S-Form verliert und ein schöner, gleichmäßiger nach oben konvexer Bogen entsteht. Damit wird gleichzeitig der Hals länger."

Der Hals ist nun quasi an den Halsträgern „aufgehängt"; das Pferd lässt Kopf und Hals einfach fallen.

Nicht aktiv beugen

„Das Pferd soll weder den Kopf im Hinterhauptsgelenk aktiv beugen, weil es dann durch aktive Ganaschenbiegung dem Gebiss nach hinten ausweicht und hinter den Zügel kommt – noch soll es den Hals aktiv beugen; täte es dies, würde es sich aufrollen und auf die Hand gehen. So wie der durchflochtene Kopfmuskel die Haltung des Kopfes angibt, so bestimmen die Halsträger den Grad der Aufrichtung des Halses."

Aus diesen muskulären Zusammenhängen erklärt sich auch, warum junge Pferde (und auch verrittene) sich immer zuerst in die Tiefe strecken wollen. Denn zum Anheben des Halses bedarf es unter anderem eines Muskelzuwachses bei den Halsträgern, der sich nur durch ein längeres Training einstellen kann.

Diese Halsträger können nur an Umfang und damit an Kraft zunehmen, wenn sie wirklich das zu tun haben, was ihre Aufgabe ist, nämlich den Hals zu tragen und den Rücken aufzuwölben (zusammen mit dem Nackenband). Das können sie nur, wenn das Pferd den Hals hat fallen lassen und der Hals damit „hängt", an den Halsträgern aufgehängt ist, und diese Muskeln sich somit in einem Zustand passiver Dehnung befinden.

Kein Muskelzuwachs bei verkürztem Hals oder beigezogenem Kopf

Geht das Pferd unter dem Reiter mit hohem Kopf oder wird der Hals mit den Zügeln oder Hilfszügeln verkürzt, dann befinden sich diese Muskeln nicht mehr in einer passiven Dehnung, können daher physiologisch nicht richtig arbeiten und darum auch an Umfang nicht zunehmen.

Bei falsch gerittenen Pferden entwickelt sich die Halsmuskulatur unter dem Mähnenkamm und am Halsansatz nicht. Deshalb kann man vorwiegend an der Halsmuskulatur erkennen, ob ein Pferd richtig geritten ist oder nicht.

Die Halsmuskeln und die Form des Halses

„Nirgends ist das Trainingswachstum von einzelnen Muskeln oder Muskelgruppen in so großem Umfange zu beobachten wie am Hals. Man hört manchmal sagen: ‚Die Muskeln verlagern sich von unten nach oben.' Das ist natürlich nicht der Fall. Die Nackenmuskeln des richtig gehenden Pferdes werden bei ihrer tragenden Tätigkeit ständig stark beansprucht und nehmen wie jeder arbeitende Muskel an Umfang zu. Der Nacken wird breiter; die beim jungen Pferd zwischen Halswirbelsäule und Mähnenkamm sichtbare dreieckige Vertiefung wird ausgefüllt.

Die Halsbeuger dagegen, denen kaum eine aktive Tätigkeit zufällt, verstärken sich nicht, bilden sich sogar zurück, und damit prägt sich die Drosselrinne am unteren Halsteil immer deutlicher aus. Auch die Halsform verändert sich im Laufe der Ausbildung. Die beiden Träger des Halses heben mit fortschreitendem Trainingswachstum die untere Partie des Halses, wobei die Konkavität in diesem Abschnitt sich ausgleicht, der Hals seine S-Form verliert und ein schöner, gleichmäßiger, nach oben konvexer Bogen entsteht. Damit wird der Hals gleichzeitig länger."

Das „Endprodukt" der Dehnungshaltung

Diese muskulären Zusammenhänge erklären auch, warum es so nachteilig ist, junge Pferde gleich „zusammenzustellen", wie es üblicherweise gemacht wird. Dieses „Zusammenstellen" bewirkt in den meisten Fällen eine Verkürzung der Nackenmuskeln. Wie zuvor schon gesagt, können der Kopfträger wie auch vor allem die Halsträger aber nur an Umfang zunehmen und damit an Kraft, um Kopf und Hals anzuheben, wenn sie sich in einem Zustand der Dehnung befinden. Nur dann arbeiten sie physiologisch richtig.
Je mehr vorgenannte Voraussetzungen zum Anheben und Fallenlassen von Kopf und Hals entwickelt und perfektioniert werden, umso mehr heben sich die Pferde mit Kopf und Hals an und kommen allmählich in ein horizontales Gleichgewicht; es entsteht dann das, was ich das „Endprodukt" der Dehnungshaltung nenne:

- **ein Anheben von Kopf und Hals bis in ein horizontales, zügelunabhängiges Gleichgewicht**
- **ein schöner, gleichmäßiger, nach oben konvexer Bogen des oberen Mähnenkammes**
- **eine völlig zwanglose Genickbiegung**
- **bei losem Zügel**

*Das Pferd hat sich aus tiefer Dehnungshaltung **selbst** angehoben in ein horizontales, zügelunabhängiges Gleichgewicht, mit zwangloser Genickbiegung bei losen Zügeln. Man sieht deutlich den schönen, gleichmäßigen konvexen Halsbogen und die stark entwickelte richtige Halsmuskulatur.*

Halbhohes Vorstrecken von Kopf und Hals. Eine falsche Form und keine korrekte Dehnungshaltung

3. Das Vorstrecken von Kopf und Hals

Hierbei strecken die Pferde Kopf und Hals nur nach vorne vor – in halbhoher Position. Der Hals ist hierbei nicht in die Tiefe gestreckt – und das Pferd hat ihn auch nicht wirklich fallen gelassen.

Das ist keine korrekte Dehnungshaltung.

Aus diesem bloßen Vorstrecken von Kopf und Hals in einer halbhohen Position entsteht korrekte Dehnungshaltung, wie wir sie zum Reiten benötigen. Das Pferd streckt Kopf und Hals nicht vorwärts-abwärts in die Tiefe; es lässt auch nicht den Hals fallen. Kopf und Hals sind daher nicht mittels der Nackenmuskeln passiv am Widerrist aufgehängt und die Nackenmuskeln befinden sich nicht im Zustand passiver Dehnung. Somit entstehen auch keine Aufwölbung des oberen Mähnenkammes und keine zwanglose Genickbiegung.

Dieses halbhohe Vorstrecken von Kopf und Hals muss unbedingt vermieden werden.

Manche Pferde neigen zu diesem Nur-Vor-Strecken. Meistens solche,

- die sich nicht in die Tiefe trauen, weil sie es bisher nie gedurft haben;
- die noch nicht begriffen haben, dass sie da herunter sollen;
- die Pferde, die fest und steif sind, vor allem auch in der Halsmuskulatur;

Am Anfang der Ausbildung ist eine tiefe Dehnungshaltung unbedingt erforderlich.

Das Pferd kommt bei losem Zügel hinter die Senkrechte; dies ist ohne Bedeutung. Das Pferd wird bei den nächsten energischen und schwungvollen Tritten die Nase von sich aus wieder vornehmen.

- oder solche, die immer „stramm am Band" geritten worden sind;
- oder vorwiegend hinter der Senkrechten.

Es gibt aber auch viele Reiter, die meinen, dieses halbhohe Vorstrecken von Kopf und Hals sei die gewünschte, erforderliche Dehnungshaltung.

Nur Vorstrecken ist falsch.

Weil das so wichtig ist, möchte ich noch einmal darauf hinweisen:

Es ist unbedingt erforderlich, dass die Pferde anfangs tief in die Tiefe gehen, denn nur aus diesem tiefen Strecken vorwärts-abwärts heraus lernen sie, den Hals wirklich fallen zu lassen.

Für dieses tiefe Strecken muss der Reiter sorgen. Haben die Pferde das einmal wirklich verstanden, dann bleiben sie auch gerne da unten, weil ihr Rücken dadurch optimal entlastet und entspannt wird. Aber nicht nur der Rücken, das ganze Pferd entspannt sich und wird locker. Es ist immer deutlich zu spüren, wie dies den Pferden eine Wohltat ist und wie gerne sie so gehen.

Diese drei Formen der Dehnungshaltung müssen genau verstanden und unterschieden werden. Solange die Dehnungshaltung nicht stimmt, kann es in der Ausbildung nicht weitergehen.

Wie soll der Dehnungsbogen von Kopf und Hals sein?

Langer Halsbogen

Immer soll es ein langer Bogen sein und die Nasenlinie soll leicht vor der Senkrechten stehen. Der lange Bogen ist immer gegeben, wenn das Pferd zwanglos aus der Schulter heraus Kopf und Hals einfach fallen lässt. Aufgrund der durchhängenden Zügel sind Kopf und Hals niemals eingezwängt.

Nasenlinie hinter der Senkrechten

Kommt das Pferd bei einem zwanglos fallengelassenen Hals und **losem Zügel fallweise** mit der Nasenlinie hinter die Senkrechte, so ist dies ohne Bedeutung. Das Pferd wird bei den nächsten – vor allem energischen und schwungvollen – Tritten von sich aus die Nase wieder weiter vornehmen.

Wenn Pferde über lange Zeit meistens mit der Nasenlinie hinter der Senkrechten geritten worden sind, mit gegen die Brust gezogenem Kopf und Hals, ist den Pferden das oft so zur Gewohnheit geworden, dass sie Probleme haben, den Hals zu dehnen und mit dem Kopf und der Nasenlinie vorzugehen. Hier hilft nur eines:

Korrektur

- Beide durchhängenden Zügel mit dem ganzen Arm aus der Schulter heraus immer wieder nach vorne zu schwingen. Dieses lockere Nach-Vorne-Schwingen beider Zügel weist dem Pferd den Weg und hilft ihm, mit Kopf und Hals mehr vorzugehen. (Siehe hierzu auch das Kapitel „Die Technik, ein Pferd in die Tiefe zu reiten“).

Bei zunehmender Lockerheit – meistens sind diese Pferde auch sehr verspannt – bessert sich auch die Kopf- und Halshaltung.

Das selbständige Anheben von Kopf und Hals

Weil ich oft gefragt worden bin, wie man das Pferd aus so tiefer Dehnungshaltung wieder hoch bringt – weil das die größte Sorge der Reiter war – möchte ich hier noch einmal besonders detailliert darauf eingehen. Ich habe immer erfahren, dass die Pferde sich selbst wieder heben.

Die Pferde können sich aus dem anfänglichen tiefen vorwärts-abwärts Strecken nur dann von **selbst** anheben, wenn folgende Voraussetzungen gegeben sind:

Die Pferde müssen gelernt haben,

Voraussetzungen für das selbständige Anheben von Kopf und Hals

1. **konstant** mit Kopf und Hals in der Tiefe zu bleiben
2. mit energischen, raumgreifenden Gängen über den Rücken- und Halsbogen zu **schwingen**
3. Kopf und Hals einfach **fallen** zu lassen
4. mehr **Gewicht mit den Hinterbeinen** aufzunehmen und
5. sie müssen **entsprechende Muskeln** im Rücken, in der Hinterhand und vor allem auch am Hals entwickelt haben.

1. Die Pferde müssen konstant in der Tiefe bleiben

Das „Rauf und Runter" mit Kopf und Hals muss aufhören; die Pferde müssen sich darauf eingestellt haben, konstant bei jedem Schritt und Tritt mit Kopf und Hals in der Tiefe zu bleiben. (evtl. lesen Sie hierzu noch einmal das Kapitel „Die Technik ein Pferd in die Tiefe zu reiten").

Neues Bewegungsmuster

Das „Rauf und Runter" mit Kopf und Hals machen **anfangs alle** Pferde so, weil sie frei und alleine laufend immer mit hohem Kopf und Hals gehen; das ist ihre natürliche Art, sich zu bewegen. Ständig über den Rücken- und Halsbogen zu gehen mit einem fallengelassenen Hals und aufgewölbten Rücken ist ein **neues** Bewegungsmuster, das sie **erst lernen** müssen; d. h., es muss zu einem neu erlernten Bewegungsmuster geworden sein, das in der Bewegungszentrale des Gehirns sicher verankert ist; dann reagieren die Pferde selbständig und reflexiv. Und das ist die erste und unabdingbare Voraussetzung für das selbständige Anheben von Kopf und Hals.

Anfangs benötigen alle Pferde eine ständige „Erinnerung" durch die Hand, mit Kopf und Hals in der Tiefe zu bleiben. Je lockerer und entspannter die Pferde sind, umso schneller stellen sie sich darauf ein, unten zu bleiben. Denn das Fallenlassen von Kopf und Hals darf der Reiter auf Zeit und Dauer nicht ständig mit den

Zügeln herstellen müssen. **Die Pferde müssen gelernt haben, das weitestgehend von sich aus zu tun.**

Die Pferde lernen das nur dann, wenn der Reiter die spezielle Technik, mit einem losen Zügel die Pferde in die Tiefe zu reiten, richtig praktiziert – und dadurch verhindert, dass sie mit Kopf und Hals immer wieder hoch kommen.

Wenn Pferde mit Kopf und Hals nicht unten bleiben wollen, kann das folgende Ursachen haben:

Ursachen

- Die Technik mit der Hand, die erforderlich ist, um ein Pferd in die Tiefe zu reiten, stimmt nicht. Überprüfen Sie Ihre Einwirkungen mit den Zügeln. Lesen Sie das entsprechende Kapitel noch einmal; machen Sie nochmals die angegebene „Trockenübung".
- Achten Sie auch darauf, dass Ihr Effektiver Leichter Sitz stimmt. Sitzen Sie korrekt im „Sitz-Dreieck", Hüfte und Gesäß weit nach hinten geschoben, die Schultern über dem Fundament Knie-Wade-Fuß, bei sehr tiefem Absatz und leicht geöffnetem Knie. Wenn Sie nicht sicher und ausbalanciert sitzen, dabei locker und entspannt, kann Ihre Handeinwirkung nicht präzise und gefühlvoll genug sein. (Lesen Sie eventuell das Kapitel über den Effektiven Leichten Sitz nochmals).
- Das Pferd ist sehr steif und fest. Auch Pferde mit einem dicken Unterhals und festem Rücken brauchen länger, bis sie den Weg in die Tiefe finden. Um hier schneller zu Ergebnissen zu kommen, müssen diese Pferde mit dem Gogue longiert und dann auch damit geritten werden. (Siehe hierzu auch das Kapitel „Das Gogue").

2. **Das Pferd muss mit energischen, raumgreifenden Gängen über den Rücken- und Halsbogen schwingen.**

Das Pferd schwingt mit sehr energischen, raumgreifenden Bewegungen über den Rücken- und Halsbogen, bei losen Zügeln.

Das Schwingen über den Rücken- und Halsbogen ist ein Garantie dafür, dass die Energien ungehindert von hinten nach vorne durch das ganze Pferd hindurch fließen, ohne irgendwo im Körper des Pferdes stecken zu bleiben. Nur so kann es den Schub aus der Hinterhand mit den Vorderbeinen frei nach vorne ausschwingen – **sonst läuft es in den Boden hinein** und dann ist ein Anheben von Kopf und Hals nicht möglich.

Das Schwingen ist auch darum so wichtig, weil sich die so ausgebildeten Pferde später, wenn sie die Reife dafür haben, mittels dieses Schwingens über den Rücken- und Halsbogen **selbst in die Hand hinein schwingen** – von hinten nach vorne –, um an den Zügel heranzugehen, wie es erforderlich ist. (Lesen Sie hierzu auch das Kapitel „Die Anlehnung").

3. Das Pferd muss Kopf und Hals einfach fallen lassen.

Nur wenn das Pferd anfangs Kopf und Hals in die Tiefe streckt und dann beginnt, mit raumgreifenden Bewegungen über den Rücken- und Halsbogen nach vorne zu schwingen, kommt es mit der Zeit dazu, Kopf und Hals aus der Schulter heraus zwanglos fallen zu lassen, weil dazu auch nötig ist, dass das Pferd losgelassen ist, raumgreifend geht und schon mehr Gewicht mit den Hinterbeinen aufnimmt.

4. Mehr Gewicht mit den Hinterbeinen aufnehmen.

Bei fallengelassenem Hals und energischen, raumgreifenden Bewegungen über den Rücken tritt das Pferd automatisch mehr nach vorne unter das Gewicht. Eine weitere Gymnastizierung der Hinterbeine erfolgt durch die Lektionen.

5. Die Entwicklung entsprechender Muskeln im Rücken, in der Hinterhand und vor allem auch am Hals.

Um mehr Gewicht mit den Hinterbeinen aufnehmen zu können, benötigt das Pferd gut entwickelte Muskeln an der Hinterhand, sonst fehlt ihm dazu die Kraft. In den Ausführungen über die Nackenmuskeln wurde bereits darauf hingewiesen, dass die Halsträger erst an Umfang zunehmen müssen, damit sie den Hals in Richtung Widerrist anheben können.

Diese fünf Kriterien herausarbeiten

Diese fünf Kriterien müssen in der angegebenen Reihenfolge herausgearbeitet werden, soll das Pferd sich selbst anheben können in eine schöne, zügelunabhängige Selbsthaltung mit zwangloser Genickbiegung, bei losem Zügel.

Wenn der Sitz des Reiters und die Einwirkungen mit der Hand stimmen und die Pferde locker und losgelassen sind, ist das viel einfacher als es beim Lesen erscheinen mag.

Ein sicher verankertes Bewegungsmuster

Haben die Pferde die zügelunabhängige Selbsthaltung mit zwangloser Genickbiegung auf diese Weise einmal gelernt, beherrschen sie das für den Rest ihres Lebens. Es ist zu einem in der Bewegungszentrale des Gehirns sicher verankerten Bewegungsmuster geworden.

Man muss es nicht ständig zwischen Schenkel und Hand erneut herstellen: Es bedarf meistens nur noch der „Erinnerung".

Dass die Entwicklung dieses neuen Bewegungsmusters eine geraume Zeit in Anspruch nimmt, wird jedem Reiter verständlich sein. Bei einigen Pferden geht es schneller, andere brauchen etwas länger. Das hängt vorwiegend ab von den individuellen Problemen, die das Pferd hat, davon wie oft es geritten wird – und nicht zuletzt auch von den Einwirkungen bzw. von der Geschicklichkeit des Reiters.

Unschätzbare Vorzüge

So ausgebildete Pferde

- **liegen nie auf der Hand**
- **suchen nie eine Stütze im Zügel**
- **geben immer zwanglos im Genick nach, bei losem Zügel**
- **sie gehen später in korrekter, nicht mit der Hand herbeigeführter Aufrichtung**
- **und in einer schönen Selbsthaltung**

Alles noch einmal auf einen Blick:

1. Zuerst muss das Pferd Kopf und Hals **in die Tiefe strecken** (wobei es anfangs möglichst tief gehen soll)
2. dann müssen die Hinterbeine zu **energischen, raumgreifenden** und **schwungvollen** Gängen aktiviert werden
3. die Pferde müssen über den Rücken- und Halsbogen **schwingen** (was sie immer tun, wenn 1. und 2. gegeben sind)
4. aus den Punkten 1 bis 3 ergibt sich, dass die Pferde lernen Kopf und Hals **einfach fallen zu lassen** – zwanglos aus der Schulter heraus
5. sind die Kriterien 1 bis 4 erfüllt, heben sich die Pferde allmählich **selbst** in ein horizontales Gleichgewicht aufgrund **vermehrter Gewichtsaufnahme** durch die Hinterbeine und vermehrten **Muskelzuwachses,** vor allem auch am Hals

6. hierbei zeigt der Hals dann eine **gleichmäßige, schöne Aufwölbung** in einem konvexen Bogen nach oben
7. das Pferd gibt dabei völlig **zwanglos im Genick** nach, bei **losem** Zügel.

Eine schöne Selbsthaltung im horizontalen Gleichgewicht mit zwangloser Genickbiegung, bei losen Zügeln

Die korrekte Dehnungshaltung ist in der Natürlichen Ausbildungsmethode eine grundlegende Voraussetzung, auf der die gesamte Ausbildung des Pferdes basiert.

Sie ist das aber nicht nur hier, sondern grundsätzlich und generell in der Ausbildung des Reitpferdes, ganz unabhängig davon, wie sich die Ausbildungsmethode nennt. Die eminente Bedeutung der korrekten Dehnungshaltung und ihre unterschiedlichen Formen werden heute jedoch meistens nicht erkannt – und daher auch nicht entsprechend praktiziert.

Immer das gleiche Wunder

In den vielen Jahren, in denen ich nach diesem System Pferde ausbilde, habe ich immer wieder bei allen Pferden das gleiche „Wunder“ erlebt. Sobald die Pferde gelernt hatten, bei losem Zügel Kopf und Hals konstant wirklich fallen zu lassen, zwanglos aus der Schulter heraus und dann vorwärts zu gehen, kamen selbst ganz stark verrittene Pferde, bei denen sonst nichts mehr half, in kürzester Zeit aus ihren Problemen heraus und wurden locker, leicht, angenehm und korrekt zu reitende Pferde – und die psychischen Probleme hörten ebenfalls auf.

Ich möchte Ihnen dazu nur eine von den vielen Pferdegeschichten erzählen, die ich erlebt habe.

Eine wahre Geschichte:

Eines Tages gab ich in einem Reitstall Reitunterricht. Da sprach mich eine junge Frau an und erzählte mir, der Tierarzt habe ihr gesagt, die Ataxie, an der ihr Pferd leide, sei irreparabel. Das Pferd sei nicht mehr reitbar. Sie solle es auf die Weide stellen oder schlachten lassen. Die junge Frau erzählte mir weiter, dass die Probleme mit dem Pferd schon lange Zeit bestünden. Sie habe schon alles Mögliche versucht und das Pferd auch schon mehrmals in Beritt gehabt. Sie fragte mich, ob ich mir ihr Pferd einmal ansehen könnte. Ich stellte fest, dass es völlig verspannt war. Ganz auffallend war der brettharte Hals, an dem keine Muskeln mehr waren. Die Stute wollte auch auf gar keinen Fall, dass man sie am Hals anfasste. Freilaufend bewegte sich das Pferd völlig taktunrein.

Ich erklärte der Frau, dass es nur noch eine Chance gäbe, um das Pferd zu retten. Sie müsse das Pferd im Effektiven Leichten Sitz reiten, mit Kopf und Hals in die Tiefe und dann allmählich in eine korrekte Dehnungshaltung. Anfangs war es schon sehr mühsam, dieses vollkommen verkrampfte und völlig unklar gehende Pferde zu reiten. Die Besitzerin aber liebte das Pferd, brachte die Geduld auf und scheute keine Mühe.

Ganz allmählich stellten sich die ersten Erfolge ein. Das Pferd fand immer schneller den Weg in die Tiefe – und damit wurde es auch zunehmend entspannter und losgelassener; auch das untaktmässige Gehen hörte allmählich auf.

Nach ca. 5 bis 6 Monaten, in denen das Pferd sich zunehmend positiv entwickelt hatte, immer taktreiner und losgelassener ging, und sich auch schon Muskeln gebildet hatten, vor allem auch am Hals – rief der Tierarzt (Chef einer Tierklinik) mich an und sagt: „Frau Cygon, ich bin völlig überrascht, das Pferd geht ja wieder, die Stute ist ja wieder reitbar. Für dieses Pferd hätte ich ‚keinen Schuss Pulver' mehr gegeben."

Die Frau hatte dann noch viele Jahre Freude an der Stute, die immer besser ging.

Über solche und ähnliche Erlebnisse alleine könnte ich schon ein Buch schreiben.

Ein Hinweis!

Das hier bezüglich der Dehnungshaltung Gesagte ist weitestgehend unbekannt. Die Gründe dafür sind:

- Aus dem Dressursitz heraus kann ein Pferd nicht über so langen Zeitraum hinweg mit so tiefer Kopf- und Halshaltung – mit deutlich durchhängenden Zügeln – geritten werden.
- Es kann daher auch nicht abgewartet werden, bis die Pferde sich aus diesem tiefen Strecken von selbst in eine korrekte Dehnungshaltung mit fallengelassenem Kopf und Hals – und später in eine horizontale Selbsthaltung mit zwangloser Genickbiegung anheben.
- Aus diesem Grund gibt es in anderen Ausbildungssystemen nicht die Möglickeit, alle diese Erfahrungen zu machen.
- Die meisten Reiter, und leider auch die meisten Ausbilder, wissen nichts oder nicht genug über die anatomischen, vor allem über die muskulären Verhältnisse und Zusammenhänge beim Pferd. Es sind ihnen daher die eminente, grundlegende Bedeutung der korrekten Dehnungshaltung, ihre Auswirkungen, sowie ihre unterschiedlichen Formen unbekannt; sie haben darum auch keine Erfahrung damit.
- In der hippologischen Fachliteratur ist die Dehnungshaltung nicht ausreichend und eindeutig genug dargestellt, und manches, was dort darüber gesagt wird, ist ausgesprochen falsch.

Seit mehr als 25 Jahren bilde ich als Berufsreiterin nach diesem System Pferde aus, ganz unterschiedlicher Art und jeden Alters. Das hier Dargestellte beschreibt die in diesen vielen Jahren immer wieder gemachten Erfahrungen und Verhaltensweisen bei allen Pferden.

Es muss also von etwas Grundlegendem, um nicht zu sagen Gesetzmäßigem (aufgrund der muskulären Gegebenheiten beim Pferd) ausgegangen werden, dem der Reiter Rechnung zu tragen hat, will er ein pferdegerechtes Reiten praktizieren. Ein Reiten, das dem Pferd nicht schadet, sondern seine ganzen physischen und psychischen Möglichkeiten zur vollen Entfaltung bringt.

Das rückenschonende Reiten

Erfordernisse für ein rückenschonendes Reiten

Für ein rückenschonendes Reiten ist Folgendes erforderlich:

1. Das Pferd muss lernen, mittels Nackenband und Nackenmuskeln den Rücken aufzuwölben, damit die Rückenmuskulatur vom Tragen des Reitergewichtes frei bleibt.
2. Ein rückenschonendes Sitzen.
3. Eine gezielte Ausbildung der Rückenmuskulatur.

1. Das Tragen des Reitergewichtes

Nachdem aufgrund der muskulären Zusammenhänge klar geworden ist, dass der lange Rückenmuskel für das Tragen des Reitergewichtes nicht geeignet ist, müssen andere Muskelgruppen dafür herangezogen werden.

Das richtige Tragen des Reiters

Das Pferd hat nur eine einzige anatomisch richtige Tragekonstruktion: es muss lernen, das zusätzliche Gewicht mittels Nackenband und Nackenmuskeln zu tragen. Und das geht nur durch eine korrekte Dehnungshaltung. Bei der Aufwölbung des Rückens spielt also die Haltung von Kopf und Hals eine entscheidende Rolle. Bei einem jungen oder noch nicht weiter ausgebildeten Pferd werden Kopf und Hals mehr oder weniger nach vorne unten gedehnt, bei einem weiter ausgebildeten Pferd vermehrt nach vorne oben.

Beim Vordehnen von Kopf und Hals erfolgt die Aufwölbung des Rückens bei einem minimalen Aufwand an Muskelenergie über die Zugkraft des Nackenbandes und der sehnig durchsetzten Halsträger. Dadurch kann die Rückenmuskulatur frei agieren und sich kräftigen. Durch weites Untertreten aufgrund raumgreifender und schwungvoller Bewegungen entsteht auch von hinten ein weiterer Zug mittels des Nackenbandes, der zur Aufwölbung des Rückens beiträgt.

Wie schon erwähnt, hat das Pferd keine Möglichkeit, dieses Problem, ein zusätzliches Gewicht tragen zu müssen, von sich aus zu lösen. Es ist daher die Sache des Reiters, dem Pferd das nötige Verständnis dafür zu vermitteln. Das geht nur über eine korrekte Dehnungshaltung und durch Aktivierung der Hinterbeine zu vermehrtem Untertreten. Es ist daher unerlässlich für den Reiter, das hierfür notwendige Wissen sowie auch die technischen Möglichkeiten zu erwerben.

2. Rückenschonendes Sitzen

Der Effektive Leichte Sitz

Der Effektive Leichte Sitz erfüllt die Forderungen eines rückenschonenden Sitzens in idealer Weise. Keine andere Sitzform hat diese Vorzüge aufzuweisen.

Da der Reiter nicht im Sattel sitzt, sondern nur **am** Sattel, hat das Pferd die Last nicht ungemildert in seinem Rücken, wie das im klassischen Dressursitz der Fall ist. Im Effektiven Leichten Sitz wird das Gewicht des Reiters durch den kurzen Bügel und den vorgeneigten Oberkörper auf die Seiten des Pferdes verlagert. Das Pferd trägt den Reiter vorwiegend über den Steigbügel; damit ist der Rücken weitestgehend vom Gewicht entlastet, was ihn in erheblicher Weise schont. Das ist ganz besonders auch für junge Pferde, für Pferde mit Rückenproblemen und Rittigkeitsproblemen von eminenter Bedeutung.

Nicht nur für das Pferd ist der Effektive Leichte Sitz sehr viel angenehmer; auch für den Reiter ist es leichter und einfacher, weil er die Schwingungen und Stöße, das Hin und Her und Auf und Ab im Rücken des Pferdes nicht kompensieren muss; er ist davon in seinem Sitz nicht beeinflusst und gestört. Das wirkt sich auch sehr positiv auf seine Hilfengebung aus.

Der klassische Dressursitz

Im Gegensatz zum Effektiven Leichten Sitz ist der Dressursitz ein schwieriger Sitz. Es ist aus dieser Sitzposition heraus auch sehr viel schwerer, rückenschonend zu sitzen und einzuwirken. Dafür ist ein ausbalanciertes, losgelassenes Sitzen und eine geschulte Beckendynamik unbedingt erforderlich. Ein verspannter, steifer Sitz und ein auf den Rücken des Pferdes stoßendes Gesäß muss zwangsläufig diesen verkrampfen. Jede Störung im Sitz des Reiters stört immer das Pferd in seinem Rücken.

Grundsätzlich soll der Reiter zu Beginn der Reitstunde im Dressursitz leichttraben und erst im Sattel Platz nehmen und den Trab aussitzen, wenn das Pferd ihn sitzen lässt, d. h., wenn der Rücken losgelassen schwingt. Das wird am schnellsten erreicht, wenn man die Pferde in einer tiefen Dehnungshaltung gehen lässt, mit zwanglos fallen gelassenem Kopf und Hals und sie dabei schwungvoll in raumgreifenden Bewegungen vorwärts gehen. Eine **ausgiebige und sorgfältige** Aufwärm- und Lösungsphase ist die beste Voraussetzung für gute Leistungen.

3. Eine gezielte Ausbildung der Rückenmuskulatur

Alle Bewegungen müssen über den Rücken- und Halsbogen laufen

Die Rückenmuskulatur kann durch gymnastische Übungen besonders trainiert werden. Grundsätzlich trainieren alle Bewegungen, die über den entspannten und losgelassenen Rücken laufen, die Muskulatur. Je freier und unbelasteter der Rücken ist, und je mehr die Muskulatur unbehindert in ihrem natürlichen physiologischen Rhythmus von Spannen und Entspannen arbeiten kann, umso mehr entwickelt sie sich.

Jede Bewegung, die den Rücken trainieren soll, muss immer über den Rücken- und Halsbogen erfolgen. Die uneingeschränkte Lockerheit und Losgelassenheit ist die unabdingbare Voraussetzung für die Entwicklung und Stärkung des Rückens.

Das gilt nicht nur für die Arbeit unter dem Reiter, sondern auch bei einem Pferd, dass an der Longe oder an der Hand gearbeitet wird.

Rückengymnastik

Gymnastische Übungen, die in besonderer Weise den Rücken trainieren:

1. Die Pferde zwischen den einzelnen Lektionen immer wieder mit tiefer Dehnungshaltung bei losen Zügeln in energischen und raumgreifenden Gängen vorwärts reiten. Das kräftigt nicht nur die Rückenmuskulatur, sondern stellt auch immer wieder die notwendige Lockerheit und Losgelassenheit her. Im Dressursitz muss der Reiter hierbei unbedingt Leichttraben.
2. Viel Galopparbeit kräftigt einen schlecht bemuskelten Rücken am ehesten. Lange Galopp-Reprisen im Gelände sowie häufiges Angaloppieren aus dem Trabe lösen einen festgehaltenen Rücken am schnellsten.
3. Klettern im Gelände, bergauf und bergab wirkt kräftigend und lösend auf die Rückenmuskulatur. Hierbei sollte das Pferd mit tiefem Kopf und Hals gehen.
4. Cavaletti-Arbeit wirkt nur dann den Rücken lösend und trainierend, wenn der Reiter den Rücken frei gibt. Im Effektiven Leichten Sitz ist dies sowieso gegeben. Im Dressursitz muss der Reiter unbedingt leichttraben. Die Cavaletti sollten flach auf dem Boden liegen, oder höchstens etwa 5 bis 10 cm über dem Boden. Höher aufgestellte Cavaletti wirken im Trabe nicht mehr entspannend und darum auch nicht den Rücken trainierend. Diese sind dann nur noch für die Galopparbeit und das Springen geeignet.

5. Spring-Gymnastik ist ebenfalls eine hervorragende Rückenschulung; aber nur, wenn es sich wirklich um Gymnastik handelt, d. h., wenn über Cavaletti und kleine Hindernisse (60 bis 70 cm hoch) trainiert wird, in passenden Abständen. Hierbei sind viele In-Outs besonders wertvoll (im Abstand von 3,5 bis 4 m).

Das Pferd muss durchs Genick gehen

Kürzlich las ich in einer renommierten Pferde-Fachzeitschrift einen Artikel über dieses Thema. Dabei wurde mir klar, wie falsch dieser reiterliche Terminus verstanden wird – und dass es wohl wichtig ist, diese Vorstellungen zu korrigieren.

Lieber Leser, wenn Sie gerade das vorangegangene Kapitel „Die Dehnungshaltung" gelesen haben und Ihnen nun schon „alle Lichter aufgegangen" sind, könnten Sie dieses Kapitel überschlagen, weil ich hier eigentlich nochmal sage – nur mit anderen Worten – was ich zuvor schon versucht habe klar zu machen. Weil dieses Thema aber so wichtig ist, geradezu ein „Kernstück" jeglicher Ausbildung und ich – hoffentlich – viele sehr unterschiedliche Leser habe, lasse ich dieses Kapitel hier folgen.

„Das Pferd muss durchs Genick gehen!" sagt der Reitlehrer – und dann wird geriegelt und gezogen, was die Kräfte hergeben. Hauptsache, der Kopf ist unten, irgendwie.

Und wenn der Bizeps nicht mehr ausreicht, weil die Pferde inzwischen schon so fest und steif geworden sind, dann werden die Schlaufzügel oder ähnliches eingeschnallt, um mit Flaschenzugwirkung den Pferden die Nase herunterzuziehen – möglichst bis auf die Brust.

Falsche Genickbiegung

Weil einige, vor allem Freizeitreiter, erkennen, dass dieser Kampf und Krampf nicht gut sein kann, und auch nicht angenehm für den Reiter ist, verfallen sie in die entgegengesetzte Unsitte, die Pferde mit hohem Kopf und Hals herumlaufen zu lassen, wie „Sterngucker".

Zwischen diesen beiden Extremen spielt sich heute vorwiegend die Reiterei ab. Das eine wie das andere ist falsch, weil schädlich für das Pferd. Ja, warum ist es denn so wichtig, dass die Pferde unter dem Reiter durchs Genick gehen? Wenn sie ohne Reiter laufen, brauchen sie das offensichtlich nicht.

Missverständlicher Ausdruck

Unter dem Ausdruck „durchs Genick gehen" verstehen viele Reiter nur, dass das Pferd den Kopf im Genick beugen soll. (Das Genick wird gebildet vom Hinterhauptsbein, das am Schädel ansetzt und dem ersten Halswirbel, dem Atlas). Diese reiterliche Terminologie ist sehr missverständlich, weil unvollständig und ungenau.

Das Pferd soll nicht nur den Kopf im Genick beugen. Tut es nur das, beugt es nur den Kopf im Genick ab, macht das alleine keinen Sinn.

Keine aktive Genickbiegung!

Vor allem darf es dies niemals aktiv tun. Bei aktiver Genickbiegung weichen die Pferde dem Gebiss nach hinten aus und kommen hinter den Zügel.

Den Kopf nur beugen reicht nicht aus

Stellt man die Frage, warum die Pferde „durchs Genick" gehen sollen, bekommt man zur Antwort (falls man überhaupt eine Antwort erhält), damit sie über den Rücken gehen. Leider ist das „Durchs Genick-Gehen" dafür keine Garantie. Das Pferd kann sehr wohl den Kopf im Genick einfach beugen, ohne dabei über den Rücken zu gehen. Ein in „Haltung" gebrachter Kopf hat also nicht zwangsläufig einen aufgewölbten Rücken zur Folge.

Worauf kommt es wirklich an? Was sollen die Pferde eigentlich tun?

Worauf es ankommt:

Das Entscheidende ist, dass die Pferde über den Rücken- und Halsbogen gehen, also mit aufgewölbtem Rücken und gedehntem Hals.

Das können sie nur, wenn sie Kopf und Hals **fallen lassen,** zwanglos aus der Schulter heraus. Wohl verstanden, das Pferd soll den Kopf und Hals einfach fallen lassen – und **nicht** aktiv beugen. Denn dann hängt der Kopf am sehnig durchflochtenen und gedehnten Kopfmuskel (dem Kopfträger). Dieser Kopfmuskel hat bei der Haltung des Reitpferdes nur eine statische, das heißt, nur eine haltende Funktion, er ist Aufhängeapparat für den Kopf; er arbeitet deshalb im Zustand **passiver Dehnung** und nicht in dem aktiver Kontraktion.

Lässt das Pferd den Kopf einfach fallen, ohne ihn aktiv zu beugen, dann hängt er am gedehnten Muskel und dem gedehnten Nackenband. Die obere Halslinie wird lang – und da die maßgeblichen Muskeln auch am Hinterhauptsbein ansetzen, folgt zwangsläufig die losgelassene Genickbiegung.

Um es kurz zusammenzufassen:

Ein Nebenprodukt

Die so wichtige Genickbiegung ist eigentlich nur ein „Nebenprodukt" eines richtigen Gehens über den Rücken- und Halsbogen. Dieses Nebenprodukt stellt sich von alleine ein – man bekommt es quasi geschenkt – wenn die Pferde in einer korrekten Dehnungshaltung gehen. Die Dehnungshaltung ist nur dann richtig, wenn die Pferde Kopf und Hals **zwanglos aus der Schulter heraus einfach fallen lassen.**

Die Wirkung der Dehnungshaltung

Noch ein weiteres wunderbares Nebenprodukt einer korrekten Dehnungshaltung ist die so wichtige und notwendige Aufwölbung des Rückens. Lässt das Pferd Kopf und Hals einfach fallen, dann ziehen das gedehnte Nackenband und die gedehnten Nackenmuskeln – die auch an den Rückenwirbeln ansetzen und in der gleichen Zugrichtung wirken wie das Nackenband – die Rückenwirbelbrücke nach oben und machen sie dadurch tragfähig. Damit bleiben die Rückenmuskeln frei vom Tragen des Gewichtes – und Rückenverspannungen oder Rückenprobleme stellen sich nicht ein.

Eine einfache Lösung

Das ganze Geheimnis ist also die korrekte Dehnungshaltung, mit der man „zwei Fliegen mit einer Klappe schlägt“:

- man löst damit das Problem der zwanglosen Genickbiegung
- und bewirkt zugleich ein richtiges Gehen über den Rücken.

Und basiert auf den anatomischen, vor allem muskulären Verhältnissen beim Pferd.

Der Reitlehrer müsste also, statt zu sagen: „Das Pferd muss durchs Genick gehen“ – sich präziser ausdrücken und sagen: „Das Pferd muss in einer korrekten Dehnungshaltung gehen.“ Leider wissen die meisten Reiter (und auch viele Reitlehrer) nicht, wie man das macht – und wie so eine korrekte Dehnungshaltung aussieht.

Die Folgen des Herunterziehens

Aus diesen zuvor erklärten muskulären Zusammenhängen heraus lässt sich auch leicht verstehen, warum es niemals zum Erfolg führen kann, wenn diese Genickbiegung mit der Hand erzwungen wird, sei es mit den Zügeln oder so genannten Hilfszügeln (z. B. Schlaufzügel, Halsverlängerer oder ähnlichem). Das Pferd hat damit keine Möglichkeit mehr, Kopf und Hals **passiv fallenzulassen,** um aufgrund dessen **von sich aus locker** im Genick nachzugeben.

Bei einer mit der Hand erzwungenen Genickbiegung ist die Halsmuskulatur nicht mehr gedehnt, sondern „kurz und kraus“, sodass weder das Nackenband noch die Halsmuskeln in der Lage sind, den Rücken aufzuwölben, damit dieser unter dem Gewicht wieder in seine natürliche Lage zurück kommt und dadurch tragfähig wird. Stattdessen lernen die Pferde entweder ständig gegen die Hand zu gehen oder dieser nach rückwärts auszuweichen; oder sie fangen an, mit dem Kopf zu schlagen, weil der enge, zusammengezogene Hals ihnen unangenehm ist. Die Halsmuskulatur verspannt sich, die aus der Halswirbelsäule austretenden Nerven werden gequetscht und die Pferde fühlen sich in ihrer Balance behindert, da der Hals die Balancierstange für das Pferd ist.

Eine weitere Auswirkung ist oft der so genannte falsche Knick, ein Nachgeben im 3. bis 4. Halswirbel (statt im Genick), was immer ein Indiz ist für eine harte Hand, eine erzwungene Genickbiegung und eine falsche Ausbildung ist.

Die übliche Methode

Fragt man, wie ein Pferd durchs Genick zu reiten ist, bekommt man immer die Antwort: Es muss stärker vorwärtsgeritten werden als der Zügel es zurück hält. Man müsse das Pferd mit Kreuz und Schenkeln von hinten nach vorne in die Hand reiten, die dann entsprechend dagegen hält.
Im Klartext heißt das: Durch Kraft gegen Widerstand wird das Pferd gezwungen, den Kopf zu beugen. Auf diese Weise ist es sehr schwierig, ein Pferd zu veranlassen, zwanglos im Genick nachzugeben und über den Rücken- und Halsbogen zu gehen. Wie viel muss der Reiter treiben – und wie viel dagegen halten? In welcher Dosierung und Koordination? Das erfordert vom Reiter sehr viel Gefühl und Geschick, einen sehr guten Sitz sowie eine ausgefeilte Reittechnik. Erfahrungsgemäß haben das die meisten Reiter nicht.

Die Erfahrung lehrt, dass diese Technik fast immer in einem „Schraubstock-Syndrom" ausartet – vorne halten, hinten treiben! Das Ergebnis dieses Verfahrens ist meistens ein verspanntes Pferd, das sich gegen das Nachgeben im Genick wehrt oder auf falsche Weise nachgibt. Eine zwanglose Genickbiegung aufgrund eines gedehnten und fallengelassenen Halses wird nicht erreicht.

Die Natürliche Ausbildungsmethode

Pferde, die nach der Natürlichen Ausbildungsmethode geschult sind, lernen eine korrekte, anatomisch richtige Dehnungshaltung von Anfang an. Bei so ausgebildeten Pferden ist die Dehnungshaltung zu einem in der Bewegungszentrale des Gehirns sicher verankertem Bewegungsmuster geworden. Der Reiter hat immer nur das **Gewicht der Zügel** in den Händen und die Pferde gehen auch bei losem Zügel weiterhin zwanglos durchs Genick.

Mancher Berufskollege hat mir gesagt: „Wenn ich jetzt mit der Hand nachgebe und die Nase vorlasse, bringe ich das Pferd nicht mehr zusammen." Das ist ein untrüglicher Beweis dafür, dass die Pferde nur zusammengezogen sind. Die Genickbiegung ist mit der Hand erzwungen. Ein Reiten von vorne nach hinten.
Die Pferde haben heute so viel Bewegungspotential, dass man ihnen durch schlechtes Reiten 30 und mehr Prozent davon wegnehmen kann und trotzdem bewegen sie sich noch in ausdrucksvollen Gängen. Nur die Nasenlinie steht dabei meistens hinter der Senkrechten und der Hals ist eng und kurz, was immer beweist, dass die Genickbiegung nur erzwungen ist. Dann können die Pferde auch nicht über den Rücken und Halsbogen schwingen. Damit kann das Pferd niemals wirklich locker und losgelassen sein, was die erste und wichtigste Voraussetzung in der Ausbildung ist. Die notwendige Durchlässigkeit wird so nicht erreicht.

Die klassische Reitlehre verlangt, dass ein richtig ausgebildetes S-Pferd jederzeit wie eine Remonte – also mit tiefem Kopf und Hals – zu reiten sein muss, um im nächsten Moment wieder aufgerichtet und versammelt zu gehen. Sie erachtet das als ein unabdingbares Kriterium für richtige Ausbildung. Pferde, die nach der Natürlichen Ausbildungsmethode ausgebildet sind, verfügen über diese Fähigkeit völlig problemlos.

Das Pferd geht in einer tiefen Dehnungshaltung. Es lässt zwanglos aus der Schulter heraus Kopf und Hals fallen, bei durchhängenden Zügeln. Die in der Natürlichen Ausbildungsmethode ausgebildeten Pferde können aus der tiefen Dehnungshaltung heraus jederzeit wieder in einer Aufrichtung und schönen Selbsthaltung gehen.

Selbst, wenn ein Pferd korrekt über den Rücken- und Halsbogen geritten wird, mit gedehntem Hals und zwangloser Genickbiegung, ist die Selbsthaltung und Aufrichtung unter dem Reiter über längeren Zeitraum eingenommen für jedes Pferd anstrengend, vor allem auch dann, wenn es die Reiterlast ungemildert in seinem Rücken hat, wie das im Dressursitz der Fall ist.

Für Entspannung sorgen

Das Pferd muss daher immer wieder aus dieser Haltung entlassen werden. Am besten dadurch, dass man es veranlasst, Kopf und Hals fallen zu lassen und in tiefer Dehnungshaltung zu gehen, was immer eine optimale Entlastung der Rücken- und Halsmuskeln bewirkt. Ein richtig gerittenes Pferd wird nach dieser Entspannung sich völlig problemlos wieder zusammenstellen lassen.

Erfahrungsgemäß sind es die Halsmuskeln, die zuerst und am meisten ermüden, denn ihnen fällt die Hauptarbeit zu (zusammen mit dem Nackenband), den Rücken aufzuwölben bzw. das Reitergewicht zu tragen.

Was soll der Reiter im Gelände tun?

Reiten im Gelände

Es macht keinen Sinn, Pferde im Gelände ständig in Dehnungshaltung oder mit tiefer Nase zu reiten. Im Gelände wollen die Pferde gucken und sich in der Umgebung orientieren. Dann laufen sie mit hohem Kopf und Hals, und der Rücken kann nicht aufgewölbt sein.

Auch Freizeit- und Geländereiter müssen daher ihre Pferde gymnastizieren, das heißt, in einer korrekten Dehnungshaltung reiten sowie die Grundlektionen üben, um ein rittiges Pferd zu bekommen oder die Rittigkeit zu erhalten.

Anders sind das Über-den-Rücken-Reiten sowie ein angenehm und leicht zu reitendes Pferd, das sicher, zuverlässig und gehorsam in allen Situationen im Gelände geht, nicht zu erreichen; ein solches Pferd nimmt auch durch das Gerittenwerden auf Zeit und Dauer keinen Schaden.

Ich kann mir nicht vorstellen, dass es Spaß macht, mit einem Pferd im Gelände zu reiten, das fest im Rücken ist, einen dicken Unterhals hat, völlig undurchlässig ist und nur mit viel Zügelgezerre gestoppt werden kann, das sich aufgrund seiner Steifheit schlecht sitzen lässt, trittunsicher ist und andere Unbequemlichkeiten mehr hat. Ich habe manchen Freizeitreiter in meinen Kursen gehabt, der mir auf meine Frage, warum er in diesen Kurs kommt, sagte: „Nun bin ich zwei Jahre lang nur ins Gelände gegangen und dachte, ich täte meinem Pferd nur Gutes – und nun habe ich auf einmal nur noch Probleme." Worauf ich stets geantwortet habe: „Ich weiß genau, warum Sie auf einmal nur noch Probleme haben!"

Viele Freizeitreiter unterlassen eine gezielte und sorgfältige Gymnastizierung ihrer Pferde, weil sie keine Reithalle haben, manchmal auch keinen Reitplatz – und vor allem auch nicht so richtig wissen, wie sie ihre Pferde im Gelände dressurgymnastisch ausbilden sollen. **Diesen Reitern bietet die Natürliche Ausbildungsmethode eine optimale Lösung,** weil man dieses System auch im Gelände erfolgreich praktizieren kann.

Hierzu möchte ich Ihnen ein Erlebnis erzählen:

Eines Tages kamen zwei Freizeitreiterinnen mit zwei Arabern in meinen Kurs „Die Natürliche Ausbildungsmethode". Selten habe ich so schrecklich verrittene Pferde gesehen. Beide hatten massive Rückenprobleme, dicke Unterhälse, völlig steife, nach hinten herausschaufelnde Hinterbeine und waren total fest und undurchlässig. Dazu waren es zwei „Nervenbündel", die entweder ständig wegrannten oder auf zwei Beinen standen – oder alle Viere im totalen Widerstand in den Boden rammten. Am Ende des Kurses erklärten mir beide Reiterinnen, sie hätten keinen Reitplatz, auch nicht in der Nähe, um nun das alles, was sie gelernt haben, mit ihren Pferden üben zu können, sie könnten nur ins Gelände gehen. Darauf erwiderte ich: „Dann müsst ihr das alles im Gelände machen. Sucht euch ein Stoppelfeld oder einen geeigneten Wald- oder Wiesenweg oder ähnliches und übt es da. Auch im Gelände könnt ihr immer wieder die Pferde in Dehnungshaltung reiten mit losem Zügel, Schenkelweichen üben (etwa an einer Pfütze vorbei), Paraden üben und eure Pferde biegen (evtl. um Bäume herum), rückwärtsrichten und so weiter. Ihr müsst eure Fantasie spielen lassen." Im Stillen habe ich mir gedacht, die beiden sind ein hoffnungsloser Fall. Das wird nie etwas Gescheites.

Nach gut einem Jahr besuchten sie mit ihren Pferden wieder einen Kurs von mir. Ich traute fast meinen Augen nicht und erkannte die Pferde kaum wieder. Zwei locker und schwungvoll gehende Pferde in korrekter Dehnungshaltung mit losen Zügeln, gut bemuskelt, vor allem auch am Hals und im

Rücken. Der Unterhals war verschwunden und die Pferde gingen mit aktiven Hinterbeinen, ließen sich problemlos biegen und waren auch durchlässig. Als ich ganz verwundert fragte, wie sie das denn erreicht hätten, antworteten sie: „Das haben wir alles im Gelände geübt.“ – Seit dieser Erfahrung weiß ich, dass man das System der Natürlichen Ausbildungsmethode ebenso erfolgreich als Freizeitreiter und im Gelände praktizieren kann. Es kommt offensichtlich nur auf das persönliche Engagement des Reiters an.

Der lose Zügel

Warum muss das Pferd am Anfang seiner Ausbildung strikt mit einem losen Zügel geritten werden?

Das hat folgende ganz konkrete Gründe:

Das Pferd hat von Natur aus ein vollkommenes Gleichgewicht und eine vollkommene Balance. Das Fohlen auf der Weide springt schon völlig ausbalanciert in lustigen Kapriolen umher. Ich habe bereits mehrfach gesagt, dass ein Pferd für das Tragen einer zusätzlichen Last keinerlei Vorgaben in der Bewegungszentrale seines Gehirnes hat.

Der Verlust des natürlichen Gleichgewichts

Aus diesem Grund verliert jedes Pferd sofort sein natürliches Gleichgewicht, sowie sich der Mensch auf seinen Rücken setzt.

Die jungen Pferde schwanken hin und her wie „Elbkähne auf hoher See“; sie können nicht geradeaus gehen, sie können keine Linie halten; mal fallen sie nach innen, mal rempeln sie den Reiter an die Bande; in den Ecken hat man oft das Gefühl, sie fallen gleich um. Das ist für Pferd und Reiter höchst unangenehm.

Wie unangenehm das ist, können Sie leicht nachvollziehen, wenn Sie sich vorstellen, auf einem Seil gehen zu müssen – oder auf Glatteis, auf dem man auch keinen Halt hat und ständig das Gleichgewicht zu verlieren droht.

Entsprechend der individuellen Statik

Bei **allen** jungen Pferden, die angeritten werden, ist das so, bei den einen stärker als bei den anderen. Das hängt von der individuellen Statik des Pferdes ab. Bei Pferden, die von Natur aus gut ausbalanciert sind, mit breiter Brust, die eher bodenweit stehen und in sich selber schon stabiler und gefestigter sind, kann es etwas weniger ausgeprägt sein. Pferde mit schmaler Brust, bodeneng stehend und von Natur aus unausbalancierter und instabiler, haben entsprechend größere Schwierigkeiten.

Aber alle jungen Pferde haben unter dem Sattel mit dem Verlust des natürlichen Gleichgewichts zu kämpfen – und für alle ist das höchst unangenehm.

Die Stütze im Zügel

Alle Pferde reagieren darauf **immer** sofort in gleicher Weise: Sie suchen eine Stütze in der Hand des Reiters und wollen sich mit Hilfe des Zügels wieder stabilisieren und ausbalancieren. Das ist eine ganz natürliche Reaktion jedes Pferdes.

Auch das können Sie leicht nachvollziehen: Stellen Sie sich vor, Sie verlieren plötzlich das Gleichgewicht; automatisch werden Sie versuchen, irgendwo einen Halt zu finden – und heilfroh sein, wenn Sie noch etwas zum Festhalten haben, um dadurch Ihre verloren gegangene Balance wieder herzustellen, oder um ein drohendes Hinfallen zu verhindern. Das ist eine ganz automatische, reflexhafte Reaktion des Körpers, die nicht über den Willen, über das Bewusstsein läuft; Sie werden immer so reagieren. Dem Pferd geht es ganz genau so.

Aus diesem Bestreben **jedes** jungen Pferdes, eine Stütze in der Hand des Reiters zu suchen, um mittels der Zügel sein verlorengegangenes Gleichgewicht wieder herzustellen, ergibt sich ganz logisch und folgerichtig die Forderung:

Keine Hand und kein Zügel

Es darf keine Hand und kein Zügel da sein.

Dass die jungen Pferde einen Halt in der Hand des Reiters suchen und sich infolgedessen mehr oder weniger auf den Zügel legen, kann man als Reiter **nicht vermeiden, mit keiner Geschicklichkeit,** wenn man mit der Hand, mit den Zügeln, am Pferdemaul ist.

Der Grund dafür liegt darin, dass das Reiten vorwiegend eine Sache von Balance ist, also ein ständiges Balancieren. Das Pferd muss unter dem Reiter balancieren und der Reiter auf dem Pferd. Da dem Pferd sein natürliches Gleichgewicht verloren gegangen ist, wird es ständig das Bedürfnis haben, sich wieder zu stabilisieren.

Anreiten aus dem Dressursitz

Wenn ein junges Pferd aus dem Dressursitz heraus angeritten wird, wie es üblich ist, dann muss es mehr oder weniger zusammengestellt werden; es muss durchs Genick gehen, sonst kann man es aus dem Dressursitz heraus nicht sitzen und auch nicht lenken – also muss das Pferd am Zügel und in Anlehnung gehen.

Wenn das Pferd sich nun ständig mittels der Zügel stabilisieren kann, besteht für das Pferd keine Notwendigkeit, ein neues Balancegefühl und Gleichgewichtsmuster mit und unter dem zusätzlichen Gewicht zu entwickeln. Nicht nur, dass es dazu keinerlei Veranlassung hat, es hat auch gar **keine Möglichkeit,** denn dazu dürfte kein Zügel da sein.

Da dem Pferd das alte, natürliche Balancegefühl (ohne Reiter) verloren gegangen ist, muss es folgerichtig und logischerweise ein neues Gleichgewichtsmuster (mit Reiter) entwickeln; sonst findet es **nicht** zu einer **zügelunabhängigen Selbsthaltung.**

„Selbsthaltung" ist ein sehr zutreffendes Wort: das Pferd muss sich – auch unter dem Reiter –, und zwar auf seinen eigenen vier Beinen, und unabhängig vom Reiter selbst ausbalancieren.

Um das zu verstehen, stellen Sie sich vor, es säße Ihnen jemand (mit 150 Pfund) ständig auf den Schultern. Und nun sollen Sie mit diesem Gewicht, das selbst auch noch schwankt, gehen, laufen, rennen, treppauf und treppab steigen. Wie lange würden Sie brauchen, bis Sie sich mit und unter diesem Gewicht neu ausbalanciert hätten und nicht mehr bei jeder Bewegung und jedem Schritt einen Halt suchten, weil Sie sich unsicher fühlten, schwankten, oder drohen hinzufallen drohten? Oder: Stellen Sie sich vor, Sie müssten auf einem Seil gehen. Wie lange würden Sie brauchen, bis Sie ein neues Gleichgewicht entwickelt hätten, das Ihnen ermöglicht, sich frei und sicher auf dem Seil zu bewegen ohne ständig befürchten zu müssen herunterzufallen? Seiltänzer üben das jahrelang.

Damit Sie diesen neuromuskulären (nervlich-muskulären)Vorgang der Entwicklung eines neuen Gleichgewichtsmusters verstehen können, müssen Sie noch folgendes wissen:

Moderne Erkenntnisse aus der Gehirnforschung und der Neurophysiologie besagen:

Diese Erläuterungen sind sinngemäß aus dem Buch „Gesundheit und Beweglichkeit" von David und Kaethe Zemach-Bersin, Mark Reese, Kösel Verlag, entnommen.

Alles körperliche Lernen ist ein sensomotorisches Lernen. „Sensomotorisch", weil unsere Sinne, Gesicht-, Gehör-, Gleichgewichts- und Tastsinn in Verbindung mit Bewegung eingesetzt werden. Und „Lernen", weil wir als Ergebnis etwas Neues lernen. Dieses sensomotorische Lernen beruht auf dem Prozess einer Informationsrückkoppelung zwischen den Sinnen, den Muskeln und dem Gehirn.

Während der Körper sich bewegt, senden der Tast-, Gleichgewichts-, Gesichts- und Gehörsinn dem Gehirn Informationen über die Haltung des Körpers und die Aktivitäten der Muskeln. Das Gehirn reagiert darauf, indem es die an die Muskeln herausgehenden Botschaften modifiziert. Während die Informationen hin und her geschickt werden, wird unproduktive und unnötige Muskelanstrengung im Körper aufgespürt und „ausgesiebt". Stück für Stück werden die Bewegungen verfeinert und effektiver.

Die Informationen werden so lange zwischen Gehirn und Sinnen ausgetauscht, bis sich ein funktionsfähiges, koordiniertes Handlungsmuster herausgebildet hat. Alles körperliche Lernen, alles Bewegungslernen beruht also immer auf einem Prozess von „Versuch und Irrtum".

Zwei Beispiele sollen Ihnen das verdeutlichen:

Das kleine Kind lernt laufen

Warum können kleine Kinder nicht gleich von Anfang an stehen, gehen, laufen? Warum müssen sie das so mühsam über Wochen und Monate erst lernen? Und das auch nur durch Versuch und Irrtum? Das kleine Kind bemüht sich zu stehen, es steht auf – und fällt hin, dann versucht es wieder aufzustehen und fällt wieder hin; hat es einigermaßen im Stehen seine Balance gefunden, versucht es zu gehen. Doch nach dem ersten oder zweiten Schritt fällt es wieder hin, steht dann wieder auf, macht ein oder zwei weitere Schritte und fällt wieder hin – und so weiter über Wochen und Monate. Das kleine Kind sucht ständig bei der Mutter nach einem Halt. Aber wenn die Mutter es nicht immer wieder von der Hand los lässt, selbst auf die Gefahr hin, dass das Kind hinfällt, wird es nie laufen lernen, weil das Gehirn dann nicht in der Lage ist, durch Versuch und Irrtum das Gleichgewicht herauszubilden.

Fahrrad fahren lernen

Ich kann mich genau daran erinnern, wie ich mit 13 oder 14 Jahren Fahrrad fahren lernen sollte. Mein Vater ging mit mir und dem Fahrrad in eine kaum befahrene Seitenstraße. Obwohl ich es unbedingt lernen wollte, hatte ich doch ein etwas mulmiges Gefühl. Ich bestieg das Fahrrad und mein Vater schob mich an. Wie sehr ich mich auch anstrengte, das Gleichgewicht zu halten, bin ich anfangs doch oft vom Rad gefallen. Aber mit jedem neuen Versuch (wieder aufsteigen und erneut probieren) und jedem Irrtum (herunterfallen) ging es immer besser. Nach einiger Zeit konnte ich das Gleichgewicht halten, sogar freihändig fahren und dabei noch ein Lied pfeifen.

Immer der gleiche Lernprozess

Sie sehen, alles Bewegungslernen vollzieht sich immer nach dem gleichen Muster. Und beim Pferd ist es auch nicht anders. Nur über den Vorgang von Versuch und Irrtum entsteht der notwendige Informationsfluss zwischen den Sinnen, den Muskeln und dem Gehirn, der das Bewegungszentrum im Gehirn aktiviert, eine neue Balance herauszubilden. Nur so kann das neuromuskuläre System sich selbst auf ein neues Gleichgewicht programmieren.

Daraus ergibt sich folgerichtig, dass sich dieser erforderliche Lernvorgang von Versuch und Irrtum nicht einstellt, wenn das Pferd an der Hand einen Halt findet und sich mittels der Zügel stabilisieren kann. **Dann kann keine neue neurologische Verbindung zwischen dem Gehirn, dem Nervensystem und den Muskeln hergestellt werden. Dem Gehirn fehlt dann der Anreiz zur Herausbildung eines neuen Gleichgewichtsmusters.**

Zehnjährige Pferde schwankten wie dreijährige

Die Erfahrung hat mich gelehrt, dass Pferde, die von Anfang an am Zügel und mit Anlehnung geritten werden – wie es üblich ist – zu keiner **wirklichen, zügelunabhängigen Selbsthaltung** kommen.

Oft habe ich ältere Pferde, manchmal zehnjährig und älter, zur Korrektur gehabt. Ließ man bei ihnen den Zügel los, schwankten sie wie Dreijährige; in den Wendungen fielen sie nach innen oder schwammen nach außen, sie eilten davon, weil ihnen ständig der Schwerpunkt nach vorne fiel. Ging man mit der Hand ans Pferdemaul heran, legten sie sich auf den Zügel und machten sich fest, mal auf der einen, mal auf der anderen Seite. Im Galopp gingen viele schief. Sie zeigten alle immer die unangenehmen Eigenschaften und Verhaltensweisen, die Pferde ohne eigenständiges, zügelunabhängiges Gleichgewicht haben.

Korrektur

Um das zu korrigieren, muss man an den Anfang der Ausbildung zurück gehen und diese Pferde reiten wie junge Pferde; sie müssen strikt mit einem losen, deutlich durchhängenden Zügel geritten werden. Anders ist den Pferden ein vom Zügel wirklich unabhängiges Gleichgewicht unter dem Reiter nicht zu vermitteln.

Der lose, deutlich durchhängende Zügel am Anfang der Ausbildung eines Pferdes ist also keine „Marotte", keine „fixe Idee", sondern eine absolute Notwendigkeit, ein unbedingtes Muss.

Nur wenn keine Hand da ist, auf die das Pferd sich legen und nie ein Zügel, mit dem es sich stabilisieren kann, lernt das Pferd ein neues Gleichgewicht, ein neue Balance unter dem Reiter.

Eine immer wiederkehrende Erfahrung

Das ist nicht nur logisch und folgerichtig aufgrund der neuromuskulären Zusammenhänge, es ist auch die in der Praxis bei allen Pferden gemachte Erfahrung.

Eine Begebenheit:
Eines Tages rief mich eine Bekannte an und klagte, sie könne ihr junges, gerade angerittenes Pferd nicht reiten. Sie sagte: „Wenn ich den Zügel loslasse, ist das ja ein völlig haltloses ‚Geeier'. Gehe ich aber mit dem Zügel ans Maul heran, hört das auf und ich kann das Pferd reiten." Daraufhin erwiderte ich ihr: „Wenn Du das machst, das junge Pferd am Zügel und mit Anlehnung reitest, dann hast Du bald all die Probleme, welche die Leute immer haben, die ein junges Pferd so ausbilden." Ich riet ihr, sich in den Effektiven Leichten Sitz zu setzen und das Pferd so zu reiten wie es die Natürliche Ausbildungsmethode lehrt, nur zwischen den Schenkeln, den Händen am Hals und der Gewichtshilfe, in korrekter Dehnungshaltung – bei deutlich durchhängenden Zügeln. Nach einer Weile kam dann die Rückmeldung, so ginge es viel besser und das junge Pferd stabilisiere sich mit dem losen Zügel zunehmend selbst.

Die Vorzüge des losen Zügels

Pferde, die nach dem System der Natürlichen Ausbildungsmethode geschult werden, die also von Anfang an in der Ausbildung immer mit einem losen, deutlich durchhängenden Zügel geritten wurden, haben:

- eine wirkliche Selbsthaltung, unabhängig vom Zügel
- sie legen sich nie auf den Zügel
- sie machen sich nie fest
- sie gehen in allen Touren, Wendungen und Gangarten ausbalanciert und im Gleichgewicht, unabhängig vom Zügel und der Hand des Reiters

Nur das Gewicht der Zügel in den Händen

Bei solchen Pferden hat der Reiter immer nur das Gewicht der Zügel in den Händen. Diese Pferde haben von Anfang an gelernt, sich eigenständig auf ihren vier Beinen, vor allem auf ihren Hinterbeinen, auszubalancieren. Sie haben ein neues Gleichgewicht unter dem Reiter entwickelt, das sich in der Bewegungszentrale ihres Gehirns sicher verankert hat

Nur wenn von **Anfang an kein Zügel und keine Hand da sind,** werden die Pferde veranlasst – „gezwungen". Es bleibt ihnen nichts anderes übrig als diese neue Balance zu entwickeln.

Selbstverständlich müssen Sie den Zügel in Notsituationen kurz fassen und an das Pferdemaul herangehen – notfalls energisch, wenn ein Pferd wegrennt, durchgeht, buckelt oder ähnliches. Danach muss der Zügel wieder durchhängen.

Dass die Entwicklung eines neuen Gleichgewichts ein längerer Prozess ist, der monatelang dauert, ist wohl jedem verständlich.

Die Hilfen

Helfen kann der Reiter dem Pferd bei der Entwicklung eines neuen Gleichgewichtes nur aus dem Sitz heraus.

Verliert das Pferd etwa sein Gleichgewicht und fällt nach innen, muss der Reiter sich mit seinem eigenen Gewicht und Schwerpunkt nach außen setzen, also in die entgegengesetzte Richtung. Da die Gewichtshilfe eine mechanische Hilfe ist, folgt das Pferd dieser Hilfe auch mechanisch. Unterstützt wird diese Gewichtshilfe durch die innere Hand am Hals und den inneren Schenkel, die das Pferd auch nach außen drücken. Ich nenne diese Hilfengebung „Gegensteuern". Das sagt dem Pferd: fang dich wieder und komm wieder unter mein Gewicht. Diese Hilfen versteht jedes Pferd. Es findet daher auf diese Weise leicht sein Gleichgewicht unter dem Reiter wieder. (Siehe hierzu auch das Kapitel „Die seitliche Biegung").

Gegensteuern

Aus dem Effektiven Leichten Sitz heraus ist diese Technik kein Problem und funktioniert hervorragend. Aus dem Dressursitz heraus ist das viel schwieriger.

Erst das neue Gleichgewicht festigen …

Erst dann, wenn das Schwanken wirklich aufgehört hat, auf allen Linien, in allen Wendungen und in allen Gangarten, kann man davon ausgehen, dass das neue Gleichgewicht und die neue Balance in der Bewegungszentrale des Gehirnes der Pferde sicher verankert ist. Erst dann darf das Pferd an die Hand herangeritten werden, weil dann keine Gefahr mehr besteht, dass sich das Pferd mittels der Zügel und der Hand des Reiters ausbalanciert.

… und dann erst an die Hand heranreiten

Wenn die Pferde auf diese Weise ihr neues Gleichgewicht unter dem Reiter gefunden haben und dieses gefestigt ist – dann haben sie das für den Rest ihres Lebens.

Die Pferde müssen natürlich mit diesem losen, durchhängenden Zügel in einer korrekten Dehnungshaltung und daraus resultierenden zwanglosen Genickbiegung gehen. Sie dürfen nicht mit hohem Kopf und Hals geritten werden.

Was ich in diesem Kapitel über den losen Zügel und das Gleichgewicht des Pferdes unter dem Reiter sage, ist meine Erfahrung, die ich bei allen Pferden so gemacht habe. Wer den hier aufgezeigten Weg konsequent geht, wird mit Sicherheit die gleichen Erfahrungen machen.

Die neuromuskulären Zusammenhänge und das Verhalten der Pferde sind so eindeutig, dass es schon verwunderlich ist, warum das so wenig beachtet wird.

Sehr viele Probleme, vor allem auch in höheren Klassen der Dressur- und auch Springausbildung, resultieren daraus, dass die Pferde keine wirkliche, zügelunabhängige Selbsthaltung haben, mit zwangloser Genickbiegung.

Die Anlehnung

Ständig anstehende Zügel

Unter Anlehnung wird eine konstante Verbindung mit den Zügeln zum Pferdemaul verstanden. Hierbei sollen die Zügel stets anstehen. In der allgemeinen Reiterei beziehungsweise beim so genannten Englisch-Reiten legt man auf diese beständige Anlehnung zum Pferdemaul größten Wert.

Schon alleine dieses Wort „Anlehnung" halte ich für einen sehr unglücklichen Ausdruck. Er besagt das, was ein Pferd auf gar keinen Fall tun soll, nämlich sich „anlehnen". Aber genau das tun die meisten Pferde bei dieser Anlehnung. Es wird zwar gefordert, sie solle nicht fest sein, aber meistens ist sie mehr als nur fest.

Das Bedürfnis nach dieser ständigen Anlehnung und das Bestreben, sie unter allen Umständen aufrecht zu erhalten, kommt einmal aus der Meinung heraus, man habe ohne die ständig anstehenden Zügel keine Kontrolle über das Pferd und könne es auch nicht lenken. Ein weiterer Grund ist, dass die meisten Reiter ohne diese stramm anstehenden Zügel ihre Pferde nicht durchs Genick reiten können.

In der Natürlichen Ausbildungsmethode wird am Anfang der Ausbildung strikt mit losen, deutlich durchhängenden Zügeln geritten. (Siehe hierzu das Kapitel „Der lose Zügel"). Hat das Pferd unter dem Reiter seine neue zügelunabhängige Balance sicher gefunden und geht es im horizontalen Gleichgewicht mit zwangloser Genickbiegung schwungvoll vorwärts, dann kommt die Phase in der Ausbildung, wo das Pferd an die Hand, an den Zügel herangeritten werden kann.

Warum muss das Pferd an die Hand herangeritten werden?

Der hauptsächliche Grund dafür ist, dass man ein Pferd nur mit Unterstützung der Zügel „schließen" und später versammeln bzw. auf die Hanke setzen kann.

Am Anfang seiner Ausbildung kann das Pferd nur in einem sehr weiten und langen Rahmen gehen. Für eine Versammlung fehlen ihm noch alle Voraussetzungen. Selbst ein nur „geschlossener" Rahmen ist dem jungen Pferd anfangs nicht möglich. Würde man dies verlangen, käme es unweigerlich zu erheblichen Verspannungen und Verkrampfungen. Bei vielen verrittenen Pferden besteht das gleiche Problem.

Nicht von ungefähr ist die Versammlung der letzte Punkt in der Ausbildungsskala.

Im Laufe seiner Ausbildung sollte das Pferd lernen, zumindest in einem „geschlossenen" Rahmen gehen zu können, also in einer runderen und kürzeren Form. Nur damit gewinnt es die erforderliche „Bewegungsgefügigkeit", d. h. die notwendige Geschmeidigkeit, Beweglichkeit und Wendigkeit sowie Durchlässigkeit, denn dafür ist eine verkürzte Unterstützungsbasis notwendig.

Der „geschlossene" Rahmen

Ein Pferd muss nicht unbedingt versammelt und gesetzt gehen können. Ein Pferd, das sich in einem „geschlossenen" Rahmen bewegt, in einem horizontalen Gleichgewicht und zügelunabhängiger Selbsthaltung mit zwangloser Genickbiegung, dabei konstant über den Rücken- und Halsbogen schwingt mit aktiven Hinterbeinen, ist ein unbedingt rittiges Pferd. Es kann alle Lektionen der Klasse A und L, sowie eine leichte „M" **korrekt** ausführen.

Die schulgerecht korrekte Versammlung ist ein „Zusammenschieben" des Pferdes, zum Zwecke einer verkürzten Unterstützungsbasis, denn nur mit dieser gewinnen die Pferde die Beweglichkeit, Wendigkeit und Versammlungsfähigkeit, wie es zum Reiten höherer Lektionen wie Seitengänge (Schulterherein, Travers, Renvers), Piaffe, Passage, Pirouetten, und so weiter unbedingt erforderlich ist, sollen diese Lektionen im Sinne klassischer Dressur korrekt sein. Ganz abgesehen davon werden die Bewegungen dadurch auch schöner und ästhetischer.

Die Voraussetzungen

Welche Voraussetzungen müssen gegeben sein, um ein Pferd an die Hand heranreiten zu können?

1. Das Pferd muss sein **neues, zügelunabhängiges Gleichgewicht** unter dem Reiter **sicher** gefunden haben;
2. Es muss sich aus der tiefen Dehnungshaltung schon **selbst** in ein **horizontales** Gleichgewicht **angehoben** haben, mit zwangloser Genickbiegung;
3. Es muss mit raumgreifenden Bewegungen über den Rücken- und Halsbogen **schwingen**.

Erst, wenn diese Voraussetzungen gegeben sind, kann das Pferd an die Hand heran geritten werden.

Nicht zu früh an die Hand heranreiten

Fängt man vorher damit an, entstehen Probleme, die sich dann durch die ganze weitere Ausbildung fortsetzen; beispielsweise, dass die Pferde keine wirkliche Selbsthaltung lernen, die wird Anlehnung, die Genickbiegung ist nicht mehr zwanglos, die Pferde legen sich auf die Hand, die Halsmuskulatur wird „kurz und kraus" statt gedehnt und die Pferde verlieren ihre Lockerheit.

Die Technik, ein Pferd an die Hand heranzureiten

Bisher hingen die Zügel in einem deutlichen Bogen durch. Nun fasst man den **äußeren** Zügel – immer nur jeweils den äußeren – etwas kürzer, sodass ein leichter Kontakt zum Pferdemaul entsteht; hierbei darf der Zügel nicht fest anstehen. Am besten behält man dabei anfangs den Zügel weiterhin in der mexikanischen Zügelführung – und lehnt die Hand an den Hals an. Mit dieser Maßnahme wird verhindert, dass die Hand fest wird oder zurückwirkt; sie muss weich, entspannt und ruhig sein.

Nur den äußeren Zügel kürzer fassen

Es genügt hier vollauf, nur den äußeren Zügel kürzer zu fassen, um damit mehr an das Pferdemaul heranzugehen. Die Pferde sind in ihrer Ausbildung zu diesem Zeitpunkt, der ein „Schließen" problemlos ermöglicht, bereits so losgelassen, geradegerichtet und durchlässig, dass der äußere Zügel wirklich genügt. Man erreicht bei dieser Arbeit nicht mehr, wenn der innere Zügel auch eingesetzt wird. Ich rate davon ab. Die Gefahr, dass der Kontakt zur Hand fest wird und seine Leichtheit verliert, ist groß. Die Pferde müssen wirklich die Chance haben, sich selbst in die Hand hineinschwingen beziehungsweise hineindehnen zu können. Wenn die Verbindung fest wird oder die Hand zurückwirkt, ist das nicht mehr möglich.

Der innere Zügel hat grundsätzlich nicht so viele Aufgaben wie der äußere. Er dient vor allem dazu, den inneren Schenkel, wenn nötig, beim Biegen zu unterstützen.

Der äußere Zügel genügt, um einen vermehrten Kontakt zum Pferdemaul herzustellen.

Der äußere Zügel wirkt wie ein elastisches Gummiband. Die Hand darf nicht zurückwirken

Der Reiter hält gleichsam dem Pferd die äußere Hand nur hin, in die es sich selber hineinschwingt. Der Zügel wirkt dabei wie ein elastisches Gummiband.

Die Hand muss stets die Bewegungen nach vorne herauslassen. Eine zurückwirkende Hand macht den Kontakt zum Pferdemaul hart und fest und verhindert das Dehnen des Halses.

Auch die klassische Reitlehre fordert, dass das Pferd die „Anlehnung" an das Gebiss bzw. an die Hand des Reiters suchen soll, und nicht der Reiter sie durch Zurückwirken mit den Zügeln herstellen darf. „Alle Welt" weiß, dass man ein Pferd von hinten nach vorne reiten muss und nicht von vorne nach hinten. Aber meistens ist genau das Letztere der Fall. Ganz selten habe ich es einmal anders gesehen.

Besitzen die Pferde wirklich die zuvor genannten Voraussetzungen, dann schieben sie sich tatsächlich selbst in die Hand hinein, die der Reiter ihnen hinhält. Damit nimmt das Pferd den Kontakt zur Hand von sich aus auf. Das ist dann wirklich ein **Reiten von hinten nach vorne.**

Nur das Gewicht der Zügel in der Hand

Der Reiter hat dabei immer nur das Gewicht des Zügels in der Hand.

Der Effekt eines Bogens

Das Pferd kann sich nur dann schließen und rund werden, wenn Schub und Schwung aus der Hinterhand – die unbehindert über den Rücken fließen – vorne eine Begrenzung finden, gegen die sie wirken können; nur dann kann der Effekt eines Bogens entstehen.

Die Pferde dürfen auf gar keinen Fall „zusammengeschraubt" werden. Das wäre völlig widersinnig – und entspräche auch nicht den Prinzipien der Natürlichen Ausbildung. Beherrschen die Pferde alle vorgenannten Voraussetzungen sicher, haben sie keine Schwierigkeiten damit, sich von selbst in die Hand hineinzuschwingen, wenn diese wirklich wie ein elastisches Gummiband wirkt.

Nicht zu früh an die Hand heranreiten

Um es zu wiederholen: Wird das Pferd zu früh in die Hand hineingeritten, entstehen die bereits erwähnten Probleme; der gewünschte leichte Kontakt und der gedehnte Halsbogen kommen nicht zustande. Die Pferde müssen wirklich reif sein für diese Arbeit. Das sind sie nur, wenn sie die vorgenannten Voraussetzungen erfüllen. Sie brauchen auch schon eine gute Durchlässigkeit, damit Schub und Schwung, die der Reiter mit der Hand vorne abfängt bzw. begrenzt, unbehindert zur Hinterhand zurückfließen können; sonst besteht die Gefahr, dass sie im Körper des Pferdes stecken bleiben.

Es kann kein genauer Zeitraum angegeben werden, in dem die Pferde diesen Reifegrad erreicht haben. Die einen brauchen etwas länger als die anderen. Ein halbes Jahr ist aber das mindeste an Zeit, die jedes Pferd benötigt. In vielen Fällen dauert es länger, auch weil sich das neue Gleichgewichtsmuster nicht so schnell erarbeiten und im Gehirn verankern lässt.

Der Schwung und die Energie, die der Reiter nicht mehr uneingeschränkt nach vorne herauslässt, muss zur Hinterhand zurück fließen und belastet diese. Durch ihre mehrfache Winkelung ist sie in der Lage, sich unter dem Gewicht wie eine Sprungfeder zusammenzudrücken, um die Mehrbelastung federnd aufzunehmen.

Das setzt immer voraus, dass die Hinterbeine schon vermehrt nach vorne unter das Gewicht treten, denn nur dann können sie noch mehr Gewicht aufnehmen. Tritt das Pferd nach hinten hinaus und / oder versteift es sich mit den Hinterbeinen, werden diese sich gegen die vermehrte Belastung stemmen.

Die Hinterbeine müssen schon unter dem Gewicht sein

Meistens drücken die Pferde dann auch gegen die Hand. Die erforderliche Durchlässigkeit kann nicht entstehen – und somit natürlich auch kein „geschlossener" Rahmen.

Sie werden sicherlich jetzt noch besser verstehen, warum das raumgreifende Gehen so wichtig ist – weil dadurch die Pferde mit den Hinterbeinen schon mehr nach vorne unter das Gewicht treten.

Die Hand bleibt bei dieser Arbeit **nicht konstant** am Pferdemaul, sondern der **Zügel hängt immer wieder durch,** etwas mehr oder weniger, denn das Pferd soll lernen, **selbständig und unabhängig von der Hand** in diesem geschlossenen Rahmen zu gehen.

Die alten Meister nannten das: „Die Freiheit des Pferdes auf Ehrenwort"! De la Guérinière vertrat das Prinzip des „Aussetzens der Hilfen"; dabei muss nicht nur der Schenkel das Pferd immer wieder „loslassen", sondern auch die Hand.

Die im System der Natürlichen Ausbildungsmethode ausgebildeten Pferde benutzen den losen Zügel nicht, um sich „frei zu machen". Sie bleiben auch bei einem losen Zügel in ihrer Selbsthaltung und Genickbiegung.

Die Pferde machen sich nicht „frei"

Die im System der Natürlichen Ausbildungsmethode ausgebildeten Pferde benutzen diese Freiheit nicht, um sich „frei zu machen". Auch wenn man mit der Hand vorgeht und beide Zügel einen deutlichen Bogen haben, bleiben sie in ihrer Haltung und Genickbiegung.

Die Gründe dafür sind:

- Dadurch, dass die Pferde ihr neues Gleichgewicht unter dem Reiter sicher und zügelunabhängig gewonnen haben, brauchen sie den Zügel nicht, um sich damit zu stabilisieren.
- Sie brauchen ihn auch nicht für die Genickbiegung, die aus der korrekten Dehnungshaltung entsteht.
- Da sie von Anfang an raumgreifend und schwungvoll gehen, treten sie unter das Gewicht und tragen sich selbst.

Die Légèreté kommt zum Tragen

Die alten Meister waren der Auffassung, dass die Haltung und Form, in der das Pferd gehen soll, ihm „immanent" (innewohnend, enthalten) sein soll. Man dürfe sie nicht ständig bei jedem Schritt und Tritt zwischen Kreuz, Schenkel und Hand herstellen müssen. Nur so kann das französische Prinzip der Leichtigkeit, der Légèreté, zum Tragen kommen.

Die so ausgebildeten Pferde bekommen grundsätzlich insgesamt eine schönere Form und einen schöneren Ausdruck. Mehr als einmal haben mir Schüler ganz erstaunt berichtet, dass ihr Pferd sich jetzt völlig anders, allein schon auf der Weide, bewege, in einer viel ausdrucksvolleren Art, elastisch und schwungvoll, in einer schönen Halshaltung – und oft auch mit einem größeren Selbstbewusstsein.

Die Zügel sollen immer einen leichten Bogen haben

Die Zügel sollen immer einen leichten Bogen haben. Sie dürfen nicht fest anstehen. Zumindest soll der innere Zügel immer leicht durchhängen.

Wenn es einmal erforderlich ist, mit einem Zügel mehr an das Pferdemaul heranzugehen, soll das immer nur punktmäßig und fallweise sein; im nächsten Moment muss das Pferd wieder daraus entlassen werden, sozusagen in seine „Freiheit" –, die selbstverständlich eine kontrollierte ist.

Die Hals- und Kopfhaltung ist nichts Starres

Die Hals- und Kopfhaltung ist grundsätzlich nichts Starres. Sie verändert sich mit dem Rahmen, in dem das Pferd geht, der wiederum bestimmt wird vom Tempo beziehungsweise vom Grad der Versammlung. Der lose oder leichte Zügel gibt dem Pferd die Möglichkeit, selbst die Kopf- und Halshaltung einzunehmen, die seinem Rahmen, seinem Versammlungsgrad und seinem Tempo entspricht.

Ein Pferd, das im Mitteltrab oder starken Trab geht, muss sich zwangsläufig in einem weiteren Rahmen bewegen als ein Pferd, das gesetzt und versammelt piaffiert und daher einen kürzeren Rahmen hat. Entsprechend verändern sich auch der Halsbogen und die Kopfhaltung.

Die Haltung ist nichts Starres. Das Pferd reguliert seine Kopf- und Halshaltung selbst, wenn der lose Zügel ihm die Möglichkeit dazu lässt.

Das losgelassen, ausbalanciert und schwungvoll gehende Pferd, das sich in wirklicher Selbsthaltung mit zwangloser Genickbiegung bei losem Zügel bewegt – sozusagen in überwachter Freiheit, reguliert seine Kopf- und Halshaltung instinktiv selbst, entsprechend seinem Tempo, seinem Versammlungsgrad und der zu bewältigenden Übung.

Das Pferd reguliert seine Haltung selbst

Kein noch so geschickter Reiter kann das so gut wie das Pferd selbst.

Das Pferd weiß es selbst am besten

Das Pferd weiß selbst am besten, welche Kopf- und Halshaltung wirklich relativ zu seinem Rahmen ist, in dem es sich gerade bewegt.

Dazu ist psychische Ausgeglichenheit erforderlich

Selbstverständlich gehört dazu u. a. nicht nur eine körperliche Losgelassenheit und zügelunabhängige Selbsthaltung mit zwangloser Genickbiegung bei losem oder leichtem Zügel, sondern auch eine psychische Ausgeglichenheit sowie Aufmerksamkeit und Bereitwilligkeit dem Reiter gegenüber.

Der Reiter darf dem Pferd nicht eine Kopf- und Halshaltung aufdrängen, die in keinem Verhältnis zu seinen augenblicklichen muskulären Möglichkeiten steht und zu seiner Form, die es zwanglos einnehmen kann. Eine solche Haltung ist künstlich und unnatürlich – und wird weder korrekt noch schön sein, sondern nur Verspannungen hervorrufen.

Keine Möglichkeit zur Selbstregulierung

Ist der Hals mit den Zügeln oder Hilfszügeln eingezwängt, hat das Pferd zu dieser Selbstregulierung keine Möglichkeit mehr. Ein weiterer Nachteil ist, dass die Pferde ihren Hals nicht mehr als „Balancierstange" einsetzen können. Sie müssen dann einen anderen Ausgleich in ihrem Körper suchen. Darum haben viele Reiter, die ihre Pferde ständig „stramm am Band" reiten oder sogar mit aufgerolltem Hals, vermehrt mit dem Sich-Schiefmachen ihrer Pferd zu kämpfen.

Aufgerichtet und versammelt zu gehen ist für jedes Pferd anstrengend. Man darf dies daher immer nur für einen **kurzen** Zeitraum verlangen. Die Pferde müssen daher immer wieder aus dieser aufgerichteten und geschlossenen Form entlassen werden. Man muss sie wieder in die Tiefe und lang reiten, um dadurch Hals, Rücken und Hinterhand zu entlasten.

Damit ist nichts verloren

Pferde, die in der Natürlichen Ausbildungsmethode bis zu diesem Punkt in ihrer Schulung gekommen sind, lassen sich jederzeit problemlos wie eine Remonte reiten, also lang und tief, und im nächsten Moment wieder versammelt. Man verliert daher keine Zeit in der Ausbildung, noch sonst irgendwelche Werte, wenn man die Pferde immer wieder lang gehen lässt, in die Tiefe reitet, dabei schwungvoll und raumgreifend vorwärts – mit durchhängenden Zügeln.

Hier ist das Feingefühl des Reiters gefordert: Zu erfühlen, wann das Pferd die Entspannung wieder nötig hat. Lieber einmal mehr das Pferd in die Tiefe lassen und lang machen, als die Reprisen der Versammlung und Aufrichtung zu lange ausdehnen und dadurch Verspannungen, Verkrampfungen und Unwillen riskieren.

Der Sitz

Den Oberkörper etwas mehr aufrichten

Schließen sich die Pferde mehr, werden runder und nehmen mehr Gewicht mit den Hinterbeinen auf, heben sie sich mit Kopf und Hals entsprechend zur Senkung der Hinterhand. Dem muss der Reiter sich anpassen, indem er aus dem Effektiven Leichten Sitz heraus seinen Oberkörper etwas mehr zurücknimmt und dadurch seinen Schwerpunkt auch weiter nach hinten verlagert. Der Reiter darf aber auf gar keinen Fall sich aufrecht in den Sattel hineinsetzen. **Der korrekte Effektive Leichte Sitz muss unbedingt erhalten bleiben.**

Das Tempo

Ich habe junge Pferde dann, wenn sie sich an den Reiter gewöhnt hatten und die Phase des Anreitens vorbei war, immer in einem höheren Tempo als dem normalen Arbeitstempo geritten – ziemlich flott vorwärts. Ebenso ältere, verrittene Pferde, bei denen man aufgrund ihrer Probleme an die unteren Stufen der Ausbildung zurückgehen musste.

Im Takt und schwingend

Die Pferde müssen dabei unbedingt im Takt (das Gleichmaß der Bewegung) gehen und über den Rücken- und Halsbogen schwingen, bei fallen gelassenem Hals.

Das sind unbedingt erforderliche Kriterien. Solange die Pferde das tun, kann es nicht zu viel an Tempo sein. Verlieren die Pferde den Takt, fangen sie an zu „haspeln", verspannen sie sich; meistens nehmen sie dann auch Kopf und Hals wieder hoch, weil sie sich anders nicht mehr ausbalancieren können. Das sind Anzeichen dafür, dass für dieses Pferd in diesem Moment das Tempo zu hoch ist und reduziert werden muss.

Die Argumente für das flotte Vorwärts

Die Argumente für dieses flotte Vorwärts sind:

1. Die Pferde müssen lernen, sich stets zu engagieren – vor allem auch mit ihren Hinterbeinen – und ihre Kräfte uneingeschränkt einzusetzen. Dies ist keineswegs selbstverständlich; Pferde tun das nicht ohne weiteres von sich aus. Deshalb muss man ihnen das zur **Gewohnheit** machen, indem man es immer fordert.

   Dabei ist es oft besser, die Arbeitsreprisen kurz zu halten – vor allem auch bei jungen Pferden – um sie nicht zu überfordern und um ihnen den Spaß an der Sache zu erhalten.

Weiß ein Pferd, dass die Arbeit aufhört, wenn es sich voll engagiert, ist es viel lieber wieder bereit, sich einzusetzen und seine Kräfte zu mobilisieren, als wenn es erfahren muss: Je mehr ich mich anstrenge, umso mehr muss ich tun; das „bricht ihm das Herz".

Zuerst die Schub- und Schnellkräfte entwickeln

Lernen die Pferde nicht in dieser frühen Phase der Ausbildung – in der es zuerst vorwiegend um die Entwicklung der Schub- und Schnellkräfte geht – sich mit den Hinterbeinen zu engagieren, das heißt, energisch abzuschieben und weit vor- und unter das Gewicht zu treten, können und tun sie das später, wenn die Trag- und Federkräfte ausgebildet werden müssen, erst recht nicht, weil es dann noch viel schwieriger und anstrengender ist. Außerdem werden durch die Entwicklung der Schub- und Schnellkräfte gleichzeitig die Muskeln ausgebildet, die das Pferd auch zum Tragen und Federn, also für die Versammlung, benötigt.

2. Ein weiterer Grund ist, dass die Pferde über dieses flotte Tempo schneller zur Losgelassenheit kommen, als wenn sie sich verhalten. Sie werden schneller locker, lassen sich los und fangen an zu schwingen.

Mit innerer Ruhe

Energisch vorwärts zu reiten heißt nicht, die Pferde zu „jagen" oder rennen zu lassen. Trotz des höheren Tempos müssen die Bewegungen immer eine **„innere Ruhe"** haben. Diese finden die Pferde am besten, wenn sie im Takt gehen und bei fallen gelassenem Hals locker über den Rücken- und Halsbogen **schwingen**. Manche Pferde brauchen eine Weile, bis sie diese energischen, raumgreifenden und schwingenden Bewegungen in gleich bleibendem Takt gelernt haben. Viele Pferde können das sofort.

Reguliert werden die Bewegungen zwischen Treiben und Verhalten:

Zwischen Treiben und Verhalten regulieren

Das Treiben erfolgt mit den Schenkeln, unterstützt von der Gerte. Das Verhalten erfolgt **immer zuerst aus dem Sitz heraus** (s. „Die Paraden"); evtl. anfangs unterstützt vom **äußeren** Zügel, der fallweise und wie erforderlich eingesetzt wird durch **kurzes** Annehmen und **sofortiges** Wieder-Nachgeben; wenn nötig, muss der **kurze** Zügelanzug wiederholt werden.

Die Aufgabe, das Tempo zu regulieren, fällt vorwiegend dem äußeren Zügel zu.

Beachten Sie bitte:

Selbst dann, wenn die Pferde sehr undurchlässig sind, darf man nicht im Zügelanzug „hängen" bleiben; der Zügel soll in jedem Falle immer nur kurz angenommen werden – mit **sofortigem** wieder Loslassen.

Warum muss das so sein?

- Bleibt der Reiter im Zügelanzug „hängen", artet das in „Ziehen" aus; die Pferde drücken dann dagegen und machen sich fest. Das fördert nicht die Losgelassenheit, den Gehorsam und die Durchlässigkeit. So können die Pferde **nichts lernen.**

• Das Pferd muss die Chance haben, auf den **kurzen** Zügelanzug reagieren zu können.

Immer zuerst die „verbremsende" Sitzhilfe einsetzen

Es ist sehr wichtig, dass der Reiter immer **zuerst die „verbremsende" Sitzhilfe** einsetzt. Den Zügel nur dann, wenn er noch nötig sein sollte. Je rittiger die Pferde werden, umso weniger ist noch der Zügel erforderlich. (Lesen Sie hierzu das Kapitel „Paraden").

Das Tempo beibehalten

Die Pferde müssen lernen, das vorgegebene Tempo beizubehalten. Dazu ist erforderlich, dass der Reiter **sofort** reagiert, wenn das Pferd langsamer oder schneller wird, indem er entweder mehr treibt oder verhält. Geht das Pferd im Gleichmaß und im gewünschten Tempo, muss der Reiter unbedingt die „Hilfen aussetzen"– und sich **passiv** verhalten.

Triebige Pferde

Ein übermäßiger Vorwärtsdrang kann leicht gemäßigt werden durch Reiten von großen und kleinen gebogenen Linien, im häufigen Wechsel von linker und rechter Hand, weil jede gebogene Linie auf natürliche Weise das Tempo mäßigt, ohne dass das Pferd mit der Hand gebremst werden muss. Triebige Pferde lernen das Vorwärtsgehen besser auf langen Linien und in kurzen Reprisen.

Das Tempo mäßigen

Die Pferde sind in ihrem Bewegungs-Engagement sehr unterschiedlich. Höherblütige Pferde brauchen meistens nicht viel Aufforderung zum energischen und raumgreifenden Vorwärtsgehen; bei diesen ist es oft schwieriger, für Ruhe und Gleichmaß zu sorgen. Andere Rassen oder Typen müssen manchmal schon sehr energisch aufgefordert werden, ihre Kräfte einzusetzen. In diesen Fällen kann ein kräftiger Gertenhieb, der das Pferd „aufweckt" sehr wirkungsvoll sein.

Sollte das Pferd dabei einmal einen Satz nach vorne machen oder auch angaloppieren, muss der Reiter das zulassen und darf nicht mit den Zügeln bremsen – das wäre widersprüchlich. Der Gebrauch von Sporen ist hier ungeeignet, da ein Pferd nur mittels der Gerte wirklich „schenkelgehorsam" werden kann.

Manche jungen oder auch unrittigen Pferde wollen beim energischen Vorwärtsreiten rennen oder weglaufen. Je konstanter die Pferde mit fallengelassenem Hals gehen und je lockerer sie dadurch in der Rücken- und Hinterhandmuskulatur werden, umso eher hören das Rennen und Weglaufen auf und umso mehr stellt sich das **Schwingen mit energischen und raumgreifenden Bewegungen** ein.

Wegrennen oder eilen ist dem Pferd nur möglich, wenn es mit den Hinterbeinen kurze Tritte macht, mit wenig Raumgriff bei ungebeugten Gelenken. Der Grund dafür ist meistens mangelnde Losgelassenheit und ein fester Rücken. Eventuell müssen solche Pferde zunächst im Tempo weniger forciert geritten werden, bis sie lockerer geworden sind.

Instabile und labile Pferde

Bei Pferden, die in ihrem Körper noch sehr labil sind, weil sie z.B. hinten stark überbaut oder insgesamt noch sehr unreif sind, ist es oftmals besser, sie nicht forciert zu reiten. Diese Pferde sollten zunächst in einem langsameren Tempo geritten werden, bis sie ihre körperlichen Schwierigkeiten überwunden haben. Aber auch solche Pferde dürfen nicht „dahinlatschen".

Energische, raumgreifende und schwungvolle Bewegungen sind die unerlässliche Voraussetzung:

- **für das selbständige Anheben von Kopf und Hals aus tiefer Dehnungshaltung**
- **für ein zügelunabhängiges horizontales Gleichgewicht mit zwangloser Genickbiegung**
- **für das Schließen und spätere Versammeln des Pferdes.**

Ich weise an dieser Stelle noch einmal auf die im Kapitel „Die Dehnungshaltung" eingangs erwähnten Worte von Paul Plinzner über Gustav Steinbrecht hin (evtl. dort noch einmal nachlesen). Das sollte Ihnen nochmals ganz besonders klar machen, wie eminent wichtig das energische Vorwärtsreiten ist, vor allem auch am Anfang der Ausbildung eines Pferdes. Wie schon bemerkt, ist das im Effektiven Leichten Sitz überhaupt kein Problem, weder für den Reiter noch für die Pferde.

Die Kriterien der Rittigkeit

Die Grundvoraussetzungen

Die Kriterien der Rittigkeit sind die **grundlegenden** Fähigkeiten und Fertigkeiten, die ein Pferd, das als Reitpferd genutzt werden soll, beherrschen muss, soll es gehorsam, angenehm und leicht zu reiten sein. Sie sind die **Grundvoraussetzungen** für eine weitere Ausbildung als Dressur- oder Springpferd.

Ganz gleich, welche Aufgaben das Pferd erfüllen soll, sei es als Freizeitpferd oder Turnierpferd aller Disziplinen, seine Rittigkeit wird von diesen grundlegenden Fähigkeiten bestimmt.

Es zeigt sich immer wieder in allen Sparten der Reiterei, dass eine weiterführende Ausbildung und eine Schulung in höheren Lektionen nicht gelingen oder schwierig werden, weil die Grundlagen, die Kriterien der Rittigkeit, nicht stimmen.

Gymnastizierung zur Gesunderhaltung

Nicht zuletzt erfährt das Pferd durch die Schulung in diesen Grundlagen eine Gymnastizierung, die seine Gesundheit und Geschmeidigkeit erhält und fördert.

Ich habe immer beobachten können, dass Pferde, die nicht diese grundlegende Gymnastizierung erfahren, steif, fest und unelastisch sind, auch dann, wenn sie sich den ganzen Tag auf der Koppel bewegen. Und dass andererseits bei ihnen durch eine pferdegerechte Gymnastizierung das gleiche Wohlbefinden entsteht wie bei einem Menschen, der eine sinnvolle Gymnastik betreibt.

Die Kriterien der Rittigkeit

Was sind die Kriterien der Rittigkeit?

Das Pferd

1. ist in allen Teilen seines Körpers und seiner Psyche losgelassen;
2. geht konstant über den Rücken- und Halsbogen;
3. hat ein ausbalanciertes horizontales Gleichgewicht;
4. hat eine zügelunabhängige Selbsthaltung mit zwangloser Genickbiegung, bei losem Zügel;
5. geht schwungvoll vorwärts mit aktiven, unter das Gewicht tretenden Hinterbeinen;
6. ist gerade gerichtet;
7. ist durchlässig;
8. geht in einer geschlossenen Form.

Die wichtigste Voraussetzung

Eine ganzheitliche Losgelassenheit

Die Losgelassenheit, körperlich und psychisch, ist die **wichtigste** und **unabdingbare** Voraussetzung für **jegliches** Ausbilden und Reiten. Sie ist immer das Erste, was bei jedem Pferd hergestellt werden muss.

Dies sollte keiner weiteren Erklärung bedürfen, denn jeder, der Sport betreibt, weiß dies von sich selbst. Ein verkrampfter Muskel kann keine Leistung erbringen. Und nicht nur das, er kann auch nicht ernährt werden und muss daher zwangsläufig atrophieren (weniger werden).

Die in der Natürlichen Ausbildungsmethode geschulten Pferde sind grundsätzlich locker und losgelassen, und zwar sowohl körperlich wie auch psychisch. Sie besitzen die Losgelassenheit als eine Eigenschaft.

Da die Pferde im System der Natürlichen Ausbildung im Effektiven Leichten Sitz geritten werden, in korrekter Dehnungshaltung, bei zwangloser Genickbiegung mit losem Zügel, sowie schwungvoll vorwärtsgehen, haben sie keinen Grund, sich zu verspannen. Aber nicht nur das bewirkt und fördert ihre Losgelassenheit, sondern auch die **pferdepsychologisch** richtige **Belehrung,** die sie ausgeglichen und entspannt macht. Wer konsequent in diesem System sein Pferd ausbildet, wird dies immer so erfahren. Ohne diese völlige Lockerheit und Losgelassenheit, körperlich und psychisch, ist alles Reiten wertlos, was immer auch an Lektionen geritten werden mag.

Ich habe immer wieder die Erfahrung machen müssen, dass viele Reiter – und nicht nur Freizeitreiter – gar nicht wissen, wie sich ein wirklich lockeres, losgelassenes Pferd anfühlt, das auch noch Freude daran hat, geritten zu werden.

Verspannungen durch den Dressursitz

Was die Pferde am schnellsten verspannt, ist das Gerittenwerden im Dressursitz, vor allem dann, wenn der Sitz Mängel hat. Aber selbst bei einem gut sitzenden Reiter ist der gestreckte Dressursitz immer eine ziemliche Belastung für den Pferderücken, vor allem im Trabe. Daher sollte der Reiter bemüht sein, die Zeit des Aussitzens im Trabe möglichst kurz zu halten und den Rücken immer wieder durch Leichttraben zu entlasten. Im Effektiven Leichten Sitz besteht dieses Problem nicht. Außerdem entsteht viel Verspannung und Krampf im Pferd durch das sogenannte „Zusammenstellen", wobei die Genickbiegung meistens mit den Zügeln mehr oder weniger erzwungen wird.

Am schnellsten und vollständigsten entspannen sich alle Pferde, wenn sie aus dem Effektiven Leichten Sitz heraus veranlasst werden, Kopf und Hals fallen zu lassen, bei losen Zügeln und energischem und schwungvollem Vorwärtsgehen.

Verspannungen durch „Zusammenstellen"

Das Pferd geht konstant über den Rücken- und Halsbogen

Konstant über den Rücken

Ich denke, das ist in den Kapiteln „Die Dehnungshaltung" und „Die verschiedenen Formen der Dehnungshaltung" mit aller Ausführlichkeit erklärt wurden, sodass sich wohl an dieser Stelle weitere Erläuterungen erübrigen.

Ein ausbalanciertes horizontales Gleichgewicht

Ausbalanciert im Gleichgewicht

Im Kapitel „Der lose Zügel" haben Sie erfahren, warum das Pferd unter dem Reiter seine natürliche Balance verliert und wie es ein neues Gleichgewicht entwickeln kann.

Eine zügelunabhängige Selbsthaltung mit zwangloser Genickbiegung, bei losem Zügel

Eine zügelunabhängige Selbsthaltung

Nur mit einer zügelunabhängigen Selbsthaltung und zwangloser Genickbiegung, bei losem Zügel, kann ein Pferd wirklich rittig sein. Haben die Pferde sich aus der tiefen Dehnungshaltung selbst angehoben und unter dem Reiter ihr neues zügelunabhängiges Gleichgewicht sicher gefunden, erfüllen sie diese Ansprüche.

Ein schwungvolles Vorwärtsgehen mit aktiven, unter das Gewicht tretenden Hinterbeinen

Schwungvolles Vorwärtsgehen

Das lernen die Pferde in der Natürlichen Ausbildungsmethode von Anfang an. Da der Effektive Leichte Sitz sie nicht im Rücken stört und der lose, durchhängende Zügel bei korrekter Dehnungshaltung ihre Bewegungen nicht behindert oder einschränkt, haben die so ausgebildeten Pferde mit diesem schwungvollen und raumgreifenden Vorwärtsgehen keine Probleme. Weil der Reiter es immer fordert, wird ihnen das mit der Zeit zur Gewohnheit.

Das Pferd ist geradegerichtet

Geradegerichtet

Woher auch immer diese natürliche Schiefe aller Pferde kommen mag, sie muss ausgeglichen werden. Ein schiefes Pferd ist nicht vollkommen durchlässig; der Schwung und die Energien können nicht von hinten nach vorne und umgekehrt unbehindert durch den ganzen Pferdekörper hindurch fließen. Es ist auch nicht biegsam, weder seitlich noch horizontal; es belastet die beiden Körperhälften nicht gleichmäßig; das kann zu vorzeitigem Verschleiß führen, vor allem an den Gliedmaßen. Auch der Gehorsam lässt meistens zu wünschen übrig.

Die natürliche Schiefe ist mit die stärkste „Waffe" des Pferdes gegen den Reiter. Die Pferde bringen diese auch immer wieder ins „Spiel", selbst dann noch, wenn sie grundsätzlich geradegerichtet sind. Das zwingt den Reiter dazu, immer wieder diese Schiefe ausgleichen zu müssen.

Die meisten Pferde sind von rechts nach links schief, d.h., das rechte Hinterbein will nicht in die Spur des rechten Vorderbeines treten, sondern tritt seitlich heraus; das linke Hinterbein will meistens nicht genügend nach vorne in Richtung linkes Vorderbein treten; dabei fallen dann die Pferde auf die linke Schulter, belasten das linke Vorderbein mehr und stellen zum Augleich den Hals nach rechts. Dabei hat der Reiter den Eindruck, als ließe sich das Pferd nach rechts leichter biegen als nach links; viele Pferde drücken gegen den linken Schenkel und machen beim Biegen und Wenden nach links Schwierigkeiten.

Gerade durch geradegerichtete Biegearbeit

Eine Geraderichtung des Pferdes erfolgt vorwiegend durch eine **geraderichtende Biegearbeit,** also durch ein Reiten auf gebogenen Linien.

Um beim Geraderichten auf gebogenen Linien auf die Schiefe Einfluss nehmen zu können, muss der Reiter folgendes tun:

Die Technik des Geraderichtens

Zum Beispiel beim Reiten auf einem Zirkel rechter Hand muss der rechte Schenkel, evtl. unterstützt durch die Gerte, das rechte Hinterbein in Richtung rechtes Vorderbein treiben. Der linke Schenkel muss das linke Hinterbein veranlassen, in Richtung linkes Vorderbein mehr nach vorne unter das Gewicht zu treten. Die notwendige Rippenbiegung bewirkt die **innere Wade** in Verbindung mit dem Biegesitz; der innere Zügel sorgt dafür, dass das Pferd in die Richtung hineinsieht, in die es gehen soll.

Sieht das Pferd in die Wendung hinein, hängen beide Zügel durch. (Ich habe in dem Kapitel „Die seitliche Biegung" ausführlich über das Biegen gesprochen und bitte, bei Bedarf dort nachzusehen.)

Modifizierter Einsatz der Gerte

Der Schenkel alleine schafft es meistens nicht, das innere Hinterbein soweit nach vorne unter das Gewicht zu treiben, wie es erforderlich ist; die Gerte muss ihn unterstützen. Dabei muss ihr Einsatz modifiziert werden: kurzer Schlag, nur anticken oder nur drückend wirken. Dabei sollte die Gerte nicht nur innen eingesetzt werden, sondern auch außen, um auch den äußeren Schenkel in seiner Tätigkeit zu unterstützen.

Hat das Pferd in der inneren Rippe nachgegeben und wird es durch die Zügel nicht behindert (weil oft bei anstehenden Zügeln der innere zieht und der äußere „klemmt"), wird das Pferd mit dem inneren Hinterbein nach vorne in Richtung des inneren Vorderbeines treten und das äußere Hinterbein vermehrt vortreten in Richtung des äußeren Vorderbeines, wenn die Schenkel beziehungsweise die Gerte dazu auffordern.

Wann ist ein Pferd geradegerichtet?

Ein Pferd ist geradegerichtet, wenn die Hinterhand auf die Vorhand eingerichtet oder auch eingespurt ist. Wenn also die Hinterfüße genau in die Spur der Vorderfüße treten, auf gerader wie auf gebogener Linie, und das Pferd in seiner Längsachse genau der Hufschlaglinie angepasst ist, auf der es geht, sei diese gerade oder gebogen. Und das in allen Gangarten.

Geraderichten durch Schenkelweichen

Nicht nur durch die „geraderichtende Biegearbeit" auf gebogenen Linien kann die Schiefe ausgeglichen werden. Eine weitere gute Übung ist das Schenkelweichen in allen seinen Variationen. Das Vor- und Übertreten wirkt sich auch förderlich auf die Geraderichtung aus. (Lesen Sie bitte hierzu das Kapitel „Das Schenkelweichen").

Später erfolgt durch richtig gerittene Seitengänge eine weitere Verbesserung der Geraderichtung des Pferdes.

Geraderichten schon am Anfang der Ausbildung

Ich habe bei jungen Pferden von Anfang an in der Ausbildung mit dem Ausgleichen der natürlichen Schiefe begonnen; schon bei der Longenarbeit. Haben die jungen Pferde sich unter dem Sattel an den Reiter gewöhnt und gelernt, den Hals fallen zu lassen bei losem Zügel, kann schon gezielt auf die Schiefe Einfluss genommen werden durch das Reiten gebogener Linien aller Art und das Schenkelweichen – ohne dass hierfür eine Anlehnung erforderlich ist. Damit kann im System der Natürlichen Ausbildung bereits in diesem sehr frühen Stadium mit der Geraderichtung begonnen werden. Je länger man damit wartet, umso mehr verfestigt sich die Schiefe; das Schiefgehen wird zur Gewohnheit und ist dann noch schwerer auszugleichen.

Die Durchlässigkeit

Die Durchlässigkeit

Das Pferd ist dann durchlässig, wenn die Energien von hinten nach vorne und umgekehrt durch das ganze Pferd unbehindert hindurchfließen. Ist ein Pferd verspannt, vor allem auch im Rücken, steif und fest oder auch schief, ist ein unbehindertes Durchfließen durch den ganzen Pferdekörper nicht möglich. Die Energien und der Schwung bleiben irgendwo im Körper stecken. Der Bewegungsfluss von hinten nach vorne, wie auch in umgekehrter Richtung von vorne nach hinten ist unterbrochen. Bei undurchlässigen Pferden werden die aufnehmenden Paraden oftmals schon im Hals oder Rücken blockiert, sie können nicht bis zur Hinterhand durchgehen. Die Pferde reagieren auf vortreibende Hilfen nicht oder nicht genügend. Durchlässig kann ein Pferd nur dann sein, wenn es in allen Teilen seines Körper locker und entspannt ist sowie auch geradegerichtet. Dann kann es die vortreibenden und verhaltenen Hilfen annehmen und befolgen.

Pferde, die konstant über den Rücken- und Halsbogen gehen mit zwangloser Genickbiegung bei losem Zügel und geradegerichtet sind, besitzen diese so wichtige Durchlässigkeit.

Eine geschlossene Form

Eine geschlossene Form

Warum das Pferd in einer geschlossenen Form gehen sollte und wie es diese erhält, habe ich ausführlich im Kapitel „Die Anlehnung“ dargestellt, sodass sicherlich an dieser Stelle weitere Erläuterungen nicht mehr erforderlich sind.

Die Ausbildungs-Skala

Die Ausbildungs-Skala

Ich gehe davon aus, dass den meisten Lesern diese Ausbildungs-Skala bekannt ist:

1. Takt
2. Losgelassenheit
3. Anlehnung
4. Schwung
5. Geraderichtung
6. Durchlässigkeit
7. Versammlung

Ich möchte hier diesbezüglich nur auf Folgendes hinweisen:

Takt und Losgelassenheit hängen eng zusammen. Dabei kann ein Pferd durchaus im Takt gehen (im Gleichmaß der Bewegung und reiner Fußfolge), ohne in allen Teilen seines Körpers losgelassen zu sein. Ein wirklich losgelassenes Pferd, das körperlich und psychisch entspannt ist, wird taktmäßig gehen, wenn der Reiter es durch falsches Treiben oder falsche Zügeleinwirkung nicht darin stört.

Losgelassenheit ist das Wichtigste!

Mir war daher die Losgelassenheit stets das Erste und Wichtigste. Ich habe immer feststellen können, dass die Pferde, wenn sie konstant mit wirklich fallengelassenem Kopf und Hals gingen und damit über den Rücken – bei losem Zügel – sich am schnellsten und vollständigsten entspannten und losgelassen wurden; und damit gingen sie dann auch im Takt, vorausgesetzt der Reiter störte sie darin nicht.

Der dritte Punkt in der Ausbildungsskala ist die Anlehnung – nach Takt und Losgelassenheit. Das besagt, wenn man Takt und Losgelassenheit erreicht hat, kann die Anlehnung hergestellt werden. Ich bitte Sie, in den Kapiteln „Der lose Zügel" und die „Anlehnung" bei Bedarf noch einmal nachzulesen, was für die Herstellung einer sogenannten „Anlehnung" tatsächlich erforderlich ist.

Schwung und Geraderichtung kommen dann an vierter und fünfter Stelle – nach der Anlehnung. Das heißt, man geht davon aus, dass für die Schwungentfaltung und Geraderichtung die Anlehnung erforderlich ist.

Schwung und Geraderichtung ohne Anlehnung

In der Natürlichen Ausbildungsmethode hat sich gezeigt, dass weder für die Schwungentfaltung noch für die Geraderichtung eine Anlehnung notwendig ist. Ich habe schon erwähnt, dass von Anfang an unter dem Sattel mit dem Ausgleichen der Schiefe begonnen werden kann. Als Vorbedingung genügt, dass die jungen Pferde den Reiter akzeptiert haben sowie Kopf und Hals zwanglos fallen lassen, bei losen, durchhängenden Zügeln.

Der Effektive Leichte Sitz unterstützt die Geraderichtung

Der Effektive Leichte Sitz bietet hervorragende Möglichkeiten, diese geraderichtende Arbeit zu unterstützen:

- Zum einen mit den Händen am Hals; das ist problemlos möglich durch den vorgeneigten Oberkörper; mit den Händen am Hals kann man die Pferde bei durchhängenden Zügeln wunderbar lenken und steuern. Diese **Körpersprache** versteht **sofort jedes Pferd am allerbesten;** das ist vor allem auch für junge Pferde wichtig, weil diese anfangs noch nicht „zügelklug" sind und daher die Einwirkungen mit den Zügeln gar nicht verstehen.

Geraderichtung durch das „Gegensteuern"

- Zum anderen kann der Reiter im Effektiven Leichten Sitz dem Pferd in seiner Geraderichtung und Balance helfen durch eine entsprechende Verlagerung seines eigenen Schwerpunktes und Gewichts. Ich nenne das „Gegensteuern". (Lesen Sie hierzu das Kapitel „Die seitliche Biegung").

Diese Möglichkeiten sind weitere ganz wesentliche Vorzüge des Effektiven Leichten Sitzes, die der klassische Dressursitz nicht hergibt.

Geht das Pferd mit fallengelassenem Hals und daher konstant über den Rücken- und Halsbogen bei losem Zügel, kann der Schwung

Der Schwung kann ungehindert durchfließen

nach vorne durchfließen und wird von der ebenfalls **losgelassenen Vorhand** nach vorne ausgeschwungen. Gerade dieser Schub und der Schwung, die weder durch den Sitz noch durch die Zügel behindert oder eingeschränkt sind, helfen dem Pferd bei seiner Geraderichtung und in seinem Gleichgewicht.

Die Durchlässigkeit

Als sechster Punkt wird in der Ausbildungs-Skala die Durchlässigkeit genannt. Man geht also davon aus, dass zuerst alle fünf vorausgehenden Punkte erreicht sein müssen, damit die Pferde durchlässig sein können.

In der Natürlichen Ausbildungsmethode lernen die jungen Pferde die so wichtige Durchlässigkeit schon **von Anfang an**, da die halben und ganzen **Paraden vorwiegend aus dem Sitz heraus mit Körpersprache** gegeben werden – ohne Zügeleinwirkung. Dadurch nehmen die Pferde schon in diesem frühen Stadium die Energien und den Schwung in ganz natürlicher Weise mit ihren Hinterbeinen auf. (Sehen Sie hierzu das Kapitel „Die Paraden").

Eine stärkere Versammlung in Sinne klassischer Dressur, bei der das Pferd vermehrt auf die Hanke gesetzt wird, gibt es im System der Natürlichen Ausbildung nicht, weil das der Effektive Leichte Sitz nicht ermöglicht. Die Pferde können aber sehr gut aus diesem Sitz heraus und in diesem System in eine geschlossene Form hineingeritten werden; sie gehen dann in einer schönen, zügelunabhängigen Selbsthaltung mit zwangloser Genickbiegung, im horizontalen Gleichgewicht; sowie mit aktiven Hinterbeinen, die problemlos schon mehr Gewicht aufnehmen.

Das sind dann die besten Voraussetzungen für eine wirklich schulgerecht korrekte Versammlung im Sinne klassischer Dressur. Dafür ist dann der gestreckte Dressursitz erforderlich.

Teil II

Der Effektive Leichte Sitz

Der Erfinder

Der Erfinder des Effektiven Leichten Sitzes ist, wie schon erwähnt, Federico Caprilli (1868–1907).

Mit der Entwicklung des Effektiven Leichten Sitzes öffnete er den Weg zur Natürlichen Ausbildungsmethode, die um die Jahrhundertwende in den berühmten Schulen von Pinerolo und Tor di Quinto (in Oberitalien) gelehrt wurde.

Ohne den Effektiven Leichten Sitz ist das System der Natürlichen Ausbildungsmethode nicht denkbar.

Die Bedeutung des Effektiven Leichten Sitzes

Die zentrale Bedeutung des Effektiven Leichten Sitzes liegt vor allem darin, den Rücken des Pferdes, seine empfindliche Bewegungszentrale, vom Reitergewicht zu entlasten und dieses auf die Seiten des Pferdes zu verlegen.

Das Pferd ist als Lauftier konzipiert – und nicht als Lasttier. **Daher ist das Reitergewicht das größte Problem für ein Pferd.**

Daraus ergibt sich, dass auf Grund der anatomischen Gegebenheiten jedes Pferd erst **lernen** muss, dieses zusätzliche Gewicht so zu tragen, dass es in seinem Rücken nicht gestört ist. Nur so können Rückenprobleme vermieden werden. Durch die Entlastung des Rückens, wie der Effektive Leichte Sitz es ermöglicht, werden von vornherein der unentwickelte Rücken junger Pferde und der verkrampfte Rücken verrittener Pferde zur Losgelassenheit gebracht. Verspannungen, Widersetzlichkeiten, Härten entstehen erst gar nicht. Die Grundausbildung wird für die Pferde durch den Effektiven Leichten Sitz wesentlich erleichtert und sie können so ihr ganzes Bewegungspotenzial unter dem Sattel mit Leichtigkeit voll entfalten.

Im Dressursitz hat das Pferd die ganze Reiterlast ungemildert in seinem Rücken. Das ist für junge und unrittige Pferde sowie für solche mit Rückenproblemen sehr nachteilig.

Wofür ist der Sitz geeignet?

Aufgrund dieser Bedeutung ist der Effektive Leichte Sitz ideal

- für das Anreiten junger Pferde
- für das weitere dressurmäßige Ausbilden junger Pferde bis Klasse A und L

- für die Korrektur verrittener Pferde
- und bei Pferden mit Rückenproblemen

Hierbei geht es um die so wichtige Schulung in den Grundlagen, die für jedes Reitpferd von elementarer Bedeutung ist.

Außerdem wird der Sitz angewendet

- beim Springen
- und beim Reiten im Gelände.

Der Effektive Leichte Sitz ist eine der genialen Erfindungen in der Reiterei. Genial deshalb, weil er so pferdegerecht ist. Dieser Sitz erleichtert dem Pferd seine Aufgabe und fördert sein Verständnis. Einigen Naturvölkern war vielleicht schon eine Art leichter Sitz bekannt (alte Bilder und Skizzen lassen das vermuten). Ein Sitzen zu Pferde mit relativ kurzem Bügel und leicht in die Vorwärtsbewegung hinein geneigtem Oberkörper, um große Strecken möglichst wenig anstrengend und schonend für Reiter und Pferd zurückzulegen.

Ein dynamischer Sitz

Er ist ein dynamischer Sitz, der vor allem im Trabe und im Galopp wirksam wird. In der schwunglosen, schreitenden Gangart des Schrittes tritt das dynamische Moment nicht in dieser Weise in Erscheinung. Der Effektive Leichte Sitz ist **nicht** identisch mit dem so genannten Remonte- oder Entlastungssitz.

Beim Remonten- oder Entlastungssitz ist der Bügel höchstens ein bis zwei Löcher kürzer geschnallt. Der Oberkörper ist aus der gestreckten Position des Dressursitzes heraus nur etwas vorgeneigt; damit sitzt der Reiter mit dem Oberkörper „vorn über", über den Schwerpunkt hinaus; er sitzt vermehrt auf den Oberschenkeln, hebt das Gesäß aus dem Sattel heraus und findet nur Halt, wenn er Oberschenkel und Knie „zumacht". Dadurch ist der Reiter zwangsläufig in seinem Becken fest. Diese Sitzform ist anstrengend und unausbalanciert. Sie eignet sich daher nicht, um jungen oder verrittenen Pferden die Grundlagen der Rittigkeit zu vermitteln.

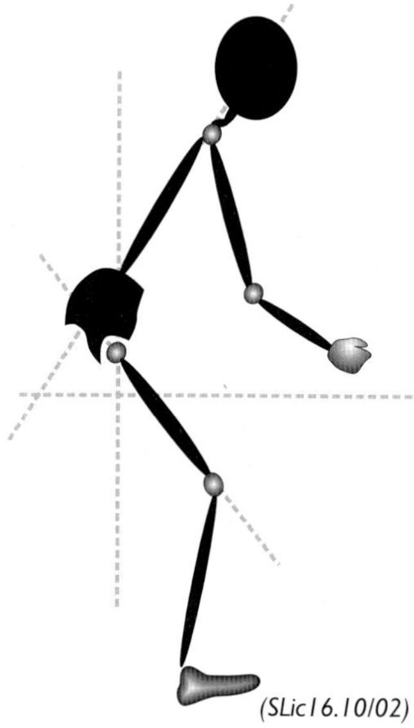

Entlastungssitz

(SLic16.10/02)
Lupinacci

Welche Vorteile bietet der Effektive Leichte Sitz?

Die Vorteile des Sitzes

Durch den kurzen Bügel, den vorgeneigten Oberkörper und das Gesäß nur **am** Sattel (nicht im Sattel wie beim Dressursitz) wird

1. **das Reitergewicht aus der schwachen Mitte des Pferderückens herausgenommen und auf die Seiten des Pferdes verteilt.**

Das können Sie selbst eindeutig durch folgende Übung erfahren: Setzen Sie sich mit kurzem Bügel – passend für den Effektiven Leichten Sitz (ca. 5 bis 6 Löcher kürzer als im Dressursitz, manchmal auch mehr, je nach Beinlänge) – in den Sattel. Schieben Sie nun Gesäß und Hüfte so weit wie möglich nach hinten (bei kleiner Sitzfläche bis hinauf auf den hinteren Sattelkranz) und richten Sie den Oberkörper kerzengerade auf. Schließen Sie die Augen (um besser fühlen zu können) und erfühlen Sie wo Ihr Gewicht liegt. Wenn Sie genau hinspüren, bemerken Sie, dass die gesamte Last auf dem Rücken des Pferdes liegt. Bleiben Sie jetzt so sitzen und neigen Sie **nur den Oberkörper nach vorne,** so weit, dass die Schulter in die Falllinie des Bügelriemens kommt beziehungsweise über Knie-Wade-Fuß, **ohne dabei das Gesäß vom Sattel zu nehmen.** Sie werden feststellen, dass sich Ihr Gewicht jetzt auf die Steigbügel verlagert hat.

Eine weitere Übung:

Setzen Sie sich mit aufrechtem Oberkörper auf einen Stuhl; legen Sie die Handflächen unter Ihre Sitzknochen; Sie werden deutlich den Druck Ihres Gewichtes spüren. Nehmen Sie jetzt Ihre Schultern tief und schieben Sie die Hüfte entsprechend weit zurück – und der Druck ist weg.

Entlastung des Rückens durch den tiefen Oberkörper

Die Entlastung des Pferderückens geschieht also durch das Tiefnehmen der Schultern. Damit ist das Gewicht aus dem Pferderücken herausgenommen und durch den kurzen Bügel auf die Seiten des Pferdes verteilt.

Das Pferd trägt selbstverständlich das gleiche Gewicht auf seinem Rücken (persönliches Gewicht des Reiters und des Sattels); aber es ist anders verteilt, nämlich auf die Seiten des Pferdes, wo es keinen Schaden anrichtet.

2. Im Effektiven Leichten Sitz bringt sich der Reiter selber zum Kulminationspunkt* der Bewegung hinauf und darüber hinweg.

Auch das ist eine ganz gravierende Erleichterung, besonders auch für junge Pferde und solche mit Rücken- und Rittigkeitsproblemen, denen noch die nötige Muskelkraft und Geschicklichkeit dafür fehlen. Im Dressursitz muss das Pferd mit der Kraft seines Rückens und seiner Hinterhand den Reiter zu diesem Kulminationspunkt der Bewegung hinauf und darüber hinweg hebeln.

Keine Beckendynamik erforderlich

3. Der Reiter muss nicht ständig – wie es im Dressursitz erforderlich ist – mit seinem Becken die ganzen Stöße, Wellenbewegungen, das Auf und Ab und Hin und Her des Pferderückens kompensieren.

Im Dressursitz muss der Reiter ständig sämtliche Bewegungen im Rücken des Pferdes kompensieren. Das erfordert eine hervorragende Sitztechnik und eine geschulte „Beckendynamik", sonst ist das Pferd immer in seinem Rücken gestört.

Im Effektiven Leichten Sitz, bei dem der Reiter mit seinem Gesäß nur am Sattel ist (nicht im Sattel), entfallen diese Sitzschwierigkeiten für den Reiter, der für das Pferd immer leicht und angenehm sitzt. Das Pferd selbst ist in seinem Rücken nie behindert.

4. Der Effektive Leichte Sitz ist ein sehr stabiler Sitz durch Einhaltung des Sitz-Dreiecks:

Ein stabiler Sitz

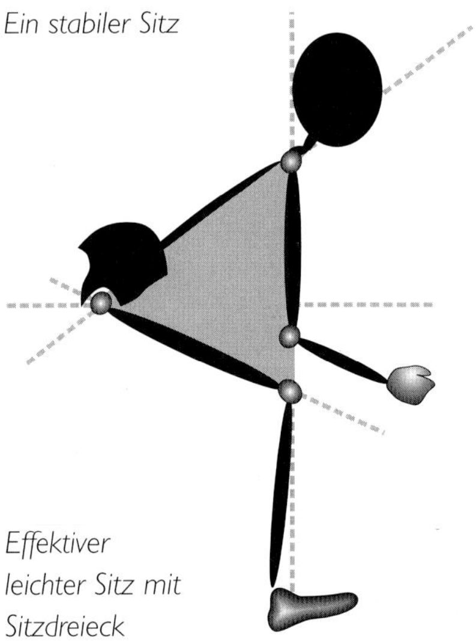

Effektiver leichter Sitz mit Sitzdreieck

(SLic14.10/02) Lupinacci

- Fundament: Knie-Wade-Fuß
- Hüfte und Gesäß weit nach hinten geschoben
- vorgeneigter Oberkörper (Schulter in der Falllinie des Bügelriemens bzw. über dem Fundament Knie / Wade / Fuß)

Dadurch erhält der Reiter im Effektiven Leichten Sitz eine Stabilität, die dem Dressursitz fehlt. Diese Stabilität des Sitzes, bei größtmöglicher Beweglichkeit, ist von unschätzbarem Wert, besonders bei der Ausbildung junger und unrittiger Pferde oder bei Pferden mit Rückenproblemen, deren Bewegungen immer unreguliert und schwankend sind. Das kann der Reiter im Effektiven Leichten Sitz viel besser kompensieren, ohne selbst gestört zu werden.

* Der Kulminationspunkt ist der Höhepunkt (einer Laufbahn bzw. hier Bewegung). Sie sind sicher schon Riesenrad gefahren. Wenn Sie unten in eine Gondel steigen, so muss sie das Riesenrad mit Kraft hinauffahren bis zum höchsten Punkt; dieser höchste Punkt des Riesenrades ist dann der Kulminationspunkt der ganzen Bewegung; von da ab „fällt" die Gondel wieder runter.

5. Der Effektive Leichte Sitz ist viel leichter zu erlernen als der klassische Dressursitz.

Leicht zu erlernen

Auch der Effektive Leichte Sitz hat eine bestimmte „Geometrie" und eine Sitztechnik, die genau eingehalten werden müssen, sonst gehen seine Vorzüge verloren. Diese sind aber viel leichter zu erlernen als beim klassischen Dressursitz.

Die Sitztechnik im Effektiven Leichten Sitz

Die „Geometrie" des Sitzes

Die Fundamente des Sitzes sind **Knie / Wade / Fuß.**
Diese Basis muss unbedingt stabil sein. Ein instabiles Fundament ist kein Fundament; das Bein, der Schenkel, muss ruhig an seinem Platz liegen bleiben; er darf nicht hin und her wackeln oder ständig verrutschen.

Das Fußgelenk wird **nach außen abgeknickt.**
Das bringt die Wade mehr ans Pferd heran; das Fußgelenk ist festgestellt, hier erfolgt *keine Federung* (wichtig!); ein federndes Fundament ist kein Fundament mehr; die Federung erfolgt im Hüft- und Kniegelenk.

Die Fußspitze **zeigt nach außen.**
Bedingt durch das nach außen abgeknickte Fußgelenk und den tonnenförmigen Rumpf des Pferdes.

Der Bügel liegt **am Ende des Ballens.**
Dort ist der Balance-Punkt, hier ist das ganze Bein besser unterstützt und hat mehr Halt; mit dem weit durchgeschobenen Bügel wird der Fuß – *bei tiefem Absatz* – zum stabilisierenden Faktor und zur Basis für das ganze Fundament Knie-Fuß-Wade. Außerdem ist die Gefahr groß, vom Bügel abzurutschen; das Fundament verliert an Halt.

Der Absatz ist **ganz tief.**
Der tiefe Absatz hält den Reiter im Sattel und trägt zur Stabilisierung des Fun-

damentes bei; außerdem spannt er vermehrt den Wadenmuskel. Mit einem schlaffen Wadenmuskel kann der Reiter nicht treiben.

Der ganze Fuß im Bügel **ist nach vorne gestemmt.**

Damit bleiben Hüfte und Gesäß leichter hinten – und der ganze Sitz bekommt einen zusätzlichen Halt.

Achtung: Der Reiter darf nicht das ganze Bein nach vorne wegstrecken, sonst wird das Kniegelenk steif; das Kniegelenk muss immer gebeugt bleiben, damit es federn kann.

Knie und Oberschenkel sind **nur lose angeschmiegt.**

Wenn der Effektive Leichte Sitz benutzt wird, um ein Pferd dressurmäßig auszubilden, dürfen Knie und Oberschenkel **nie** angedrückt werden, weil im Knie (und in der Hüfte) die Federung ist. Außerdem wird durch das feste Andrücken oder sogar Festklemmen von Knie und Oberschenkel der ganze Sitz versteift; damit sind eine schnelle und geschmeidige Koordination aller Bewegungen und eine feinfühlige Einwirkung, wie sie beim Dressurreiten erforderlich sind, nicht mehr möglich; bei angedrückten, zugeklemmten Knien wird das Knie zum Drehpunkt für den Unterschenkel; dieser rutscht dann nach hinten und damit ist das Fundament zerstört.

Außerdem entfernt sich beim Andrücken des Knies die Wade vom Pferd, weil Knie zu und Wade anliegend aus anatomischen Gründen nicht möglich ist, da der Reiter auf einer „Tonne" sitzt. Der Reiter braucht aber für seine Einwirkungen den **ständigen** feinfühligen Kontakt seiner Wade mit dem Pferd. Nur beim Springen und beim Reiten im Gelände (hier vor allem bei hohem Tempo) muss der Reiter seine Knie und Oberschenkel „zumachen", um mehr Halt zu haben (hier geht es aber auch nicht um eine dressurmäßige Gymnastizierung des Pferdes). Im Schritt liegt das Knie sehr weit vorne und oben; beim Antraben und Angaloppieren muss der Reiter seine Hüften und sein Gesäß wieder weiter zurückschieben; damit zieht sich auch das Knie zurück und kommt in seine richtige Position, nämlich in die Lotrechte des Bügelriemens bzw. von Knie / Wade / Fuß.

Das Gewicht des Reiters liegt

auf dem Fuß im Bügel.

Im Dressursitz ruht das ganze Gewicht des Reiters auf den beiden Sitzbein-Schambeinleisten seines Beckens und unmittelbar auf dem Rücken des Pferdes.

Der Oberkörper

ist so weit nach vorne geneigt, dass sich die Schulten über dem Fundament Knie / Wade / Fuß befinden.

Würde der Reiter bei weit nach hinten geschobener Hüfte und Gesäß (bedingt durch den kurzen Bügel) mit dem Oberkörper aufrecht sitzen bleiben, säße er extrem weit außerhalb des dynamischen Schwerpunktes, der im Bereiche des Knies liegt, wenn der Reiter im Effektiven Leichten Sitz trabt oder galoppiert. Er muss also seinen Oberkörper so weit nach vorne neigen, dass die Schulter über dem Fundament Knie – Wade – Fuß ist; jetzt befindet sich der Reiter wieder im Schwerpunkt des Pferdes. In der schwunglosen Gangart Schritt ist es nicht erforderlich, den Oberkörper so weit nach vorne zu nehmen wie im Trab und Galopp; der Reiter ist nur leicht in die Vorwärtsbewegung hinein geneigt.

Das Kreuz

Der Reiter macht ein **leichtes „Hohlkreuz“.**

Die Betonung liegt auf „leicht“. Wenn Sie die Schultern zurücknehmen und den Kopf hoch und durch die Pferdeohren nach vorne sehen, haben Sie Ihr Kreuz in der Lendengegend in dem

Masse angespannt, wie Sie es benötigen, um dem Oberkörper die nötige Stabilität zu geben.

Der Kopf **wird erhoben.**
Der Reiter blickt zwischen den Pferdeohren hindurch nach vorne; er schreitet mit den Augen den Weg ab, auf dem er reiten will.

Das Gesäß **bleibt am Sattel.**
Der Reiter steht zwar im Bügel, aber er steht nicht auf. Das ist ganz wichtig! Das Gesäß darf nicht vom Sattel genommen werden; wenn der Reiter im Effektiven Leichten Sitz das Gesäß „lüftet“ (aus dem Sattel hebt), wird der Sitz extrem instabil und anstrengend.

Was damit gemeint ist, können Sie am besten erfahren, wenn Sie die gleiche Übung machen wie unter Punkt I beschrieben: Bleiben Sie mit kurzem Bügel (passend für den Leichten Sitz) mit Gesäß und Hüfte weit hinten im Sattel sitzen, mit ganz geradem Oberkörper, und neigen dann diesen nach vorne, so weit, dass die Schulter über das Fundament Knie/Wade/ Fuß kommt, ohne dabei das Gesäß vom Sattel zu heben. Jetzt ist das Gesäß nur noch am Sattel – nicht mehr im Sattel. Bleiben Sie so sitzen.

Der Effektive Leichte Sitz ist ein reiner Balance-Sitz. Der Reiter findet seinen Halt nur durch unbedingte Einhaltung des **„Sitz-Dreiecks“:**

- Fundament: Knie / Wade / Fuß
- den Fuß im Bügel relativ weit nach vorne schieben, sodass der Bügel sich etwa unter dem Fußballen befindet
- Hüfte und Gesäß im Sattel weit nach hinten schieben
- Den Oberkörper so weit nach vorne neigen, dass die Schulter **über** dem Fundament ist.

„Vornüber“ ist ein schwerer Sitzfehler

Auf gar keinen Fall darf der Reiter mit der Schulter über das Fundament Knie / Wade / Fuß hinaus kommen; damit sitzt er „vornüber“, verliert seine Balance und jeglichen Halt.

Dieser schwerwiegende Sitzfehler wird nur vermieden, wenn Hüfte und Gesäß weit nach hinten und der Unterschenkel bzw. der Fuß im Bügel vorne sind.

Bei strikter Einhaltung des korrekten Sitz-Dreiecks und genauer Beachtung der vorgenannten Punkte zur Sitztechnik erhält der Reiter einen sicheren und stabilen Gleichgewichtssitz, der bequem und effektiv ist. Richtig gesessen ist der Effektive Leichte Sitz auch ein schöner Sitz.

Ein sicherer und stabiler Sitz

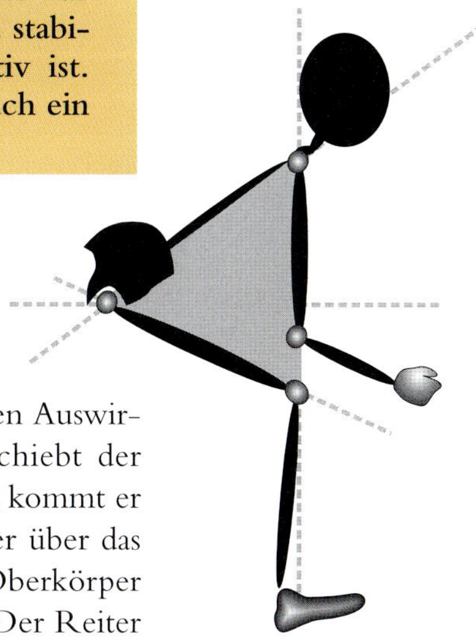

(SLic14.10/02) Lupinacci

Sitzfehler

1. Der Reiter bleibt mit seinem Gesäß und seiner Hüfte nicht weit genug hinten.

Weit genug hinten bleiben …

Ich möchte noch einmal kurz auf die schwerwiegenden Auswirkungen dieses gravierenden Sitzfehlers hinweisen: Schiebt der Reiter Gesäß und Hüfte nicht weit genug nach hinten, kommt er mit seinen Schultern beziehungsweise dem Oberkörper über das Fundament Knie–Wade– Fuß hinaus. Dann ist der Oberkörper durch das Fundament nicht mehr optimal unterstützt. Der Reiter sitzt „vornüber", über den Schwerpunkt des Pferdes hinaus. Damit verliert der Effektive Leichte Sitz seine Sicherheit und seinen Halt und auch jegliche Effektivität der Einwirkung. Außerdem sitzt der Reiter dem Pferd **dann** auf der Vorhand, und die Pferde tun sich schwer, in ein horizontales Gleichgewicht zu kommen.

2. Der Reiter hebt sein Gesäß aus dem Sattel.

… das Gesäß nicht aus dem Sattel heben …

Dadurch wird der Sitz unsicher und sehr anstrengend. Der Reiter muss Kraft aufwenden, um die richtige Position halten zu können. **Jedes Aufstehen, Herausnehmen oder Abheben des Gesäßes vom Sattel ist grundsätzlich falsch.** Das Gesäß bleibt **am** Sattel.

3. Der Reiter hat den Unterschenkel zu weit hinten.

… Unterschenkel nicht zu weit hinten …

Dadurch ist der Oberkörper nicht mehr optimal unterstützt, denn Knie / Wade / Fuß (im Bügel) sind das Fundament dieses Sitzes. Der Sitz hat keine Basis mehr; der Reiter verliert seinen Halt und sein Gleichgewicht. Zwangsläufig muss er wieder klammern.

4. Der Reiter zieht den Absatz hoch.

… Absätze nicht hochziehen …

Das macht das Fundament instabil und damit den Sitz unsicher. Der Wadenmuskel erschlafft, und mit einer schlaffen Wade ist es unmöglich, einen effektiven Druck an der seitlichen Bauchwand des Pferdes auszuüben, den das Pferd als treibende oder biegende Hilfe verstehen kann. Außerdem zieht der tiefe Absatz den Reiter in den Sattel. **Daher ist es unbedingt erforderlich, dass der Absatz ganz tief ist.**

... keinen Buckel machen ...

5. Der Reiter macht einen Buckel.

Das leichte „Hohlkreuz“ stabilisiert den Oberkörper und gibt ihm Halt. Ein starkes Hohlkreuz versteift den Oberkörper.

6. Der Bügel ist zu lang oder zu kurz.

... Bügel nicht zu lang oder zu kurz ...

Auch bei diesem Sitz muss der Bügel unbedingt passend sein. Bei einer Körpergröße von 165 bis 180 cm sind es **mindestens** 5 bis 6 Löcher (je nach Beinlänge und Sattel sowie Bauch des Pferdes), die der Bügel kürzer sein muss als im Dressursitz. Reiter mit sehr langen Beinen müssen sich oftmals den Bügel um 7 bis 8 Löcher verkürzen. **Die Bügellänge muss genau austariert werden.** Um die wirklich genau passende Bügellänge herauszufinden, muss man öfters hin und her schnallen. Ist der Bügel zu kurz, „schwebt“ der Reiter nur noch; er ist nicht mehr genügend am und im Pferd; der Sitz ist lose und instabil. Ist der Bügel zu lang, kommt der Reiter nicht ins Gleichgewicht; der Sitz ist unausbalanciert und vorderlastig. Den Bügel nur zwei bis drei Löcher kürzer zu schnallen reicht auf *gar keinen Fall* aus.

7. Der Reiter klemmt die Knie und den Oberschenkel zu.

... nicht mit Knie und Oberschenkel klemmen ...

Bei angeklemmtem Knie und Oberschenkel können Knie und Hüfte nicht mehr federn und der Reiter wird fest und steif. Er kann daher die Bewegungen des Pferdes nicht federnd auffangen und feinfühlig kompensieren; die Effektivität der Einwirkung geht verloren. Außerdem hebt sich die Wade vom Pferdeleib ab, da Knie zu und Wade am Pferd aus anatomischen Gründen nicht möglich ist; die Wade muss aber jederzeit sofort einsatzbereit sei. Beim dressurmäßigen Ausbilden im Effektiven Leichten Sitz ist das **Zuklemmen von Knie und Oberschenkel ein schwerer Fehler, der unbedingt vermieden werden muss.** Die notwendige Sicherheit im Sitz erhält der Reiter über die strikte Einhaltung des Sitz-Dreiecks.

Beim Springen und Reiten im Gelände – vor allem in erhöhtem Tempo – ist ein fester Knieschluss aus Gründen der Sicherheit erforderlich; hierbei geht es aber auch nicht mehr um eine dressurmäßige Ausbildung des Pferdes.

Noch einmal zur besseren Unterscheidung die drei Sitzformen:

Effektiver Leichter Sitz

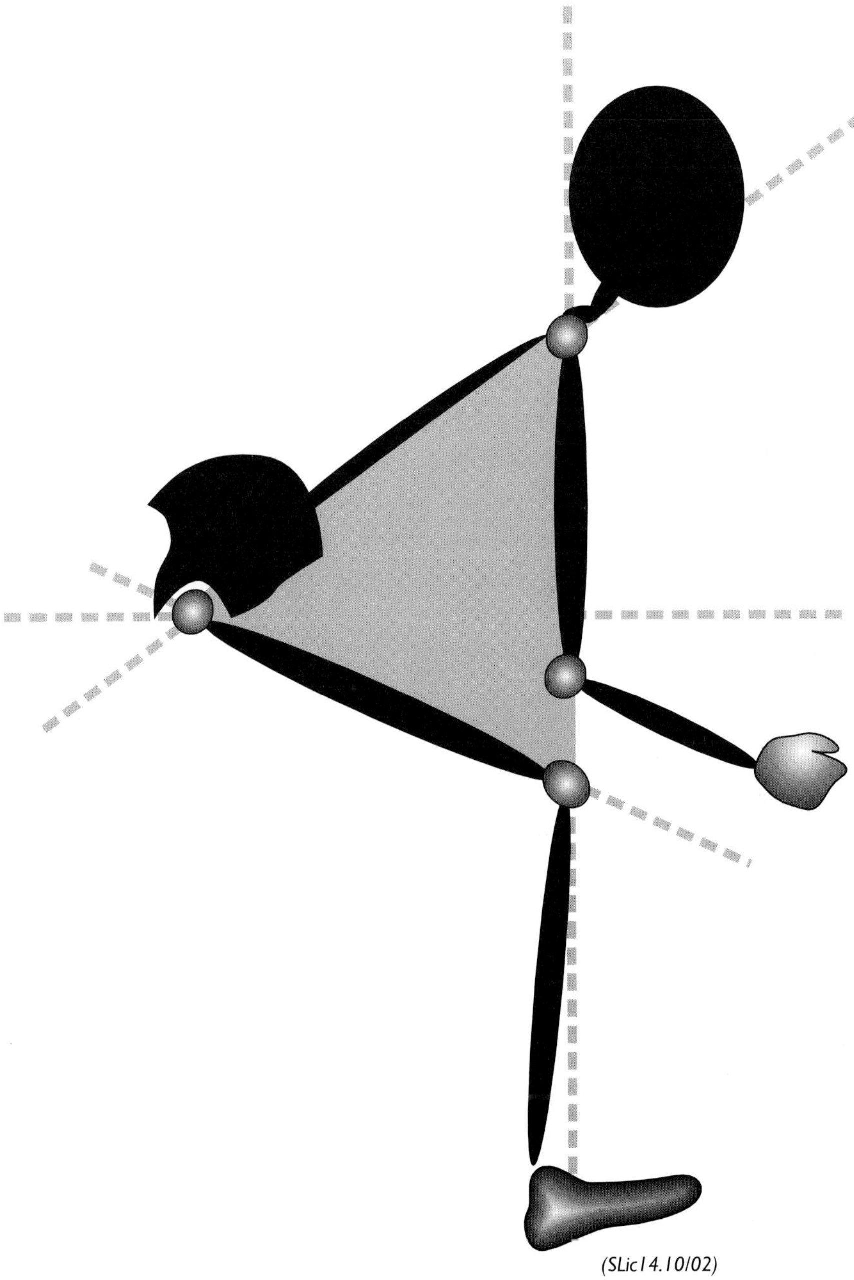

(SLic14.10/02)
Lupinacci

Der leichte Sitz

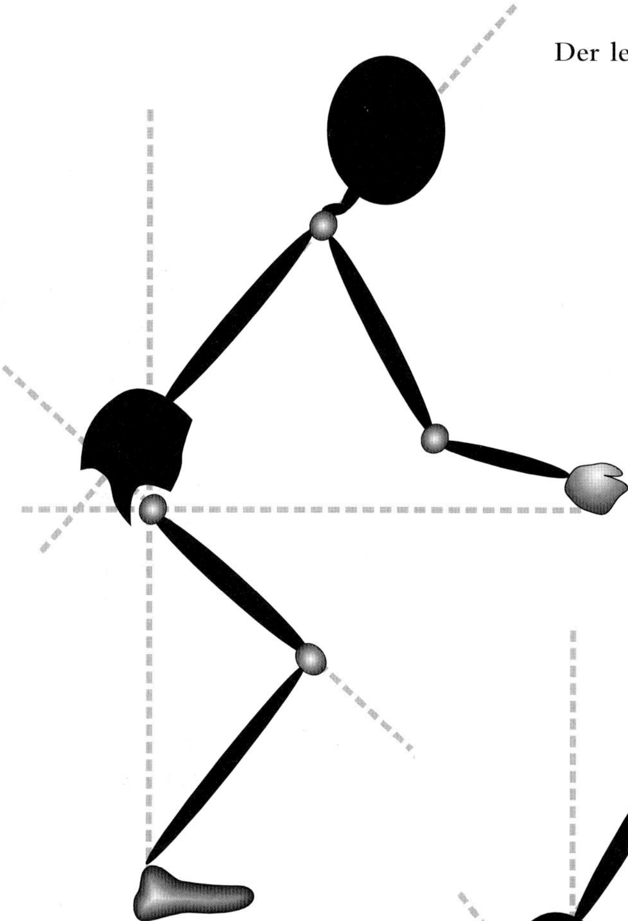

(SLic15.10/02)
Lupinacci

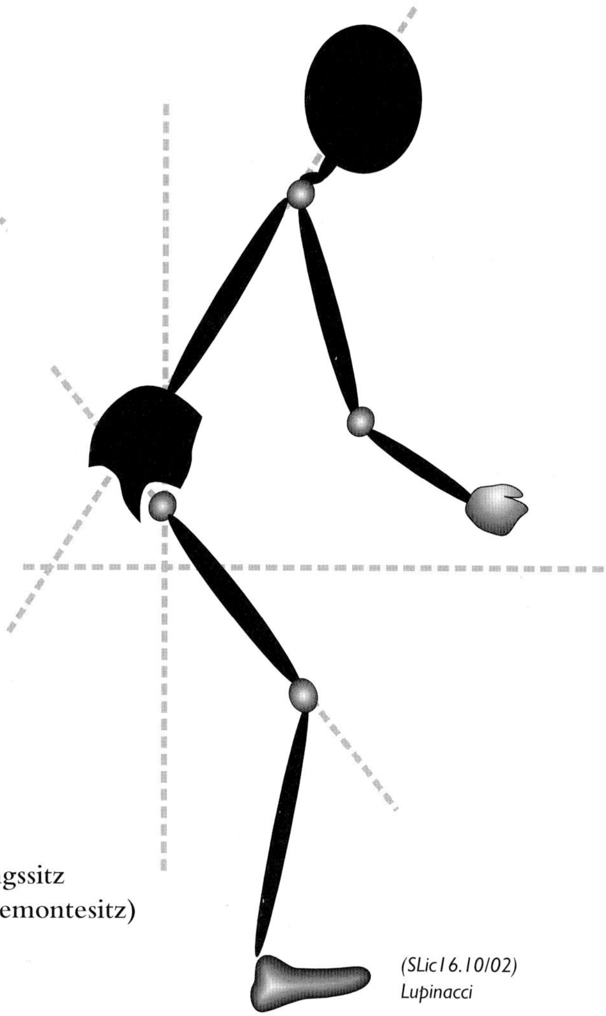

Der Entlastungssitz
(oder auch Remontesitz)

(SLic16.10/02)
Lupinacci

Der leichte Sitz

Auch der sogenannte leichte Sitz, der meistens gelehrt und geritten wird, weist Mängel auf, die ihn ungeeignet machen für eine dressurmäßige Ausbildung des Pferdes in den Grundlagen der Rittigkeit. Bei dieser Art des leichten Sitzes ist der Reiter mit seinem Oberkörper „vornüber", über den Schwerpunkt des Pferdes hinaus. Der Sitz ist nicht durch das Bein bzw. den Unterschenkel und Fuß im Bügel – als untere „Bausteine" – unterstützt. Dieser Sitz ist darum unausbalanciert und instabil; er ist anstrengend, weil der Reiter, um Halt zu finden, Oberschenkel und Knie „zumachen" bzw. anklemmen muss; das macht ihn fest im ganzen Körper, vor allem im Bein und im Becken. Dann ist ein geschmeidiges Eingehen auf die Bewegungen des Pferdes nicht mehr möglich.

Der leichte Sitz

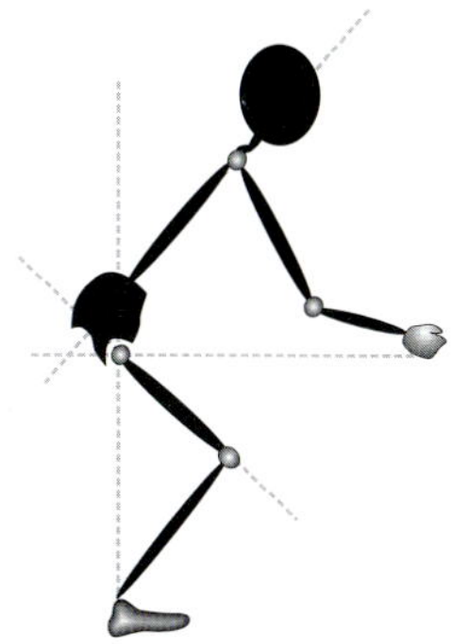

(SLic15.10/02) Lupinacci

Bei einer Springausbildung und beim Springen bleiben alle diese Mängel erhalten und wirken sich hier ebenso nachteilig aus.

Schwierigkeiten beim Erlernen des Effektiven Leichten Sitzes

Hat der Reiter Schwierigkeiten beim Erlernen des Effektiven Leichten Sitzes, kann das folgende Gründe haben:

Das Sattelproblem

1. Der Sattel

Es gibt Sättel, die für den Effektiven Leichten Sitz nicht gut geeignet sind, weil die Sitzfläche klein ist und der Hinterzwiesel hoch. Dadurch kann der Reiter Gesäß und Hüfte nicht genügend weit nach hinten schieben. Der hohe Hinterzwiesel lässt den Reiter immer wieder nach vorne in die Sitzmulde rutschen, damit schiebt sich der Oberkörper über das Fundament hinaus, was den Sitz unsicher und anstrengend macht. Hat man einen solchen Sattel, muss man sich auf den obersten Rand des

Diesen Sattel habe ich mir von meiner Sattlerin (Frau Anouk Wächter) bauen lassen. Er ist ideal für den Effektiven Leichten Sitz. Die aufgesetzten Pauschen halten den Oberschenkel und dadurch das ganze Bein in seiner richtigen Position. Außerdem haben die Pauschen mich schon manches Mal vor einem Sturz bewahrt.

Hinterzwiesels hinaufschieben. Damit der Reiter dort sitzen bleiben kann, ist es erforderlich, den **Fuß im Bügel** mehr nach vorne zu nehmen.

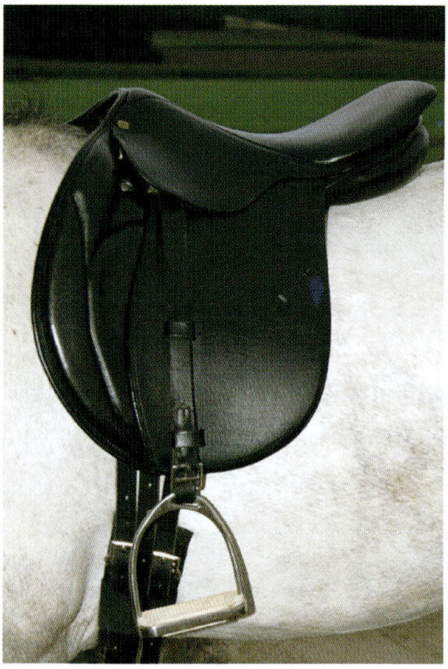
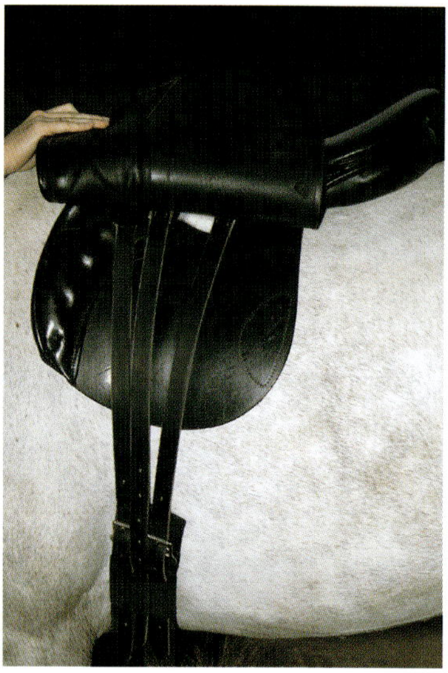

Sattel „Concours" (Sattlerei Stübben). In diesem Sattel lässt sich hervorragend der Effektive Leichte Sitz reiten. Beim Probereiten haben alle Reiter ohne zusätzliche Mühen sehr viel besser gesessen. Der Sattel hat eine lange und flache Sitzfläche; die Steigbügelaufhängung ist passend für den Effektiven Leichten Sitz, sodass der Reiter eine gute Schenkellage hat. Ich empfehle folgende Veränderungen bzw. Ergänzungen:

1. ***Lange** Gurtstrupfen, damit man nicht im Bereich des Beines verschnallen muss. Damit kommt das Bein flach und bequem ans Pferd.*
2. *Eine Vorgurtstrippe (zusätzlich); bei vielen Pferden hält dadurch der Sattel sehr viel besser (sie ist aber nicht immer erforderlich).*
3. *Steigbügelriemen mit Schnalle unten, damit die Schnallen nicht drücken können, und Löcher, die nur 1 cm auseinander liegen, für eine individuelle Verschnallung (Steigbügelriemen anfertigen lassen).*
4. *Die hintere, untere Pausche entfernen. Diese Pausche stört, weil sie das Bein vom Pferd wegbringt und ein flaches Anliegen des Beines verhindert.*
5. *Steigbügel: sehr groß und schwer mit **ungleichen** Schenkeln.*

2. Der Reiter macht Sitzfehler

Auf die Sitzfehler habe ich bereits hingewiesen. Hier sind sie noch einmal im Überblick:

Problem Sitzfehler

- Die Schulter des Reiters ist nicht über dem Fundament Knie / Wade / Fuß (d. h., der Reiter sitzt „vornüber")
- Hüfte und Gesäß sind nicht genügend weit nach hinten geschoben
- der Reiter bleibt nicht mit dem Gesäß am Sattel
- er klemmt Oberschenkel und Knie zu
- der Unterschenkel ist nicht weit genug vorne
- der Absatz ist nicht tief
- der Reiter macht einen Buckel

Lesen Sie evtl. noch einmal die einzelnen Punkte der Sitztechnik nach.

Um sich den richtigen Sitz einzuprägen, ist das so genannte mentale Training besonders gut geeignet. Machen Sie sich von der richtigen Sitzform eine genaue innere Vorstellung, ein inneres Bild. Dabei dürfen Sie aber an die Sitzfehler nicht denken, sonst werden die gespeichert. Wenn Sie reiten, gehen Sie immer wieder schnell einmal die einzelnen Punkte durch. Am besten fangen Sie unten beim Absatz an. Auf diese Weise speichert Ihr Gehirn bald die richtige Sitzposition und Sie bekommen ein sicheres Gefühl dafür.

3. Der Reiter ist selbst körperlich steif und unelastisch.

Viele Reiter haben ein mangelndes Körpergefühl; sie sind steif und unelastisch. Hier hilft nur, durch gymnastische Übungen für die erforderliche Beweglichkeit und Lockerheit zu sorgen (was nicht nur fürs Reiten von Vorteil ist).

Problem mangelnde Beweglichkeit

Manchmal traten bei Reitern, die weniger durchtrainiert waren, trotz richtiger Sitztechnik leichte Verspannungen auf; meistens in der Lendenwirbelsäule, in den Wadenmuskeln oder auch im Fußgelenk. Wenn der Körper plötzlich Muskeln gebrauchen muss, die zuvor nicht benutzt wurden, sind diese unentwickelt, was anfangs zu solch leichten Verspannungen führt. Generell sind neue, unbekannte Bewegungsmuster für den Körper immer zuerst gewöhnungsbedürftig. Erfahrungsgemäß legt sich das nach einer Weile des Übens und der Sitz wird angenehm und bequem.

Sitzübungen

Es gibt vier Sitzübungen, mit denen man hervorragend den Effektiven Leichten Sitz trainieren kann. Diese Übungen stabilisieren das Fundament des Reiters und macht seinen Oberkörper beweglich.

1. Übung: Das Pferd umarmen

Pferd umarmen

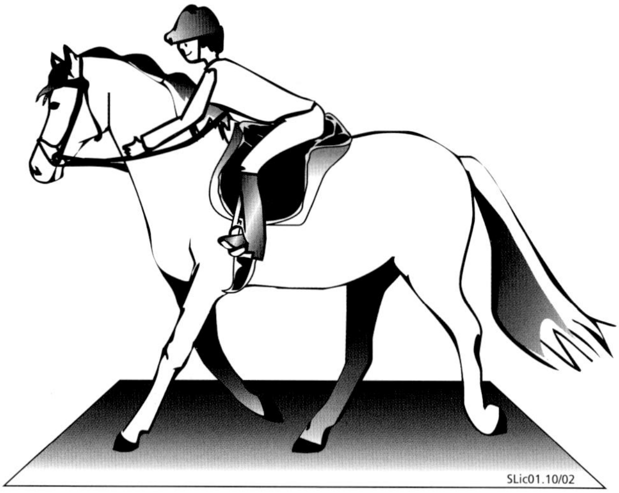

Den Sitz trainieren

Der Reiter beugt sich mit seinem Oberkörper herunter und führt Arme und Hände an der Halsbasis des Pferdes entlang nach unten. Das Fundament, Knie / Wade / Fuß, muss dabei an seinem Platz bleiben; der Unterschenkel darf nicht nach hinten rutschen; das ist das Wichtige bei dieser Übung. Das Gesäß muss dabei am Sattel bleiben. Der Reiter geht mit seinem Oberkörper in schnellem Wechsel herauf und herunter; dabei muss er auf seinen Atem achten: Beim Heruntergehen ausatmen – beim Heraufkommen einatmen.

Es kommt nicht darauf an, das Pferd wirklich zu umarmen. Bei kurzen Armen und dickem Pferdehals geht das nur, wenn man das Gesäß anhebt – das darf aber nicht sein. Gehen Sie mit dem Oberkörper so tief herunter wie möglich, ohne das Gesäß anzuheben.

2. Übung: Fußspitzen anfassen

Die linke Hand fasst an die linke Fußspitze; der rechte Arm wird dabei nach hinten oben gestreckt; dann berührt die rechte Hand an die rechte Fußspitze und der linke Arm wird dabei nach hinten oben gestreckt.

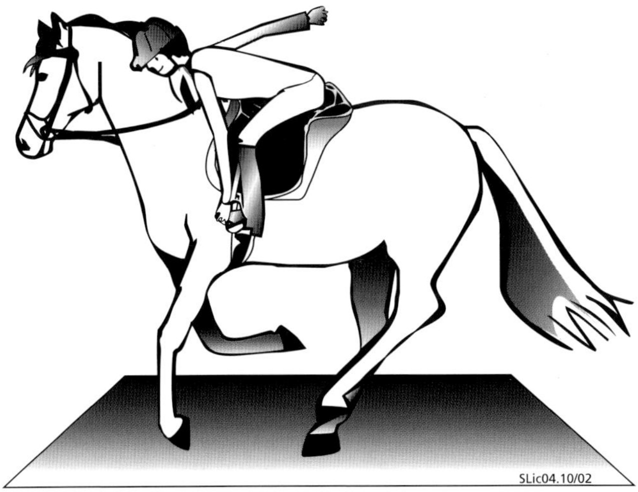

Fußspitze anfassen

Dabei muss das Bein vorne bleiben und das Gesäß am Sattel, auch wenn der Oberkörper sehr tief genommen wird. Diese Übung kann erschwert werden, indem der Reiter mit der rechten Hand die linke Fußspitze anfasst – und umgekehrt.

Auch diese Übung erfolgt in schnellem Wechsel: linke Fußspitze kurz anfassen – und den Oberkörper zur normalen Position des Leichten Sitzes wieder aufrichten; dann sofort rechte Fußspitze anfassen – und den Oberkörper wieder aufrichten und so weiter. Dabei muss der Reiter deutlich ein- und ausatmen.

Hier gilt das Gleiche wie bei Übung 1: Es kommt nicht darauf an, die Fußspitzen tatsächlich anzufassen. Gehen Sie soweit mit dem Oberkörper herunter wie Sie können, ohne das Gesäß aus dem Sattel zu nehmen

Boxen

3. Übung: Luftboxen

In der Position des Effektiven Leichten Sitzes boxt der Reiter mit beiden Armen nach vorne in die Luft. Auch hierbei darf der Unterschenkel nicht nach hinten rutschen und das Gesäß muss am Sattel bleiben.

Schießen

4. Übung: Schießen

Mit beiden Armen und Händen nach hinten deuten, als wolle man mit einer Pistole auf einen Verfolger schießen; die Augen schauen dabei ebenfalls nach hinten, also Augen-Arme-Fingerspitzen in der Waagerechten und in einer Richtung nach hinten. Das Atmen nicht vergessen!

Das Fundament muss immer am Platz bleiben, das Gesäß immer am Sattel. Das ist das Wichtigste bei diesen Übungen.

Diese vier Übungen zuerst im Schritt üben, dann im Trab und schließlich im Galopp. Die Zügel liegen auf dem Hals des Pferdes; am besten ist, Sie machen einen Knoten hinein. Der Reiter muss bei diesen Übungen in seinem ganzen Körper so locker und entspannt wie eben möglich sein.

Machen Sie jede Übung drei- bis fünfmal hintereinander; dann legen Sie eine kleine Pause ein. Eventuell nehmen Sie dabei die Füße aus den Bügeln und strecken die Beine; schlenkern Sie sie zur Entspannung ein wenig hin und her damit; richten Sie den Oberkörper auf und atmen Sie bewusst tief durch. Es gibt keine besseren Übungen, um den Effektiven Leichten Sitz zu schulen – und Sie selbst können sich dabei auch lockern und entspannen. Nur ein korrekter Sitz ermöglicht präzise und feinfühlige Einwirkungen. Die kleine Mühe lohnt sich, um einen sicher beherrschten Effektiven Leichten Sitz zu erlernen.

Übrigens: Die Pferde finden diese Übungen immer lustig und haben ihren Spaß daran.

Der vorwärtstreibende Impuls im Effektiven Leichten Sitz

Der treibende Impuls

Der vorwärtstreibende Impuls geht vorwiegend von der Wade aus. Durch mehr oder weniger Druck mit dem gespannten Wadenmuskel an der seitlichen Bauchwand des Pferdes wird dem Pferd signalisiert, mehr vorwärts zu gehen. Das ist hier nicht anders als im Dressursitz. Der vorwärtstreibende Impuls kann außerdem verstärkt werden durch das sogenannte **Ansitzen**.

Den treibenden Impuls verstärken

Da der Reiter nicht im Sattel sitzt, sondern nur **am** Sattel, gibt es im Effektiven Leichten Sitz grundsätzlich *kein* Einsitzen (wie im Dressursitz), sondern nur ein **Ansitzen**.

Vorgehensweise:

- Der Reiter geht mit dem Gesäß noch etwas mehr an den Sattel heran
- Er richtet den Oberkörper etwas mehr auf, der aber nach vorne in die Vorwärtsbewegung hineingeneigt bleibt; das Gewicht ist weiterhin im Bügel;
- der Reiter spannt sein Kreuz in der Lendenpartie etwas mehr an
- nun macht er mit dem Gesäß und Becken eine kleine schiebende Bewegung auf dem Sattel nach vorne; diese Bewegung ist eine nach **vorne schiebende,** nicht eine auf den Rücken des Pferdes drückende.

Dieses „Ansitzen“ ist eine Hilfe, die den vorwärtstreibenden Impuls der Wade unterstützen soll, wenn das erforderlich ist. Sie darf daher – wie jede andere Hilfe auch – nur impulsartig und fallweise eingesetzt werden. Auf gar keinen Fall darf der Reiter ständig „ansitzen“. Ein Pferd muss lernen, grundsätzlich von alleine vorwärts zu gehen. Ein ständiges Treiben lässt dem Pferd keine Möglichkeit, diese Eigeninitiative zu entwickeln.

Die Gerte

Die Dressurgerte (1,00 bis 1,20 m) ist für die dressurmäßige Grundausbildung des Pferdes unerlässlich. Die Gerte unterstützt den Schenkel sehr wirkungsvoll; sie bewirkt, dass die Hinterbeine energischer abfußen und mehr vortreten. Jedes Pferd versteht die Gerte als vortreibendes Mittel. Bei ständig zu starkem Druck mit der Wade fühlen sich die Pferde leicht wie in einem „Schraubstock“; sie stumpfen ab, werden „schenkeltot“ oder laufen vor dem Schenkel davon.

Da gerade in der Grundausbildung das entschiedene Vorwärtsgehen, das energische Abschieben und weite Vorschwingen mit den Hinterbeinen den Pferden zur Gewohnheit gemacht werden muss, ist die Gerte in der Ausbildung stets mitzuführen, um in jedem Moment den Schenkel damit unterstützen zu können. Da die Gerte ein wichtiges Ausbildungsinstrument ist, muss sie modifiziert eingesetzt werden:

Den Einsatz der Gerte modifizieren

- ein bloßes Anlegen der Gerte
- sie drückend einsetzen
- kurz anticken
- einmaliger Schlag, mehr oder weniger kräftig.

Ein sehr wichtiger Hinweis!

Die Gerte muss stets überlegt eingesetzt werden. Die Pferde dürfen keine Angst vor ihr haben. Andererseits darf man sich auch nicht scheuen, faulen Pferden mit einem kräftigen Gertenhieb klar zu machen, dass sie vorwärts zu gehen haben. **Der Sporn ist hierfür nicht geeignet.** Die Gerte kann dicht hinter dem Schenkel eingesetzt werden oder auch direkt an der Hinterhand, was noch unmittelbarer auf diese wirkt.

Methoden für ein „gertenscheues" Pferd

Wenn Pferde durch falsche Handhabung der Gerte „gertenscheu“ geworden sind und vor der Gerte Angst haben, machen Sie Folgendes: Abgesehen von dem Abstreichen des Pferdes mit der Gerte über seinen ganzen Körper vom Boden aus, nehmen Sie zum Reiten zunächst nur eine ganz kurze Gerte (Springgerte); legen Sie diese nur an der Schulter an. Benutzen Sie die Gerte vorerst nicht, sondern lassen Sie sie nur leicht an der Schulter anliegen. Hat sich das Pferd an die kleine Gerte in Ihrer Hand gewöhnt und zeigt keine Angst mehr, dürfen Sie die Gerte auch einsetzen; nur erst an der Schulter, drückend oder leicht klopfend. Das Pferd wird auch an der Schulter die Gerte als „Vorwärts-Signal“ umsetzen. Klappt das, dann nehmen Sie eine etwas längere Gerte und setzen diese aber vorerst auch nur an der Schulter ein. Hat sich das Pferd auch an diese längere Gerte an seiner Schulter gewöhnt und zeigt keine Angst mehr, können Sie die längere Gerte auch hinter dem Schenkel einsetzen.

Tipp: Stecken Sie einen Martingal-Stopper aus Gummi in spitzer Form (die runde Form eignet sich nicht) oben auf den Gertengriff und fassen Sie die Gerte mit der Hand unterhalb des Martingal-Stoppers an. Damit hängt die Gerte sicher in Ihrer Hand, ohne dass Sie diese festhalten müssen. Sie brauchen sich also um Ihre Gerte nicht zu „kümmern“ – aber wenn sie gebraucht wird, ist sie da.

Damit ist die Hand ganz unbehindert und bleibt frei und entspannt für Ihre Einwirkungen.

Ein Martingal-Stopper auf dem Gertengriff, dadurch muss man die Gerte nicht mehr festhalten.

Der Gebrauch von Sporen

Ich benutze im Effektiven Leichten Sitz **nie** Sporen. In der Grundausbildung des Pferdes geht es darum, das Pferd „schenkelgehorsam" zu machen. Dafür ist die Gerte das beste Instrument. Sporen sind dafür ungeeignet; sie haben vorwiegend eine versammelnde Wirkung.

Einwirkungsmöglichkeiten mit dem Oberkörper

Die Position des Oberkörpers

Die gezielte Veränderung der Position des Oberkörpers ist eine Einwirkungshilfe. Das Fundament Knie / Wade / Fuß muss stabil sein und an seinem Platz bleiben. Im Gegensatz dazu muss der Oberkörper beweglich sein. Mit dem Oberkörper kann der Reiter sich

1. mehr oder weniger herunter beugen
2. mehr oder weniger aufrichten
3. nach links oder rechts drehen

1. Das Herunterbeugen

Beugt der Reiter den Oberkörper tiefer herunter, kann er dadurch mehr in die Vorwärtsbewegung eingehen; außerdem kann er mit den Armen dem Pferd folgen, wenn dieses in die Tiefe strebt *(Siehe hier das Kapitel „Die Technik, ein Pferd in die Tiefe zu reiten").* Dabei ist zu beachten, dass die Hüften mehr zurückgeschoben und die Füße in den Bügeln weiter nach vorne gezogen werden müssen, damit der Oberkörper optimal unterstützt bleibt.

2. Das Aufrichten

Richtet der Reiter den Oberkörper mehr auf, verlagert er sein eigenes Gewicht und seinen Schwerpunkt mehr nach hinten. Vor allem im Trab und Galopp bleibt der Oberkörper aber immer in die Vorwärtsbewegung geneigt; eine gerade Haltung des Oberkörpers gibt es im Effektiven Leichten Sitz nicht.

3. Das Drehen nach rechts oder links

Das seitliche Drehen des Oberkörpers nach links oder rechts wird vor allem beim Wenden und Biegen benötigt.

Zwei Möglichkeiten im Effektiven Leichten Sitz

Im Trabe gibt es im Effektiven Leichten Sitz zwei Möglichkeiten:

a) Der Reiter trabt leicht. Das ist auch hier ein Aufstehen und Hinsetzen. Das Aufstehen ist *sehr minimal,* der Reiter steht nur ganz wenig auf; er lässt sich *passiv herausschwingen* durch das natürliche Auf und Ab des Pferderückens; es ist daher eine passive, keine aktive Bewegung. Dieses Leichttraben wird benutzt, wenn der Reiter mehr treiben muss.

b) Der Reiter steht im Bügel. Geht ein Pferd von sich aus flüssig und schwungvoll vorwärts, ist es besser, im Bügel stehen zu bleiben, mit dem Gesäß am Sattel und vorgeneigtem Oberkörper. Der Reiter lässt das Pferd unter sich „wegtraben"; das macht den Sitz ruhiger und noch angenehmer für den Reiter.

Im Galopp gibt es ebenfalls zwei Möglichkeiten:

a) Der Reiter bleibt im Bügel stehen, mit Gesäß **am** Sattel bei vorgeneigtem Oberkörper und lässt das Pferd „unter sich weggaloppieren". Das ist immer die beste Version, wenn das Pferd flüssig vorwärts geht oder auch in einem höheren Tempo.

b) Der Reiter sitzt mehr mit dem Gesäß am Sattel an, bei vorgeneigtem Oberkörper; daher muss er die „Schaukelbewegung" des Pferderückens im Galopp mit der Hüfte kompensieren; das erfordert ein ständiges minimales Öffnen und Schließen der Hüftgelenke; nur so kann er mit dem Gesäß geschmeidig vermehrt am Sattel bleiben.

Diese Version wird benutzt,

- einerseits um mehr treiben zu können
- andererseits, um später das Pferd aus einem ruhigen Galopp mehr schließen zu können, im Zusammenspiel mit den anderen Hilfen.

Im sicher beherrschten Effektiven Leichten Sitz, so wie er hier dargestellt ist, kann ein Pferd bis einschließlich Klasse L dressurmäßig ausgebildet werden. In dieser Klasse bewegt sich das Pferd geschlossen in einem horizontalen Gleichgewicht.

Geht es in der Ausbildung darum, das Pferd mehr zu versammeln, mehr auf die Hanke zu setzen, um höhere Lektionen reiten zu können, wie etwa Seitengänge (auf vier Hufspuren), Piaffe, Passage, dann ist der gestreckte Dressursitz erforderlich.

Eine gute Methode des Aufsteigens

In meinen Seminaren muss ich immer wieder feststellen, dass die meisten Reiter eine sehr ineffektive, anstrengende und für das Pferd unangenehme Methode des Aufsteigens haben. Deshalb möchte ich hier einige Tipps geben:

- Steigen Sie immer von einem erhöhten Platz auf. Das ist für das Pferd und den Reiter sehr viel bequemer. Man hängt nicht mit dem gesamten Gewicht an einer Seite (was dem Pferd unangenehm ist); man „bohrt" nicht die Fußspitze dem Pferd in den Bauch; der Bügel wird nicht „gelängt".
- Fassen Sie den Zügel kurz und stellen Sie das Pferd etwas zur entgegengesetzten Seite (wenn Sie links aufsteigen nach rechts stellen). Das hat den Vorzug, dass das Pferd mit seiner Hinterhand auf Sie zukommen muss, sollte es einen Tritt antreten.
- Steigen Sie „von hinten" auf, dann brauchen Sie sich nicht zu drehen und die Fußspitze bleibt ruhig am Pferd liegen.
- Gehen Sie mit Ihrem ganzen Körper dicht an das Pferd heran, dadurch kommen Sie leichter hinauf.
- Dann nehmen Sie den rechten Arm (wenn Sie links aufsteigen) und legen Sie diesen über den Sattel und fassen mit der rechten Hand vorne an die Pausche oder den Sattel. Das hat den Vorzug, dass Sie mit dem rechten Arm den Sattel an seinem Platz halten können. Fasst man am Hinterzwiesel an – wie es meistens gemacht wird – zieht man den Sattel herunter; außerdem kann man sich auf Zeit und Dauer dadurch den Sattelbaum schiefziehen.

- Stoßen Sie sich dann mit dem anderen Bein kräftig ab (nicht am Sattel hochziehen) und „tauchen" Sie mit dem Oberkörper auf die andere Seite; damit bleiben Sie dicht am Pferd und halten sich den Sattel auf der rechten Seite. Haben Sie das Bein auf der anderen Seite, setzen Sie sich in den Sattel und richten dann den Oberkörper auf.
- Das ist eine für Reiter und Pferd sehr bequeme Art des Aufsteigens, die nur Vorzüge hat. Vor allem auch haben so die Pferde keinen Grund mehr, unruhig zu werden und von sich aus anzutreten, weil sie das Aufsteigen fürchten.

Noch ein **Tipp**: Wenn Sie richtig sitzen (nachgegurtet haben, die Bügel verschnallt und so weiter) **dann** geben Sie dem Pferd ein Leckerli. Das Leckerli heißt: Ich bin fertig, du kannst gehen. Haben Sie das ein paar Mal so gemacht, werden die Pferde nicht mehr von sich aus antreten, bevor sie nicht ihr Leckerli erhalten haben. Meine Erfahrung ist, dass von 10 Reitern 9 auf „fahrende Züge" springen müssen. Der Reiter fällt in den Sattel und dem Pferd in den Rücken, das gleich „gezügelt" werden muss. Ein sehr unangenehmer und unerfreulicher Start in die Trainingsstunde.

Bequemes und angenehmes Aufsteigen für Reiter und Pferd

Die Technik, ein Pferd in die Tiefe, in eine korrekte Dehnungshaltung zu reiten

Es gibt keine genauen Erklärungen

In der Reitliteratur ist nicht genau erklärt, wie man ein Pferd in die Tiefe reitet beziehungsweise in eine korrekte Dehnungshaltung. Die vorgeschlagenen Techniken führen meistens leider nicht zu einer „Dehnungshaltung", bei der das Pferd konstant mit gedehntem und zwanglos fallengelassenem Hals und Kopf geht, wie es erforderlich ist. Meistens wird gesagt, der Reiter solle das Pferd mit Kreuz und beiden Schenkeln an die Hand herantreiben, dann würde sich das Pferd bei nachgebender Hand in die Tiefe strecken. Leider tun die Pferde das fast nie.

Kein neues Bewegungsmuster

Vor allem kommt auf diese Weise kein sicheres neues Bewegungsmuster zu Stande, bei dem das Pferd von sich aus bei jeder Bewegung zwanglos aus der Schulter heraus Kopf und Hals fallen lässt, bei losem Zügel.

Nur so können die Pferde sich aber beständig über den entspannten Rücken- und Halsbogen bewegen. *(Siehe hierzu auch das Kapitel „Die Dehnungshaltung").*

Erfahrungsgemäß gehen die Pferde nicht von alleine in dieser Dehnungshaltung. Sie nehmen ab und zu einmal Kopf und Hals herunter, bleiben aber nicht unten, sondern kommen nach ein paar Tritten wieder hoch. Vor allem auch lassen sie in der Bewegung meistens nicht wirklich den Hals zwanglos aus der Schulter heraus fallen.

Eine Art Umprogrammierung

Wenn Pferde frei laufen, nehmen sie Kopf und Hals hoch; das ist sicherlich sinnvoll, weil sie so den besten Überblick über ihre Umgebung haben. Sich beständig in einer korrekten Dehnungshaltung, also mit gedehntem und fallengelassenem Hals und Kopf zu bewegen, bedeutet daher für jedes Pferd eine Art „Umprogrammierung", einen neuen Bewegungsablauf, den es erst lernen muss.

Weil die Pferde von sich aus keine korrekte Dehnungshaltung einnehmen, bedarf es dazu einer besonderen Einwirkung durch den Reiter. Wie bringt der Reiter das Pferd dazu, Kopf und Hals zwanglos fallenzulassen?

Eine einfache Technik

Mit einer einfachen Technik:

1. Der Reiter nimmt die Zügel in der „mexikanischen" Zügelführung in die Hand (Erklärung unten)
2. Er legt seinen Zeigefinger auf den Zügel und übt damit einen **kurzen** Druck auf den Zügel aus beziehungsweise über den Zügel auf das Pferdemaul
3. **Sofort – im nächsten Moment –** gibt die Hand wieder nach indem sie aus dem Handgelenk heraus über den Zeigefinger „abrollt"
4. aus dem Abrollen heraus **schwingt der ganze Zügel** nach vorne, Richtung Pferdemaul (nicht Richtung Pferdeohren)
5. diese Einwirkung mit der Hand erfolgt **wechselseitig**: einmal mit dem rechten Zügel – im nächsten Moment mit dem linken Zügel; also: rechts Druck – abrollen – vorschwingen, links Druck – abrollen – vorschwingen
6. im **schnellen** Wechsel: links – rechts / links – rechts, ohne Zwischenpause
7. der Reiter orientiert sich dabei **nur daran, was das Pferd mit Kopf und Hals macht** – nicht an irgendeinem Bewegungsrhythmus
8. die Zügel **hängen** in einem deutlichen Bogen durch
9. das **Zügelmaß** muss **passend** sein, das heißt der durchhängende Zügel darf weder zu kurz noch zu lang sein
10. lässt das Pferd Kopf und Hals fallen – macht es also, was es soll – bleibt die Hand passiv
11. die Einwirkungen mit der Hand müssen **unbedingt zusammen** mit den Einwirkungen der Schenkel erfolgen

1. „Mexikanische" Zügelführung

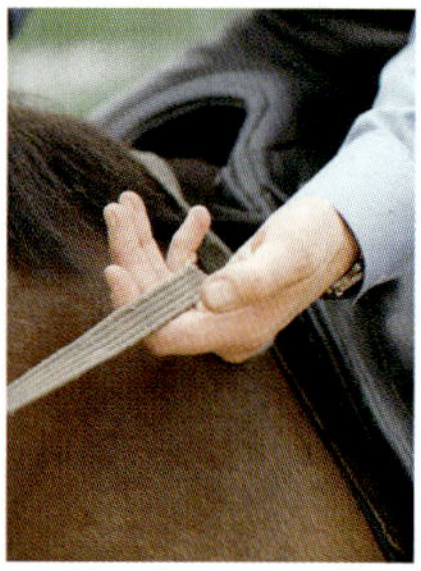

Der Reiter fasst mit der Handinnenfläche von unten den Zügel

Der Reiter fasst mit der Handinnenfläche nach unten den Zügel an, sodass der Zügel flach durch die ganze Hand läuft; das hat folgende Vorzüge:

a) der Reiter kann nur die schwachen Muskeln des Unterarmes benutzen, nicht den starken Bizeps des Oberarmes; dadurch wird die Einwirkung zwangsläufig weicher

b) der Zügel kann jederzeit fließend durch die Hand gleiten, wie es erforderlich ist;
c) die Zügel können mit einer Hand nachgefasst werden, ohne dass man die Hände zusammenbringen muss.

Punkt b + c ermöglichen es, das Zügelmaß ständig stufenlos verkürzen und verlängern zu können, wie es für diese Technik unbedingt erforderlich ist.

Das Zügelmaß muss sich ständig verändern

Mit diesen Vorzügen ist die mexikanische Zügelführung die ideale für diese Technik; andere Zügelhaltungen sind ungeeignet.

2. **Mit dem Zeigefinger auf dem Zügel einen kurzen Druck ausüben.**

Der Reiter legt den Zeigefinger auf den Zügel, um damit einen Druck auszuüben.

Das Pferd soll Kopf und Hals **zwanglos** fallenlassen. Infolgedessen muss auch die Einwirkung zwanglos und spielerisch sein. Trotzdem muss ein wirklicher **Druck** ausgeübt werden – also eine „Kopf und Hals **senkende Kraft**".

Sind die Pferde losgelassen und in der Dehnungshaltung an der Longe vorgeschult, genügt ein leichter Druck mit dem Zeigefinger, gleichsam nur noch eine leichte „Erinnerung". Wenn Pferde sehr steif und fest sind und keine Vorschulung in der Dehnungshaltung mit dem Gogue an der Longe haben (Siehe hierzu auch das Kapitel „Das Gogue"), muss manchmal dieser Druck etwas stärker sein. Selbst ein etwas stärkerer Druck – mit dem Zeigefinger auf dem Zügel ausgeführt – ist nicht von Nachteil, wenn er immer nur **kurz** ist.

Schädlich ist ein ausgehaltener Druck!

Dann bleibt der Reiter mit der Hand im Pferdemaul hängen und das Pferd hat Veranlassung und Zeit, dagegen zu drücken.

Der Reiter darf immer nur

- einen kurzen Druck ausüben
- muss sofort wieder loslassen
- und den Zügel vorschwingen

Der Druck darf nur nach unten wirken

Das muss eine fließende Bewegung sein, ohne Zwischenpausen. Der Druck darf nicht zurückwirken, nicht nach hinten, sondern immer nach **unten**, dahin, wo das Pferd mit Kopf und Hals hin soll.

Der Druck muss sich aufbauen

Der Druck muss sich „aufbauen".

Da mit einem ständig deutlich durchhängenden Zügel geritten wird, ist es erforderlich, dass der Druck sich aufbaut. Was bedeutet das?

Der Reiter darf nicht plötzlich oder ruckartig den losen Zügel spannen, um den Druck auszuüben; die Hand darf nicht in den Zügel hineinfallen, weil das hart und unangenehm ist.

Um das zu vermeiden, beachten Sie Folgendes:

1. Das Vorschwingen des Zügels muss mit dem **ganzen Arm locker aus dem Schultergelenk** heraus erfolgen, nicht aus dem Handgelenk; dann schwingt der Arm wie ein „Pendel" vor und schwingt anschließend auch wieder wie ein „Pendel" zurück. Das Vorschwingen ist eine ruhige, mehr passive Bewegung; es darf nicht heftig, nicht mit Muskelkraft ausgeführt werden.

2. Mit dem Zurückschwingen strafft sich natürlicherweise wieder der Zügel und ermöglicht, einen neuen Druck auszuüben – ohne dass ein Ruck oder Zug im Maul entsteht.

3. Die Hand und der Arm müssen immer **völlig entspannt** sein; das ist leicht zu erreichen, wenn der Arm aus dem Schultergelenk einfach **zwanglos herabhängt** und die Muskeln nicht angespannt werden.

4. Den Zügel **nicht** festhalten; er muss **ganz lose** und **locker** in der **entspannten** Hand liegen. Der Zeigefinger bleibt ständig auf dem Zügel liegen, er wird nicht abgehoben.

Reicht auch der kräftigere Druck mit dem Zeigefinger nicht aus, das Pferd zu veranlassen, Kopf und Hals fallenzulassen, **darf man trotzdem die Technik nicht verändern.**

Die Technik nicht verändern

Also nicht versuchen, den Druck weiter zu verstärken oder länger auszuhalten, nicht zurückwirken mit der Hand oder anfangen zu „zuppeln", zu ziehen, zu zergeln oder ähnliches, sondern

- die beschriebenen Einwirkungen ständig wiederholen,
- bei Bedarf in einem etwas schnelleren Rhythmus: links – rechts/ links – rechts.

Der Vorgang der Einwirkung muss immer der gleiche bleiben:

Immer der gleiche Vorgang

- **Druck** mit dem Zeigefinger auf den Zügel,
- **sofortiges** Nachgeben und Abrollen der Hand über den Zeigefinger aus dem Handgelenk,
- und **sofort** den Zügel vorschwingen nach vorne Richtung Pferdemaul mit dem ganzen Arm locker aus der Schulter heraus.

Wichtig ist:

- niemals kann ein Pferd in die Tiefe gezwungen werden;
- man kann es immer nur in die Tiefe „locken";
- das Pferd muss den Weg in die Tiefe schließlich selber finden;
- es wird dort nur dann konstant bleiben, wenn ihm das angenehm ist.

Das Pferd in die Tiefe locken

Eine ganz wichtige tierpsychologische Erkenntnis und immer wiederkehrende Erfahrung ist:

Jeder Zwang verhindert das Lernen!

Zwang verhindert das Lernen

Hört der Zwang irgendwann auf, ist sofort das alte, falsche Bewegungsmuster wieder da, weil die Pferde nichts gelernt, nichts verstanden haben.

In den Lehrgängen habe ich immer wieder erlebt, dass Reiter ungeduldig wurden, wenn ihr Pferd nicht gleich in der gewünschten Weise reagierte. Dann wurden sie hart mit der Hand und übten Zwang aus – und schließlich funktionierte gar nichts mehr.

Ich habe noch kein Pferd erlebt, das die Dehnungshaltung nicht gelernt hat; sie ist etwas Natürliches und keine künstliche Haltung. **Sie ist den Pferden immer angenehm.**

Die Dehnungshaltung ist den Pferden immer angenehm

Nur ganz selten hatte auch ich bei Pferden von Kursteilnehmern keine Chance, in kurzer Zeit den Pferden eine richtige Dehnungshaltung zu vermitteln. Das lag dann immer daran, dass diese Pferde sehr steif, verkrampft und fest waren. In so einem Fall müssen die Pferde mit dem Gogue longiert werden *(Siehe hierzu das Kapitel „Das Gogue“)*, bis sie lockerer und losgelassener geworden sind, und an der Longe – ohne Reiter – die Dehnungshaltung gelernt haben.

Wie stark der Druck mit dem Zeigefinger auf dem Zügel sein muss, hängt von der Rittigkeit des Pferdes ab.

Je lockerer und losgelassener das Pferd ist, und je besser es in der Dehnungshaltung an der Longe vorgeschult wurde, umso weniger Druck ist erforderlich. Die Pferde nehmen dann die Dehnungshaltung die meiste Zeit von sich aus ein; es bedarf nur noch einer leichten „Erinnerung“, um sie darin zu erhalten.

Das Pferd muss von sich aus in der Tiefe bleiben

Grundsätzlich muss der Reiter dahin kommen, dass die Pferde von sich aus in der Tiefe bleiben, bei einem losen Zügel; dann ist eine manchmal noch nötige „Erinnerung“ mit der Hand nur noch minimal.

Die hier beschriebene Art der Einwirkung hat nichts mit „Riegeln“ zu tun. Beim Riegeln zieht der Reiter rückwärts mit strammen, fest anstehenden Zügeln links und rechts im Pferdemaul. Das ist eine harte und sehr unangenehme Einwirkung, gegen die sich jedes Pferd wehrt. Ein krasser Unterschied, der genau zu fühlen ist.

Aufgrund meiner langjährigen Erfahrung mit dieser Technik kann ich sagen, dass die hier beschriebene Einwirkung mit der Hand

von allen Pferden immer problemlos und ohne Widerstand angenommen wird.

Diese Technik nehmen die Pferde immer an

Oft haben mir Kursteilnehmer gesagt: „Mein Pferd nimmt das Trensengebiss nicht an, ich reite daher nur mit Bosal oder Hackamore; mein Pferd hat noch nie ein Gebiss im Maul gehabt.“ Immer konnten die Reiter die Erfahrung machen, dass bei dieser Art der Einwirkung auch diese Pferde das Trensengebiss in kürzester Zeit widerstandslos akzeptierten.

Nur das Trensengebiss ist geeignet

Erfahrungsgemäß ist für das Erlernen der korrekten Dehnungshaltung das einfache, doppelt gebrochene Trensengebiss das beste. Andere Gebisse sind nicht geeignet. Vor allem sollten auch scharfe Gebisse jeglicher Art nicht benutzt werden; **es funktioniert damit nicht besser.** Abgesehen davon widersprechen diese grundsätzlich den Prinzipien der Natürlichen Pferdeausbildung.

Nicht das Trensengebiss (wenn es passt) stört das Pferd im Maul, sondern die harte, gefühllose und falsche Einwirkung mit der Hand, die dem Pferd unangenehm ist.

3. Sofortiges Nachgeben mit der Hand

Sofort wieder nachgeben

Das wirklich **sofortige** Nachgeben mit der Hand nach dem Druck ist **ganz wichtig.** Gibt der Reiter nicht wirklich sofort wieder nach – also: einen Druck ausüben und im nächsten Moment sofort nachgeben –, bleibt er mit der Hand „hängen"; damit wird der Druck ausgehalten. Das ist unangenehm für das Pferd, die Folge davon ist immer, dass die Pferde dagegen drücken; das bedeutet Widerstand und nicht zwangloses Nachgeben und in die Tiefe streben.

Eine weitverbreitete Lehrmeinung ist, der Reiter dürfe erst mit der Hand nachgeben, wenn das Pferd nachgegeben hat! Das ist offensichtlich falsch. Beobachtet man die Reaktionen der Pferde genau, erfährt man das Gegenteil.

Pferde geben nach auf Nachgeben

Die Pferde geben nach – auf Nachgeben! Das heißt, die Pferde geben nach, nachdem der Reiter nachgegeben hat.

Und zwar reagieren **alle** Pferde **so.** Das ist offensichtlich eine grundlegende Verhaltensweise der Pferde, nicht nur bei dieser Methode. Je schneller der Reiter nach einem Druck (oder auch Annehmen des Zügels) wieder nachgibt, also das Pferd wieder „in die Freiheit entlässt", umso schneller reagieren die Pferde positiv, nämlich ihrerseits mit einem Nachgeben. Grundsätzlich ist es wirkungsvoller, eine Einwirkung zu wiederholen, sollte sie nicht gleich verstanden worden sein, als sie länger auszuhalten.

Das Nachgeben erfolgt aus dem Handgelenk heraus, in Verbindung mit sofortigem Vorschwingen des Zügels.

Beim Ausüben des Druckes mit dem Zeigefinger auf dem Zügel **knickt die Hand im Handgelenk nach hinten ab,** um im nächsten Moment wieder vorzugehen. Einwirkungen wie „zuppeln", ziehen, zurückwirken oder ähnliches sind falsch und müssen unbedingt vermieden werden

4. Das Schwingen der Zügel nach vorne

Das Vorschwingen des Zügels ist unbedingt erforderlich

Das Nach-vorne-Schwingen der Zügel nach dem Druck ist **unbedingt erforderlich;** es erfolgt mit dem **ganzen Arm locker aus dem Schultergelenk heraus.** Erfolgt es nur aus dem Handgelenk, entsteht kein Schwingen, sondern ein Schleudern oder Werfen des Zügels; das ist hart und unangenehm für das Pferd und muss **unbedingt vermieden** werden. Es verhindert, dass die Einwirkung mit der Hand weich, rund und fließend ist; außerdem schwingt der Zügel nicht wieder zurück.

Der Arm schwingt wie ein Pendel zurück

Nur bei einem Nach-vorne-Schwingen des Zügels mit dem ganzen Arm aus dem lockeren Schultergelenk heraus schwingt der Arm **wie ein Pendel** wieder zurück – und leitet damit die nächste straffende Bewegung des Zügels ein, um wieder einen Druck ausüben zu können – ohne dass dadurch Rucke oder harte Einwirkungen im Maul des Pferdes entstehen.

Das Vorschwingen muss Richtung Pferdemaul erfolgen, nicht Richtung Pferdeohren. Das gelingt leicht, wenn der Arm ganz entspannt aus dem Schultergelenk heraus **einfach herabhängt** – und auch so hängen bleibt. Man darf den Arm oder die Hand bei ihren Einwirkungen nicht anheben. Dann entsteht eine Art „Rührbewegung"; diese verhindert ein weiches, fließendes Vor- und Zurückschwingen des Armes.

Nur mit dem Vorschwingen des Zügels locker aus dem Schultergelenk heraus (nicht aus dem Handgelenk) ist diese Technik optimal und bewirkt immer ein zwangloses Fallenlassen von Kopf und Hals.

Sie beruht auf meiner jahrzehntelangen Erfahrung mit „tausendundeinem" Pferd. Alle Pferde – wirklich immer alle – lassen erst mit diesem Vorschwingen des Zügels Kopf und Hals bereitwillig und zwanglos fallen. Bei sehr verklemmten und steifen Pferden habe ich sogar manchmal nach dem Druck am rechten und linken Zügel zwei bis dreimal hintereinander beide Zügel Richtung Pferdemaul vorgeschwungen – erst dann sind die Pferde in die Tiefe gestrebt.
Ich selbst habe nie herausfinden können, warum das Vorschwingen des Zügels diese Wirkung hat. Ich wusste nur, – aufgrund der immer bei allen Pferden gemachten Erfahrung – es muss in die Handeinwirkung hinein. Ich war mir darüber im Klaren, dass es etwas höchst Angenehmes für das Pferd sein muss, weil alle Pferde auf das Vorschwingen des Zügels mit Fallenlassen des Halses reagieren. Aber was genau es war, konnte ich detailliert nicht erkennen.

Eines Tages, in einem Lehrgang, als wir in der Theorie die Einwirkung mit der Hand und das Vorschwingen des Zügels übten (siehe hierzu unter „Trockenübung") sagte ich: „Ich kann euch nicht sagen, warum das Vorschwingen des Zügels so sein muss – ich weiß nur mit Sicherheit, dass es so sein muss."

Nach einer Weile des Übens sagte eine Kursteilnehmerin Folgendes: „Ich möchte Ihnen sagen, was ich in der Hand gespürt habe:

1. Durch den Schwung ist kein Eigengewicht des Zügels im Maul, denn die Fliehkraft trägt den Zügel
2. durch den Schwung rutscht das Mundstück einige Millimeter nach vorne und entlastet die Maulwinkel
3. durch das Vorschwingen schwingt der Zügel wieder zurück und leitet dadurch das erneute Straffen des Zügels ein und den nächsten Druck
4. beim Hinspüren in die Hand fühlt es sich mit Schwung angenehmer an
5. den entspannten Arm und die offene Hand locker nach vorne zu schwingen, schickt positive Energien zum Pferd."

Das war die Erklärung. Der Kursteilnehmerin war ich von Herzen dankbar für diese sensible, fein erfühlte Begründung, mit der für mich das „Rätsel" gelöst war.

Die Begründung für das Vorschwingen

5. Wechselseitige Einwirkung mit den Zügeln

Nur wechselseitig einwirken

Die Einwirkungen mit den Zügeln müssen **unbedingt wechselseitig** erfolgen, also einmal mit dem rechten Zügel – im nächsten Moment mit dem linken Zügel, dann wieder mit dem rechten Zügel und so weiter. Auf diese Weise hat das Pferd keine Gelegenheit, gegen den Zügel zu drücken, Bevor es auf den Gedanken kommen kann, hat der Reiter längst wieder nachgegeben und übt auf der anderen Seite einen Druck aus.

6. Die Handeinwirkung im schnellen Wechsel

Die Handeinwirkung muss fließend sein

Die Einwirkungen mit den Zügeln müssen im **fließenden Wechsel** erfolgen. Es dürfen **keine Zwischenpausen** entstehen; also nicht mit dem rechten Zügel einwirken – Pause – dann mit dem linken Zügel einwirken – Pause und so weiter. Solange das Pferd nicht wirklich zwanglos von sich aus Kopf und Hals fallen lässt und weitestgehend darin verbleibt, bedarf es einer **ständigen „Erinnerung"**, in einem fließenden Wechsel, das heißt links einwirken, dann sofort rechts einwirken, dann sofort wieder links. Eine Art „Pause" entsteht schon durch das Vor- und Zurückschwingen des ganzen Armes.

7. Woran orientiert sich der Reiter bei der Einwirkung mit der Hand?

Bei der Einwirkung mit der Hand orientiert sich der Reiter nur daran, was das Pferd **mit Kopf und Hals** macht, nicht an irgendeinem Bewegungsrhythmus, nicht daran, mit welchem Vorder- oder Hinterbein das Pferd gerade abfußt oder vorschwingt.

Ein wirkungsvolles Prinzip

Das Prinzip ist simpel und wirkungsvoll zugleich:

- Nimmt das Pferd den Kopf hoch, erfolgt der Druck mit der Hand auf das Gebiss; das bedeutet für das Pferd: **der Weg nach oben ist versperrt.**
- Strebt das Pferd in die Tiefe, muss die Hand den Weg nach unten durch Vorgehen mit dem Arm und Loslassen des Zügels öffnen, damit das Pferd **ungehindert** in die Tiefe kann. **Der Weg nach unten muss immer offen sein.**

Das hat noch jedes Pferd verstanden; lockere und losgelassene Pferde begreifen das meistens in kurzer Zeit.

Die Effektivität dieser Technik beruht auf einem sehr wichtigen pferde-psychologischen Prinzip: Der Reiter kann sich vom Sattel aus mit dem Pferd nur verständigen über

Nur durch Lob und Tadel versteht das Pferd

angenehm	**und**	**unangenehm**
▼		▼
Lob	**und**	**Tadel**

Nur zwischen diesen beiden Polen ist das Pferd in der Lage, Zusammenhänge zu erfassen und damit **zu verstehen,** was es tun soll – und was nicht.

Das bedeutet konkret:

- Der Weg nach oben ist „zu“, weil die Hand einen Druck ausübt, und das ist unangenehm
- der Weg nach unten ist „offen“ – weil die Hand nachgibt, und das ist angenehm.

Das Prinzip ist:

„versüßen“ und „vermiesen“

- Alles, was das Pferd tun soll, muss ihm in irgendeiner Weise angenehm sein oder man muss es ihm „versüßen“ (loben mit Stimme, Hand und Leckerli)
- alles, was das Pferd nicht tun soll, muss ihm in irgendeiner Weise unangenehm sein oder man muss es ihm „vermiesen“ (Tadel mit Stimme, der Hand am Hals oder ähnlichem)

Das Pferd wird – wie der Mensch auch – schließlich das Angenehme suchen und das Unangenehme meiden. Damit strebt es zunehmend von sich aus in die Tiefe, weil das angenehm und der Weg nach unten immer offen ist.

Keine „Hilfen-Schaltkästen"

Im System der Natürlichen Pferdeausbildung spielt der pferdepsychologische Aspekt eine ganz entscheidende Rolle. Das Pferd muss immer **verstehen,** was es tun soll. **Die Pferde werden geschult, nicht gedrillt. Sie sollen keine „Schaltkästen" für Hilfen sein, sondern selbständig mitarbeitende und mitdenkende Partner.**

Das fördert sein Verständnis

Das Verständnis des Pferdes können Sie sehr fördern, indem Sie es **sofort** – schon wenn es anfängt in die Tiefe zu streben – **ganz besonders** mit Stimme und der Hand am Hals loben, um dem Pferd damit zu sagen, dass es genau das ist (nämlich mit Kopf und Hals in die Tiefe zu gehen), was Sie von ihm wollen.

Zwei Aspekte sind ganz wichtig und müssen vom Reiter unbedingt beachtet werden:

a. Das wieder Hochkommen mit Kopf und Hals verhindern:

Das Wieder-Hochkommen vermeiden

Der Reiter muss das wieder Hochkommen schon im **Ansatz,** schon das **Hochkommen-Wollen,** durch einen **„blitzschnellen"** Druck mit dem Zeigefinder auf den Zügel verhindern; nicht das Pferd hochkommen lassen und dann erst wieder mit der Hand einwirken. Auf diese Weise entsteht kein neues Bewegungsmuster, nämlich ständig mit fallengelassenem Kopf und Hals zu gehen. Dieses neue Bewegungsmuster, das sich bilden soll, wird durch das „Immer-Wieder-Hochkommen" ständig aufs neue unterbrochen.

Die Pferde zeigen das Hochkommen-Wollen an, indem sie – noch in der Tiefe – zuerst leicht gegen den Zügel drücken; **schon in diesem Moment** muss **sofort – blitzschnell –** wieder ein Druck erfolgen, um das Pferd am Hochkommen zu hindern.

Haben die Pferde Kopf und Hals wirklich fallengelassen, fühlt sich der durchhängende Zügel weich, angenehm und ohne jeglichen Widerstand an. Wollen die Pferde wieder hochkommen, spürt man immer zuerst einen zumindest leichten Widerstand.

b. Den Weg nach unten nicht blockieren:

Der Weg nach unten muss offen sein

Der Weg nach unten muss für das Pferd **immer** offen sein; es darf durch nichts darin behindert sein, wenn es in die Tiefe will. Dazu ist erforderlich, dass der Reiter niemals mit der Hand im Zügel hängen bleibt oder das Pferd in die Hand stößt, weil der Reiter zu spät reagiert und nicht schnell genug nachgibt.

Das Nachgeben erfolgt auf dreifache Art:

a. mit der Hand, indem sie den Zügel durchgleiten lässt; dazu muss der Zügel lose in der Hand liegen, man darf ihn **nicht festhalten;**

b. durch Vorgehen mit dem ganzen Arm Richtung Pferdemaul;

c. mit dem Oberkörper – mehr oder weniger tief – heruntergehen in Richtung Mähnenkamm.

Am effektivsten ist es, alle drei Arten zu kombinieren:

- den Zügel durchgleiten lassen
- mit dem ganzen Arm vorgehen
- und mit dem Oberkörper herunter

Auf diese Weise bleibt man nie im Zügel hängen, wie plötzlich und wie tief das Pferd mit Kopf und Hals auch gehen mag.

Zu beachten ist:

Das Zügelmaß verändert sich ständig

Beim Durchgleiten-Lassen des Zügels verlängert sich dieser. Um erneut einen Druck auf die Maulspalte ausüben zu können, muss man oftmals den Zügel wieder etwas nachfassen bzw. verkürzen. **Das Zügelmaß muss sich also ständig verändern.** Durch die „mexikanische Zügelführung“ ist dies völlig problemlos, weil hier der Zügel mit einer Hand jederzeit beliebig nachgefasst werden kann; andererseits kann er ebenso jederzeit durch die Hand gleiten, in beliebiger Länge.

Nur noch leichte Erinnerungen

Da die Pferde von Natur aus mit hohem Kopf und Hals gehen, ist es ganz natürlich, dass sie anfangs immer wieder mit Kopf und Hals hochkommen. Das machen alle Pferde so. Es braucht daher einige Zeit, bis sich das neue Bewegungsmuster im Gehirn des Pferdes verankert hat. Haben die Pferde gelernt, konstant mit fallengelassenem Kopf und Hals zu gehen, bedarf es nur noch ab und zu leichter Erinnerungen, damit sie in der Tiefe bleiben.

Neue Bewegungsmuster legen sich in der Bewegungszentrale des Gehirnes nur dann, wenn man über längeren Zeitraum hinweg immer das Gleiche tut.

Genau so „tödlich“ wie ständiges Wieder-Hochkommen ist, wenn das Pferd in die unnachgiebige Hand des Reiters stößt, die den Weg nach unten blockiert und nicht schnell genug freigibt. Wenn das ein paar Mal passiert ist, streben die Pferde – verständlicherweise – nicht mehr von sich aus in die Tiefe, denn der Weg dorthin ist ebenfalls zu und sie bekommen auch dann einen Druck auf die Maulspalte.

Das ist für jedes Pferd völlig unverständlich und verwirrend; auf diese Weise können sie nicht begreifen, was sie tun sollen; sie „wackeln" dann nur noch „rauf und runter" mit Kopf und Hals, weil sie gar nicht mehr wissen, wohin sie mit Kopf und Hals gehen sollen.

8. Die Zügel hängen ständig in einem deutlichen Bogen durch.

Es ist **unbedingt erforderlich,** dass der Zügel **ständig durchhängt** – und zwar in einem **deutlichen** Bogen. Der Reiter darf mit den Zügeln nicht am Pferdemaul „dran bleiben". Den Zügel nur ein wenig durchhängen zu lassen reicht nicht aus. *(Lesen Sie bitte hierzu das Kapitel „Der lose Zügel").*

9. Das Zügelmaß muss passend sein.

Das Zügelmaß muss passen

Auch der durchhängende Zügel muss passend sein.

- Ist der Zügel zu kurz, hat er nicht den notwendigen deutlichen Bogen; der Reiter wirkt dann mit der Hand zuviel am Pferdemaul ein; das Pferd kann nicht wirklich unabhängig vom Zügel gehen und das Vorschwingen wirkt nicht so, wie es erforderlich ist.
- Bei einem zu langen Zügel kann man nicht schnell genug einen entsprechenden Druck auf die Maulspalte ausüben, weil der Weg zum Pferdemaul zu weit ist.

Auch der deutlich durchhängende Zügel darf also weder zu lang noch zu kurz sein.

Das passende Zügelmaß finden Sie am schnellsten, wenn Sie einmal den Zügel länger nehmen und fühlen wie das wirkt; anschließend nehmen Sie ihn kürzer – und erspüren diese Wirkung; damit werden Sie das richtige Maß herausfinden. Wenn Sie noch unsicher sind, ob das Zügelmaß stimmt, dann nehmen Sie den Zügel länger, das ist weniger „gefährlich", als wenn er zu kurz ist. Bei dieser Technik ist es günstig, die Hand und den Arm etwas vom Hals wegzunehmen und breit zu führen. Dadurch wird das Pferd breiter „eingerahmt"; außerdem verkürzt sich der Zügel dadurch etwas.

Die Zügel etwas breiter führen

10. Lässt das Pferd Kopf und Hals fallen, bleibt die Hand passiv.

Geht das Pferd mit fallengelassenem Kopf und Hals, tut es also das, was es soll, bleibt die Hand passiv. Das ist dann die Belohnung für das Pferd.

Aufmerksam bleiben!

Der Reiter muss aber **sehr aufmerksam** mit der Hand in **„Hab-Acht-Stellung“** sein, denn vor allem anfangs bleiben die Pferde nicht kontinuierlich unten, sondern kommen meistens nach ein paar Tritten wieder hoch.

Ich habe in den Kursen immer wieder erlebt, dass sich Reiter derart freuten, wenn ihr Pferd Kopf und Hals endlich fallen ließ, dass sie nicht mehr aufmerksam genug waren, um das Hochkommen-Wollen zu bemerken – dann war der Moment zu reagieren verpasst.

Die beschriebene Technik ist nicht schwierig, sie muss aber sehr genau durchgeführt werden; man muss schnell reagieren und fein fühlen.

Fein fühlen und schnell reagieren kann man nur dann, wenn vor allem die Schultern, Arme und Hände völlig entspannt und locker sind. Das ist unbedingt notwendig.

Das sollten Sie unbedingt wissen und beachten:

Moderne, wissenschaftliche Erkenntnisse auf dem Gebiet der Neurophysiologie besagen, dass es für unser Gehirn unmöglich ist, die feinen sensorischen Unterscheidungen zu treffen, die für eine Verbesserung unserer nervlich-muskulären Koordination nötig sind, wenn wir unsere Muskeln stark anstrengen.

Je weniger die Muskeln angespannt werden, umso mehr ist das Bewegungszentrum des Gehirnes befähigt, einen Fluss wertvoller Informationen zwischen dem Gehirn und den Muskeln zu erzeugen. Strengen wir unsere Muskeln nur minimal an, ist unser Gehirn frei, wichtige sensorische Unterschiede zu erkennen; denn das Gehirn und das Nervensystem sind die Kommando- und Kontrollzentrale für den ganzen Körper.

Die neurologische Regel lautet:

Die neurologische Regel besagt daher: Weniger Anspannung der Muskeln bewirkt mehr sensomotorisches Lernen und führt dadurch zu einer Verbesserung der körperlichen Geschicklichkeit, Beweglichkeit und Feinfühligkeit. Reiten ist keine Sache von Muskelkraft, sondern von feinem Fühlen und schnellem Reagieren; dazu muss der Reiter locker und losgelassen sein und seine Muskeln so wenig wie möglich anspannen.

Die beschriebene Technik der Handeinwirkung ist viel leichter, als es Ihnen beim Lesen erscheinen mag. Mit ein bisschen Übung werden Sie sie richtig praktizieren können.

Diese Technik ist die wirkungsvollste und pferdefreundlichste, um ein Pferd in die Tiefe beziehungsweise in eine korrekte Dehnungshaltung zu reiten. Sie funktioniert immer, wenn sie präzise ausgeführt wird.

11. Die Einwirkung mit den Schenkeln

Vor der Hand den Schenkel einsetzen

Bevor die Hand einwirkt, müssen immer beide Schenkel treiben. Die Pferde kommen oft darum mit Kopf und Hals wieder hoch, weil sie mit den Hinterbeinen nicht genügend nach vorne unter das Gewicht getreten sind; dadurch verlieren sie das Gleichgewicht und wollen sich mit Kopf und Hals wieder ausbalancieren.

Grundsätzlich müssen die Schenkel immer zuerst treibend einwirken, bevor das Pferd mit der Hand in die Tiefe gespielt wird.

Der Reiter muss im Trabe mit **beiden Schenkeln gleichzeitig** einwirken; also mit beiden Waden einen gleichzeitigen und gleichmäßigen Druck ausüben. Gleichzeitig mit beiden Schenkeln darum, weil der Reiter **nicht im Sattel** sitzt und daher das wechselseitige Auf und Ab des Pferderückens nicht so deutlich spüren kann. Im Schritt, wenn der Reiter im Sattel sitzt, sollte wechselseitig getrieben werden.

Zwischen den Einwirkungen der Schenkel und der Hände darf **keine Pause** entstehen; nicht einwirken mit den Schenkeln – Pause – dann einwirken mit der Hand. Da Schenkel und Hand so **schnell aufeinander** folgen müssen, kann der Eindruck entstehen, sie fielen zusammen. Dies darf aber nicht der Fall sein.

Zuerst muss der Schenkel einwirken, dann die Hand.

Das ist logisch und folgerichtig, denn das Pferd muss zuerst wieder mit seinen Hinterbeinen sein Gleichgewicht herstellen, bevor es Kopf und Hals fallen lassen kann. Also: Nimmt das Pferd Kopf und Hals hoch, wirken zuerst die Schenkel bzw. die Wade ein – dann die Hand.

Nicht den Schenkel vergessen

Der Schenkel darf nicht vergessen werden; dann funktioniert die Technik nicht.

Was der Schüler mit seinen Händen macht, kann ich als Lehrer von unten genau sehen; der Wadendruck ist nicht sichtbar. Deshalb habe ich immer wieder bei Reitern nachfragen müssen, vor allem, wenn es mit der Dehnungshaltung nicht gleich funktionieren wollte: „Was machen Ihre Schenkel? Vergessen Sie auch nicht den Wadendruck?“ Dann kam oft die Antwort: „Ach ja, den habe ich vergessen!“

Zusammenfassung

Alles noch einmal auf einen Blick:

1. „Mexikanische“ Zügelführung
2. den Zeigefinger auf den Zügel legen
3. die Zügel haben einen deutlichen Bogen
4. die Zügellänge muss passend sein
5. mit dem Zeigefinger einen kurzen Druck ausüben, der nach unten wirkt;
6. dabei muss der Druck sich „aufbauen“, weil der Zügel durchhängt
7. während des Druckes die Hand über den Zeigefinger „abrollen“
8. dann sofort den Zügel vorschwingen, mit dem ganzen Arm aus der Schulter heraus
9. der Arm schwingt zurück und der nächste Druck baut sich auf
10. die Einwirkungen erfolgen im schnellen Wechsel – einmal mit dem rechten, dann mit dem linken Zügel
11. bevor die Hand einwirkt, müssen beide Schenkel einen gleichzeitigen und gleichmäßigen Druck ausüben
12. die Hand und der ganze Arm müssen immer völlig entspannt sein

Trockenübung

Eine Trockenübung

Bevor Sie aufs Pferd steigen, um diese Technik, ein Pferd in die Tiefe zu reiten, auszuprobieren, machen Sie unbedingt zuerst folgende Übung am Boden. Ich habe diese „Trockenübung“ immer in meinen Kursen mit den Lehrgangsteilnehmern in den Theoriestunden durchgeführt; das hat sich sehr bewährt.

Suchen Sie sich einen Partner (seine Kenntnisse und Fähigkeiten beim Reiten sind nicht so wichtig). Nehmen Sie eine Trense mit zwei Zügeln und einem einfachen oder doppelt gebrochenen Trensengebiss (andere Gebisse sind nicht geeignet). Der Partner zieht die Trense über den Kopf und zwar so, dass die Zügel zu Ihnen führen. Das Genickstück der Trense und das Stirnband liegen im Nacken des Partners. Der Partner nimmt das Trensengebiss in die Hände;

dabei die Daumen durch die Trensenringe schieben und das Gebiss in beide Hände nehmen. Die Hände müssen ganz locker und entspannt sein.

Stellen Sie sich gegenüber auf, nehmen Sie beide eine Art leichten Sitz ein: die Beine in einer Grätsche, mit gebeugten Knien, vorgeneigtem Oberkörper, Gesäß und Hüfte nach hinten geschoben. Der Abstand zu einander sollte nicht zu weit und nicht zu nah sein, damit Sie eine passende Zügellänge haben.

Das Gebiss in die Hand nehmen, den Daumen durch den Trensenring. Die Hand ist ganz entspannt. Das Genickstück der Trense liegt im Nacken.

Die beiden Reiter stellen sich gegenüber auf, in der Position des Effektiven Leichten Sitzes. Das Zügelmaß ist passend, weder zu lang noch zu kurz.

Der Reiter übt mit dem Zeigefinger Druck auf den Zügel aus.

Dann „rollt" die Hand über das Handgelenk ab bzw. knickt die Hand im Handgelenk nach hinten ab.

Im nächsten Moment schwingt der Arm locker aus dem Schultergelenk heraus die Zügel nach vorne.

Nun nehmen Sie die Zügel in der mexikanischen Zügelführung in die Hände und legen den Zeigefinger auf den Zügel. Die Zügel hängen in einem deutlichen Bogen durch. Nun wenden Sie die beschriebene Technik an:

- mit dem Zeigefinger auf den Zügel einen Druck ausüben, der nach unten geht
- der Druck muss sich natürlich „aufbauen", weil der Zügel durchhängt
- die Hand über den Zeigefinger „abrollen"
- und Zügel vorschwingen
- zuerst mit dem rechten (oder linken Zügel), dann mit dem anderen Zügel

Denken Sie daran, dass es wirklich ein Druck sein muss – aber kurz.

Die ganze Einwirkung ist weich, rund und fließend, trotz des Druckes.

Üben Sie das eine Weile so, bis Sie mehr Gefühl für die Einwirkungen bekommen haben.

Nun versuchen Sie, bewusst falsch einzuwirken. Sie haben richtig gelesen: falsch einwirken! Also alles das tun, was Sie nicht tun dürfen: die Zügel zurückziehen, „zuppeln", den Druck aushalten, den Zügel vorschleudern, „dranbleiben" am Pferdemaul und ähnlich Schreckliches. Fragen Sie dann Ihren Partner, wie das sich in seiner Hand anfühlt! Meistens hart, eckig, stockend und höchst unangenehm. Nachdem Sie es bewusst falsch gemacht haben, wirken Sie nun wieder richtig ein. Fragen Sie jetzt Ihren Partner wieder, wie sich das anfühlt. Wenn Ihre Einwirkungen richtig waren, müssen diese Empfindungen weich, rund, fließend und angenehm sein.

Der Mensch spürt in seiner Hand sehr genau, wie die Einwirkung ist, ob sie sich weich, rund und angenehm anfühlt; oder ob sie hart, eckig und unangenehm ist. Da dies in der eigenen Hand so deutlich zu erfahren ist, kann man davon ausgehen, dass das Pferd in seinem Maul dasselbe fühlt. Es wird nicht lange dauern, bis Ihr Partner Sie genau informieren kann, ob die Einwirkungen falsch oder richtig sind.

Der Mensch spürt in der Hand dasselbe wie das Pferd in seinem Maul

Das war immer für alle Kursteilnehmer eine sehr interessante Erfahrung. Ich habe mir manches Mal gewünscht, die Pferde könnten auch so reden und uns so informieren!

Wenn Sie diese Technik richtig ausführen, ist das die angenehmste Einwirkung für das Pferd und auch die effektivste.

Haben Sie das eine Weile so geübt, erweitern Sie die Übung um Folgendes:

Auf den Druck mit Ihrer Hand beziehungsweise auf Ihre richtige Einwirkung hin mit den Zügeln soll Ihr Partner mit Kopf und Oberkörper in die Tiefe gehen (wie ein Pferd). Jetzt kommt es darauf an, dass Sie das In-die-Tiefe-Wollen Ihres Partners, das In-die-Tiefe-Streben **sofort** erspüren und **blitzschnell** nachgeben, das heißt:

- die Zügel durch die Hand gleiten lassen
- mit dem ganzen Arm aus der Schulter heraus vorgehen
- und mit dem Oberkörper nach unten

Tun Sie also alles das, was Sie zu Pferde auch tun sollen.

Da besonders am Anfang die Pferde nicht beständig unten bleiben, soll Ihr Partner nun wieder hochkommen. Jetzt müssen Sie das Hochkommen-Wollen erfühlen – und **sofort** wieder mit der Hand einwirken, das heißt, den Druck ausüben, um das Hochkommen zu verhindern. Wichtig ist, dass Sie **schon das Hochkommen-Wollen erfühlen,** sonst wirken Sie zu spät ein und das Pferd ist wieder oben mit Kopf und Hals.

Je mehr Sie das auf diese Weise üben, umso mehr wird sich Ihre Geschicklichkeit verbessern und umso leichter wird es Ihnen zu Pferde fallen.

Abgesehen von der Effektivität dieser Übung konnten die Kursteilnehmer immer eine Menge über sich selbst und ihre Einwirkungen erfahren; außerdem gab es oft viel zu lachen.

Zuerst ausgiebig im Schritt üben

Wenn Sie dann anfangen zu reiten, üben Sie diese Technik zuerst ausgiebig im Schritt. Solange die Pferde im Schritt nicht den Hals fallen lassen, tun sie das meistens im Trabe auch nicht. In der langsamen, schwunglosen Gangart des Schrittes wird den Pferden von Natur aus Kopf und Hals schwer und sie gehen daher leichter in die Tiefe. Auch der Reiter hat es im Schritt leichter, sich mit der Technik vertraut zu machen. Reiten Sie viele gebogene Linien; wenn das Pferd in der Rippe nachgibt, lässt es auch leichter den Hals fallen.

Diese Technik ist das Effektivste und funktioniert immer

Ich möchte noch einmal darauf hinweisen, dass diese Technik, ein Pferd in die Tiefe zu reiten beziehungsweise in eine korrekte Dehnungshaltung, das Effektivste und Pferdegerechteste ist und immer die erforderlichen Ergebnisse hervorbringt, wenn sie präzise ausgeführt wird. Machen Sie auf gar keinen Fall irgendetwas anderes. Irgendeine andere Art der Einwirkung führt nicht zum notwendigen Erfolg. Mit ein bisschen Übung werden Sie mit Sicherheit bald den „Bogen heraushaben“.

Schnell genug reagieren

Sie müssen schnell genug reagieren, sonst kommt das Pferd entweder immer wieder hoch, oder es stößt ständig in Ihre unnachgiebige Hand, wenn es in die Tiefe will.

Schwingen wie ein Pendel

Locker und entspannt

Was manchen Reitern anfangs manchmal auch schwer fällt, ist, dass der **Arm** wie ein Pendel Richtung Pferdemaul **vorschwingen** muss. Es muss wirklich ein Schwingen sein, mit dem ganzen Arm aus der Schulter heraus. Dazu müssen die Arme locker aus der Schulter herabhängen. Die Technik kann nur funktionieren, wenn die Hand und der ganze Arm **völlig locker und entspannt sind.** Der Zügel muss lose in der offenen Hand liegen, man darf ihn nicht festhalten. Machen Sie es anders, entsteht ein Vorschleudern; das darf nicht sein, weil das unangenehm für das Pferd ist; auch schwingt dann der Arm nicht wieder zurück, um für den nächsten Druck den Zügel zu straffen.

Effektiv und pferdegerecht

Irgendwelche anderen Einwirkungen werden nicht die erforderlichen Ergebnisse zeitigen. Diese Technik beruht auf jahrzehntelanger Erfahrung mit hunderten von Pferden. Sie ist wirklich das **Effektivste und Pferdegerechteste** und führt immer zu dem gewünschten Erfolg. Es lohnt sich daher die geringe Mühe, sie exakt zu erlernen.

Die Bedeutung der Lektionen

Körperübungen

Die Lektionen der klassischen Dressur sind Körperübungen, durch die das Pferd gymnastiziert werden soll. Mit ihrer Hilfe kann das Pferd unter dem Reiter seine natürlichen körperlichen Fähigkeiten entfalten und die dazu notwendigen Muskeln systematisch trainieren sowie auch seine mentalen Fähigkeiten entwickeln.

Die gymnastischen Effekte

Diese klassischen Dressurlektionen haben alle ganz bestimmte **gymnastische Effekte.** Sie sind daher nur Mittel zum Zweck und nicht Selbstzweck. Werden diese gymnastischen Effekte nicht erreicht, haben die Lektionen keinen Sinn.

Werden Pferde nicht gezielt gymnastiziert, sind sie meistens steif, unbiegsam und ungeschickt; sie haben kein Körperbewusstsein und oftmals auch nur eine eingeschränkte Kontrolle über sich selbst.

Einem Pferd sieht man immer an (schon auf der Weide), ob es richtig gymnastiziert ist. Es zeigt freie, lockere und elastische Bewegungen, die geschmeidig und ausdrucksvoll sind. Nicht zuletzt sind solche Pferde auch gehorsam und gut zu „handeln".

Viele Freizeitreiter gehen nicht auf das Dressur-Viereck, weil sie nicht wissen, was sie dort tun sollen; sie haben den Wert der Lektionen nicht erkannt und wissen oft auch nicht, wie sie zu reiten sind. Viele Turnierreiter üben vorwiegend Turnieraufgaben, was die Pferde auch nicht rittiger macht.

Vier Grundübungen

In der Grundausbildung des Pferdes, also vom Anreiten bis Klasse A und L (Anfang bis Leichte Klasse) gibt es nur vier Lektionen, die vier elementaren Grundübungen:

1. Das seitliche Biegen: Reiten auf allen gebogenen Linien, wie Zirkel, Volten, Schlangenlinien, Kehrtwendungen, Ecken und so weiter
2. das Schenkelweichen in allen seinen Variationen
3. das Rückwärtsrichten und die Schaukel
4. die halben und ganzen Paraden: zum Reiten von Tempounterschieden und Übergängen, zum Regulieren von Bewegungen, etc.

Auf den gymnastischen Wert der einzelnen Lektionen wird bei ihrer Beschreibung in den entsprechenden Kapiteln hingewiesen.

Ergänzend dazu gibt es:

- die Vorhandwendung
- den einmaligen fliegenden Galoppwechsel
- Cavaletti-Arbeit
- Spring-Gymnastik
- Training im Gelände

Mehr als die vier Lektionen und ihre Ergänzungen kann mit jungen Pferden nicht geritten werden. Sie reichen jedoch vollständig aus, um den Pferden die so wichtigen Grundlagen zu vermitteln und sie wirklich rittig zu machen. (Als „junges Pferd" kann man auch ein älteres Pferd bezeichnen, wenn es in der Ausbildung noch „jung" ist.)

Die ganze Palette der Seitengänge, wie Schulterherein, Travers, Renvers, Traversalen, Hinterhandwendung, Piaffe, Pirouetten und so weiter fehlen; hierfür benötigt das Pferd **bestimmte Voraussetzungen und Fähigkeiten,** über die das junge Pferd noch nicht verfügen kann.

Liest man die Turnieraufgaben der Klasse L, so fällt auf, dass in dieser Klasse schon eine Kehrtwendung auf der Hinterhand verlangt wird. Nach meiner Auffassung gehört diese Lektion, die mit eine der schwierigsten ist, will man sie im Sinne klassischer Reitlehre reiten, nicht in diese Klasse. Das Pferd kann diese Übung nur korrekt ausführen, wenn es bereits gelernt hat, sich mit hereingestellter Hinterhand zu bewegen, also ein korrektes Travers beherrscht. Außerdem muss es im Trabe schon in kurzen, halben Tritten gehen können. Das alles geht aber weit über die Klasse L, die leichte Klasse, hinaus. Tatsache ist, dass man daher selten in einer L-Prüfung eine korrekte Kehrtwendung auf der Hinterhand sieht. Auch wird in dieser Klasse schon von „Versammlung" gesprochen. Das Pferd der Klasse L muss sich in einem horizontalen Gleichgewicht und in einem „geschlossenen" Rahmen bewegen können und diesem Rahmen entsprechend in kürzeren Tritten und Sprüngen. Der Begriff „Versammlung" erscheint mir hier nicht angemessen und eher irreführend. Das bewirkt bei vielen Turnierreitern, dass sie ihren L-Pferden eine „Versammlung" abverlangen, für die Pferde noch nicht reif sein können. Das ist eher schädlich als nützlich.

Trotz der relativ geringen Anzahl von Lektionen gibt es viel Spielraum für Abwechslung und eine vielseitige Schulung im täglichen Training durch eine große Anzahl von Kombinationsmöglichkeiten.

Die einzelnen Lektionen können folgendermaßen geritten werden:

Was bringt Abwechslung?

- auf unterschiedlichen Linien
- an wechselnden Stellen in der Reitbahn
- in verschiedenen Tempi
- in einer jeweils anderen Gangart
- in veränderter Abfolge und Kombination der Lektionen untereinander

Beispiele:

Nach einer ganzen Parade:

- daraus rückwärtsrichten (mit jeweils unterschiedlichen Trittzahlen)
- oder daraus im Schritt anreiten
- oder daraus antraben oder angaloppieren

Nach dem Rückwärtsrichten:

- eine ganze Parade reiten
- oder daraus im Schritt anreiten
- oder später daraus angaloppieren

Hier ist die Phantasie des Reiters gefragt.

Beim Reiten von Lektionen ist das Wichtigste:

Was ist das Wichtigste beim Reiten von Lektionen?

- das Pferd muss locker und losgelassen bleiben
- es muss konstant über den Rücken- und Halsbogen gehen mit zwangloser Genickbiegung
- der Takt beziehungsweise die Reinheit der Gänge müssen erhalten bleiben.

Gehen diese Kriterien verloren, ist die Lektion wertlos.

Wenn eine Lektion nicht gelingen will, ist es besser

- sie abzubrechen und neu anzusetzen,
- sie besser vorzubereiten,
- sie in kleineren Abschnitten zu üben,
- oder mit der Lektion noch zu warten, bis das Pferd dafür reifer geworden ist.

Ganz falsch ist es, sie dem Pferd abzwingen zu wollen, nur um die Lektion zu reiten. Hier sind Reitertakt und Feingefühl gefragt.

Die Arbeit im Dressurviereck soll für das Pferd nicht nur eine Gymnastizierung sein, sondern auch eine unterhaltsame und interessante Abwechslung, an der das Pferd Freude hat. Das fördert sein Verständnis und seine Bereitschaft zur Zusammenarbeit. (Siehe hierzu auch das Kapitel „Pferdepsychologie").

Ich meine, dass auch der Reiter Freude an dieser Arbeit haben sollte; wenn sie nur als lästige Pflichtübung empfunden wird, kann nicht viel dabei herauskommen. Bekanntlich kommt die Freude mit dem Gelingen und wenn man erlebt, wie die Pferde immer besser gehen.

Die Grundausbildung des Pferdes dauert im Durchschnitt zwei Jahre, vom Anreiten des rohen Pferdes bis zur Klasse L. Die Grundausbildung ist dann beendet, wenn das Pferd alle Kriterien der Rittigkeit erfüllt – und diese auch im Pferd gefestigt sind. Dann ist das Pferd für schwierigere Lektionen und höhere Ausbildungsklassen reif.

Die seitliche Biegung

Die seitliche Biegung des Pferdes ist eine der wichtigsten Übungen, um ein Pferd rittig zu machen.

Eine der wichtigsten Übungen

Außer der seitlichen Biegung gibt es noch die Längsbiegung, also die Biegung von vorne nach hinten; sowie die Beugung der Hinterhand, die Hankenbeuge.

Warum müssen die Pferde lernen, sich unter dem Reiter korrekt seitlich zu biegen?

Warum muss das Pferd gebogen werden?

- Solange ein Pferd sich nicht korrekt seitlich biegen kann, bleibt es steif und undurchlässig.
- Bevor ein Pferd veranlasst werden kann, mit **beiden** Hinterbeinen weiter nach vorne unter das Gewicht zu treten, muss man es zuerst veranlassen, mit **einem** Hinterbein weiter vorzutreten. Das ist für das Pferd die halbe Schwierigkeit und für den Reiter der halbe Widerstand.

Alle Pferde widerstreben der vermehrten Gewichtsaufnahme mit den Hinterbeinen, weil das ungewohnt und muskulär anstrengend ist. Geht man selbst einmal ein Stück in tiefer Kniebeuge, ist man ganz schnell bestrebt, die Beine wieder zu strecken. Dem Pferd geht es genauso.

Reitet man gebogene Linien, abwechselnd auf der rechten und linken Hand, wird einmal das rechte, dann das linke Hinterbein gymnastiziert, das heißt mehr nach vorn unter das Gewicht gebracht.

Ein weiterer ganz wichtiger Aspekt ist, dass die angeborene Schiefe der Pferde vorwiegend durch geraderichtende Biegearbeit, also durch korrektes Reiten auf gebogenen Linien, ausgeglichen werden muss.

Das sind wichtige Gründe, sich mit dem Biegen der Pferde genauer zu befassen.

Wann ist die Biegung des Pferdes korrekt?

Wann ist das Pferd korrekt gebogen?

1. Wenn das Pferd in der inneren Rippenseite nachgegeben bzw. sich innen zusammen geschoben hat;
2. wenn es sich in seiner äußeren Seite entsprechend gedehnt hat; vor allem auch muss es mit der äußeren Schulter und dem äußeren Vorderbein genügend weit vortreten;

3. wenn das innere Hinterbein nicht nur weiter vortritt, sondern auch in Richtung auf das äußere Hinterbein; nur so kann es vermehrt gebeugt und belastet werden;

4. wenn das äußere Hinterbein in die Spur des äußeren Vorderbeines tritt; das innere Hinterbein aber in Richtung zwischen beide Vorderbeine;

5. wenn das Pferd sich in seiner gesamten Wirbelreihe genau der Biegung der Linie, auf der es geht, angepasst hat.

Die Technik, ein Pferd korrekt zu biegen

Jede korrekte Biegung beginnt immer mit:

1. Blickrichtung und Körperdrehung

Der Reiter schaut in die Wendung hinein; er schreitet mit den Augen die Linie ab, auf der er reiten will; dabei dreht er seinen Kopf und Oberkörper in die Wendung hinein, die Hüfte geht mit. Diese Drehung des ganzen Körpers wirkt biegend auf das Pferd.

2. Die Schenkel

Der innere Schenkel bleibt am Platz in seiner normalen Position, der äußere wird etwa eine Handbreit zurückgelegt, um die äußere Seite zu verwahren (zu begrenzen).

Das Pferd wird also mit dem Körper und zwischen den Beinen gedreht bzw. gebogen.

Diese Körperdrehung spürt das Pferd deutlich, da es den Reiter auf einmal anders auf seinem Rücken hat.

Die Körpersprache ist die Sprache, die das Pferd immer am besten versteht.

3. Das Pferd in der Rippe biegen

Bevor man mit einem Pferd auf eine gebogene Linie abwendet, muss es entsprechend dieser Linie gebogen sein; es muss also in seiner gesamten Längsachse bereits der Linie angepasst sein, auf der es gehen soll. Dazu muss es sich innen in der Rippe zusammenschieben und außen dehnen.

Durch Druck mit der inneren, gespannten Wade wird das Pferd veranlasst, sich in der inneren Rippenseite zusammenzuschieben. Es ist also hauptsächlich die innere Wade, die das Pferd biegt; alles andere sind unterstützende Hilfen.

Die Wade kann nur gespannt sein, wenn der Absatz tief ist!

4. Der innere Zügel

Der innere Zügel muss den inneren Schenkel beim Biegen unterstützen, indem er das Pferd veranlasst, in die Wendung hineinzusehen. Dazu nimmt der Reiter den inneren Zügel etwas an und stellt Kopf und Hals in die Wendung hinein.

Zu diesem Zweck wird der innere Zügel kurz angenommen und sofort wieder losgelassen. Sieht das Pferd in die Wendung hinein, muss der innere Zügel leicht durchhängen. Der innere Zügel wird dann zum Biegen und Wenden nicht mehr benötigt.

Manchmal sind Pferde so steif, dass sie zwar kurz in die Wendung hineinsehen, sich dann aber mit Kopf und Hals wieder nach außen stellen; dann muss der Zügelanzug mehrfach wiederholt werden; aber auch hier immer nur impulsartig. Gerade diese Pferde verführen den Reiter dazu, am inneren Zügel zu ziehen und hängen zu bleiben. Das macht die Steifheit der Pferde nur noch schlimmer und nimmt ihnen jede Möglichkeit, sich korrekt der gebogenen Linie anzupassen, auf der sie gehen sollen.

Sehr steife und unbiegsame Pferde muss man lange Zeit vorwiegend im Schritt biegen. Viel Schubkraft verstärkt den Widerstand des Pferdes beim Biegen.

Der abgesetzte Zügel

Bei jungen oder noch nicht biegsamen Pferden kann der innere Zügel wirkungsvoller eingesetzt werden, wenn man ihn vom Hals absetzt (circa 20 bis 30 cm); hierbei bewegt sich der Zügel aber nur seitwärts und nicht rückwärts. Auch das darf immer nur impulsartig sein. Zuerst muss die Wade einwirken, dann der Zügel. Die größere Bedeutung hat die Wade.

Kopf und Hals folgen ganz selbstverständlich der Rippenbiegung

Ein losgelassenes Pferd stellt sich selbst mit Kopf und Hals, als seinen beweglichsten Körperteilen, auf das ein, was es in seiner Rippe und mit seinem inneren Hinterbein macht.

Biegt sich das Pferd innen, schiebt es sich also in seiner inneren Rippenseite zusammen und tritt es mit dem inneren Hinterbein genügend weit vor, folgen bei einem losgelassenen Pferd der Rippenbiegung **immer ganz selbstverständlich** auch Kopf und Hals.

Ein losgelassenes Pferd stellt sich also **selbst** mit Kopf und Hals genau in Relation auf die Biegung ein, die es in seiner Rippe einnimmt und darauf, wohin es mit seinem inneren Hinterbein tritt; sofern die losen Zügel ihm dazu die Möglichkeit geben.

Erfolgt später die Biegung mit einer sogenannten „Anlehnung“, muss **zuerst** der **äußere** Zügel **nachgeben,** bzw. die äußere Hand vorgehen, um dem Pferd die Dehnung an seiner äußeren Seite zu gestatten; **dann** kann der innere Zügel angenommen werden.

Viele Reiter nehmen immer zuerst und zu stark den inneren Zügel an; sie vergessen das genügende Nachgeben mit dem äußeren Zügel; dann „klemmt“ dieser und das Pferd kann sich nicht korrekt biegen.

Der äußere Zügel muss viel nachgeben

Je enger der Kreis ist, auf dem das Pferd gehen soll, umso mehr muss es sich außen dehnen; umso mehr muss der äußere Zügel vorgehen; das ist manchmal sehr viel.

Je losgelassener ein Pferd ist, umso mehr kann es vorwiegend alleine mit dem Biege- oder Drehsitz gebogen werden.

5. Die Gewichtsverlagerung

Das ist mit die wichtigste Hilfe beim Biegen und Wenden. Auf diese Hilfe reagiert das Pferd mechanisch, weil es immer bestrebt sein wird, unter dem Gewicht zu bleiben.

Stellen Sie sich vor, Sie haben einen schweren Kartoffelsack auf Ihrer rechten Schulter, der anfängt, nach rechts herunterzurutschen. Wohin werden Sie ganz automatisch gehen? Doch nach rechts, um den Sack wieder aufzufangen. Genauso automatisch reagiert das Pferd auf die Gewichtsverlagerung des Reiters.

Beispielsweise beim Abwenden nach rechts, um auf einem Zirkel rechter Hand zu reiten, muss der Reiter sein Gewicht deutlich nach rechts verlagern. Das Pferd wird sich dem anpassen.

Zuerst muss der Reiter sein Gewicht und seinen Schwerpunkt nach innen verlagern – dann wird das Pferd sich dem anpassen. Es ist nicht so, dass zuerst das Pferd sein Gewicht nach innen verlagert und dann der Reiter sich dem anpasst.

Innere Hüfte fallen lassen

Die Gewichtshilfe wird gegeben, indem der Reiter mehr Gewicht auf den inneren Bügel legt; hierbei darf er nicht nach innen herunterhängen. Der Reiter kann auch die **innere Hüfte** (die innere Beckenringhälfte) **fallen lassen,** mit **Impulsion.** Diese Technik ist noch wirkungsvoller und kann später auch im Dressursitz sehr gut angewendet werden.

6. Die Wende-Hilfen

Die Wende-Hilfen

Die Wende-Hilfen sind immer

- der äußere Schenkel
- und der äußere Zügel
- bzw. die äußere Hand

Wenn das Pferd gebogen ist und der Reiter sein Gewicht nach innen verlagert hat, kann er das Pferd von der Linie geradeaus auf die gebogene Linie abwenden. Das bewirken die **Wende-Hilfen.** Dazu drückt die äußere Wade in ihrer verwahrenden Position das Pferd in die Wendung, unterstützt von der **äußeren Hand am Hals,** die ebenfalls das Pferd nach innen **drückt.**

Junge oder noch nicht biegsame Pferde reagieren auf diese drückende Hand am Hals (etwa da wo der Hals in die Schulter übergeht, unterhalb des Mähnenkammes) immer sofort. Der äußere Zügel ist dabei nicht nötig und hängt durch. Dieser Impuls mit der äußeren drückenden Hand ist außerordentlich wirksam und wird von jedem Pferd immer sofort verstanden. Später wird von einem rittigeren Pferd dann, auch der äußere Zügel als Wende-Hilfe problemlos umgesetzt.

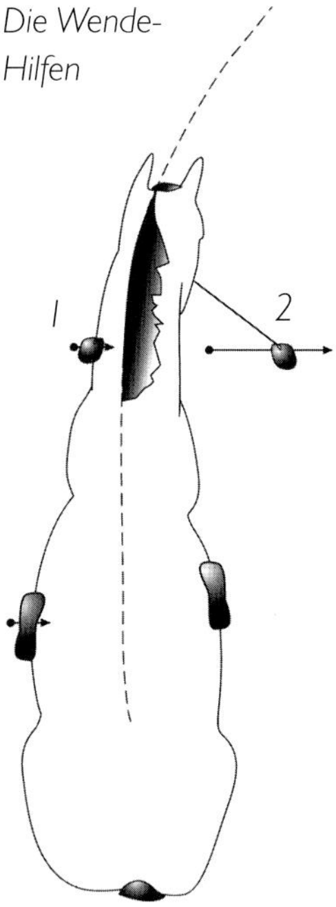

Die drückende (1) und die öffnende Hand (2)

(SLic17.10/02) Lupinacci

Auch diese Hilfen werden **immer nur impulsartig** gegeben; bei Bedarf müssen sie mehrfach wiederholt werden.

Weil es beim Biegen so wichtig ist zu wissen, was die Biege- und die Wende-Hilfen sind, möchte ich noch einmal darauf hinweisen:

Wende- und Biege-Hilfen

- Die Wende-Hilfen sind immer: äußerer Schenkel und äußerer Zügel beziehungsweise die äußere Hand
- Die Biege-Hilfen sind immer: innerer Schenkel und innerer Zügel.

Noch einmal alle Hilfen

Zusammenfassung:

1. Blickrichtung und Körperdrehung
2. Verschieben der Schenkel
3. Biegen (innerer Schenkel und innerer Zügel)
4. Gewichtsverlagerung (nach innen)
5. Wenden (äußerer Schenkel und äußerer Zügel bzw. die Hand)

Die Hilfen werden zwar **nacheinander gegeben,** gehen aber ineinander über.

Unbedingt die Reihenfolge einhalten

Diese Hilfen müssen immer genau in dieser Reihenfolge gegeben werden.

Es macht sicherlich keinen Sinn, zuerst das Pferd zu wenden, dann das Gewicht zu verlagern und dann das Pferd zu biegen. Die vorgenannten Einwirkungen können nur dann „helfen", das Pferd richtig zu biegen bzw. abzuwenden, wenn sie präzise und genau in der angegebenen Reihenfolge gegeben werden.

Die Gerte muss den Schenkel unterstützen

Damit die Pferde in der Wendung mit dem inneren Hinterbein vermehrt nach vorne unter das Gewicht treten und mehr an das äußere Hinterbein heran, muss der innere Schenkel mehr treiben. Meistens muss dabei die Gerte den Schenkel unterstützen, weil der Wadendruck alleine dafür nicht ausreicht. Manche Pferde missverstehen diese Einwirkung mit dem Schenkel und der Gerte und beschleunigen das Tempo; dann muss der äußere Zügel das Pferd wieder abfangen (kurz annehmen und wieder loslassen); anschließend müssen Schenkel und Gerte wieder entsprechend einwirken, bis das Pferd verstanden hat, dass es „nur" mit dem Hinterbein weiter vortreten soll.

Folgende Fehler können gemacht werden:

1. **Der schlimmste und häufigste Fehler ist das Herumziehen des Pferdes bzw. das „Hängenbleiben" am inneren Zügel.**

Schlimmster Fehler ist das „Hängenbleiben" am Zügel

Dieser Fehler **bewirkt immer,** dass die Pferde über die äußere Schulter in die entgegengesetzte Richtung weglaufen, oder sie weichen mit der Hinterhand nach außen aus. Das innere Hinterbein wird im vermehrten Vortreten blockiert, weil jeder Zügelanzug auf das gleichseitige Hinterbein wirkt.

Mit diesem Herumziehen und Hängenbleiben am inneren Zügel wird dem Pferd jede Möglichkeit genommen, sich korrekt zu biegen.

Herumziehen hat fatale Auswirkungen

Das Herumziehen am inneren Zügel ist unter den Reitern sehr weit verbreitet. Ich habe noch keinen Reiter erlebt, der es nicht getan hat. **Das ist eine sehr üble Angewohnheit, die immer die gleichen fatalen Auswirkungen hat.**

2. Der Reiter vergisst die Gewichtshilfe

Wie entscheidend diese Hilfe ist, möchte ich Ihnen mit einem Erlebnis verdeutlichen:

Die Gewichtshilfe nicht vergessen

Eines Tages ritt ich ein junges Pferd. Ich wollte mit ihm durch die ganze Bahn wechseln. Am Wechselpunkt gab ich die Hilfen zum Abwenden. Das Pferd lief einfach geradeaus weiter, ohne auch nur im Geringsten auf meine Hilfen zum Abwenden zu reagieren. Im ersten Moment war ich ärgerlich und dachte mir, nun ist es wieder eigensinnig. Also, das Ganze noch einmal. Wieder lief das Pferd am Wechselpunkt geradeaus weiter. Da wurde ich stutzig und habe mich gefragt: „Warum macht es das?" (Pferde haben für alles, was sie machen, immer einen triftigen Grund, aus ihrer Sicht) Beim genauen Überprüfen meiner Hilfen fiel mir auf, dass ich die Gewichtshilfe vergessen hatte. Jetzt gab ich beim Abwenden zu allen anderen Hilfen ganz deutlich auch die Gewichtshilfe; und siehe da, das Pferd wendete prompt und problemlos auf die Wechsellinie ab. Die Gewichtshilfe ist eine ganz wichtige und immer wirkungsvolle Hilfe, die aber oft vergessen wird.

3. Die Reihenfolge der Hilfen stimmt nicht

Die Hilfen müssen unbedingt in der angegebenen Reihenfolge gegeben werden, sonst können sie nicht den gewünschten Effekt haben.

Die genaue Reihenfolge einhalten

In meinen Kursen habe ich immer wieder erlebt, dass viele Reiter mit der genauen Einhaltung der Reihenfolge Probleme hatten. Wenn man zuerst das Pferd abwendet, dann biegt und dann die Gewichtshilfe gibt, kann die Biegung oder Wendung nicht korrekt sein. Zum Verbessern dieses Fehlers habe ich beim Reiten die Hilfen laut aufsagen lassen; solange im Hersagen noch ein Durcheinander war, stimmten auch die Einwirkungen nicht.

Das „Gegensteuern"

Da junge oder unrittige Pferde die erforderliche Rippenbiegung und das vermehrte Untertreten erst lernen müssen, fallen sie oft nach innen, in die Wendung hinein und verlieren die Balance.

„Gegensteuern"

Dann muss der Reiter durch Verlagerung seines eigenen Gewichtes und Schwerpunktes in die entgegengesetzte Richtung, also nach außen, dem Pferd helfen, selbständig sein Gleichgewicht wiederzufinden.

Ich nenne diese Technik „gegensteuern".

So findet das Pferd selbständig sein neues Gleichgewicht

Fällt das Pferd beispielsweise nach innen, dann muss der Reiter mit seinem eigenen Gewicht nach **außen** gehen. Da das Pferd immer bemüht sein wird, unter dem Reitergewicht zu bleiben, wird es versuchen, mit seinem eigenen Gewicht und seinem Schwerpunkt auch nach außen zu gehen, um so wieder ins Gleichgewicht und in Übereinstimmung mit dem Reiter zu kommen. Der innere Schenkel unterstützt diese Verlagerung des Reitergewichtes nach außen, indem er ebenfalls das Pferd nach **außen drückt,** während die innere Hand am Hals des Pferdes macht dasselbe. Bei Bedarf kann man den äußeren Zügel noch nach außen absetzen.

Mit dieser Art der Hilfengebung hat das Pferd die Chance, unter dem Reiter selbständig und zügelunabhängig sein neues Gleichgewicht und seine Balance zu finden.

Funktion der Hinterbeine

Die unterschiedlichen Aufgaben der Hinterbeine in der Biegung.

In allen Biegungen und Wendungen haben die Hinterbeine ganz unterschiedliche Aufgaben:

- Das **innere** Hinterbein muss mehr **stützen** und mehr Gewicht aufnehmen; dazu muss es mehr nach vorne treten und gleichzeitig auch mehr gegen das äußere Hinterbein. Von vorne gesehen soll das innere Hinterbein zwischen den beiden Vorderbeinen sichtbar werden.
- Das **äußere** Hinterbein muss – auf seinem längeren Weg – **mehr schieben** und weiter vorgreifen, um den Schwung zu erhalten.

Dem muss der Reiter Rechnung tragen, indem er mit den Schenkeln entsprechend einwirkt bzw. treibt.

Von einer Biegung in die andere

Die Sitzposition verschieben

Will man von einer Biegung in die andere übergehen, muss das Pferd immer zuerst gerade gestellt werden, mindestens eine Pferdelänge (anfangs können es auch 2–3 Pferdelängen sein). Dann erst das Pferd umstellen, d. h., in die andere Richtung biegen. Es geht nicht, das Pferd einfach von links nach rechts zu biegen, ohne es zuvor nicht wenigstens für einen Moment gerade gestellt zu haben. Dabei ist wichtig, dass der Reiter nicht nur die Schenkel verschiebt, sondern deutlich auch seine Sitzposition verändert. Diese deutliche Veränderung des ganzen Sitzes hilft dem Pferd, besser zu verstehen, wie es selbst seinen Körper richten muss.

Biegen um Gegenstände herum

Biegen um konkrete „Hindernisse"

Es ist am Anfang der Ausbildung sehr sinnvoll, Biegungen und Wendungen um konkrete Gegenstände herum zu reiten, etwa um Tonnen, Ständer, Straßenhütchen, Plastik-Pylone oder dergleichen, weil das Konkrete vom Pferd besser verstanden wird als etwas Abstraktes.

Eine Volte ist ein abstraktes Gebilde, das nicht so leicht das Verständnis des Pferdes findet.

Je mehr gebogene Linien geritten werden, umso besser wird das Pferd gymnastiziert. Hier muss der Reiter seine Phantasie spielen lassen, um diese Übungen für das Pferd interessant und abwechslungsreich zu gestalten.

Der Wechsel zwischen gebogenen und geraden Linien

Schließen und Strecken – zulegen und einfangen

Ein wichtiger Aspekt ist der Wechsel zwischen geraden und gebogenen Linien. Auf gebogenen Linien wird das Pferd mehr geschlossen und die Hinterbeine mehr unter das Gewicht gebracht. Auf den anschließend gerittenen geraden Linien muss das Pferd sich immer wieder strecken und die gespeicherten Energien in freien Bewegungen nach vorne ausschwingen können. Dieser Wechsel zwischen Schließen und Strecken – Zulegen und Einfangen – fördert sehr die Durchlässigkeit des Pferdes, seine Geschmeidigkeit und Beweglichkeit, sowie den Gehorsam auf vortreibende und verhaltende Hilfen.

Dazu gehört auch, dass der Reiter **häufig** die Hand wechselt.

Übergänge und Paraden besser auf der geraden Linie

Nach dem Reiten auf gebogenen Linien ist es wirkungsvoller, Übergänge und ganze Paraden auf der geraden Linie zu reiten, weil auf dieser beide Hinterbeine sicherer belastet und gebeugt werden können.

Klassische gebogenen Linien sind beispielsweise (s. S. 182/183):

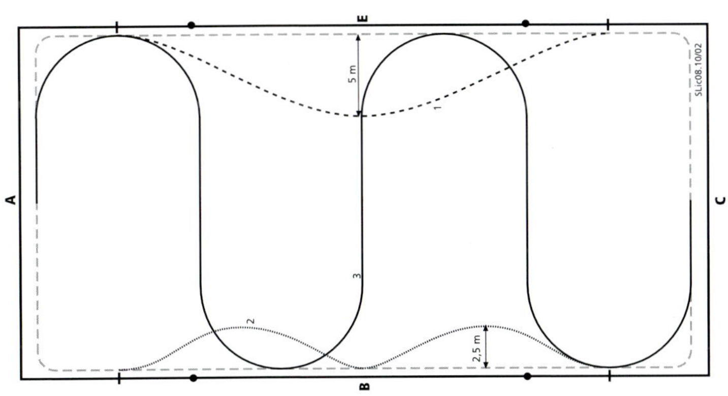

1 Einfache Schlangenliniean der langen Seite
2 Doppelte Schlangenliniean der langen Seite
3 Schlangenlinien durch die Bahn (4 Bogen)

Zeichnung: Lupinacci

1 Volte
2 Aus der Ecke kehrt(Kehrtvolte oder Kehrtwendung)
3 Acht

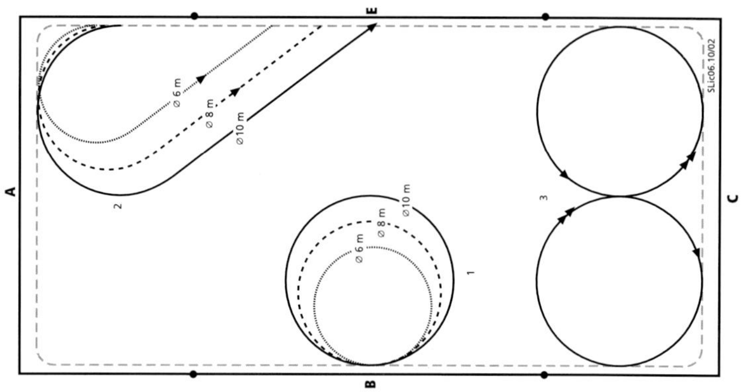

1 Zirkel-Linien
2 Aus dem Zirkel wechseln
3 Durch den Zirkel wechseln

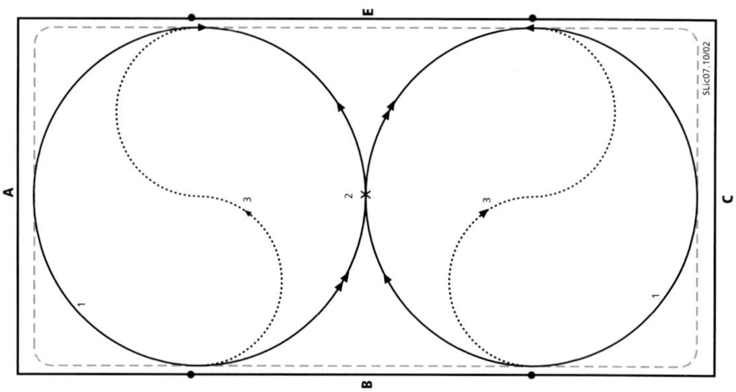

andere gebogene Linien:

Linksvolten um Pylone

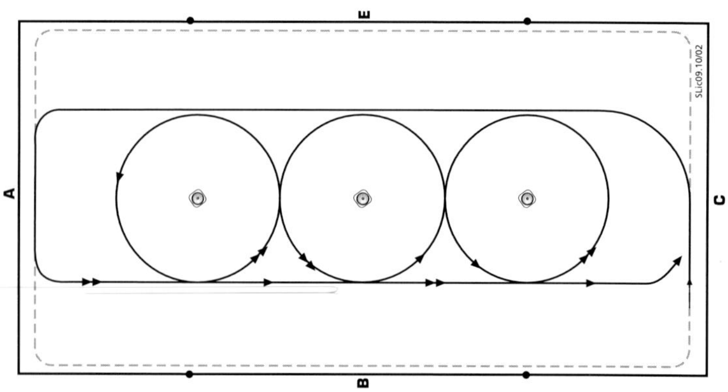

Schlangenlinien durch die Bahn mit Volten

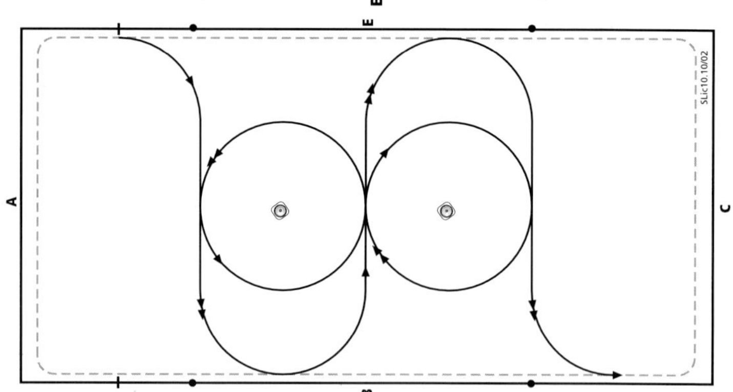

Zeichnungen: Lupinacci

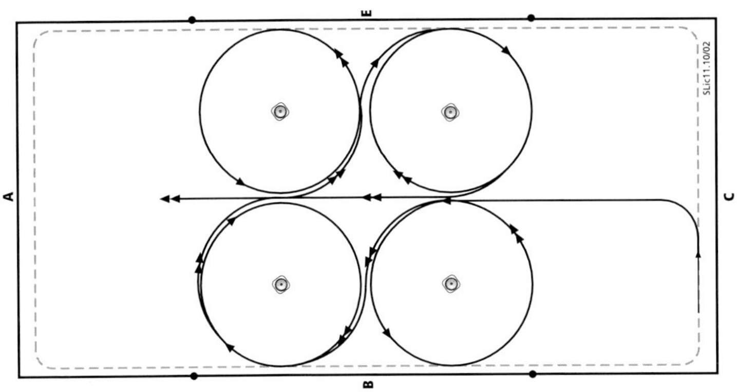

„Kleeblatt“
Links- und
Rechtsvolten

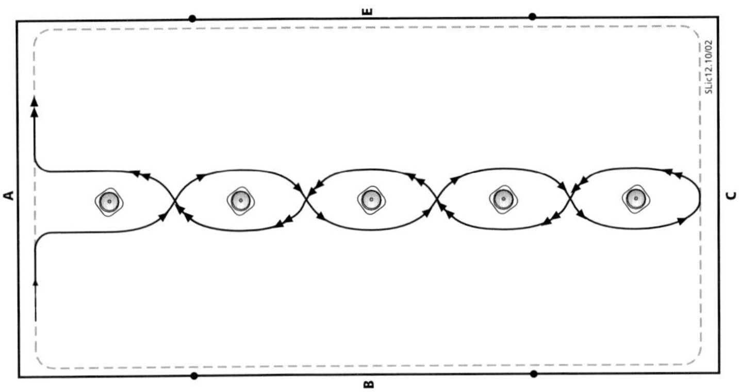

Slalom um Pylone

allgemeine Hufschlagfiguren:

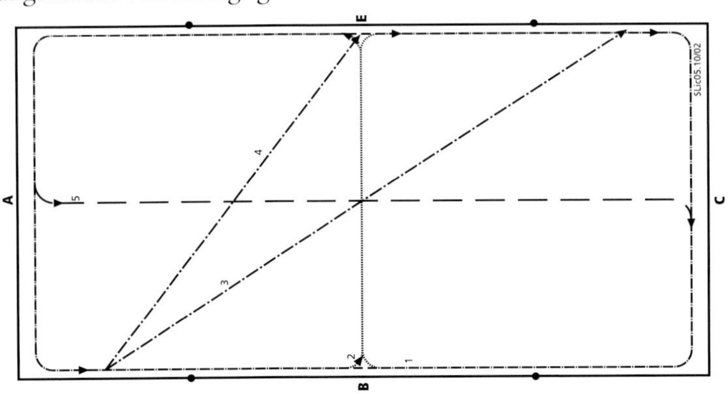

1 Ganze Bahn
2 Halbe Bahn
3 Durch die ganze Bahn wechseln
4 Durch die halbe Bahn wechseln
5 Durch die Länge der Bahn wechseln

das Schenkelweichen (s. S. 185 f.):

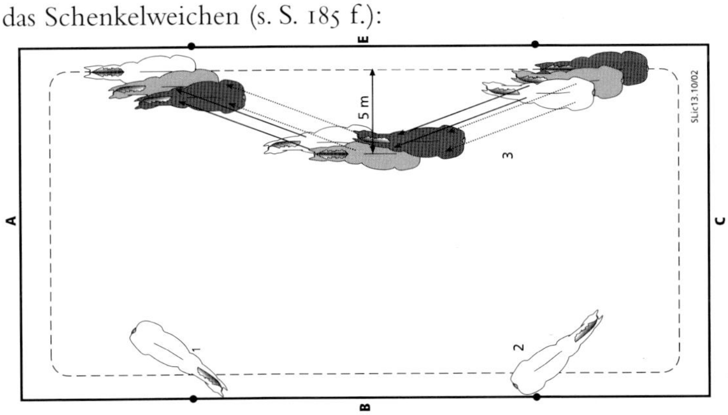

1 Schenkelweichen mit Kopf zur Bande
2 Schenkelweichen mit Kopf in die Bahn
3 Viereck verkleinern und vergrößern

Zeichnungen: Lupinacci

Die Technik, ein Pferd korrekt zu biegen

Jede korrekte Biegung beginnt immer mit:

1. Blickrichtung und Körperdrehung

Die Technik des Biegens

Der Reiter schaut in die Wendung hinein; er schreitet mit den Augen die Linie ab, auf der er reiten will; dabei dreht er seinen Kopf und Oberkörper in die Wendung hinein, die Hüfte geht mit. Diese Drehung des Körpers wirkt biegend auf das Pferd.

2. Die Schenkel

Der innere Schenkel bleibt am Platz in seiner normalen Position, der äußere wird etwa eine Handbreit zurückgelegt, um die äußere Seite zu verwahren (zu begrenzen).

Das Pferd wird also mit dem Körper und zwischen den Beinen gedreht, bzw. gebogen.

Diese Körperdrehung spürt das Pferd deutlich, da es den Reiter plötzlich anders auf dem Rücken hat.

Die Körpersprache ist die Sprache, die das Pferd immer am besten versteht.

3. Das Pferd in der Rippe biegen

Bevor man mit einem Pferd auf eine gebogene Linie abwendet, muss es entsprechend dieser Linie gebogen sein; es muss also in seiner gesamten Längsachse bereits der Linie angepasst sein, auf der es gehen soll. Dazu muss es sich innen in der Rippe zusammenschieben und außen dehnen.

Durch Druck mit der inneren, gespannten Wade wird das Pferd veranlasst, sich der inneren Rippenseite zusammenzuschieben. Es ist also hauptsächlich die innere Wade, die das Pferd biegt; alles andere sind unterstützende Hilfen.

Die Wade kann nur gespannt sein, wenn der Absatz tief ist!

4. Der innere Zügel

Der innere Zügel muss den inneren Schenkel beim Biegen unterstützen, indem er das Pferd veranlasst, in die Wendung hineinzusehen. Dazu nimmt der Reiter den inneren Zügel etwas an und stellt Kopf und Hals in die Wendung hinein.

Zu diesem Zweck wird der innere Zügel **kurz** angenommen und **sofort** und wieder losgelassen. Sieht das Pferd in die Wendung hinein, **muss der innere Zügel leicht durchhängen.** Der innere Zügel wird dann zum Biegen und Wenden **nicht mehr benötigt.**

Manchmal sind Pferde so steif, dass sie zwar kurz in die Wendung hineinsehen, sich dann aber mit Kopf und Hals wieder nach außen stellen; dann muss der Zügelanzug mehrfach wiederholt werden; aber auch hier immer nur impulsartig. Gerade diese Pferde verführen den Reiter dazu, am inneren Zügel zu ziehen und hängen zu bleiben. Das macht die Steifheit der Pferde nur noch schlimmer und nimmt ihnen jede Möglichkeit, sich korrekt der gebogenen Linie anzupassen, auf der sie gehen sollen.

Evtl. den Zügelanzug mehrfach impulsartig wiederholen

Sehr steife und unbiegsame Pferde muss man lange Zeit vorwiegend im Schritt biegen. Viel Schubkraft verstärkt den Widerstand des Pferdes beim Biegen.

Steife Pferde viel im Schritt biegen

Das Schenkelweichen

Das Schenkelweichen ist eine lösende Übung; es zählt daher nicht zu den Seitengängen.

Eine lösende Übung

Seitengänge sind allein Schulterherein, Travers, usw. Für diese Seitengänge sind eine korrekte Biegung und eine Versammlung unabdingbare Voraussetzungen.

Für das Schenkelweichen sind keine Voraussetzungen bezüglich Biegung und Versammlung erforderlich. Es lässt sich daher schon mit jungen und wenig rittigen Pferden reiten.

Keine Voraussetzungen erforderlich

Durch das Schenkelweichen lernt das Pferd:

Die gymnastischen Effekte

- mit den inneren Füßen vor und über die äußeren zu treten
- mit dem inneren Hinterbein mehr nach vorne unter das Gewicht zu treten
- die Hinterhand in allen Vorwärts-Seitwärts-Bewegungen mitzunehmen
- in seinem Becken beweglicher zu werden, vor allem, es seitlich abzukippen
- auf die inneren Hilfen nachzugeben und an die äußeren herantzutreten
- auf einseitig unterschiedliche Schenkel-, Zügel- und Gewichtshilfen sicher zu reagieren
- es gewinnt mehr Schulterfreiheit
- außerdem dient diese Lektion auch der Geraderichtung

Das Schenkelweichen bietet viele Variationsmöglichkeiten, wodurch es sehr abwechslungsreich und interessant gestaltet werden kann; dadurch steigern sich noch die gymnastischen Effekte. Durch richtiges Schenkelweichen in Verbindung mit korrektem Biegen kommt man später problemlos zum Schultervor, als Vorübung für das Schulterherein.

Schenkelweichen: Auf der rechten Hand dem linken Schenkel weichen lassen

Eine wertvolle Übung

Das Schenkelweichen ist aufgrund seiner gymnastischen Effekte seiner vielen Variationsmöglichkeiten und als Vorübung für Schultervor eine sehr wertvolle gymnastische Übung, die daher fleißig geübt werden sollte.

Von vielen Reitern wird der Wert des Schenkelweichens unterschätzt, und es wird daher viel zu selten geritten.

Heute wird allgemein viel zu früh zu den Seitengängen übergegangen, noch ehe die Pferde die Voraussetzungen hierfür wirklich besitzen. Falsch gerittene Seitengänge schaden mehr als sie nützen.

Die gymnastischen Werte stellen sich aber nur ein, wenn die Übung korrekt geritten wird.

Wie bewegt sich das Pferd beim Schenkelweichen?

Beim Schenkelweichen

- bleibt das Pferd in seiner gesamten Längsachse gerade
- es ist nur im Genick gestellt, immer zur Seite des seitwärts treibenden Schenkels, entgegen der Bewegungsrichtung; der Reiter sieht das innere Auge und den inneren Nüsternrand „schimmern"; die Stellung ist geringfügig, ohne Rippenbiegung
- das Pferd bewegt sich in einer Abstellung von ca. 40–45°
- es geht in einer Vorwärts-Seitwärts-Bewegung, es tritt also seitwärts und gleichzeitig vorwärts
- auf zwei Hufschlägen und hinterlässt vier Hufspuren
- wobei die inneren Füße vor und über die äußeren treten

Das Schenkelweichen wird im Schritt geritten, mit einem weiter ausgebildeten Pferd auch im Trabe.

Die Hilfen für das Schenkelweichen sind:

1. Der innere Zügel stellt das Pferd im Genick nach innen, zur Seite des seitwärts treibenden Schenkels; während der ganzen Übung muss diese Stellung erhalten bleiben.
2. Der innere Schenkel treibt das Pferd seitwärts; zu diesem Zweck liegt er etwas weiter zurück. Mit dem weiter zurück liegenden inneren Schenkel kann der Reiter die Hinterhand besser erfassen und zum Seitwärtstreten veranlassen. Die Vorwärtsbewegung ergibt sich von selbst bei korrekter Abstellung.
3. Der äußere Schenkel, in seiner verwahrenden Position, hat verschiedene Aufgaben:
   - an diesen Schenkel soll das Pferd herantreten
   - er muss gegenhalten, wenn das Pferd mit der Hinterhand nach außen ausweichen will oder zuviel Abstellung nimmt
   - er muss das äußere Hinterbein kontrollieren, damit dieses nicht seitlich heraustritt, sondern gerade nach vorne unter das Gewicht
4. Der äußere Zügel führt das Pferd vorwärts-seitwärts.
5. Sein Gewicht verlagert der Reiter nach **außen**!

Bei jungen Pferden kann es wirkungsvoller sein, den äußeren Zügel etwas vom Hals abzusetzen, also seitwärts zu führen.

Das Gewicht nach außen verlagern

„Innen“ und „außen“ richtet sich beim Schenkelweichen nach der Stellung des Pferdes; ist das Pferd nach links gestellt, dann ist links innen, auch dann, wenn die linke Seite der Bande zugekehrt ist. Der Reiter muss sein Gewicht und seinen Schwerpunkt nach **außen** verlagern, also in die Richtung, in die sich das Pferd bewegt, weil das Pferd seinen Schwerpunkt und sein Gewicht natürlicherweise immer in die Richtung verlegt, in die es sich bewegt.

Die Richtigkeit dieser Angabe können Sie selbst eindeutig überprüfen, indem Sie einmal betont mit Ihrem Gewicht innen sitzen bleiben und dann betont außen. Sie werden erfahren, dass die Pferde flüssiger vorwärts-seitwärts gehen, wenn Sie **außen** sitzen, weil Sie *dann* mit der Bewegung des Pferdes konform sind. Das Schulterherein muss später ebenfalls mit dem vermehrten Gewicht außen geritten werden. **Die Pferde reagieren auf diese Hilfe immer eindeutig mit einem flüssigeren Bewegungsablauf.**

Ein schwerer Fehler ist, dass

Ein Sitzfehler

viele Reiter versuchen, das Pferd mit dem Sitz herüberzudrücken. Dabei hängen sie mit dem Oberkörper nach innen herunter und knicken in der Hüfte ein. Dieser Fehler macht es dem Pferd sehr schwer, gerade und flüssig vorwärts-seitwärts zu gehen. Oberkörper und Becken des Reiters müssen gerade sein.

Unterstützung durch die Gerte:

Beim Einüben muss der treibende Schenkel meistens durch die Gerte unterstützt werden, weil anfangs fast alle Pferde die Hinterhand zurücklassen und nicht mitnehmen; meistens laufen sie dann auch über die äußere Schulter weg.

Das Pferd muss die Hinterhand mitnehmen

Das Mitnehmen der Hinterhand ist aber mit das Wichtigste beim Schenkelweichen; lassen die Pferde ihre Hinterhand zurück, verliert die Übung ihren Wert.

Erfahrungsgemäß fällt dieses Mitnehmen der Hinterhand allen Pferden schwer; sie lernen es nur, wenn der Reiter das von Anfang an **ganz energisch und immer** fordert.

Wechseln Sie die Gerte, bevor Sie in das Schenkelweichen hineingehen, sonst ist der Bewegungsablauf gestört.

Treiben im Takt der Bewegung

Taktmäßig treiben

Der innere Schenkel muss treiben, wenn das innere Hinterbein im Abfußen und Vorschwingen begriffen ist; **nur dann** kann es weit vor- und übertreten. Treibt der Reiter, wenn das innere Hinterbein in der Stützphase ist, also die Last trägt, kann es nicht in der gewünschten Weise reagieren.

> ***Treibt der Reiter gegen den Takt der Bewegung, ist das sehr irritierend für die Pferde; die einen werden nervös, andere reagieren gar nicht mehr.***

Wann muss der Reiter treiben?

Wie fühlt der Reiter, wann er treiben muss?

Immer wenn der Reiter **innen tiefer** gesetzt wird, ist das innere Hinterbein im Abfußen und Vorschwingen begriffen, **dann** muss er innen treiben. Der äußere Schenkel bleibt passiv liegen, in verwahrender Position an der seitlichen Bauchwand des Pferdes. Damit das Pferd an ihn herantreten kann, muss auch er anliegen und darf nicht weggestreckt sein.

Einwirken mit den Händen am Hals

> **Statt die Zügel zu benutzen, ist es sehr viel effektiver, mit den Händen am Hals auf das Pferd einzuwirken. Das ist für die Pferde immer viel verständlicher und damit auch wirkungsvoller.**

Junge oder unrittige Pferde sind noch nicht „zügelklug"; daher arten die Einwirkungen mit den Zügeln häufig in ein Geziehe und Gezergel aus, was eine gute Ausführung der Übung vereitelt.

Wendet das Pferd Kopf und Hals zu sehr nach links, drückt die linke Hand den Hals nach rechts; stellt es den Hals zu weit nach rechts, dann drückt die rechte Hand den Hals nach links. Diese Körpersprache wird immer von allen Pferden problemlos verstanden.

Beide Zügel liegen lose in den Händen, ohne fest anzustehen; sie sind jedoch kurz genug, um gegebenenfalls sofort einwirken zu können, wenn dies erforderlich ist: Der innere Zügel erhält die Stellung, der äußere führt das Pferd seitwärts und begrenzt die Bewegung.

Wann ist das Schenkelweichen korrekt?

Die wichtigsten Kriterien für ein gutes Schenkelweichen sind:

Der Reiter muss

- beim Pferd die Stellung nach innen erhalten
- und die Abstellung von 40 bis 45° einhalten.

Das Pferd muss

- beim Übertreten seine Hinterhand mitnehmen
- und mit der Vorhand immer vorausgehen

Haben die Pferde begriffen, dass sie ihre Hinterhand mitnehmen müssen, braucht der Reiter das Pferd nur noch in der richtigen Abstellung und im Fluss der Bewegung zu erhalten; alles andere macht dann das Pferd von sich aus.

Gute Vorbereitungen sind

Gute Vorbereitungen für das Schenkelweichen unter dem Reiter sind:

- das Schenkelweichen an der Hand
- die Vorhandwendung
- Reiten auf dem Zirkel, wobei das Pferd lernt, auf den inneren Schenkel und Zügel nachzugeben.

Eine gute Methode des Einübens

Eine sehr gute Methode des Einübens ist:

Zum Beispiel dem linken Schenkel auf der rechten Hand weichen lassen, mit Kopf gegen die Bande:

1. Von der Mitte der kurzen Seite schräg auf die gegenüberliegende lange Seite im Schritt **ganz langsam** – Schritt für Schritt – zureiten und dabei die Ecke großräumig abschneiden.

Die Pferde lernen am schnellsten aus der Ruhe heraus, in ganz kleinen Schritten und sehr langsamen Bewegungen, im Zeitlupentempo.

2. Hat das Pferd mit den Vorderbeinen den dritten oder zweiten Hufschlag der langen Seite erreicht, wird es angehalten; **das Pferd muss hier unbedingt ruhig stehen bleiben.**
3. Nach einem Augenblick der Ruhe wird das Pferd mit dem inneren Zügel leicht im Genick gestellt, sodass das innere Auge und der innere Nüsternrand zu sehen sind.
4. Dann schiebt man es mit beiden Schenkeln und dem Becken **vorsichtig und ganz langsam** zuerst einen Schritt nach vorne, weil die Seitwärtsbewegung immer aus dem Vorwärts heraus beginnen muss.
5. Fängt das Pferd an, sich nach vorne zu bewegen, setzt **sofort** der innere Schenkel mit der seitwärts treibenden Hilfe ein.
6. Macht das Pferd zwei bis drei Tritte vorwärts-seitwärts, hält man es an und lobt ausgiebig; auch dann, wenn die Bewegungen noch unbeholfen gewesen sind.

Nur wenn das Pferd **sofort, bei jeder Bewegung** ein „Feedback", eine Rückmeldung bekommt, kann es verstehen. Das eigentliche

Lernen vollzieht sich dann in der „Pause". *(Siehe hierzu auch das Kapitel „Wie belehre ich ein Pferd").*

Zusammenfassung:

Die Hilfen noch einmal zusammengefasst

- das Pferd am zweiten Hufschlag hinstellen in der erforderlichen Abstellung von ca. 45°, mit der Vorhand deutlich voraus
- dort stehen bleiben und das Pferd zur Ruhe kommen lassen
- dann mit **wirklich ganz langsamen** Impulsen die Hilfen geben: Das Pferd mit beiden Schenkeln nach vorne schieben – und beim ersten Tritt vorwärts **sofort** mit dem inneren Schenkel seitwärts treiben; die weitere Vorwärtsbewegung ergibt sich von alleine aus dem Seitwärts-treiben und der Abstellung
- die Reaktion abwarten – dann erst wieder einwirken; wieder die Reaktion abwarten – und dann erst wieder einwirken.
- dem Pferd bei **jeder** Bewegung ein entsprechendes Feedback geben, mit Stimme und Hand am Hals
- nach zwei bis drei Tritten anhalten
- und **ausgiebig** loben
- Übung beenden oder evtl. nach einer kurzen Pause wiederholen

Beachten Sie unbedingt Folgendes:

Erst die Reaktion des Pferdes abwarten, dann erst wieder einwirken

Geben Sie immer nur feine, leichte Impulse; warten Sie nach jeder Einwirkung die Reaktion des Pferdes ab; wirken Sie erst dann entsprechend wieder ein.

Mit diesem hier beschriebenen Verfahren der Einübung haben die Pferde ein korrektes Schenkelweichen immer sehr schnell gelernt. Auch solche Pferde, die sonst Probleme damit hatten.

Anfangs nur ein paar Tritte reiten

Anfangs im Schenkelweichen **immer nur ein paar Tritte** reiten. Es ist besser, die Lektion häufiger neu anzusetzen, als eine lange Strecke zu üben. Haben die Pferde den Bewegungsablauf verstanden und sind geschickter geworden, bieten sie meistens von sich aus mehr Tritte an. Bei kurzen Reprisen bleiben die Pferde aufmerksamer.

Später, wenn die Pferde das Schenkelweichen sicher beherrschen, kann die Übung – wie es sonst üblich ist – nach korrektem Durchreiten der ersten Ecke der langen Seite begonnen werden. Dabei wird nach der Ecke das Pferd umgestellt, also nach außen zur Bande hin, und der äußere Schenkel drückt die Hinterhand auf den zweiten Hufschlag. Diese Ausführung ist viel schwieriger und sollte erst dann versucht werden, wenn das Schenkelweichen vom Pferd tatsächlich sicher beherrscht wird.

Variationen des Schenkelweichens

Verschiedene Arten des Schenkelweichens

Beim Schenkelweichen gibt es verschiedene Variationen. Diese machen die Lektion interessant und erhöhen ihren gymnastischen Wert. Sie sollten daher alle fleißig geübt werden. Jede Variation hat ihre eigene Bedeutung.

1. Kopf gegen die Bande

Das ist die einfachste Art, weil das Pferd dabei nicht nach vorne weglaufen kann; grundsätzlich mit dieser einfachsten Art beginnen. (Die Methode des Einübens wurde ja bereits weiter oben beschrieben)

2. Kopf in die Bahn

Das ist schon viel schwieriger, weil die Pferde dabei gerne nach vorne weglaufen. Diese zweite Art sollte immer erst dann geübt werden, wenn die erste wirklich gut vom Pferd beherrscht wird. Wenn die Pferde hierbei anfangs 1 oder 2 Tritte nach vorne gehen wollen, sollte das zunächst zugelassen werden, sonst muss man meistens zu viel mit dem Zügel einwirken, um sie am Hufschlag zu halten; dann geht die Zwanglosigkeit verloren.

Ausführung:

Nach dem Durchreiten der ersten Ecke der langen Seite wird das Pferd am Wechselpunkt mit der Vorhand einen Schritt in die Bahn hineingeführt. Dabei verhindert der äußere Zügel durch eine halbe Parade weiteres Vortreten; **gleichzeitig** treibt der innere Schenkel seitwärts. Die Vorhand geht auf dem zweiten Hufschlag, die Hinterhand auf dem ersten.

3. Auf der Zirkellinie

Diese Übung hat den Vorzug, dass hier aufgrund der gebogenen Linie das Pferd zusätzlich **leicht** gebogen ist.

Ausführung:

Der Reiter wendet am Zirkelpunkt (oder Paradepunkt) die Vorhand des Pferdes einen Schritt in den Zirkel hinein, sodass die Vorhand im Zirkel geht und die Hinterhand auf der Zirkellinie. Hat das Pferd diesen einen Schritt in den Zirkel hinein gemacht, muss sofort der äußere Zügel das weitere Vortreten durch einen kurzen Zügelanzug verhindern; **gleichzeitig** beginnt der innere Schenkel das Seitwärtstreiben. Der Reiter kommt zuerst mit seinem Knie am Paradepunkt der gegenüberliegenden Seite wieder an.

Um die Zirkellinie korrekt einhalten zu können, blickt der Reiter am besten auf den gegenüberliegenden Paradepunkt.

Bei dieser Übung muss der Reiter Folgendes beachten:

Die unterschiedlich langen Linien beachten

Vorder- und Hinterbeine bewegen sich auf unterschiedlich langen Kreislinien. Die Hinterbeine auf der längeren Linie, die Vorderbeine auf der kürzeren. Die Schwierigkeit besteht darin, dass Vor- und Hinterhand auf den unterschiedlich langen Linien immer genau hintereinander und aufeinander eingerichtet bleiben müssen. Das bedingt, dass die Hinterhand auf der längeren Linie besonders fleißig herumtreten muss; das bewirkt der innere Schenkel, eventuell unterstützt von der Gerte. Die Vorhand muss auf der kürzeren Linie etwas zurückgehalten werden; das bewirken beide Zügel, vorwiegend der innere. Das Pferd muss gebogen-gerade gehen.

4. Viereck vergrößern – von der Mittellinie aus – nach rechts oder links

Ausführung:

Immer zuerst geradeaus reiten

Zum Beispiel nach rechts: Am besten beginnt man die Übung auf der linken Hand; die Stellung kann dann beibehalten werden; das macht die Übung einfacher. Von der Mitte der kurzen Seite auf die Mittellinie abwenden und dort ein bis zwei Pferdelängen **geradeaus** reiten. Dann nach rechts, **geradeaus** im stumpfen Winkel direkt auf die lange Seite zu reiten, etwa eine Pferdelänge. Dabei wird das Pferd nach links gestellt, und **dann erst** beginnt der linke Schenkel das Seitwärtstreiben. Der Vorzug dieses Verfahrens ist, dass auf diese Weise nie die Hinterhand voraus kommt, sondern immer die Vorhand voraus geht. Diese Lektion abwechselnd einmal nach links und nach rechts üben.

Kommt beim Schenkelweichen die Hinterhand voraus, ist das ein schwerwiegender Fehler, da es sich hier um eine vorwärts-seitwärts Bewegung handelt. Beginnt man nach dem Abwenden von der kurzen Seite gleich mit dem Seitwärtstreiben, läuft fast immer die Hinterhand voraus. Dann gehen die gymnastischen Effekte verloren und auch der Fluss der Bewegung kommt ins Stocken.

5. Viereck verkleinern und vergrößern an der langen Seite

Hierbei wird das Pferd im Vorwärts Seitwärts in die Bahn hineingeritten bis zur Mitte der langen Seite und dann wieder zurück zum Hufschlag.

Ausführung:

An der langen Seite, auf der linken Hand:

Am besten ist wieder, am Wechselpunkt das Pferd zuerst eine Pferdelänge geradeaus in die Bahn zu reiten; es dann umzustellen und das Übertreten beginnen zu lassen. Mitte der langen Seite – hier muss der Abstand zur Bande etwa fünf Meter betragen – eine Pferdelänge geradeaus reiten, dabei das Pferd wieder umstellen und zum Wechselpunkt im Vorwärts-Seitwärts zurück reiten. Die Hauptschwierigkeit bei dieser Übung besteht im mehrfachen Umstellen und Ändern der Bewegungsrichtung, wobei die Hinterhand nie vorausgehen darf.*

6. Die „Traversale des kleinen Mannes"

Das ist eine besonders interessante Version des Schenkelweichens.

Ausführung:

Die „Traversale des kleinen Mannes"

Hierbei verschiebt der Reiter das Pferd von der Mittellinie aus ein paar Tritte nach rechts, dann ein paar Tritte nach links, dann wieder nach rechts und so fort – ähnlich wie bei einer Zickzack-Traversale; das können jeweils drei bis sechs Tritte sein.

Ein Beispiel: Lassen Sie das Pferd von der Mitte der kurzen Seite aus im Schenkelweichen fünf Tritte nach rechts übertreten. Schon zu **Beginn** des fünften Trittes müssen die begrenzenden, die Bewegung aufhaltenden äußeren Hilfen einsetzen, hier der rechte Schenkel und der rechte Zügel beziehungsweise die rechte Hand. Hat das Pferd zum fünften Tritt schon angesetzt, wird es ihn auch ausführen. Setzt der Reiter erst **nach** Ausführung des fünften Trittes die begrenzenden Hilfen ein, wird das Pferd noch einen sechsten Tritt machen. Der Reiter muss sich die Anzahl der Tritte im Voraus überlegen und genau mitzählen. Dann das Pferd umstellen und in die andere Richtung übertreten lassen; hierbei sollte das Pferd zuerst wieder in die andere Richtung eine Pferdelänge geradeaus geritten werden, bevor es seitwärts tritt.

Das kann so oft wiederholt werden wie Platz in der Reitbahn ist. Anfangs mit ein paar Tritten nach rechts und wieder links zufrieden sein. Beim Umstellen sollte man sich Zeit lassen; nicht die

* Laut Reitlehre soll das Pferd beim Viereck-Verkleinern und -vergrößern **stets parallel** zum Hufschlag vorwärts-seitwärts treten. Leicht kommt dabei meistens die Hinterhand voraus und die Pferde gehen zu stark seitwärts. Um diesen Fehler zu vermeiden, ist es besser, auch hier die Vorhand etwas vorausgehen zu lassen, was grundsätzlich nicht fehlerhaft ist. Dann bewegt sich das Pferd natürlich nicht mehr ganz parallel zum Hufschlag. Hier muss man fragen, was dann an gymnastischem Wert verloren geht.

Geschwindigkeit, sondern die Präzision ist wichtig. Diese besonders lehrreiche und interessante Übung fördert beim Pferd den Gehorsam auf Schenkel und Hand, beim Reiter eine schnelle Reaktion und genaue Hilfengebung.

Wie wird das Schenkelweichen beendet?

Das Schenkelweichen beenden:

Zu 1. Kopf gegen die Bande:

Soll diese Art des Schenkelweichens beendet werden, gibt der Reiter die Stellung auf und schiebt mit beiden Schenkeln, unterstützt durch sein Becken, das Pferd gerade vor auf den ersten Hufschlag und reitet dort geradeaus weiter.

Zu 2. Kopf in die Bahn:

a) Das Schenkelweichen beenden, indem man einfach geradeaus in die Bahn hinein reitet; dazu treibt der innere Schenkel nicht mehr seitwärts; beide Schenkel schieben das Pferd geradeaus vor in Richtung der Abstellung. Die Stellung kann dabei aufgegeben oder beibehalten werden.

b) Das Schenkelweichen können Sie auch beenden, indem das gerade gestellte Pferd auf den ersten Hufschlag zurück geführt wird, mit dem inneren Schenkel und dem äußeren Zügel, eventuell unterstützt durch die innere Hand am Hals des Pferdes.

Bei der Übung dem rechten Schenkel weichen lassen auf der rechten Hand sind innerer Schenkel und innere Hand rechts, der äußere Zügel links.

Zu 3. Auf dem Zirkel:

a) Ist der Reiter am Paradepunkt (oder Zirkelpunkt) der gegenüber liegenden Seite angekommen, wird das Pferd geradegestellt und am ersten Hufschlag geradeaus weitergeritten.

b) Die Übung auf der Zirkellinie kann jederzeit beendet werden, indem der Reiter einfach geradeaus in den Zirkel hineinreitet.

c) Oder die Vorhand auf die Zirkellinie zurückführen und auf dem Zirkel weiter reiten.

Zu 4. und 5. Viereck verkleinern und vergrößern:

Ist der Reiter am ersten Hufschlag wieder angekommen, reitet er geradeaus weiter.

Zu 6. Die „Traversale des kleinen Mannes“

Diese Übung kann jederzeit beendet werden, indem der innere Schenkel nicht mehr seitwärts treibt und beide Schenkel und Zügel das Pferd geradeaus führen.

Der Leichte Sitz beim Schenkelweichen

Der Sitz

Da das Schenkelweichen im Schritt geritten wird, sitzt der Reiter hier **im** Sattel, nicht wie sonst im Effektiven Leichten Sitz nur am Sattel. Der Oberkörper bleibt aber leicht vorgeneigt.

Die Abstellung

Wieviel Grad Abstellung?

Die Abstellung des Pferdes soll etwa 45° betragen. Das ist viel Abstellung, erfahrungsgemäß aber der günstigste Winkel. Bei weniger Abstellung neigen die Pferde dazu, die Abstellung aufzugeben, um sich dadurch dem unbequemen Übertreten zu entziehen; sie gehen dann zuviel vorwärts und nicht mehr genügend seitwärts. Bei 45° sind die Pferde genötigt, wirklich überzutreten. Es besteht jedoch die Gefahr, dass die Abstellung leicht zu stark wird, wobei die Pferde zuviel seitwärts und nicht mehr genügend vorwärts gehen. Dann ist die Bewegung nicht mehr fließend und die Pferde können sich auch an den Beinen streichen.

Um die korrekte Abstellung einhalten zu können, ist für den Reiter hilfreich, sich in Gedanken einen rechten Winkel vorzustellen und diesen zu „halbieren". Dieses innere Bild hilft, die Abstellung zu finden und beizubehalten.

Fehler und Korrekturen

Die häufigsten Fehler:	**Korrekturen:**
Das Pferd läuft über die äußere Schulter weg.	*Durch Annehmen des äußeren Zügels oder Anlegen der äußeren Hand am Hals die Schulter deutlicher begrenzen und das Pferd gerade halten; bei Bedarf den inneren Zügel lockerer lassen.*
Es nimmt beim Übertreten die Hinterhand nicht mit und schleppt sie nach.	*Energischer mit dem weiter zurückgelegten inneren Schenkel, unterstützt durch die Gerte, das Pferd veranlassen, die Hinterhand mitzunehmen.*
Es stellt die Hinterhand heraus.	*Mit dem äußeren Schenkel und ggf. der Gerte die Hinterhand herein drücken.*
Es verdreht den Hals nach innen.	*Inneren Zügel leichterwerden lassen und m. d. inneren Hand den Hals nach außen drücken, bis er wieder gerade ist; b. Bedarf muss der äußere Zügel das unterstützen.*
Das Pferd gibt die Stellung im Genick auf.	*Die Stellung mit dem inneren Zügel wieder herstellen.*
Es hält die Abstellung nicht ein.	*Mit den Schenkeln, evtl. unterstützt von den Händen am Hals, die Abstellung wieder herstellen.*

Das Schenkelweichen ist richtig,

Wann ist das Schenkelweichen richtig?

- wenn es eine nach beiden Seiten mühelos fließende Vorwärts-seitwärts-Bewegung ist,
- wenn das Pferd die vorgesehene Linie einhält sowie leicht „verschiebbar“ ist bei gleichmäßiger Stellung und Abstellung,
- wenn es deutlich losgelassener aus der Übung herauskommt.

Bevor das Pferd im Schenkelweichen unter dem Sattel geschult wird, sollte es **unbedingt zuerst an der Hand** in dieser Lektion belehrt werden.

Schenkelweichen an der Hand

Schenkelweichen vom Boden aus

Zum Beispiel auf der rechten Hand dem linken Schenkel weichen lassen:

Die Übung beginnen wie unter dem Sattel, indem das Pferd auf dem zweiten Hufschlag mit einer Abstellung von etwa 45° hingestellt wird. Dann den inneren Zügel **ganz dicht am Trensenring** anfassen und **dazu** das Backenstück der Trense, ebenfalls ganz dicht am Trensenring, mitfassen. Mit dem ganz kurz am Trensenring gefassten Zügel, dem ebenfalls am Trensenring angefassten Backenstück und der Hand an der Backe des Pferdes kann dieses gut gestellt und sehr sicher geführt werden.

Den Zügel direkt am Trensenring und dazu das Backenstück der Trense anfassen. Auf diese Weise lassen sich die Pferde sehr sicher stellen und führen.

Mit der inneren Hand, die den Zügel und das Backenstück gefasst hat, das Pferd im Genick nach innen stellen. Dann wird das Pferd aufgefordert, einen Tritt nach vorne zu machen. Mit dem Tritt nach vorne setzt **sofort** die seitwärtstreibende Hilfe ein. Dazu das Pferd mit der Gerte unterhalb des Sprunggelenks am Hinterbein touchieren, in dem Moment, in dem das Hinterbein im Abfußen und Vorschwingen begriffen ist.

Lassen die Pferde beim Seitwärtstreten die Hinterhand zurück und nehmen diese nicht mit, kann die Gerte direkt an der Hinterbacke waagerecht in Höhe des Kniegelenkes eingesetzt werden. Man kann auch die Hand benutzen und damit etwas weiter hinten an der Bauchwand das Pferd seitwärts drücken (Körpersprache). Das wird von den Pferden immer gut verstanden.

Man kann auch die Hand benutzen, um das Pferd zu veranlassen, vorwärts-seitwärts zu treten.

Flüssig am Kopf des Pferdes mitgehen

Ganz wichtig ist, dass der Ausbilder vorne am Kopf des Pferdes **flüssig mitgeht.** Bleibt er hinter der Bewegung des Pferdes zurück, zieht er das Pferd zu sich und damit aus der korrekten Abstellung heraus. Dann muss die Übung beendet werden und man fängt wieder von vorne an. Um flüssig mitzukommen, muss der Ausbilder **ganz dicht** am Pferd stehen. Das hat außerdem den Vorzug, dass man mit seinem Körper das Pferd sehr gut „dirigieren" kann (Körpersprache), also die Stellung erhalten, die Abstellung und das Tempo bestimmen. Die innere Hand muss unbedingt die Stellung nach innen erhalten; ohne diese Stellung gelingt das Schenkelweichen nicht.

Im Zeitlupentempo

Auch bei diesem Einüben an der Hand muss man **wirklich ganz langsam** vorgehen, im Zeitlupentempo; nur mit kleinen Zeichen einwirken; auch hier die Reaktion des Pferdes zuerst abwarten – und **dann erst** wieder einen neuen Impuls geben. Bei **jeder** Bewegung, die das Pferd macht, **sofort** das Pferd mit der Stimme informieren: „Gut – brav!" oder ähnlichem. Dieses sofortige Feedback bei jeder Bewegung ist ganz wichtig; dadurch verstehen die Pferde schneller, was sie tun sollen.

Rückwärtsrichten

Kein Pferd geht gerne rückwärts. Welche Gründe gibt es für diese Abneigung?

Das Pferd ist ein Fluchttier. Deshalb ist seine ganze Bewegungsmechanik auf Vorwärtsgehen eingerichtet. Die Knochenhebel und Gelenkwinkel der Hinterhand sind darauf ausgerichtet, den Pferdekörper vorwärts zu schieben oder mit großer Kraft vorwärts zu schnellen. Nach hinten kann dieser Skelettmechanismus nicht in gleichem Maße wirksam werden.

Die Bewegungsmechanik ist auf Vorwärtsgehen eingerichtet

Das Pferd ist also in seiner ganzen körperlichen und mentalen Veranlagung auf eine Vorwärtsbewegung eingestellt. Daher ist ein Rückwärtstreten der Pferde in Freiheit nur sehr selten zu sehen und bleibt meistens auf ein bis zwei Tritte beschränkt. Lieber weichen sie zur Seite aus.

Deshalb sind die Tritte beim korrekten Rückwärtsrichten stets kürzer als im versammelten Trab oder im Schritt.

Wenn das Rückwärtsgehen so gegen die Natur des Pferdes ist, warum ist dann das Rückwärtsrichten eine so **wichtige, unentbehrliche** Lektion für die Ausbildung des Pferdes?

Wenn ein Pferd unter dem Sattel rückwärts rennt, ist das eine Unart; das Pferd „flüchtet" rückwärts. Eine Untugend, die meistens der Reiter durch falsche Einwirkung verursacht hat.

Beim korrekten, dressurmäßigen Rückwärtsrichten müssen die Pferde mehr Gewicht auf die Hinterhand verlagern. Genau das ist der angestrebte gymnastische Wert – Ziel und Zweck dieser Übung

Rückwärtsrichten ist nötig für die Versammlung

Warum ist das so wichtig?

1. Alle Pferde sind von Natur aus vorderlastig; je nach individueller Statik etwas mehr oder weniger. Das bedeutet: Die Vorderbeine tragen vermehrt das Gewicht, die Hinterbeine schieben die Masse des Pferdes vor sich her. Das hat die Natur so eingerichtet, weil auf diese Weise das Pferd als Fluchttier sehr schnell sein kann. Die Rennreiter machen sich das zunutze, indem sie den Pferden fast auf dem Hals sitzen, weil es hier nur um Schnelligkeit geht.

Ein versammeltes Pferd ist nicht mehr schnell; die Bewegungen sind kürzer, dafür aber erhabener.

Durch das Reitergewicht entsteht eine zusätzliche Belastung der Vorderbeine, die für das Pferd auf Zeit und Dauer zu gesundheitlichen Schäden führen kann. Daher muss das Reitpferd lernen, mehr Gewicht mit den Hinterbeinen aufzunehmen, die dafür besser geeignet sind als die Vorderbeine. Ohne das Reitergewicht ist das nicht notwendig.

2. Außerdem kann das Pferd nur so in ein zumindest horizontales Gleichgewicht kommen, das für seine Rittigkeit, Wendigkeit, Biegsamkeit und Durchlässigkeit unbedingt erforderlich ist.

3. Nur wenn das Reitpferd lernt, mehr von dem Gesamtgewicht mit seinen Hinterbeinen zu tragen, kann eine schulgerecht korrekte Versammlung zustande kommen. Diese ist vor allem notwendig für das Reiten höherer Lektionen, die nur auf einer verkürzten Unterstützungsbasis geritten werden können.

Zwei Arten von Rückwärtsrichten

Zwei Arten von Rückwärtsrichten werden unterschieden:

I. Rückwärtstreten für den praktischen Gebrauch
II. Rückwärtsrichten zur Gymnastizierung des Pferdes

Zu I. Rückwärtstreten für den praktischen Gebrauch

Unter dem Sattel kann es immer wieder einmal erforderlich sein, dass ein Pferd ein paar Tritte zurückgehen muss. Dann sollte es das auf Aufforderung gehorsam tun können. Dabei handelt es sich um ein einfaches Zurücktreten, das keine Voraussetzungen bedingt und keinen gymnastizierenden Effekt haben soll. Das Pferd geht dann irgendwie zurück, etwa um nach rückwärts auszuweichen. Die Art der Ausführung spielt dabei keine Rolle.

Rückwärtsrichten zur Gymnastizierung

Zu II. Rückwärtsrichten zur Gymnastizierung des Pferdes

Das dressurmäßige Rückwärtsrichten ist nicht Selbstzweck, sondern dient der Gymnastizierung des Pferdes.

Dadurch soll Folgendes erreicht werden:

- Eine Verbesserung der Versammlungsfähigkeit. Das ist die Fähigkeit des Pferdes, mehr Gewicht mit seinen Hinterbeinen aufzunehmen und diese unter der höheren Belastung in allen Gelenken, vor allem im Hüft- und Kniegelenk, elastisch federnd stärker zu beugen.
- Eine Verbesserung der Durchlässigkeit.

Um diese gymnastischen Ziele erreichen zu können, müssen an das dressurmäßige Rückwärtsrichten bestimmte Anforderungen gestellt werden:

Voraussetzungen für das Rückwärtsrichten

1. eine korrekte Vorbereitung
2. eine bestimmte Art der Ausführung

Zu 1. Die korrekte Vorbereitung

Das Pferd muss

- gerade stehen – auf gerader Linie
- geschlossen stehen, vor allem auch mit den Hinterbeinen
- mit diesen schon vermehrt unter dem Gewicht stehen

Das sind ganz wichtige Voraussetzungen, denn **nur dann** ist das Pferd in der Lage, beim Zurücktreten mehr Gewicht auf die Hinterhand zu verlagern. Steht es schief, mit den Hinterbeinen offen oder auch nach hinten heraus, kann es nicht vermehrt Gewicht aufnehmen; es wird sich mit den Hinterbeinen gegen die höhere Belastung und das Zurücktreten stemmen.

Zu 2. Die korrekte Ausführung

Wie sieht dressurmäßiges Rückwärtsrichten aus?

Das Pferd soll

Wann ist Rückwärtsrichten richtig?

- das Gewicht mehr auf die Hinterhand verlagern
- in diagonalen Tritten (wie im Trabe) rückwärts treten
- in regelmäßigen Bewegungen von gleichbleibender Länge
- willig und ohne zu zögern
- flüssig und ohne zu eilen
- gerade, auf gerader Linie
- mit der verlangten Anzahl Tritte

Die Hinterhand soll die Vorhand „zurückheben"

Beim korrekten, dressurmäßigen Rückwärtsrichten zum Zweck verstärkter Gewichtsaufnahme durch die Hinterbeine **soll die Hinterhand die Vorhand „zurückheben"**.

Man kann sagen, der gebeugte Hinterfuß hebt den Vorderfuß auf. Bei dieser Ausführung werden daher auch die entlasteten Vorderbeine höher angehoben als die stärker belasteten Hinterbeine.

Tritte und nicht Schritte

Wird nach dem Rückwärtsrichten das Halten verlangt, so ist der letzte Tritt ein **halber** Tritt, der aber als ganzer zählt, weil nur so das Pferd wieder geschlossen stehen kann. Beim Rückwärtsrichten ähnelt die Fußfolge der im Trabe ohne Schwebephase; daher heißt es **Tritte** und nicht Schritte. Nach dem Zurücktreten soll das Pferd wieder geschlossen stehen, vor allem mit den Hinterbeinen, und gerade, auf gerader Linie.

Nicht immer gelingt das Rückwärtsrichten bei einem vierjährigen Pferd in dieser guten Ausführung. Das Pferd steht geschlossen, mit den Hinterbeinen im Hüftlot und zeigt eine deutliche Hankenbeuge, die es ihm ermöglicht, beim Zurücktreten mehr Gewicht mit den Hinterbeinen aufzunehmen. Das Pferd tritt auf Körpersprache und Gertenzeichen zurück, bei losem Zügel. Eine Genickbiegung ist hier noch nicht erforderlich. Die gute Ausführung wird dadurch nicht beeinträchtigt. Da die Vorhand optimal entlastet wird, kann es die Vorderbeine leicht anheben. Das Pferd im Bild setzt gerade an zurückzutreten.

Häufige Fehler:

Weil den Pferden das korrekte Rückwärtstreten schwer fällt, ist verständlich, dass die meisten versuchen, sich dieser Anstrengung irgendwie zu entziehen.

Folgende Fehler sind möglich:

1. Das Pferd schiebt sich mit den Vorderbeinen zurück.
2. Es macht sich beim Zurücktreten schief.
3. Es flieht zurück und entzieht sich damit den Hilfen.
4. Es tritt überhaupt nicht zurück; es „macht sich fest“ und „blockt“.
5. Es eilt rückwärts.
6. Es tritt nur sehr zögernd zurück.

Zu 1. Das Pferd schiebt sich mit den Vorderbeinen zurück

Das Zurücktreten nie mit den Zügeln erzwingen

Das ist ein schwerwiegender Fehler, weil dann die Hinterbeine sich steifen; die Vorderbeine drängen die Hinterbeine nach hinten heraus. Damit geht der eigentliche Sinn der Lektion, nämlich die vermehrte Beugung und Belastung der Hinterbeine, völlig verloren. Dieser Fehler entsteht, wenn das Pferd dem Rückwärtsrichten Widerstand entgegensetzt, sei es mit den Hinterbeinen, im Genick oder im Maul, und der Reiter dann mit den Zügeln das Zurücktreten erzwingen will.

Dieser Fehler wird vermieden durch:

- eine gründliche Vorbereitung vom Boden aus; *(Siehe hierzu Kapitel „Rückwärtsrichten an der Hand“).*
- eine Hilfengebung vorwiegend mit Körpersprache ohne oder mit nur wenig Zügel; *(Siehe Abschnitt „Hilfen“).*
- ein geschlossenes Stehen mit den Hinterbeinen nach vorne unter dem Gewicht vor Beginn der Übung.

Zu 2. Das Pferd macht sich beim Zurücktreten schief

Nur an der Bande zurücktreten lassen

Dieser Fehler ist im Grunde ein „Sich-Entziehen“, nämlich der vermehrten Belastung und Beugung der Hinterbeine, die für jedes Pferd immer anstrengend sind. Werden die Pferde beim Einüben des Rückwärtsrichtens unter dem Reiter strikt immer an die Bande gestellt und nicht in den freien Raum, können sie nur mit dem inneren Hinterbein nach innen ausweichen. Um das Ausweichen nach innen zu vermeiden,

- legen Sie den inneren Schenkel weiter zurück
- legen Sie die Gerte innen an der Hinterhand an
- setzen Sie die Zügel nur wechselseitig ein
- wirken Sie nicht mit einem Zügel stärker ein
- verwenden Sie grundsätzlich so wenig Zügel wie möglich
- vermeiden Sie vor allem jedes Zurückziehen mit den Zügeln
- wirken Sie mit beiden Schenkeln gleichmäßig und gleichzeitig ein
- geben Sie mit Schenkel und Hand immer nur kurze Impulse.

Obwohl das Pferd in diagonaler Fußfolge zurücktritt, abwechselnd die eine, dann die andere Diagonale setzt, hat es sich bewährt, nicht wechselseitig einzuwirken, sondern mit beiden Schenkeln gleichzeitig. Das Pferd wird in jedem Falle beim Zurückrichten diagonal treten. Bei wechselseitigem Schenkeleinsatz weichen die Pferde leicht seitlich aus und machen sich schief. Auch kann eine gleichzeitige Einwirkung beider Schenkel leichter gleichmäßig erfolgen.

Das Schiefmachen unbedingt vermeiden

Das Sich-Schiefmachen ist mit die stärkste „Waffe" des Pferdes gegen das unbequeme Rückwärtsrichten und muss unbedingt verhindert werden.

Auch hier ist gute Vorbereitung an der Hand sehr hilfreich, weil das Schiefmachen vom Boden aus leichter vermieden werden kann. Tritt das Pferd von Anfang an immer gerade zurück, wird das mit der Zeit zur Gewohnheit. Lässt man zu, dass das Pferd meistens schief rückwärts tritt, gewöhnt es sich das schnell an.

Zu 3. Das Pferd flieht zurück

Das Zurückfliehen von Vorneherein vermeiden

Dabei läuft das Pferd schon bei geringster Einwirkung – vor allem mit den Zügeln – in eiligen Tritten rückwärts. Auch hierdurch entzieht sich das Pferd der anstrengenden Lastaufnahme durch die Hinterbeine. Meistens provoziert der Reiter selbst diese Reaktion des Pferdes durch harte oder auch ungeduldige Einwirkungen, vor allem durch Ziehen am Zügel.

Wenn dieses eilige Zurückfliehen durch Gegensitzen mit dem Becken und Vortreiben mit den Schenkeln sowie Nachgeben mit der Hand nicht zu stoppen ist, sollte man die Pferde zurückgehen lassen, bis sie von sich aus aufhören, selbst wenn dies eine ziemliche Strecke sein sollte. Am ehesten hören die Pferde damit auf, wenn der Reiter sich völlig passiv verhält. Steht das Pferd endlich, muss es einige Augenblicke ruhig stehen bleiben; dann erst sollte es wieder nach vorne antreten.

Auch hier ist am besten, diese „Untugend" von vornherein durch eine pferdegerechte Belehrung und Einwirkung zu vermeiden. *(Siehe „Rückwärtsrichten an der Hand" und „Hilfen").*

Zu 4. Das Pferd macht sich fest und tritt überhaupt nicht zurück

Dies kann verschiedene Gründe haben:

Das Rückwärtstreten besser vorbereiten

- Das Pferd hat noch nicht verstanden, was es tun soll; dann muss es besser belehrt werden, mit eindeutigeren Hilfen und genauerer Vorbereitung an der Hand.
- Die Hinterbeine stehen zu weit nach hinten heraus und/ oder offen, statt geschlossen. In dieser Position stemmt sich die Hinterhand gegen ein Zurücktreten. Zur Korrektur lässt man das Pferd einige Tritte nach vorne gehen und schließt dann die Hinterbeine mit Schenkel und Gerte heran.

Zu 5. Das Pferd macht eilige Tritte

Dies ist meistens eine Frage der Versammlung: Die Hinterbeine nehmen noch nicht genug Last auf. Oft liegt es auch daran, dass der Reiter beim Rückwärtsrichten eilig, hektisch und ungeduldig auf das Pferd einwirkt.

Zur Korrektur sollte der Reiter:

- die Hinterbeine mehr mit Schenkel und Gerte heranholen
- mit leichten, langsamen Impulsen die Hilfen geben
- nach jedem Impuls zuerst die Reaktion abwarten – und dann erst wieder einwirken

Zu 6. Das Pferd tritt nur zögernd oder stockend zurück

Ein sehr zögerndes Zurücktreten ist meist auf einen Mangel an Durchlässigkeit zurückzuführen. Bei jungen oder nicht rittigen Pferden ist am Anfang des Einübens fast immer dieses zögernde Zurücktreten gegeben, sowohl an der Hand wie auch unter dem Sattel. Hier ist Geduld notwendig.

So schafft man Abhilfe:

- Das Rückwärtsrichten häufig üben;
- immer nur ein paar Tritte verlangen;
- mit ein bis zwei zögerlichen Tritten anfangs zufrieden sein;
- vorwiegend mit Körpersprache einwirken;
- vom Boden wie vom Sattel aus nur feine, leichte Hilfen verwenden;
- nach jeder Hilfe zuerst die Reaktion abwarten;
- dabei viel loben.

Mit besserem Verständnis und größerer Geschicklichkeit des Pferdes werden auch die Bewegungen flüssiger.

Sollte das Pferd auf leichte Hilfen hin nicht zurücktreten wollen, darf man trotzdem keinen Zwang ausüben. Das fördert nicht sein Verständnis für diese Lektion und verstärkt im Prinzip nur den Widerstand des Pferdes. Besser ist, die Lektion unter dem Sattel mit einem Helfer zu probieren, der vom Boden aus das Pferd zurückrichtet, bis es besser verstanden hat, was es tun soll; dann kann der Reiter im Sattel allmählich die Hilfengebung übernehmen. Eine weitere Lösung ist, das Rückwärtsrichten längere Zeit noch nur vom Boden aus zu üben.

Das dressurmäßige Rückwärtsrichten unter dem Sattel

Während das Rückwärtsrichten mit einem jungen Pferd an der Hand vom Boden aus schon früh geübt werden kann, muss man sich für diese Lektion unter dem Sattel sehr viel mehr Zeit lassen.

An der Hand gut vorbereiten

Die wichtigste Voraussetzung ist die gründliche Vorbereitung an der Hand.

Das Pferd muss vom Boden aus auf feine, leichte Hilfen hin willig, gerade und flüssig, ohne zu eilen, zurücktreten können. Auch das geschlossene Stehen, mit den Hinterbeinen schon mehr nach vorne unter dem Gewicht, sollte das Pferd beherrschen. *(Siehe hierzu das Kapitel „Rückwärtsrichten an der Hand").*

Ein junges Pferd muss beim Rückwärtsrichten unter dem Sattel nicht unbedingt durchs Genick und in so genannter Anlehnung gehen. Es ist nicht erforderlich, mit dieser Lektion zu warten, bis die Pferde diese Fertigkeit erworben haben; man kann bereits viel früher damit beginnen, um die gymnastizierenden Effekte dieser Übung zu nutzen. Die Hilfen zum Rückwärtsrichten unter dem Sattel müssen bei einem jungen Pferd etwas anders gegeben werden als bei einem weiter ausgebildeten Pferd.

Damit kann schon früh begonnen werden

Bei einem sehr viel weiter ausgebildeten Pferd geht es beim Rückwärtsrichten hauptsächlich um die Verbesserung der bereits vorhandenen Versammlungsfähigkeit und der Hankenbeuge. Beim jungen Pferd kommt es vorwiegend darauf an, dass es

- überhaupt erst einmal rückwärts tritt,
- zwanglos und gerade rückwärts geht und
- auf feine, leichte Impulse hin reagiert.

Vorbereitung für das Rückwärtsrichten unter dem Sattel

Nur geschlossen und an der Bande zurücktreten lassen

1. Das Pferd am ersten Hufschlag an die Bande stellen.

Das junge Pferd zum Rückwärtsrichten niemals in den freien Raum stellen. Die Bande unterstützt ein gerades Zurücktreten.

2. Das geschlossene Stehen, vor allem mit den Hinterbeinen, immer kontrollieren.

Steht das Pferd nicht geschlossen, muss der Reiter mit dem Schenkel und der Gerte das Pferd auffordern, das herausstehende Hinterbein heranzustellen.

3. Steht das Pferd mit beiden Hinterbeinen zu weit nach hinten heraus, lässt man es am besten wieder einige Tritte vorwärts tre-

ten und treibt dabei mit den Schenkeln, eventuell unterstützt von der Gerte, die Hinterbeine mehr nach vorne.

Ideal ist, wenn auch die Vorderbeine geschlossen nebeneinander stehen; in diesem Anfangsstadium ist das aber nicht unbedingt erforderlich und keine Voraussetzung für korrektes Zurücktreten. Wenn man zuviel an der Stellung der Beine herumkorrigiert, werden junge Pferde nur unruhig und unwillig. Im Laufe der weiteren Ausbildung lernen sie dann auch, vorne geschlossen zu stehen.

Die Hilfen im Stadium des ersten Einübens

1. **Das Stimmkommando: „Zu-rück, zu-rück"!**
2. **Das Touchieren mit der Gerte an der Brust oder am inneren Vorderbein des Pferdes.**

Vom Sattel aus sollten die Signale verwendet werden, die das Pferd vom Rückwärtsrichten vom Boden aus schon kennt; das fördert sein Verständnis.

Die Hilfen beim Einüben

3. **Mit beiden Schenkeln gleichzeitig und gleichmäßig einwirken – nach rückwärts.**

Da die Muskulatur an der seitlichen Bauchwand des Pferdes beweglich ist, kann mit den Schenkeln beziehungsweise mit der Wade auf zwei unterschiedliche Arten treibend eingewirkt werden, und zwar

• mit einer Tendenz nach vorne

Dabei schiebt der Reiter die anliegende Wade (die sich nicht vom Pferd abhebt) nach vorne.

• mit einer Tendenz nach hinten

Der Reiter schiebt dabei die anliegende Wade nach hinten. Diese Schenkelhilfen müssen stets in Verbindung mit den anderen Hilfen gegeben werden.

Wenn die Stimme, die Gerte an der Brust oder am inneren Vorderbein sowie die Schenkel noch nicht ausreichen, das Pferd zum Zurücktreten zu bewegen, kann der Reiter zur weiteren Unterstützung

4. **mit beiden Zügeln leicht „klingeln"; was durch ein leichtes Schütteln eines Zügels erreicht wird.**

Jedes Zurückziehen mit den Zügeln muss unbedingt vermieden werden.

Das verhindert die gewünschten gymnastizierenden Effekte. Die Pferde müssen auf feine Impulse hin von sich aus zurück treten; das ist ganz wichtig. Fällt den Pferden das Zurücktreten von Natur aus schon schwer, darf ihnen nicht durch Zwang die Sache noch unangenehmer gemacht werden.

Das Pferd muss von sich aus zurücktreten

Die meisten Pferde gehen nach diesen ersten Bemühungen wenigstens einen kleinen Schritt rückwärts, der auch für den Anfang vollkommen ausreicht. Tun sie dies nicht, muss die Ursache dafür gesucht und behoben werden, z. B.:

- ungenügende Vorbereitung an der Hand
- unklare Hilfengebung vom Sattel aus
- das Pferd hat noch nicht verstanden, was es tun soll

Da das Pferd sich im Schritt bewegt, sitzt der Reiter hier **im** Sattel, nicht wie sonst beim Effektiven Leichten Sitz mit dem Gesäß nur am Sattel. Der Oberkörper ist leicht vorgeneigt, Hüfte und Gesäß bleiben hinten.

Haben die Pferde im Laufe der Zeit diese Lektion gut verstanden und treten sie willig und korrekt zurück, können die Stimmhilfe und das Touchieren mit der Gerte an der Brust oder am inneren Vorderbein weggelassen werden.

Rückwärtsrichten mit bestimmter Trittzahl

Eine weitere Steigerung der Übung

Sind die Pferde im Rückwärtsrichten weiter geschult und führen diese Lektion gut aus, besteht eine Steigerung darin, eine bestimmte Anzahl Tritte zu verlangen, die das Pferd genau einzuhalten hat, wie zum Beispiel 3, 4 oder 5 Tritte zurück. Hierbei muss der Reiter Folgendes beachten:

Wie schon gesagt wurde, ist der letzte Tritt immer ein halber Tritt, der aber als ganzer gezählt wird. Beispielsweise bei vier Tritten macht das Pferd drei normale Tritte zurück und beim vierten setzt es das eine Hinterbein nur noch neben das andere. Deshalb muss der Reiter schon bei der Ausführung des vorletzten Trittes passiv werden und mit seinen rückwärtsrichtenden Einwirkungen aufhören, damit das Pferd nur noch einen letzten, schließenden halben Tritt macht. Sonst passiert es leicht, dass die Pferde noch weitere, nicht verlangte Tritte zurückgehen.

Die sonst üblichen Hilfen für das Rückwärtsrichten sind widersprüchlich

Üblicherweise sollen die Hilfen für das dressurmäßige Rückwärtsrichten die gleichen sein wie zum Anreiten. Also mit Kreuz und beiden Schenkeln soll das Pferd gegen die stehende oder aushaltende – meistens aber zurück wirkende Hand – getrieben werden. Das bedeutet, der Reiter soll das Pferd mit Kreuz und beiden Schenkeln nach vorne treiben, dann aber diese Vorwärtsbewegung mit der Hand nicht nach vorne herauslassen in der Hoffnung, dass daraufhin das Pferd, trotz der vorwärtstreibenden Einwirkung, willig und korrekt zurücktritt.

Diese Art der Hilfengebung ist für das Pferd widersprüchlich und daher unverständlich. Bisher sollte es auf vortreibende Kreuz- und Schenkelhilfen vorwärtsgehen. Nun wird es von der Hand daran gehindert und soll auf einmal auf die gleichen vortreibenden Kreuz- und Schenkelhilfen rückwärts treten. Erfahrungsgemäß drücken die meisten Pferde erst einmal kräftig gegen die Hand, die das Pferd festhält und zurückdrängt. Das Ergebnis dieser Art von Einwirkung ist, dass die Pferde sich versteifen und sich – wenn sie überhaupt zurück treten – mit den Vorderbeinen zurückschieben bei sich steifenden Hinterbeinen. Ein williges und zwangloses Zurücktreten bei vermehrter Lastaufnahme durch die Hinterbeine ist nicht möglich. Der gymnastizierende Effekt geht verloren.

Eine vermehrte Belastung und Beugung der Hinterhand, wie es der Zweck des Rückwärtsrichtens sein soll, durch vortreibende Kreuz- und Schenkelhilfen bei durchhaltender oder annehmender Hand zu erreichen, lässt sich nach meiner Erfahrung auf diese Weise nicht realisieren. Schon gar nicht bei jungen oder unrittigen Pferden. Viele Ausbilder halten das dressurmäßige Rückwärtsrichten für eine der schwierigsten Lektionen. Ich habe Pferde gesehen, die beim Rückwärtsrichten gestiegen sind – das gibt Aufschluss über den Wert der vorangegangenen Ausbildung.

Werden die Pferde im Rückwärtsrichten so geschult wie es hier beschrieben ist, verursacht diese Lektion keine Schwierigkeiten mehr.

Mit dieser hier geschilderten pferdegerechten Art des Belehrens und Einübens hat noch jedes Pferd ein korrektes, dressurmäßiges Rückwärtsrichten problemlos gelernt, in relativ kurzer Zeit.

Durch den stufenweisen, langsamen Aufbau und die gründliche Vorbereitung an der Hand sowie durch das konsequente Heranschließen der Hinterbeine und unbedingte Geradehalten, bei strikter Vermeidung jeglichen Zurückziehens mit der Hand, treten die Pferde willig und zwanglos rückwärts. Sie belasten ihre Hinterbeine vermehrt, entsprechend dem Grad ihrer Ausbildung. Das schafft eine solide Grundlage für eine weitere Vervollkommnung dieser Lektion, wie sie in höheren Dressurklassen verlangt wird.

Rückwärtsrichten an der Hand

Schon früh mit jungen Pferden möglich

Das Rückwärtsrichten an der Hand kann schon sehr früh mit jungen Pferden geübt werden.

Es hat folgende Vorzüge:

Welche Vorzüge hat diese Übung?

- Vom Boden aus kann dem Pferd die Lektion leichter verständlich gemacht werden, weil die Körpersprache vermehrt und deutlicher eingesetzt werden kann
- es hat nur mit seinem eigenen Gewicht zu tun und muss nicht auch noch das Reitergewicht zurück heben
- das Pferd gewinnt schon Verständnis für die Übung und körperliche Geschicklichkeit

Vorbereitung:

1. Grundsätzlich das Pferd an die Bande stellen, auf den ersten Hufschlag; das hilft ihm, gerade zu bleiben.

2. Das Pferd muss unbedingt gerade stehen.

3. Zumindest müssen beide Hinterbeine nebeneinander stehen und genügend herangestellt sein; die Hinterbeine dürfen nicht nach hinten herausstehen.

Ausführung:

Sind diese Voraussetzungen geschaffen,

Nie mit den Zügeln zurückziehen

- stellt sich der Ausbilder neben den Kopf des Pferdes, mit Blickrichtung auf die Hinterhand
- er fasst den inneren Zügel **ganz lang,** sodass dieser **deutlich durchhängt;**
- Dann drückt er mit der Hand, die den inneren Zügel lose hält, gegen die Brust des Pferdes; dabei darf der Zügel nicht auf das Maul des Pferdes wirken, damit auf gar keinen Fall das Pferd mit dem Zügel zurückgezogen wird.
- Dabei touchiert der Ausbilder das innere Vorderbein mit der Gerte
- und sagt: „Zu-rück, zu-rück!"

Diese Hilfen unterstützen durch Körpersprache:

Mit deutlicher Körpersprache

- indem man das Pferd mit dem **eigenen Körper, vor allem mit der Mittelpositur,** deutlich „zurückschiebt", also selbst energisch vorgeht
- und dabei die eigenen Füße **auffällig** anhebt und vorsetzt

Macht das Pferd sich schief, legt man die Gerte waagerecht an die Hinterhand an und „drückt" damit das Pferd wieder heraus und gerade.

Sofort loben, wenn das Pferd auch nur anfängt, sich nach rückwärts zu bewegen, um ihm zu signalisieren, dass seine Reaktion richtig ist.

Anfangs genügen ein bis zwei Tritte zurück

Ein bis zwei Tritte rückwärts genügen für den Anfang. Bei diesen ersten Versuchen kommt es nur darauf an, dass das Pferd überhaupt zurücktritt, ruhig, langsam und möglichst gerade. Die Übung beenden und am nächsten Tag wiederholen. Diese wenigen Tritte rückwärts kann man jeden Tag mit den Pferden üben, ohne dass sie überfordert sind. Das ist für die gesamte Ausbildung sehr förderlich.

Mit der Zeit, wenn das Pferd die Lektion gut verstanden hat, kann man es auch mehr Tritte zurückgehen lassen. Mehr als höchstens sechs Tritte sollten aber nicht verlangt werden, mehr bewirken keine bessere Gymnastizierung; die Pferde empfinden sie eher als Strafe. Besser ist es, die Übung nach einigen Augenblicken ruhigen Stehens zu wiederholen.

Ich habe das Rückwärtsrichten nie als Strafe benutzt. Wird es als Strafe verwendet, kann man nicht erwarten, dass die Pferde freudig und mit Ausdruck rückwärts treten, wenn das Rückwärtsrichten als Lektion verlangt wird. Das ist für jedes Pferd sehr widersprüchlich und verwirrend. Will man ein Pferd strafen, gibt es genügend andere Möglichkeiten, die es nicht verwirren.

Als Wiederholung kann entweder:

- aus dem Halten sofort wieder ins Rückwärtstreten übergegangen werden
- oder man lässt das Pferd aus dem Halten einige Tritte nach vorne gehen, wieder halten und dann rückwärts treten

Verschiedene Ausführungen

Beide Versionen sollten geübt werden.

Variierte Anzahl

Wenn die Anzahl der geforderten Tritte variiert, ist das sehr förderlich für die Aufmerksamkeit und Durchlässigkeit der Pferde. Also einmal nur 3 Tritte zurück, dann 4 oder 5 Tritte.

Immer nach dem Halten das Pferd mit der **Gerte** auffordern, das möglicherweise herausstehende Hinterbein wieder heranzustellen. Auf diese Weise wird dem Pferd das geschlossene Stehen zur Gewohnheit.

Keinen Zwang ausüben

Sollte das Pferd in der Phase des ersten Einübens auf die beschriebenen Hilfen hin nicht wie gewünscht reagieren, ist es besser, die Übung abzubrechen. **Auf gar keinen Fall darf man irgendeinen Zwang ausüben.**

Jeden Tag wiederholen

Die Lektion sollte man täglich einmal wiederholen. Erfahrungsgemäß bleibt von diesen Versuchen immer etwas im Gehirn des Pferdes hängen. Mit der Zeit wächst das Verständnis und das Pferd wird problemlos rückwärts treten.

Mit Zwang verbaut man sich das Verständnis und die Gutwilligkeit des Pferdes

Das Rückwärtsrichten unter dem Sattel mit einem weiter ausgebildeten Pferd

Bei einem weiter ausgebildeten Pferd, das gelernt hat, in einer zügelunabhängigen Selbsthaltung mit zwangloser Genickbiegung zu gehen, ist die Voraussetzung für das schulmäßige Rückwärtsrichten die ganze Parade, bei der das Pferd mit den Hinterbeinen im Hüftlot steht. Durch die bessere Rittigkeit und Durchlässigkeit sind auch die gymnastizierenden Effekte des Rückwärtsrichtens größer.

Weitere Aspekte werden dann wirksam:

Noch bessere gymnastische Effekte

- Aufgrund der besseren Parade und größeren Durchlässigkeit nehmen die Hinterbeine beim Zurücktreten noch mehr Gewicht auf, sodass eine echte Hankenbeuge entsteht, nämlich ein Abkippen des Beckens bei vermehrter Beugung des Hüft- und Kniegelenkes
- Die Pferde treten in kleinen, regelmäßigen Tritten zurück, im Tempo des versammelten Schrittes, und in einer der Versammlung entsprechenden Aufrichtung
- Die Vorwärtstendenz bleibt erhalten, nämlich das Bestreben, die Last – trotz des Zurücktretens – vorwärts zu bewegen. Ein solches Pferd ist beim Rückwärtsrichten jederzeit bereit, sofort ohne zu zögern wieder in ein Vorwärts überzugehen

Aus einem solchen Rückwärtsrichten gehen die Pferde

- deutlich geschlossener und versammelter
- in einer besseren Haltung und mit mehr Ausdruck hervor

Es sind daraus klassische Lektionen möglich, z. B.

Erweiterte Möglichkeiten

- rückwärtsrichten und **daraus** ohne Zögern antraben oder
- rückwärtsrichten und **daraus** ohne Zögern angaloppieren

Diese Fähigkeiten können sich erst im Laufe längerer und korrekter Ausbildung einstellen.

Wird das Pferd später im klassischen Dressursitz geritten, verändern sich die Schenkel- und Zügelhilfen nicht. Diese Sitzposition ermöglicht dann eine weitere Vervollkommnung dieser Lektion.

Die Schaukel

Die Schaukel ist eine Kombination von Rückwärtstreten und Vortreten nach einer bestimmten Anzahl Tritte.

Ein mehrmaliges Vor- und Zurücktreten

Hierbei bewegt sich das Pferd z. B. 5 Tritte zurück und sofort aus dem Rückwärts gleich wieder 5 Tritte vor; daraus 4 Tritte zurück und sofort aus dem Rückwärts gleich wieder 4 Tritte vor; daraus 3 Tritte zurück und sofort aus dem Rückwärts gleich wieder 3 Tritte vor; daraus 2 Tritte zurück und sofort aus dem Rückwärts gleich wieder 2 Tritte vor; daraus 1 Tritt zurück und sofort aus dem Rückwärts gleich wieder 1 Tritt vor.

Danach soll das Pferd geschlossen halten.

Das Pferd tritt also zurück, aus dem Zurück gleich wieder vor und aus dem Vortreten gleich wieder zurück. Dabei kommt es nie zum Halten; die Bewegungen vor und zurück gehen fließend ineinander über, ohne Pause dazwischen, ohne Zögern, ohne Stocken. Erst nach dem einen letzten Tritt vorwärts steht das Pferd ruhig und geschlossen.

Die Schaukel beginnt man

- aus dem Halten
- mit geschlossenen und gut untergesetzten Hinterbeinen
- mit dem Rückwärtstreten

Diese Übung fördert sehr die Durchlässigkeit und den prompten Gehorsam auf vortreibende und verhaltende Hilfen. Sie macht die Pferde geschmeidig, durchlässig und gehorsam; daher sollte sie fleißig geübt werden

Die Schaukel hat einen hohen gymnastischen Wert

Die Schaukel an der Hand

Vorübung für die Schaukel unter dem Sattel

Bevor die Schaukel unter dem Sattel geritten werden kann, muss sie an der Hand geübt werden. Wann ist das Pferd reif für die Schaukel?

- Das Pferd muss an der Hand auf feine, leichte Hilfen hin sofort, ohne zu zögern mit drei bis fünf Tritten gerade zurücktreten.
- Nach einigen Augenblicken ruhigen Stehens soll das Pferd ein paar Tritte nach vorne antreten und wieder ruhig stehen; dann erneut rückwärtsrichten, wieder stehen, noch einmal vortreten lassen und erneut rückwärtsrichten.

Immer ist das Stehen zu korrigieren: Wenn erforderlich, die Hinterbeine durch leichtes Touchieren mit der Gerte heranschließen, sodass sie weiter nach vorne unter das Gewicht treten.

• Diese Übung kann drei- oder auch viermal wiederholt werden.

Wenn das korrekt und in Ruhe gelingt, sind die Pferde meistens reif für die Schaukel. Diese Übung sollte als Vorstufe zur Schaukel gezielt unter dem Sattel durchgeführt werden.

Nicht gleich mit der ganzen Schaukel beginnen

Man fängt nicht gleich mit der ganzen Schaukel an, sondern verlangt zuerst: 5 Tritte zurück, 5 Tritte vor, dann 4 Tritte zurück, 4 Tritte vor.

Man kann auch mit vier und drei Tritten anfangen. Zwei und eins eignen sich für den Anfang nicht, weil das am schwierigsten ist. Nach diesem zweimaligen Vor- und Zurücktreten soll das Pferd ruhig und geschlossen stehen. Das wird eine Zeit lang geübt, bis das Pferd die Bewegungen vor und zurück fließend, ohne Stocken ausführt und die verlangte Anzahl Tritte genau einhält.

Dann die Schaukel erweitern

Dann wird die Schaukel um „3 Tritte vor und zurück" erweitert. Haben die Pferde den Bewegungsablauf gut verstanden, können die beiden letzten Stufen hinzugefügt werden; auch diese werden dann von den Pferden an der Hand mit Leichtigkeit ausgeführt, weil die überdeutliche Körpersprache ihnen das Verständnis erleichtert. Unter dem Sattel sind zwei Tritte zurück und vor beziehungsweise ein Tritt zurück und einer vor sehr viel schwieriger.

Die Hilfen für die Schaukel sind die gleichen wie beim einfachen Rückwärtsrichten an der Hand, jedoch wird die Körpersprache noch verstärkt.

Zum Rückwärtsrichten des Pferdes **deutlich** das Becken **vorschieben;** dadurch „drängt" man mit dem eigenen Körper das Pferd zurück; die Beine dabei **auffällig** anheben. Beim Vortreten das Pferd mit dem **deutlich** nach **hinten** gerichteten Becken und Gesäß „vorziehen"; dabei wieder die Beine **auffällig** anheben.

Laut mitzählen: 5, 4, 3, 2, 1. Nach der letzten Zahl folgt ein „und", um damit die Gegenbewegung einzuleiten. Das junge Pferd braucht zum „Umschalten" etwas Zeit. Also zählt man: „1, 2, 3, 4, 5 (zurück) **und** 1, 2, 3, 4, 5 (vor) **und** 1, 2, 3, 4 (zurück) **und** 1..., usw."

Mit diesen **wirklich auffälligen** Hilfen verstehen die Pferde die Lektion meistens sehr schnell. Manchen Pferden machen diese Übungen richtig Spaß. Sie „schaukeln" sich vor und zurück, und man meint, sie würden mitzählen. Später, wenn die Pferde die Übung wirklich gut beherrschen und fließend ausführen, kann die auffällige Körpersprache reduziert werden. Auch das „... und ...“ kann mit der Zeit wegfallen, weil die Pferde eine „Umschaltpause“ nicht mehr benötigen.

Die Schaukel unter dem Reiter

Für die Schaukel unter dem Reiter sind folgende Voraussetzungen erforderlich:

Voraussetzungen

1. Das einfache Rückwärtsrichten unter dem Reiter
2. Das einfache Rückwärtsrichten mit anschließendem Vortreten unter dem Reiter
3. Die Schaukel an der Hand.

Mit dem Becken die Schenkel unterstützen

Die Hilfen sind grundsätzlich die gleichen wie beim einfachen Rückwärtsrichten unter dem Reiter. Der Reiter unterstützt jedoch die Schenkel durch **deutliches Vor- und Zurückschieben seines Beckens** im Sattel.

Hierbei ist zu beachten, dass schon beim vorletzten Tritt vor oder zurück der Reiter sein Becken wieder in die entgegengesetzte Richtung schieben muss; selbstverständlich müssen auch die Schenkel schon wieder entgegengesetzt einwirken. Das Pferd wird den bereits begonnenen Tritt noch ausführen, muss aber dabei schon einen Impuls für die Gegenrichtung haben, sonst macht es weitere Tritte dazu.

Nach dem letzten Tritt der Schaukel hat das Pferd vor allem mit den Hinterbeinen wieder geschlossen zu stehen. Das muss der Reiter immer kontrollieren; wenn erforderlich, das Pferd mit der Gerte zum geschlossenen Stehen auffordern. Die Gerte eignet sich dafür besser als der Schenkel.

Da der Rücken des Pferdes seine Bewegungszentrale ist und mit dem Rücken die Beine des Pferdes unmittelbar verbunden sind, kann der Reiter mit seinem Becken – seiner eigenen Bewegungszentrale – direkten Einfluss auf die Bewegungen der Pferdebeine nehmen.

Die Ausführung der Schaukel unter dem Sattel ist schwieriger als an der Hand, weil die Körpersprache vom Sattel aus nicht so überdeutlich praktiziert werden kann; dadurch fehlt dem Pferd eine wichtige Orientierungshilfe. Vor allem das Einhalten der genauen Trittzahl ist schwieriger. Deshalb sollte die Schaukel unter dem Sattel lange Zeit mit fünf und vier beziehungsweise vier und drei Tritten zurück und vor geritten werden. Erst wenn das vom Pferd gut ausgeführt wird, können zwei Tritte und ein Tritt vor und zurück geübt werden.

Wenn auch die Körpersprache im Sattel nicht so überdeutlich eingesetzt werden kann wie vom Boden aus, so vermag der Reiter doch auch im Sattel mit deutlicher Körpersprache das Verständnis des Pferdes zu fördern, indem er beim Einüben besonders betont sein Becken sowie seine Schenkel vor- und zurückschiebt.

Im Grunde ist die „Schaukel" eine S-Lektion, die in S-Dressur-Prüfungen verlangt wird. Dort wird sie meistens nur mit der Trittzahl 4 – 4 – 4, 6 – 4 – 4 oder 4 – 4 – 6 geritten.

Da diese Lektion einen so hohen gymnastischen Wert hat, sollte sie auch schon in frühen Ausbildungsstadien fleißig geübt werden. Wenn man dabei in der hier beschriebenen Art und Weise vorgeht, kann der gymnastische Wert schon früh voll ausgeschöpft werden, ohne dass die Pferde überfordert sind.

Die Paraden

Bei der **ganzen Parade** kommt das Pferd zum **Halten,** aus jeder Gangart und jedem Tempo.

Mit den **halben Paraden,** so wie sie gemäß der Natürlichen Pferdeausbildung geritten werden;

- wird vorwiegend das **Tempo innerhalb einer Gangart reduziert;**
- werden **Übergänge** in eine niedrigere Gangart geritten;
- wird der Bewegungsrhythmus **ruhiger** gestaltet.

Werden die halben Paraden **weiter verfeinert,** entstehen **„viertel", „achtel" und „zehntel" Paraden.**

Anfangs ist für einen Übergang aus dem Trab zum Schritt eine halbe Parade nötig. Wenn das Pferd weiter geschult und rittiger geworden ist, braucht man dafür nur noch eine viertel oder sogar nur eine achtel Parade, also nur noch ein Viertel oder ein Achtel der Einwirkung.

Alle Paraden mit gleicher Technik

Ganze, halbe, viertel, achtel Paraden werden in der Natürlichen Ausbildungsmethode immer mit der gleichen Technik gegeben. Nur die Auffälligkeit der Einwirkung reduziert sich mit zunehmender Rittigkeit des Pferdes.

Um die Technik der Paraden zu verstehen, so wie sie gemäß der Methode der Natürlichen Ausbildung ausgeführt werden, muss man sich überlegen, wie die Pferde von Natur aus – also ohne Reiter – ihre Bewegungen reduzieren beziehungsweise abbremsen.

Beobachtet man ein unverdorbenes, frei galoppierendes Pferd, das innerhalb einiger Sprünge zum Halten kommt, so kann man sehen, dass es Kopf und Hals fallen lässt, seinen Rücken aufwölbt, die Hinterbeine mehr nach vorne unter seinen Körper bringt und sein Gewicht nach hinten verlagert, um die Bewegungsenergien mit den Hinterbeinen aufzufangen. Diese natürliche Art anzuhalten oder das Tempo zu reduzieren schont die Vorderbeine und den Rücken des Pferdes.

Die natürliche Art anzuhalten

Das unverdorbene Pferd fängt also schon von sich aus meistens seinen Schub mit den Hinterbeinen auf, bei aufgewölbtem Rücken und fallengelassenem Hals; es führt also schon von Natur aus die Parade so aus, wie der Reiter es sich wünscht.

Daher liegt die Überlegung nahe, dem Pferd durch ein Zeichen zu verstehen zu geben, seine natürliche Art des Anhaltens oder Verlangsamens des Tempos auch unter dem Reiter beizubehalten. Da die Körpersprache immer am besten verstanden wird, muss der Reiter dem Pferd mit dem Sitz signalisieren, seine Bewegungen entsprechend abzufangen, das Tempo zu reduzieren oder anzuhalten.

Die übliche Art des Parierens

Im Allgemeinen wird gelehrt, dass bei den Paraden der Reiter durch vermehrtes Kreuzanspannen und treibende Schenkelhilfe das Pferd an eine durchhaltende oder auch annehmende Zügelhilfe heranreiten soll. Das Pferd soll darauf reagieren mit Unterstellen der Hinterbeine und Aufnehmen der Gewichte mit der Hinterhand, bei weichem Nachgeben im Genick, aufgewölbtem Rücken und geschmeidiger Durchlässigkeit.

Die Praxis aber lehrt, dass dies häufig eine Wunschvorstellung des Reiters bleibt. Die meisten Pferde gehen dabei gegen oder legen sich auf die Hand und stoppen die Bewegung vorwiegend mit den Vorderbeinen ab. Fast immer werden diese Paraden mit mehr oder weniger starker Handeinwirkung gegeben; das wirkt prellend auf den ganzen Körper des Pferdes. Außerdem sind solche Paraden eine schlechte Ausgangsposition für jede nachfolgende Lektion. Sie dienen dann nur zum Aufhalten der Bewegung; die Pferde brauchen danach Zeit, bis sie wieder im Fluss der Bewegung und im Gleichgewicht sind. Die so wichtigen gymnastizierenden Effekte, nämlich dass die Pferde lernen sollen, das Becken abzukippen, mehr Gewicht mit den Hinterbeinen aufzunehmen, den Rücken aufzuwölben und durchlässig zu werden, kommen nicht zustande.

Die Paraden werden mit dem Sitz gegeben

In der Natürlichen Pferdeausbildung werden die Paraden mit dem Sitz gegeben. Die Zügel spielen dabei keine oder nur eine untergeordnete Rolle.

Um diese spezielle Technik für die Paraden verstehen zu können, muss man sich Folgendes überlegen:

Energien aufbauen und zurücknehmen

Um das Pferd zum Vorwärtsgehen zu veranlassen, muss der Reiter immer zuerst selbst eigene Energien in seinem Körper aufbauen, die er dann durch seinen Sitz und die Schenkel auf das Pferd überträgt. Aufgrund dieser Einwirkung entwickelt nun das Pferd seinerseits Energie und bewegt sich vorwärts.

Soll das Pferd seine Bewegungen, also seine Energien zurücknehmen, ist es logisch, dass der Reiter zuerst selbst seine eigenen Energien zurücknehmen muss, um dadurch das Pferd zu veranlassen, dasselbe zu tun.

Aus diesen Überlegungen heraus ergibt sich für die Paraden folgende Technik:

Nicht mehr treiben

1. Als Erstes darf der Reiter nicht mehr treiben.

Er darf nicht mehr vorwärts treibend auf das Pferd einwirken, nicht mit dem Sitz, nicht mit den Schenkeln oder mit der Gerte; er muss sozusagen das Pferd mit seinem Sitz „loslassen" und jeglichen Druck und treibende Einwirkung wegnehmen.

Jeder vorwärts treibende Impuls wäre völlig widersprüchlich, etwa so als wollten Sie beim Auto fahren Gas geben, um zu bremsen.

Energien zurücknehmen

2. Als Zweites muss der Reiter seine eigenen Bewegungsenergien zurück nehmen,

um dadurch das Pferd zu veranlassen, dasselbe zu tun. Dazu muss er sich **völlig entspannen.** Das gelingt am besten mit Ausatmen und einem leisem „hoo". Jedes Pferd spürt, wenn von „oben nichts mehr kommt". Der Reiter muss nur wirklich jede Muskelanspannung aufgeben.

Den Oberkörper nach vorne abknicken

3. Dann fällt der Reiter mit seinem Oberkörper „in sich zusammen" und leicht nach vorne.

Das muss anfangs, in der Phase des Einübens, **überdeutlich und ganz auffällig** erfolgen; darum den Oberkörper tief abknicken, fast bis auf den Mähnenkamm; das muss **unbedingt mit Impulsion geschehen, also plötzlich und schnell.** Geht man nur langsam mit dem Oberkörper herunter, hat das keine verbremsende Wirkung.

Diese Hilfen müssen genau in der genannten Reihenfolge gegeben werden, nacheinander, aber doch fließend ineinander übergehend und ohne Pausen dazwischen. Der Reiter darf also nicht zuerst den Oberkörper vorneigen und tief nehmen, dann eine Pause machen, sich dann erst entspannen und dann erst nicht mehr treiben. Das wären widersprüchliche Informationen für das Pferd, die es nicht verstehen könnte.

In genauer Reihenfolge

Dieses Nach-Vorne-Gehen mit dem Oberkörper mag für viele Reiter ungewöhnlich sein; es hat aber deutlich eine verbremsende Wirkung auf das Pferd und seine Bewegungen. Es ist nicht mehr so ungewöhnlich, wenn man bedenkt, dass ein Zurücknehmen des Oberkörpers eine vortreibende Wirkung hat. Ein Vornehmen des Oberkörpers hat dann logischerweise die gegenteilige Wirkung, nämlich eine verhaltende. Die Reaktion der Pferde bestätigt dies auch.

Die Zügel hängen dabei durch, der Reiter geht eher noch etwas mit der Hand vor

Die Zügel hängen durch

Unterstützende Hilfen:

Reagiert das Pferd anfangs beim Einüben auf diese Hilfen hin nicht oder nicht in ausreichendem Maße, kann man zur Unterstützung und zum Aufmerksam Machen:

1. **mit dem äußeren Zügel „klingeln“,** d. h. man schüttelt leicht den äußeren Zügel (es ist immer der äußere Zügel, der das Tempo reguliert).
2. **die Stimme einsetzen:** ein langgezogenes „Scheeritt“ oder „haaalt.“

Diese unterstützenden Hilfen können später weggelassen werden, wenn das Pferd die Hilfe aus dem Sitz heraus kennt.

Eine das Verständnis des Pferdes fördernde Maßnahme ist auch, den **günstigsten Moment abzupassen,** vor allem beim Einüben dieser Parade. Das wäre zum Beispiel beim Übergang vom Trab in den Schritt, dann, wenn man spürt, das Pferd möchte eigentlich jetzt schon selbst in den Schritt übergehen; diesen Moment nutzt man und gibt die Parade. Damit fallen der Wille des Pferdes und der des Reiters zusammen. Ist die Parade auf diese Weise ein paar Mal geglückt, haben die Pferde die Bedeutung der Sitzhilfe meistens verstanden.

Einen günstigen Moment abpassen

Lobt man das Pferd nach einem solchen Übergang **ausgiebig,** dann ist fast immer der „Groschen" gefallen. Viele Pferde reagieren auf diese Art der Parade aus dem Sitz heraus auch **sofort** in der gewünschten Weise, indem sie ihr Tempo reduzieren, in den Schritt übergehen oder auch zum Halten kommen.

Das Pferd aufmerksam machen

Die jungen Pferde reagieren oftmals nicht auf diese feinen Einwirkungen mit dem Sitz, wenn ihre Aufmerksamkeit von etwas anderem in Anspruch genommen ist oder sie unkonzentriert sind. Sie können Ihr Pferd aufmerksam machen:

- **mit der Stimme,** indem Sie sagen: „Na,...!" oder „Pass auf!" etc.

Die menschliche Stimme beeinflusst das Pferd immer ganz außerordentlich.

- **oder Sie berühren den Hals des Pferdes mit der Hand.** Sie können auch beides kombinieren, Stimme und Hand.

Der Hals ist bei allen Pferden ein ganz besonderes „Stimmungsbarometer".

Anfangs Hilfen mehrmals wiederholen

Beim Einüben dieser Art der Parade müssen anfangs manchmal alle Hilfen mehrmals wiederholt werden, bis das Pferd sie verstanden hat und entsprechend reagiert. Nimmt es das Tempo trotzdem nicht zurück, muss der äußere Zügel mit eingesetzt werden, um das Pferd zu parieren.

Erfahrungsgemäß reagieren die Pferde sofort wenn:

- sie gut vorbereitet sind und ihre Aufmerksamkeit beim Reiter ist
- wenn der Reiter bei der Hilfengebung keine Fehler macht

Fehler sind:

- Die Reihenfolge der Einwirkungen stimmt nicht
- Sie haben unbewusst weiter getrieben
- Sie haben sich nicht wirklich vollständig entspannt
- Sie haben nicht den Oberköper mit Impulsion „heruntergeklappt" (wie ein Taschenmesser, das zusammenklappt)

Diese Art der Parade hat eine ganze Reihe von Vorzügen:

1. **Sie ist nie prellend, sondern immer weich**
2. **Die Parade ist stets schonend für Rücken und Beine des Pferdes**
3. **Das Pferd nimmt korrekt das Gewicht mit seinen Hinterbeinen auf**
4. **Es kommt nicht auf die Vorhand**
5. **Die Pferde werden sehr durchlässig, sensibel und gehorsam**

6. Sie lernen auf einfache Weise eine echte Hankenbeuge
7. Sie bleiben losgelassen und im Gleichgewicht
8. Die Parade bietet, so geritten, eine gute Ausgangsposition für die nächste Lektion

Die Technik der Hilfengebung ist für die „ganzen", „halben", „viertel" und noch feineren Paraden gleich, sie unterscheiden sich nur in der Intensität des Hilfeneinsatzes.

Alle Paraden auf dieselbe Weise geben

Das junge Pferd steht geschlossen, aber mit den Hinterbeinen noch nicht genügend weit vorne unter dem Gewicht. Es hat auch noch nicht gelernt, bei der Parade in zwangloser Genickbiegung zu bleiben.

Das weiter ausgebildete Pferd steht mit den Hinterbeinen geschlossen, im Hüftlot unter dem Gewicht. Es bleibt auch bei der Parade in zwangloser Genickbiegung bei losen Zügeln.

Ein Beispiel: Beim Übergang vom Trab in den Schritt, bei dem das Pferd weiter in Bewegung bleiben soll, aber mit sehr viel weniger Bewegungsenergie als im Trabe, ist es logisch, dass der Reiter nicht sein ganzes Energiepotenzial aufgibt, sondern nur so weit reduziert, dass das Pferd in den Schritt fällt und darin bleibt. Ein genaues Maß hierfür lässt sich nicht angeben, weil das von Pferd zu Pferd verschieden ist; und auch von der jeweiligen Übung bestimmt wird. Je feinfühliger und rittiger die Pferde werden, umso weniger aufwendig brauchen die Hilfen zu sein.

Zusammenfassung

Die Hilfen noch einmal zusammengefasst:

1. Nicht mehr treiben
2. Die eigenen Bewegungsenergien reduzieren oder ganz aufgeben
3. Den Oberkörper nach vorne „herunterklappen" – mit Impulsion

Unterstützende Hilfen:

1. Mit dem äußeren Zügel „klingeln"
2. Die Stimme einsetzen

Das Pferd aufmerksam machen:

1. Das Pferd ansprechen
2. Eine Hand an den Hals legen (streicheln oder klopfen)

Diese Technik ist nicht schwierig. Manche Reiter haben das Problem, sich nicht jeden Moment vollständig entspannen zu können. Das lässt sich aber mit ein wenig Übung lernen.

Ich habe in meinen Kursen oft folgende Übung machen lassen:

Setzen Sie sich ergonomisch gesehen richtig auf einen Stuhl: das Gesäß dicht an die Stuhllehne gedrückt, den Oberkörper frei getragen (nicht angelehnt), das Becken nach vorne gekippt (ein Hohlkreuz machen), die Handflächen auf den Oberschenkeln und die Füße schulterbreit unter den Knien. Holen Sie tief Luft, halten Sie die Luft 6 Sekunden an (langsam bis 6 zählen); spannen Sie dabei alle Muskeln bewusst an, so sehr Sie können. Spüren Sie die Spannung in Ihrem ganzen Körper. Dann atmen Sie rasch aus (am besten mit offenem Mund) und lassen alles in Ihrem Körper los; alle Muskeln erschlaffen vollständig. Fallen Sie dabei völlig in sich zusammen, wie eine amorphe Masse, und mit dem Oberkörper nach vorne – mit Impulsion. Wenn Sie das ein paar Mal so geübt haben, werden Sie leichter erfassen, was gemeint ist; die Parade wird Ihnen zu Pferde dann gut gelingen.

Wie ich schon sagte, haben diese mit deutlicher Körpersprache gegeben Paraden, für die Ausbildung des Pferdes einen **sehr hohen gymnastizierenden Wert.** Es lohnt sich daher, die Technik herauszuarbeiten. Paraden braucht man beim Reiten ständig. Sie sind schon fast „das Salz in der Suppe".

Diese Art der Paraden hat einen hohen gymnastizierenden Wert

Werden die Pferde später im Dressursitz weitergeritten, kann diese Form der Paraden problemlos beibehalten werden. Man geht nur nicht mehr mit dem Oberkörper so weit herunter, sondern kippt das Becken vor, womit der Oberkörper auch etwas nach vorn kommt. Ansonsten ist die Technik genau dieselbe. Die Pferde sind dann schon so geschult, dass sie sensibel auf diese Paraden reagieren.

Nach der ganzen Parade soll das Pferd **mit beiden Hinterfüßen geschlossen stehen.** Das kann man den Pferden zur **Gewohnheit** machen, durch folgende Technik:

Das geschlossene Stehen zur Gewohnheit machen

Immer, wenn das Pferd nach einer ganzen Parade steht, muss der Reiter die Hinterbeine kontrollieren. Das bedeutet, er muss hinsehen, das evtl. herausstehende Hinterbein mit der Gerte touchieren und sagen: „Vor!“

Wird das bei **jeder ganzen Parade konsequent so geübt,** entsteht beim Pferd ein **Bewusstsein** dafür, dass es beim Halten stets mit beiden Hinterbeinen geschlossen zu stehen hat. Mit der Zeit wird das zur **Gewohnheit;** die Pferde reagieren dann **reflexhaft** und stellen **sich von selbst** geschlossen hin.

Den Pferden das geschlossene Stehen auf diese Weise durch ständige Kontrolle und Übung zu einer Gewohnheit zu machen, ist eine sichere Methode. Ich habe nicht die Erfahrung gemacht, dass man als Reiter die Hinterbeine immer so gleichmäßig heranreiten kann.

Das geschlossene Stehen kann schon mit jungen Pferden bei der Handarbeit und an der Longe geübt werden. An der Longe werden die Paraden ebenfalls mit Körpersprache vom Boden aus gegeben. Bei der Handarbeit stellt man das Pferd an die Bande und übt mit Hilfe von Gerte und Stimme das geschlossene Stehen. Durch diese Longen- und Bodenarbeit sind die Pferde schon sehr gut vorbereitet für diese Art der Paraden und für das geschlossene Stehen.

Eine echte Hankenbeuge

Es ist wirklich erstaunlich, wie durch diese mit Körpersprache und dem Sitz gegebenen Paraden, die Pferde auf natürliche Weise und ganz selbstverständlich lernen, das Becken abzukippen und die Hinterbeine unter das Gewicht zu stellen. Mit der Zeit kommen sie so zu einer echten Hankenbeuge.

Die Vorhandwendung

Eine Grundübung

Die Vorhandwendung zählt zu den Grundübungen. Das Pferd bewegt sich dabei auf der Stelle, mit der Hinterhand um die Vorhand herum.

Diese Lektion

- ist eine lösende Übung
- soll das Pferd mit dem seitwärtstreibenden Schenkel vertraut machen
- kann auch zur Vorbereitung für das Schenkelweichen unter dem Sattel benutzt werden.

Geringer gymnastizierender Wert

- **Die Vorhandwendung selbst hat nur einen geringen gymnastizierenden Wert, weil sich das Pferd dabei auf seine Vorderbeine und seine Schultern stützen muss, um die Hinterbeine frei bewegen zu können.**
- **Daher kann sie nur mit mehr Gewicht auf der Vorhand ausgeführt werden**
- **Die ganze Dressurarbeit zielt aber darauf, das Pferd zuerst ins Gleichgewicht zu bringen und dann auf die Hinterhand zu setzen.**
- **Die Vorhandwendung ist diesem grundlegenden Bestreben genau entgegengesetzt.**

Trotz dieser eindeutigen Nachteile kann diese Übung **ganz zu Beginn** der Ausbildung einen gewissen Nutzen haben, will man dem jungen Pferd die Bedeutung des seitwärts treibenden Schenkels verständlich machen.

Bald auf die Übung verzichten

Sie soll aber nur so lange geübt werden, bis das junge Pferd dem seitwärts treibenden Schenkel folgt. **Dann sollte unbedingt auf diese Lektion verzichtet werden.**

Ich habe diese Übung ganz selten geritten; sie hatte mir immer zu viele Nachteile. Sie kann später auch für nichts anderes mehr verwendet werden. Außerdem habe ich die Erfahrung gemacht, dass die meisten jungen Pferde keine Probleme haben, den seitwärts treibenden Schenkel zu verstehen, wenn sie an der Hand im Schenkelweichen und im Übertreten auf kleinem Kreis gründlich vorbereitet werden. (Sehen Sie bitte hierzu das Kapitel „Das Schenkelweichen")

Vorbereitung auf die Vorhandwendung:

- Die Vorhandwendung wird aus dem Halten geritten
- Das Pferd steht gerade und geschlossen
- in einer Reitbahn oder -halle auf dem zweiten Hufschlag

Es soll auf dem zweiten Hufschlag stehen, damit für Kopf und Hals beim Wenden genügend Platz ist und ein Zurücktreten oder Anheben des Kopfes vermieden wird.

Ausführung und Hilfen:

- Der innere Zügel stellt das Pferd im Genick zur Seite des seitwärts treibenden Schenkels (der Zügel ist danach wieder lose)
- Den äußeren Zügel etwas kürzer fassen, um ein eventuelles Vortreten des Pferdes zu verhindern
- Der innere Schenkel – etwas weiter hinten liegend – treibt die Hinterhand um die Vorhand herum.

Bei einer Vorhandwendung rechts würde sich dann die Hinterhand links herum um die Vorhand bewegen.

- Der innere Hinterfuß tritt dabei **vor und über** den äußeren
- Das äußere Vorderbein tritt um das innere Vorderbein herum.
- Der äußere Schenkel liegt verwahrend und hat jeden Tritt des äußeren Hinterfußes aufzufangen, um ein zu starkes Seitwärtstreten oder ein Herumeilen zu verhindern.
- Der Reiter sitzt in diesem Falle im Leichten Sitz **im** Sattel mit **etwas** vorgeneigtem Oberkörper.
- Das Pferd soll langsam und gleichmäßig Tritt für Tritt mit der Hinterhand um die Vorhand herum treten und so eine Wendung von 180° um sich selbst ausführen, bis es wieder gerade, aber in entgegengesetzter Richtung auf dem zweiten Hufschlag steht.
- Die Vorhand soll dabei auf der Stelle bleiben; das Pferd darf mit der Vorhand weder vorwärts, noch rückwärts oder seitwärts ausweichen.

Idealerweise soll das Pferd mit den Vorderbeinen auf der Stelle mittreten – im Takte der Schrittbewegung – also die Vorderbeine auf der Stelle im Bewegungsrhythmus auf und ab bewegen.

Wo ist bei dieser Übung innen und außen:
Bei einer Vorhandwendung rechts herum: Das Pferd steht linker Hand auf dem zweiten Hufschlag; es wird im Genick nach rechts gestellt; die rechte Seite ist dann die innere, obwohl sie der Bande zugekehrt ist; der rechte Zügel und der rechte Schenkel sind hier die inneren Hilfen.

Selten eine ideale Ausführung

Diese Idealausführung ist selten zu erreichen. Entweder stellen die Pferde den inneren Vorderfuß fest und drehen ihn am Boden oder sie treten vor, zurück oder seitwärts. Das Drehen bewirkt oft ein Sich-Versteifen.

Treten die Pferde vor, muss vorwiegend der äußere Zügel das verhindern. Beim Rückwärtskriechen versuchen die Pferde oft, das innere Hinterbein **hinter** dem äußeren herumzuführen, was den gymnastischen Wert der Übung aufhebt.

Tritt das Pferd eine Hufbreite vor oder seitlich, ist das weniger fehlerhaft, als wenn es mit dem inneren Vorderhuf am Boden dreht oder rückwärts geht.

Da der hauptsächliche Wert dieser Übung darin besteht, dem jungen Pferd die Bedeutung des seitwärts treibenden Schenkels verständlich zu machen, muss der Reiter anfangs den Schenkel mit der Gerte unterstützen.

Schenkelgehorsam wird nicht erreicht durch ein ständiges Verstärken des Schenkeldruckes; beachtet das Pferd den Schenkeldruck nicht, muss sofort die Gerte ihn unterstützen. Die Gerte wird von jedem Pferd als treibendes Mittel verstanden.

Fehler bei der Vorhandwendung und Korrekturen

Fehler:	Korrektur:
Das Pferd kriecht zurück.	*Mit der Hüfte und beiden Schenkeln das Pferd nach vorne schieben bei nachgebenden Zügeln.*
Das Pferd läuft nach vorne weg.	*Mit dem äußeren Zügel das Vorgehen verhindern.*
Das Pferd tritt mit dem äußeren Hinterfuß zu weit seitwärts (Dadurch wird das Übertreten des inneren Hinterfußes erschwert oder unmöglich gemacht).	*Der äußere Schenkel muss das Seitwärtstreten des Hinterfußes begrenzen.*
Das Pferd gibt die Stellung auf.	*Mit dem inneren Zügel das Pferd wieder stellen.*
Das Pferd dreht den inneren Vorderfuß am Boden.	*Das Pferd einen oder zwei Tritte nach vorne oder seitwärts gehen lassen und dann die Wendung weiter fortsetzen.*

Der Galopp – Das Angaloppieren

Der Galopp ist von der Balance her die schwierigste Gangart, weil er zweimal eine Einbeinstütze hat. Im Galopp wird also zweimal die Gesamtlast nur durch ein Bein gestützt.

Zum Beispiel im Rechtsgalopp:

Fußfolge im Galopp

- Nach der Schwebephase, in der sich alle vier Beine in der Luft befinden, fußt zuerst das äußere Hinterbein auf (hier das linke) und stützt die Gesamtlast alleine (Einbeinstütze); die anderen drei Beine sind noch in der Luft.
- Dann fußt die Diagonale auf, also inneres Hinterbein (hier das rechte) und äußeres Vorderbein (hier das linke), zuerst zusammen mit dem äußeren Hinterbein, dann alleine.
- Als nächstes setzt das Pferd das innere Vorderbein (hier das rechte) auf, wobei zunächst noch die Diagonale fußt, dann die Gesamtlast wieder von nur einem Bein (inneres Vorderbein, Einbeinstütze) getragen wird.
- Danach folgt wieder die Schwebephase, bei der alle vier Beine in der Luft sind
- und ein neuer Galoppsprung beginnt, mit der gleichen Fußfolge.

Das Pferd muss also bei jedem Galoppsprung zweimal die Gesamtlast mit nur einem Bein stützen; zuerst mit dem äußeren Hinterbein, dann mit dem inneren Vorderbein. Dadurch ist der Galopp eine viel instabilere Gangart als der Trab, bei dem nach der Schwebephase immer zwei Beine am Boden sind – oder der Schritt, bei dem stets zwei oder drei Beine stützen.

Das macht verständlich, warum für junge Pferde, die ohnehin schon sehr mit ihrer Balance zu kämpfen haben, der Galopp unter dem Reiter eine viel schwierigere Gangart ist, als der Trab oder der Schritt. Es ist daher erforderlich, in der Ausbildung diese Schwierigkeit zu berücksichtigen.

Darum muss man Folgendes beachten:

Mit dem Galopp noch warten

1. Mit dem Galopp beziehungsweise dem Angaloppieren so lange warten, bis die jungen Pferde sich unter dem Reiter im Trabe schon besser ausbalanciert haben und in ihrem Gleichgewicht sicherer geworden sind.

Weil in der ersten Phase der Ausbildung der Trab die Gangart ist, in der das junge Pferd gearbeitet wird, verliert man dadurch keine Zeit.

Warten, bis das Pferd von sich aus angaloppiert

2. Am besten ist es, so lange zu warten, bis das junge Pferd irgendwann von sich aus angaloppiert.

Ich habe immer erlebt, dass die jungen Pferde irgendwann – früher oder später – von sich aus angaloppiert sind, meistens, wenn sie sich in ihrer Balance sicher fühlten. Dann sollte man dies auch unbedingt zulassen, selbst wenn in diesem Moment ein Galopp nicht vorgesehen war; ein anschließendes besonderes Lob bewirkt Vertrauen in die Sache.

Es hat keine Nachteile, bei jungen Pferden mit dem Galopp bzw. mit dem Angaloppieren so lange zu warten, bis sie ihn von sich aus anbieten; denn dann sind sie meistens „reif" für diese Gangart unter dem Reiter.

Anfangs genügen einige wenige Galoppsprünge

Viele junge Pferde machen anfangs oftmals nur einige wenige unbeholfene Galoppsprünge und fallen dann wieder in den Trab oder Schritt. Das sollte man zulassen und nicht versuchen, sie weiter zu treiben, um längeres Galoppieren herauszuholen; das macht sie nur unsicher oder hektisch. Wollen die jungen Pferde von sich aus länger galoppieren, ist nur darauf zu achten, dass sie an den Hilfen bleiben. Jedes Sich-Verselbständigen oder Wegrennen muss sofort energisch unterbunden werden, sonst wird das schnell zur Angewohnheit.

Das Angaloppieren

Angaloppieren nur in Ruhe

Das Wichtigste ist, dass sich das Angaloppieren **ruhig** vollzieht, ohne Hektik. Oft sieht man Reiter, die ihr junges Pferd in den Galopp hineinjagen, indem sie den Trab immer schneller werden lassen. Das ist eine sehr schlechte Methode. Der Galopp als schnellste Gangart hat schon von Natur aus etwas Aufregendes. Auf diese Weise bringt man den Pferden bei, dass Galoppieren etwas zum Aufregen ist – und bildet somit eine schlechte Gewohnheit.

Je ruhiger sich das Angaloppieren vollzieht, umso ruhiger gestaltet sich der nachfolgende Galopp.

Die Hilfen

Die Hilfen zum Angaloppieren:

1. Zum Angaloppieren muss der Reiter im Effektiven Leichten Sitz **kurz einsitzen;** der Oberkörper bleibt leicht vorgeneigt;
2. Dabei den **inneren** Gesäßknochen **kurz** fühlen lassen und die **innere Hüfte vorschieben;**
3. Gleichzeitig treibt der innere Schenkel vermehrt

4. Der äußere Schenkel bleibt passiv liegen in verwahrender Position
5. Der innere Zügel hängt durch
6. Der äußere Zügel steht leicht an; bei Bedarf stellt er das Pferd etwas nach **außen**.
7. Gertenhilfe an der **inneren Schulter;**
8. Stimmhilfe: „Ga-lopp, Ga-lopp!"

Das Pferd nach außen stellen

Beim dressurmäßigen Angaloppieren eines weiter ausgebildeten Pferdes muss dieses gestellt und gebogen sein. Da die meisten jungen Pferde mit der korrekten Biegung noch Probleme haben und noch nicht so versiert darin sind, hat es sich bewährt, zunächst auf die Biegung zu verzichten und die Pferde mit dem äußeren Zügel gegebenenfalls sogar leicht nach außen zu stellen. Dadurch wird die innere Seite frei, vor allem die innere Schulter, und das innere Beinpaar kann ungehindert weiter vorgreifen. Das erleichtert den jungen Pferden das Angaloppieren erheblich und sie finden leichter den richtigen Fuß. Auch bei unrittigen älteren Pferden ist dieses Verfahren sehr hilfreich.

Innerer Zügel hängt durch

Es ist wichtig, den **inneren Zügel deutlich durchhängen** zu lassen; er wird hier zum Angaloppieren nicht benötigt. Da man nicht genau weiß, wann das junge Pferd im Galopp anspringt, verhindert das Durchhängen des Zügels, dass der Reiter nicht rechtzeitig mit dem inneren Zügel nachgibt, um den Galoppsprung „herauszulassen". Das junge Pferd würde dann in den unnachgiebigen inneren Zügel springen, was es völlig irritieren würde; die Pferde wollen dann oftmals gar nicht mehr angaloppieren oder springen auf dem falschen Fuß an.

Gerte an der inneren Schulter

Das Touchieren mit der **Gerte an der inneren Schulter** oder auch dem inneren Vorderbein hilft dem Pferd sehr zu verstehen, dass es mit diesem Bein weiter vorgreifen muss. Diese Hilfe hat sich bei jungen Pferden sehr bewährt. Die Gerte an der Hinterhand einzusetzen ist nicht in gleicher Weise effektiv. Die jungen Pferde können das als Hilfe zum Angaloppieren meistens nicht verstehen und traben oftmals nur schneller.

Stimme: Ga-lopp, Ga-lopp

Die **Stimmhilfe „Ga-lopp, Ga-lopp"** ist ebenfalls eine sehr wirkungsvolle Hilfe. Dieses Stimmkommando kennen die Pferde von der Longenarbeit her; sie können es daher auch unter dem Sattel leicht umsetzen. Darum sollte diese Stimmhilfe unbedingt eingesetzt werden.

Die Technik des Angaloppierens:

In einem ruhigen Trabtempo

- das Pferd leicht nach außen stellen;
- kurz einsitzen und den inneren Gesäßknochen fühlen lassen;
- dabei die innere Hüfte vorschieben und
- mit dem inneren Schenkel vermehrt treiben.
- Dabei mit der Gerte leicht an der inneren Schulter „anklopfen"
- und die Stimmhilfe einsetzen: „Ga-lopp, Ga-lopp"

In den meisten Fällen sind die jungen Pferde auf diese Hilfen hin angaloppiert, vor allem auch dann, wenn sie an der Longe gut vorbereitet waren und wenn man sich für das erste Angaloppieren genügend Zeit gelassen hat.

Das Tempo und die Hilfen nicht verstärken

Wenn ein Pferd auf diese Hilfen hin nicht angaloppiert ist, habe ich die Hilfen **nicht** verstärkt, und schon gar nicht das Trabtempo. Ich habe es immer strikt vermieden, die Pferde über das verstärkte Tempo in den Galopp fallen zu lassen. Dadurch gewinnt man nichts. Das erzeugt nur Hektik und Unsicherheit. Das Pferd muss letztlich doch das korrekte Angaloppieren lernen, aus einem ruhigen Tempo heraus und auf die richtigen Hilfen hin. Es geht hier nicht darum, dem Pferd das Galoppieren beizubringen, das kann es von Natur aus. Es geht in diesem Ausbildungsstadium auch nicht um einen sofortigen Gehorsam, „jetzt" zu galoppieren.

Angaloppieren immer wieder probieren

Ich habe mit jungen Pferden das Angaloppieren immer wieder probiert, immer auf die gleiche Weise. Erfahrungsgemäß bleibt von jedem Versuch etwas hängen, was mit der Zeit das Verständnis des Pferdes fördert. Nach einigen weiteren Versuchen sind die Pferde dann meistens angaloppiert. Wenn das nicht der Fall war, habe ich den Galopp weiter zurückgestellt; dann waren die Pferde aus irgendeinem Grund noch nicht reif oder bereit für diese Übung.

Gleich das Pferd richtig belehren

Wie ich schon gesagt habe, verliert man dadurch keine Zeit. Es bleibt noch genug anderes, womit das Pferd gymnastiziert werden kann. Ein ruhiges, sicheres Angaloppieren auf dem richtigen Fuß hat für die ganze spätere Ausbildung im Galopp einen hohen Wert. Die Pferde müssen es doch richtig lernen – warum also nicht gleich? Alle Fehler, die hier unterlaufen, und schlechte Gewohnheiten, die sich bilden, müssen später wieder korrigiert werden.

Ich habe manches ältere Pferd erlebt, für das Galoppieren und Angaloppieren immer noch eine unsichere und aufregende Sache war.

Ein falsches Anspringen nicht bestrafen

Es ist kein „Beinbruch", wenn das Pferd bei den ersten Versuchen anzugaloppieren, auf dem „falschen" Fuß anspringt. Das Wichtigste ist, dass es überhaupt reagiert und verstanden hat, dass es galoppieren soll. Nach ein paar Sprüngen im Außengalopp fallen die meisten Pferde von sich aus wieder in den Trab oder Schritt, weil für viele der Außengalopp unbequem ist. Ansonsten führt man sie ganz ruhig in den Trab oder Schritt zurück. Auf gar **keinen Fall** dürfen sie für das Anspringen auf dem „falschen" Fuß bestraft werden. Das stiftet Verwirrung und Unsicherheit und macht die Übung noch schwieriger. Außerdem soll später der Außengalopp als Lektion verlangt werden.

Um das Angaloppieren auf dem richtigen Fuß zu fördern, kann man Folgendes tun:

Das fördert richtiges Angaloppieren

- Kopf und Hals des Pferdes noch etwas mehr nach außen stellen, damit die innere Seite noch weniger belastet wird
- Mit dem vermehrt anstehenden äußeren Zügel, das Vorgreifen der äußeren Schulter und des äußeren Vorderbeines verhindern
- Darauf achten, dass der innere Zügel wirklich durchhängt
- Den inneren Gesäßknochen und die innere Hüfte stärker schiebend einsetzen
- Die innere Schulter oder auch das innere Vorderbein verstärkt mit der Gerte „anticken"
- Die Hilfen zum Angaloppieren dann geben, wenn das Pferd auf der Zirkellinie von der offenen Seite wieder auf die geschlossene Seite zugeht. Die Bande begrenzt sozusagen optisch das äußere Vorderbein
- Wichtig ist auch, dass man mit dem Angaloppieren auf der Seite beginnt, auf der sich das Pferd insgesamt leichter tut, also auf seiner so genannten „Schokoladenseite"

Diese Maßnahmen helfen den jungen Pferden, das Angaloppieren auf dem richtigen Fuß zu lernen.

Längere Zeit auf einer Hand bleiben

Um den Galopp zu festigen, bin ich dann immer für eine Weile auf derselben Hand geblieben. Die Hand zu wechseln, hat keine Eile. Erst wenn ich den Eindruck hatte, nun „sitzt" die Übung, das Pferd springt immer schneller an und findet problemlos den richtigen Fuß, habe ich die Hand gewechselt. Auf der anderen Hand muss man von vorne wieder anfangen; die Perspektive aus der Sicht des Pferdes ist auf der anderen Seite eine ganz andere und damit ist auch die Sache völlig neu.

„Rücksichtnahme" zahlt sich aus

Wie schon erwähnt, fallen viele junge Pferde beim ersten Angaloppieren nach ein paar Galoppsprüngen wieder in den Trab zurück. Das sollte man **unbedingt** zulassen; nicht die Pferde weiter treiben, um längeres Galoppieren herauszuholen. Die jungen Pferde galoppieren bei den ersten Versuchen meistens von sich aus so lange wie sie sich sicher fühlen und wie sie vor allem mit der viel schwierigeren Balance und dem Gewicht in dieser Gangart zurecht kommen. Diese anfängliche „Rücksichtnahme" zahlt sich aus, weil die Pferde dadurch schneller Sicherheit und Vertrauen gewinnen.

Eine sichere Basis für die weitere Galopparbeit

Haben die jungen Pferde auf diese Weise ein ruhiges und sicheres Angaloppieren auf dem richtigen Fuß gelernt, ist eine wichtige „Hürde" genommen. Es ist eine sichere Basis für die gesamte weitere Ausbildung im Galopp gelegt worden

Danach kann man das Galoppieren für die Ausbildung vermehrt nutzen, auch längere Galoppreprisen verlangen und den häufigen Wechsel von Links- und Rechtsgalopp weiter ausbauen.

Angaloppieren aus dem Schritt

Das Angaloppieren aus dem Schritt ist sehr viel schwieriger als aus dem Trab. Da es eine versammelnde Wirkung hat, muss das Pferd eine solche Versammlungsfähigkeit im Galopp bereits erworben haben, zumindest im Ansatz. Ich habe mit dieser Übung erst dann begonnen, wenn die Pferde ausbalanciert galoppieren konnten sowie ein horizontales Gleichgewicht und eine zügelunabhängige Selbsthaltung erreicht hatten.

Die natürliche Schiefe im Galopp

Anfangs nur mit losem Zügel galoppieren

Besonders im Galopp neigen die Pferde dazu, sich vermehrt schief zu machen. Sie fallen mit der Hinterhand herein oder heraus und galoppieren auf zwei Hufschlägen. Nach meinen Erfahrungen wird diese Tendenz noch verstärkt durch die Zügeleinwirkungen. Anstehende Zügel fördern dieses Sich-Schief-Machen. Besonders für das junge Pferd, das in sich selbst noch sehr unausbalanciert und instabil ist, sind Kopf und Hals die notwendige Balancierstange. Sie brauchen daher grundsätzlich in Kopf und Hals mehr Freiheit als später ein weiter ausgebildetes Pferd. Wenn man den jungen Pferden diese notwendige Kopf- und Halsfreiheit nimmt oder sie einschränkt durch fest anstehende Zügel,

sind sie gezwungen, zum Ausgleich für die Herstellung ihrer Balance andere Möglichkeiten in ihrem Körper zu suchen. Das verstärkt dann die Schiefe und bewirkt das Herein- oder Herausfallen mit der Hinterhand.

Da ich die jungen Pferde anfangs über längere Zeit strikt mit losem Zügel galoppiert habe, waren sie sehr viel leichter gerade zu halten. Sie hatten die uneingeschränkte Möglichkeit, sich mit Kopf und Hals selber auszubalancieren. Die Schiefe wurde so nicht zu einem Problem.

Das Pferd galoppiert in Dehnungshaltung mit fallengelassenem Kopf und Hals. Die losen Zügel geben ihm die Möglichkeit, sich uneingeschränkt selbst im Galopp auszubalancieren.

Das Pferd hat sich aufgerichtet und galoppiert in schöner Selbsthaltung mit zwangloser Genickbiegung bei losem inneren Zügel. Der Galopp ist schwungvoll und rund.

Anfangs im Galopp nicht in Dehnungshaltung

Ich habe junge Pferde anfangs im Galopp auch nicht in eine Dehnungshaltung geritten, um sie so wenig wie eben möglich mit den Zügeln zu beeinflussen. Das hat sich immer bewährt. Die Pferde haben auf diese Weise ganz schnell gelernt, gerade zu galoppieren. Wichtiger als alles andere ist am Anfang, dass die Pferde springen, abspringen, sozusagen „durch die Luft springen", und damit eine möglichst lange Schwebephase haben. Ein flacher, schwungloser Galopp ist für die gesamte weitere Ausbildung im Galopp und auch für den fliegenden Wechsel sehr nachteilig.

Je besser die Dehnungshaltung im Trabe wird, umso leichter lässt sie sich dann auch im Galopp herstellen.

Keine Zeit versäumt

Ich reite die Pferde im Galopp erst in die Tiefe, wenn sie in ihrer Balance schon gefestigt sind und gelernt haben gerade zu galoppieren. Da die Haltung im Galopp sich vorwiegend über den Trab verbessert, war mit diesem Verfahren nie etwas versäumt.

Das schiefe Galoppieren wird ganz schnell zu einer Angewohnheit, die später nur sehr schwer oder gar nicht mehr herauszubringen ist. Es blockiert die ganze weitere Ausbildung im Galopp.

Mit diesem zuvor beschriebenen Verfahren erspart man sich viel mühsame und zeitraubende Korrekturarbeit.

Der Außengalopp

In der Grundausbildung nicht sinnvoll

Den Außengalopp halte ich in der Grundausbildung des Pferdes für nicht sinnvoll. Ich habe nicht die Erfahrung gemacht, dass er in diesem Ausbildungsabschnitt den Galopp verbessern konnte.

In den Turnieraufgaben erscheint der Außengalopp schon in der Klasse L. Für viele Pferde und Reiter ist das offensichtlich noch viel zu früh.

Auf gerader Linie kein Unterschied

Auf gerader Linie macht es kaum einen Unterschied, ob das Pferd nun links oder rechts, beziehungsweise auf dem inneren oder äußeren Fuß galoppiert. Die Bedeutung des Außengalopps zeigt sich vor allem auf gebogenen Linien.

Die alten Meister benutzten den Außengalopp oder auch Kontergalopp, um dadurch das Pferd im Galopp tiefer auf die Hanke setzen zu können. Sie ließen das bereits stark versammelte Pferd auf einem engen Kreis im Kontergalopp galoppieren, um daraus den Redopp zu entwickeln, ein sehr gesetzter, kurzer „trillerartiger" Vierschlag-Galopp.

Voraussetzungen

Um durch den Außengalopp den Galopp verbessern zu können, das heißt, um ihn versammelter und gesetzter zu machen, muss das Pferd mindestens geschlossen und rund, im Gleichgewicht galoppieren können und schon über eine gute Durchlässigkeit verfügen.

Dann kann das, was schon vorhanden ist, im Kontergalopp weiter verbessert werden. Das bedeutet, diese Voraussetzungen müssen schon vorhanden sein, wenn das Pferd in den Außengalopp hineingeht; sie können im Außengalopp selbst nicht hergestellt werden

Ich halte es daher nicht für sinnvoll und nützlich, mit einem Pferd, das gerade eben in einem längeren Rahmen galoppieren kann und noch nicht über eine gesicherte, zügelunabhängige Selbsthaltung, Durchlässigkeit und Versammlungsfähigkeit im Galopp verfügt, einen Außengalopp zu reiten.

Die Pferde verlieren den flüssigen Galoppsprung

Diese Pferde verlieren dann meistens im Außengalopp, spätestens in den Ecken, den flüssigen und runden Galoppsprung; sie „schrägeln" irgendwie durch die Ecken oder auf dem Zirkel. Manches intelligente Pferd will sich daraus befreien und springt in den Handgalopp um. Oft wird es dann dafür auch noch bestraft (obwohl diese Reaktion doch eigentlich sehr gescheit ist). Das kann sich sehr nachteilig für den fliegenden Wechsel auswirken, der später in der Ausbildung sehr erwünscht ist.

Häufiges Angaloppieren verbessert den Galopp

Will man in der Grundausbildung des Pferdes den Galopp runder, geschlossener und erhabener machen, eignet sich dafür das häufige Angaloppieren aus dem Schritt, im Wechsel auf beiden Händen, sehr viel besser als der Außengalopp.

Paraden aus dem Sitz

Diese Übung verbessert aber nur dann den Galopp, wenn die Paraden **aus dem Sitz heraus** gegeben werden; dadurch nehmen die Pferde die Bewegung und den Schwung korrekt mit den Hinterbeinen auf. *(Sehen Sie bitte hierzu auch das Kapitel „Die Paraden").* Erfolgen bei dieser Übung die Paraden beziehungsweise die Übergänge vorwiegend durch stärkere Einwirkungen mit den Zügeln, wirkt sich das sehr nachteilig auf den Galopp und auf die Durchlässigkeit aus.

Wann ist der Außengalopp wichtig?

Haben die Pferde eine größere Durchlässigkeit und Versammlungsfähigkeit im Galopp bereits erworben, so ist der Kontergalopp – vor allem auf gebogenen Linien – eine wirkungsvolle Lektion, um den Galopp weiter zu versammeln und die Geraderichtung im Galopp zu verbessern.

Bei einem rittigeren Pferd, das schon über eine sichere Selbsthaltung und gute Durchlässigkeit verfügt, ist es dann auch keine Schwierigkeit mehr, das Pferd im Außengalopp zu erhalten. Wenn man die äußeren Hilfen verstärkt und die inneren nur leicht gibt. Vor allem muss der Reiter auch auf allen gebogenen Linien mit seinem eigenen Gewicht und Schwerpunkt nach **außen** mitgehen.

Der fliegende Galoppwechsel

Nützlicher als der Außengalopp

Für nützlicher als den Außengalopp halte ich in der Grundausbildung des Pferdes den einmaligen fliegenden Galoppwechsel.

Der fliegende Galoppwechsel ist keine künstliche Lektion. Jedes Pferd kann von Natur aus fliegend den Fuß im Galopp wechseln; das Fohlen auf der Weide macht das schon. Trotzdem scheinen die Pferde für den fliegenden Wechsel unter dem Sattel unterschiedlich talentiert zu sein; einigen Pferden fällt es leichter als anderen.

Das Talent zeigt sich schon früh

Das Talent für den fliegenden Wechsel zeigt sich bei jungen Pferden oftmals schon bei der Longenarbeit. Fällt ihnen der fliegenden Wechsel leicht, bleiben sie nicht im Außengalopp, wenn sie an der Longe versehentlich einmal außen angesprungen sind; sie wechseln nach höchstens ein bis zwei Galoppsprüngen im Außengalopp von sich aus in den Handgalopp, der ja viel bequemer ist. Das habe ich immer sehr gelobt. Ein rittiges Pferd später im Außengalopp zu erhalten, ist vorwiegend eine Sache der richtigen Hilfen – und sehr viel einfacher, als dem Pferd einen fliegenden Wechsel beizubringen.

Fördert die Geschicklichkeit und macht Spaß

In diesem frühen Stadium der Ausbildung fördert der fliegende Galoppwechsel sehr die Geschicklichkeit des Pferdes. Außerdem ist er aus einem freien Galopp heraus auch eine lösende Übung und er macht den Pferden Spaß.

Ganz besonders wichtig ist:

Ohne Versammlung viel einfacher

Aus einem freien Galoppsprung heraus – ohne Versammlung – und ohne dass die Pferde zusammengestellt sind, fällt ihnen das Erlernen des fliegenden Galoppwechsels sehr viel leichter. Haben sie den Bewegungsablauf einmal verstanden, können sie das später problemlos auch in der Versammlung

Voraussetzungen

Voraussetzungen für den fliegenden Galoppwechsel:

Um einem jungen Pferd schon zu einem frühen Zeitpunkt in der Ausbildung einen fliegenden Wechsel beibringen zu können, sollte Folgendes gegeben sein:

1. Man muss es den Pferden **spielerisch** beibringen können und sie müssen ein gewisses Talent dafür haben. Tun Pferde sich schwer, vor allem auch mit dem Galoppieren, wartet man besser, bis sie mehr Rittigkeit erworben haben bzw. bis die Galoppade verbessert ist.

2. Die Pferde müssen unbedingt gerade galoppieren können.
3. Sie müssen den einfachen Galoppwechsel sicher beherrschen, d. h., auf der anderen Hand mit leichten Hilfen schnell den richtigen Fuß finden.
4. Die Pferde müssen locker und losgelassen sein, konstant über den Rücken- und Halsbogen gehen, in korrekter Dehnungshaltung und in einem horizontalem Gleichgewicht.

Eine Anlehnung und Aufrichtung sowie eine Versammlung ist nicht erforderlich.

Vorbereitung:

Erfüllt das Pferd vorgenannte Bedingungen, mache ich folgende Übung:

Ich wechsle immer wieder durch die ganze oder auch halbe Bahn mit einfachem Galoppwechsel. Das erneute Angaloppieren erfolgt aus dem Trab heraus. Dabei benutze ich strikt die gleichen Hilfen wie zum fliegenden Wechsel (siehe weiter unten) und achte darauf, dass der Ablauf dieser Übung immer genau der gleiche ist. Das übe ich mehrmals hintereinander und über einen längeren Zeitraum hinweg. Für diese Übung lasse ich mir viel Zeit, unter Umständen vierzehn Tage, drei Wochen oder auch länger; das hängt vorwiegend davon ab, wie das Pferd reagiert und wie gut diese Übung gelingt.

Das ist nicht nur eine gute Vorbereitung für den fliegenden Wechsel; die Pferde werden auch reaktionsschnell im einfachen Wechsel und allgemein durchlässiger.

Um es den Pferden so leicht wie möglich zu machen, lasse ich sie zuerst immer nach der Seite hin umspringen, auf der ihnen der Galopp leichter fällt; oftmals ist das die rechte Seite.

Ist der Moment gekommen, wo die Pferde am liebsten den Wechsel selbständig vornehmen wollen, also meine Hilfen gar nicht mehr abwarten möchten, weil sie schon wissen, was jetzt wieder kommt, dann gehe ich nicht mehr in den Trab über, sondern gebe die Hilfen für den fliegenden Wechsel schon im Galopp.

Das Wichtigste ist, dass die Pferde reagieren

Manche Pferde springen dann schon korrekt um – und oftmals auch gleich richtig durch. Andere wechseln zuerst nur vorne und dann hinten oder umgekehrt. Das Wichtigste ist, dass die Pferde überhaupt reagieren; das zeigt, dass sie wissen, sie sollen mit ihren Beinen etwas Neues tun.

Reagieren die Pferde nicht, sondern galoppieren weiter im Außengagalopp, pariere ich sie nach ein paar Sprüngen ruhig in den Schritt durch – und wiederhole das Ganze. Geraten die Pferde in den Kreuzgalopp, korrigiere ich das sofort – in aller Ruhe. In diesen Fällen versuche ich, die Vorbereitung weiter zu verbessern.

Längere Zeit an einer Stelle bleiben

Haben die Pferde dann den einmaligen fliegenden Wechsel verstanden, bleibe ich für längere Zeit bei diesem einen Wechsel, immer an der gleichen Stelle und nach derselben Seite, bis ich den Eindruck habe, das Pferd macht ihn leicht und flüssig – ohne noch „überlegen" zu müssen.

Dann übe ich aber nicht gleich auf der anderen Seite, sondern probiere nun den gleichen Wechsel an einer anderen Stelle. An dieser anderen Stelle fange ich wieder „von vorne" an, indem ich zuerst den einfachen Wechsel mehrmals hintereinander reite, um so dem Pferd verständlich zu machen, was ich möchte.

Nichts voraussetzen

Erst wenn der einmalige fliegende Wechsel zu dieser Seite hin gut „sitzt" und an anderen Stellen auch gelingt, probiere ich den fliegenden Wechsel zur anderen Seite hin. Dabei gehe ich exakt genauso vor wie auf der einen Seite. Ich setze nichts voraus, sondern tue so, als hätte das Pferd keine Ahnung von einem fliegenden Wechsel. Das hat sich sehr bewährt.

Wenn der fliegende Wechsel auf der einen Hand vom Pferd wirklich gut verstanden und beherrscht wird, findet es ihn auf der anderen Seite in den meisten Fällen leichter und schneller.

Noch nicht „auf dem Punkt"

Selbstverständlich muss der Wechsel in diesem Stadium nicht „auf dem Punkt" erfolgen. Die jungen Pferde haben noch sehr viel Zeit, diese Fertigkeit zu lernen – und oftmals ergibt sie sich mit zunehmender Geschicklichkeit wie von selbst.

Keinen Druck machen und nicht strafen

Zwei Dinge darf man beim Trainieren des fliegenden Galoppwechsels nicht tun:

1. In irgendeiner Weise einen verstärkten Druck auf die Pferde ausüben;
2. sie irgendwie bestrafen, wenn sie Fehler machen.

Reine Reaktionssache

Der fliegende Wechsel ist eine reine Reaktionssache. Das Pferd muss selbst herausfinden, dass es nur in der kurzen Phase der freien Schwebe die Position seiner Beine wechseln kann. Und dabei kann ihm der Reiter nicht helfen.

Verstärkter Druck und Strafen erzeugen eine Aversion gegen den fliegenden Wechsel, für den die Pferde Konzentration und Ausgeglichenheit benötigen – und der ihnen doch Freude machen soll.

Ich möchte Ihnen folgendes Erlebnis erzählen:
Ich übte mit einem etwa viereinhalbjährigen Pferd, das für den fliegenden Wechsel talentiert war. Nach den ersten beiden gelungenen Versuchen, probierte ich es am nächsten Tag wieder. Das Pferd hatte offensichtlich schon verstanden, was es tun sollte. Bei diesem Versuch aber sprang das Pferd am Wechselpunkt nicht um, sondern galoppierte im Außengalopp weiter. Es war für mich deutlich fühlbar, dass es zwar genau wusste, was es tun sollte, aber irgendwie den Moment verpasst hatte, in dem es die Position der Beine hätte wechseln können. Ich spürte, dass es in ihm „arbeitete"; deshalb verhielt ich mich ganz still und passiv und wartete. Das Pferd galoppierte weiter im Außengalopp; an der zweiten kurzen Seite der Bahn, ohne dass ich irgendwie eingegriffen hätte, sprang das Pferd plötzlich um – und ganz korrekt. Aha, dachte ich, nun hat es sich „sortiert" und den richtigen Moment gefunden.

Die Hilfen für den einmaligen fliegenden Wechsel:

Ich benutze für den fliegenden Wechsel dieselben Hilfen wie für das Angaloppieren bzw. wie für den einfachen Galoppwechsel; damit braucht das Pferd bezüglich der Hilfen nichts Neues zu lernen. *(evtl. sehen Sie noch einmal unter „Angaloppieren" nach).*

Auf der Wechsellinie durch die halbe Bahn

Grundsätzlich übe ich den fliegenden Wechsel nur auf gerader Linie ein; das ist viel einfacher und birgt nicht so viele Gefahren in sich wie ein auf gebogenen Linien gerittener Wechsel, wie etwa ein Herumwerfen oder ein Sich-Schief-Machen. Geübt wird auf der Wechsellinie durch die ganze Bahn, besser noch durch die halbe Bahn, um möglichst weit vor der Ecke an der neuen langen Seite anzukommen.

Fliegend zu wechseln und gleich mit richtiger Innenbiegung durch die Ecke galoppieren zu müssen, ist eine zusätzliche Schwierigkeit.

1. Auf der Diagonalen – bald nach dem Abwenden:

Die Hilfen für den fliegenden Wechsel

- verschiebe ich **ganz deutlich** die Schenkel,
- lasse den **neuen inneren Gesäßknochen fühlen**
- und **schiebe die neue innere Hüfte vor;**
- dabei **drehe ich den Kopf und den ganzen Oberkörper** in die neue Richtung
- das Gewicht bleibt dabei etwas mehr auf der alten inneren Seite des Pferdes, damit die neue innere betont frei bleibt.

Damit fühlt mich das Pferd anders auf seinem Rücken; ich sitze gegen seine Galoppbewegung; das spürt jedes Pferd, wenn es körperlich und psychisch losgelassen ist.

2. Dann touchiere ich mit der Gerte (die ich schon vorher gewechselt habe) an die neue innere Schulter und sage: „Galopp, Ga-lopp!"

Ich setze die Gerte also nicht an der Hinterhand ein, sondern an der Schulter. Ich habe die Erfahrung gemacht, dass die Pferde das besser verstehen, denn es ist das neue innere Vorderbein, das aus der Schulter heraus mehr vorgreifen muss.

Gerte an der inneren Schulter

Die Stimme „Ga-lopp, Ga-lopp!" kennt das Pferd als Aufforderung zum Angaloppieren an der Longe und auch vom Erlernen des Angaloppierens unter dem Reiter; ebenso das Touchieren mit der Gerte an der inneren Schulter.

Die gleichen Hilfen wiederholen

3. Diese Hilfen, also Vorschieben der inneren Hüfte, Fühlenlassen des inneren Gesäßknochens und Stimmkommando sowie „Anticken" mit der Gerte an der neuen inneren Schulter, wiederhole ich so lange, bis ich auf der gegenüberliegenden langen Seite angekommen bin; dabei reite ich „stur" geradewegs auf die gegenüberliegende lange Seite zu, als wollte ich in die Wand hineinreiten.

4. Zügelhilfen werden so gut wie gar keine gegeben, ich lasse beide Zügel lose beziehungsweise leicht durchhängen; manchmal nehme ich auch den alten inneren Zügel mehr an, um damit das Vorgreifen des alten inneren Vorderbeines zu „bremsen".

Der neue innere Zügel muss durchhängen

Ganz besonders wichtig ist, dass der **neue innere Zügel durchhängt,** damit das neue innere Beinpaar frei und uneingeschränkt vorgreifen kann.

Manches Pferd springt nicht um, weil der neue innere Zügel „klemmt" und dadurch das neue innere Vorderbein, das mehr vorgreifen soll, festhält.

Wenn der neue innere Zügel immer lose ist, besteht diese Gefahr nie.

Die jungen Pferde springen noch unreguliert und man weiß im Voraus nicht, wann sie wechseln.

Später Gerte und Stimme weglassen

Haben die Pferde später den fliegenden Wechsel verstanden und beherrschen ihn, lasse ich Stimme und Gerte weg. Die wichtigsten Hilfen sind dann die Drehung des Oberkörpers, das Verschieben der Hüfte und der Schenkel sowie das **kurze** Einsitzen, um den inneren Gesäßknochen fühlen zu lassen.

Diese Hilfen können später im Dressursitz problemlos übernommen werden; die Drehung der Hüfte ist hier für das Pferd noch viel deutlicher zu spüren, weil der Reiter im Sattel sitzt; sie stellt dann die wesentlichste Hilfe dar.

Zusammenfassung:

Die Vorgehensweise und die Hilfen

Anhand eines Beispiels möchte ich die Hilfen und die Vorgehensweise beim fliegenden Wechsel kurz zusammenfassen.

Nach Erfüllung aller Voraussetzungen und gründlicher Vorbereitung im einfachen Galoppwechsel einen fliegenden Wechsel versuchen, z. B. von links nach rechts, auf der Diagonalen durch die **halbe** Bahn:

1. Auf der linken Hand im Linksgalopp **kurz nach der zweiten Ecke** der kurzen Seite auf die Diagonale abwenden und **sofort** die Hilfen zum Wechsel geben.

   Damit hat das Pferd viel Zeit zu reagieren, bis es an der gegenüberliegenden langen Seite angekommen ist.

2. **Kopf und Oberkörper** in die neue Richtung **drehen.**
3. **Schenkel deutlich verschieben,** d. h. den linken zurück und den rechten vor (wie zum Rechtsgalopp).
4. **Die rechte Hüfte vorschieben** und den **rechten Gesäßknochen fühlen** lassen (der Reiter muss sich dazu im Effektiven Leichten Sitz – wie zum Angaloppieren – etwas mehr in den Sattel setzen, bei vorgeneigtem Oberkörper).
5. Stimme: **„Ga-lopp, Ga-lopp!"**
6. **Gerte** an der **rechten Schulter** anlegen und damit leicht klopfen.
7. **Beide Zügel lose** – oder den linken etwas anstehen lassen.

Sofort ausgiebig loben!

Springt das Pferd um, irgendwie – und sei es auch noch so unbeholfen – muss es **sofort ausgiebig** gelobt werden; auch dann noch, wenn die Pferde nur geteilt umgesprungen sind, also zuerst hinten und dann vorne oder umgekehrt.

„Ausgiebig loben" können Sie gar nicht wörtlich genug nehmen; Sie müssen selber total begeistert sein – und das Ihrem Pferd auch mitteilen; das wirkt „Wunder"! *(Lesen Sie bitte hierzu auch das Kapitel „Wie belehre ich ein Pferd").*

Ganz wichtig in diesem Stadium ist, die Pferde für die Übung zu **begeistern** und ihnen den Spaß daran zu erhalten. Das ist auch darum von enormer Bedeutung, weil später die Qualität des fliegenden Wechsels nicht zuletzt vom **Ausdruck** bestimmt wird, mit dem das Pferd ihn durchführt, und den muss es **selbst** finden.

Das „geteilte" Umspringen ist anfangs nicht so schlimm; es ist oft noch ein Koordinationsproblem. In diesem Stadium ist das Wichtigste, dass die Pferde irgendwie reagieren. Dann haben sie verstanden, dass sie etwas anderes mit ihren Beinen anfangen sollen. Was, wie und wann ist dann meistens eine Sache längerer Übung, bis die Pferde das selbst herausgefunden haben.

Reagiert das Pferd nicht und galoppiert im Außengalopp weiter, geht man ganz ruhig in den Schritt über. Geraten die Pferde in den Kreuzgalopp, müssen sie sofort korrigiert und ebenfalls in den Schritt durchpariert werden.

Gründliche Analyse

Ist der Wechsel nicht geglückt, sollte der Reiter sich fragen, warum es nicht klappt. Eine gründliche Analyse ist in jedem Falle erforderlich und sehr hilfreich. Ist die Ursache gefunden, kann sie auch gezielt abgestellt werden. Mögliche Ursachen können sein:

Ursachen für Misslingen

1. Das Pferd hat noch nicht verstanden, dass es jetzt auf dem anderen Fuß galoppieren soll. Oftmals muss dann der einfache Galoppwechsel weiter verbessert werden. Die Pferde müssen lernen, noch schneller auf der anderen Seite den neuen Galopp zu finden; dann sind sie auch beim fliegenden Wechsel in ihrer Reaktion schneller.

2. Stimmt die Galoppade? Ist sie rund und gesprungen? Hat die Galoppade keine runden, gesprungenen Bewegungen, sondern ist zu flach und gestreckt, dann ist die Schwebephase zu kurz, in der ausschließlich die Pferde die Position der Beine wechseln können. In diesem Fall muss der Galopp verbessert werden; dafür bietet sich häufiges Angaloppieren an. Bei vielen jungen Pferden hilft auch längeres Galoppieren im Gelände, vor allem in einem höheren Tempo, weil sie dann oft leichter ihren indivduellen Bewegungsfluss finden.

3. Stimmen die Hilfen? Sind sie klar und eindeutig gegeben worden? Wenn die Hilfen zum fliegenden Wechsel anders gegeben werden als für den einfachen Galoppwechsel, ist das für die Pferde eine zusätzliche Schwierigkeit.

Bestrafen ist Gift

Auf gar keinen Fall darf man irgendeinen Druck auf die Pferde ausüben oder sie bestrafen, weil sie nicht wie gewünscht reagiert haben. Das wirkt wie „Gift“, verwirrt und entmutigt die Pferde. Alles muss locker und spielerisch bleiben.

Übung einmal ruhen lassen

Manchmal hilft auch, die Übung ein paar Tage oder länger ruhen zu lassen. Die Erfahrung lehrt, dass das Gelernte in der Zwischenzeit vom Pferd „verarbeitet“ worden ist. Nimmt man nach einiger Zeit die Übung wieder auf, zeigt sich oft, dass sie nun auf einmal klappt.

Gelingt es nicht heute, dann morgen

Gelingt der fliegende Wechsel nicht heute, dann vielleicht morgen oder übermorgen; das junge Pferd hat noch viel Zeit. Man sollte auf keinen Fall aufgeben, sondern immer wieder probieren; etwas von jeder Übung bleibt immer im Gehirn des Pferdes hängen. Damit wächst langsam das Verständnis, bis die Pferde auf einmal das „Puzzle“ in ihrem Kopf zusammengesetzt haben.

Beherrschen die Pferde dann den einmaligen fliegenden Galoppwechsel, ist das ein großer Gewinn für ihre Ausbildung. Außerdem macht es den meisten Pferden Spaß fliegend zu wechseln.

Und freudige Mitarbeit des Pferdes beim Reiten hat einen unschätzbaren Wert.

Im Gelände:

Der fliegende Wechsel ist auch im Gelände sehr wertvoll. Pferde, die ihn beherrschen, „eiern“ nicht im Außengalopp durch eine Kurve, sondern springen schon vorher, spätestens aber in der Kurve selbst, **von sich aus** in den richtigen Handgalopp um. Das ist wirklich sehr nützlich und angenehm für Reiter und Pferd; ganz besonders auch, wenn es in höherem Tempo dahingeht.

Auch im Gelände sehr nützlich

Die Umstellung des Pferdes auf den Dressursitz

Erfüllt das Pferd alle Kriterien der Rittigkeit – und haben sich diese auch im Pferd gefestigt – ist es reif dafür, im Dressursitz weiter geritten zu werden. Es hat dann auch schon die gut trainierten Muskeln im Rücken, in der Hinterhand und am Hals, die ihm helfen, mit der Last in seinem Rücken leichter fertig zu werden.

Das Pferd muss reif sein für die Umstellung

Da die Pferde bisher keinen Grund hatten, sich im Rücken zu verspannen, tun sie das im Dressursitz auch nicht.

Dazu ist aber unbedingt erforderlich, dass der Reiter den klassischen Dressursitz beherrscht.

Sitzt der Reiter unausbalanciert, steif und verspannt, hat er keine Beckendynamik, um die Wellenbewegungen, das Auf und Ab im Rücken des Pferdes richtig zu kompensieren, gehen die Lockerheit und Losgelassenheit des Pferdes verloren; es muss sich zwangsläufig versteifen und festmachen, weil der Reiter es im Rücken stört.

Der Reiter muss den klassischen Dressursitz beherrschen

Es ist ein ganz erheblicher Unterschied, ob das Pferd im Effektiven Leichten Sitz geritten wird, wobei das Gewicht auf die Seiten des Pferdes verteilt wird und somit der Rücken entlastet ist, oder ob es die Gesamtlast ungemildert in seinem Rücken hat wie beim Dressursitz. Deshalb müssen die Pferde langsam und behutsam an den Dressursitz gewöhnt werden; vor allem gilt das für junge Pferde, die bis dahin nur im Effektiven Leichten Sitz geritten worden sind.

Ich denke, das sollte selbstverständlich sein und keiner weiteren Erklärung bedürfen.

Vorgehensweise

Am besten geht man so vor:

- Anfangs trabt der Reiter im Dressursitz vorwiegend leicht
- Ist das Pferd wirklich locker und losgelassen, sitzt er für einige Momente aus – und trabt dann wieder leicht
- Nach einer kurzen Schrittpause wieder Leichttraben und dann wieder für einige Momente aussitzen
- Das Leichttraben muss längere Zeit überwiegen, bis das Pferd sich an den Dressursitz und das Gewicht in seinem Rücken gewöhnt hat.

Sehr behutsam umstellen

Je behutsamer der Reiter diese Umstellung vornimmt, je mehr Zeit er sich dafür lässt, umso leichter macht er es dem Pferd. Das wird es ihm mit einem schwingenden Rücken danken.
Ich möchte noch einmal auf die wichtigen Voraussetzungen für die Umstellung auf den Dressursitz hinweisen:

Zusammenfassung der Voraussetzungen

1. Die Pferde müssen wirklich reif dafür sein; das sind sie erst, wenn sie die Kriterien der Rittigkeit erfüllen und diese sich auch im Pferd gefestigt haben *(Lesen Sie ggf. noch einmal das Kapitel „Die Kriterien der Rittigkeit“).*
2. Der Reiter muss den klassischen Dressursitz sicher beherrschen, ausbalanciert, losgelassen und geschmeidig sitzen können, mit einer geschulten Beckendynamik, sodass das Pferd in seinem Rücken nicht gestört wird.
3. Die Umstellung muss langsam und behutsam erfolgen.

Sind diese Voraussetzungen erfüllt, werden sich keine Probleme ergeben.

Bezüglich des Dressursitzes möchte ich folgendes bemerken:

Der gestreckte, klassische Dressursitz ist ein wirklich schwieriger Sitz. Es bedarf einer optimalen Sitztechnik und langer Übung, um den Sitz so zu beherrschen, dass das Pferd in seiner Rückentätigkeit nicht behindert wird, jedenfalls so wenig wie eben möglich. Nachdem ich mich jahrelang mit der Problematik des klassischen Dressursitzes befasst habe, bin ich heute der Auffassung, dass es vor allem zwei Systeme gibt, mit deren Hilfe man zu einer optimalen Sitztechnik kommen kann. Diese sind beschrieben in den bekannten Werken „Reiten aus der Körpermitte" von Sally Swift und „Gymnasium des Reiters" von H. u. V. Schusdziarra. Wenn man beide Systeme kombiniert, kann man nach meinen Erfahrungen einen wirklich guten Dressursitz erlernen, der den Ansprüchen gerecht wird.

Leider ist das Buch „Gymnasium des Reiters" vergriffen. Es erklärt die Wirkungsweise der Muskeln beim Reiten sowie die daraus folgenden Bewegungsmöglichkeiten sowie die Bewegungsabläufe und ihre muskuläre Durchführbarkeit. Es nützt dem Reiter nichts, wenn ihm nur gesagt wird, **was** er tun soll, etwa „Kreuz anspannen" oder ausbalanciert sitzen, eingehen und mitgehen mit der Bewegung des Pferdes und so weiter. Er muss detailliert erfahren, **wie** er das zu machen hat. Ohne ein Mindestmaß an anatomischem Wissen kann ihm das nicht erklärt werden. Und ohne dieses Wissen ist der Reiter nicht in der Lage, spezielle Bewegungsabläufe gezielt, seinem Willen entsprechend, durchzuführen und die Ausführung auf ihre Richtigkeit hin zu überprüfen. Ebenso wenig ist ohne anatomische Kenntnisse nicht zu überprüfen, ob die Forderungen der Reitlehre bezüglich des Dressursitzes überhaupt gerechtfertigt sind. Es ist daher mehr als nur bedauerlich, wenn dieses so wichtige Wissen verloren geht.

Das Pferd ist auf den Dressursitz umgestellt; es bewegt sich schwungvoll und raumgreifend vorwärts und geht auch jetzt noch bei losem inneren und leicht anstehenden äußerem Zügel zwanglos durchs Genick.

Das Pferd hat sich etwas mehr aufgenommen; es bewegt sich weiterhin über den Rücken- und Halsbogen bei zwangloser Genickbiegung.

Hier hat sich das Pferd versammelt und geht in „halben Tritten" (die Vorstufe zur Piaffe)

Anmerkung: Die alten Meister wussten, dass der Reiter stets in der Lage sein muss, die Zügel „punktmäßig" und fallweise loszulassen, ohne dass dadurch das Pferd seine zwanglose Genickbiegung und Haltung verliert – sonst ist beides nicht reell. Sie nannten das die „Freiheit des Pferdes auf Ehrenwort".

Die in der Natürlichen Pferdeausbildung ausgebildeten Pferde gehen jederzeit zwanglos wieder an die Hand heran, so wie der Reiter es wünscht. Dabei gibt es ein „stramm am Band" grundsätzlich nicht.

Das Anreiten eines jungen Pferdes

Das Gemüt eines jungen Pferdes ist wie eine „unbelichtete Photographische Platte". Die ersten Eindrücke, die es bei der Ausbildung erfährt, sind die, welche sich am tiefsten einprägen. Das Anreiten und die ersten Ausbildungsabschnitte sind die wichtigsten Phasen im Leben eines Reitpferdes. Alles, was hier falsch gemacht wird, hat nachhaltige Auswirkungen, manchmal für das ganze weitere Leben des Pferdes.

Die ersten Eindrücke sind die stärksten

Die ersten Ausbildungsabschnitte sind die wichtigsten

In diesen ersten Stufen der Ausbildung ist vieles anders als bei einem weiter ausgebildeten Pferd. Nicht nur hinsichtlich des Reittechnischen, sondern auch die pferdepsychologischen Aspekte müssen ganz besonders beachtet werden. Einem jungen Pferd muss sich zuerst der Reiter anpassen, bevor er erwarten kann, dass sich das Pferd ihm anpasst. Beim Anreiten und in den ersten Ausbildungsphasen **sorgfältig und langsam** vorzugehen verhindert Probleme und beschleunigt letztlich die Ausbildung.

Zuerst sich dem Pferd anpassen

Vor allem ist auch eine gründliche Vorbereitung an der Longe und an der Hand ganz wichtig. Damit kann man manchmal schon mit dreijährigen Pferden anfangen. Noch jüngere Pferde sind weder körperlich noch mental reif für ernsthafte Arbeit.

Ich habe die jungen Pferde zuerst ein halbes Jahr an der Longe und an der Hand in Lektionen wie Schenkelweichen in allen seinen Variationen, Übertreten und Rückwärtsrichten ausgebildet, außerdem in der Cavaletti-Arbeit und im Freispringen. Damit sind die Pferde hervorragend geschult, ohne überfordert zu sein. Nach etwa einem halben Jahr Training dieser Art ist das Pferd in den meisten Fällen reif für das Anreiten, wenn es wenigstens drei- bis viermal in der Woche gearbeitet worden ist; hierbei genügen 25 bis höchstens 30 Minuten; mit 10 bis 15 Minuten sollte angefangen werden. Nicht „stundenlang", sondern richtig und sorgfältig ist entscheidend.

Zuerst an der Longe und an der Hand ausbilden

Nur das Pferd spazieren zu führen und als Handpferd mitzunehmen – so wichtig das auch anfangs ist – reicht nicht aus, um junge Pferde auf das Gerittenwerden vorzubereiten. Sorgfältige Longenarbeit, wobei sie mit Hilfe des Gogues *(Siehe hierzu das Kapitel „Das Gogue")* schon die Dehnungshaltung, das schwungvolle Vorwärtsgehen und das korrekte Biegen lernen, ist erforderlich. **Nur dadurch** entwickeln die Pferde die notwendige Muskulatur, vor allem am Hals, im Rücken und an der Hinterhand, die es beim Gerittenwerden benötigt.

Das Anreiten kann beginnen

Aber nicht nur die Muskulatur baut sich auf, die Pferde werden schon geschmeidig und bekommen Körperbewusstsein. Sie lernen mit dem Menschen zu kooperieren und ihre mentalen Kräfte wachsen. Haben die jungen Pferde diese wichtige Vorschulung erfolgreich absolviert, kann das Anreiten erfolgen.

Grundsätzlich habe ich die Pferde mit Longiergurt longiert; zehn bis vierzehn Tage vor dem Anreiten mit Sattel; der Sattel ist dann nie ein Problem, vorausgesetzt er passt.

Das Hauptproblem ist das Gewicht

Das Hauptproblem für das junge Pferd ist das ungewohnte Gewicht. Für die meisten jungen Pferde ist es beängstigend, wenn plötzlich über ihnen eine Art „Tiger" erscheint. Der Effektive Leichte Sitz hat den Vorzug, dass man den Oberkörper vorgeneigt und tief halten kann; damit erscheint der Reiter nicht gleich so groß über dem Pferd.

Das erste Anreiten immer zu zweit

Beim erste Aufsitzen und den ersten Tritten unter dem Reiter muss besonders behutsam vorgegangen werden. **Daher sollte beim Anreiten immer ein Helfer dabei sein.** Dadurch wird es sehr viel einfacher für Pferd und Reiter. Leider übertragen die Pferde den Gehorsam und das Vertrauen, das sie vom Boden aus gelernt haben, nicht automatisch auf das Gerittenwerden und die Person im Sattel.

Wie geht man beim Anreiten am besten vor?

Vorgehensweise beim Anreiten

In der Zeit des Trainings an der Longe und an der Hand sollte das Pferd daran gewöhnt werden, an einem erhöhten Platz – von dem man später problemlos aufsteigen kann, ruhig zu stehen; gut eignen sich dafür ein Cavaletti oder ein Hocker, ein leerer Bierkasten tut es auch. Der Reiter stellt sich auf die Aufstiegshilfe, wodurch er schon „über" dem Pferd ist. Von diesem erhöhten Platz aus kann mit der Hand die ganze dem Reiter abgewandte Seite des Pferdes abgestrichen werden. Vor dem ersten Aufsteigen legt man sich vorsichtig mehrmals über den Rücken des Pferdes, zuerst nur mit wenig Gewicht, dann allmählich mit dem vollen Gewicht. Um auf „Nummer sicher" zu gehen, sollte hierbei schon eine zweite Person dabei sein, die das Pferd „beschäftigt" und ablenkt, am besten mit irgendwelchen Leckerbissen. Man sollte dann zwei bis drei Tage lang nur das Auf- und Absteigen üben, bis die Pferde sich daran gewöhnt haben. Grundsätzlich steigt man immer von einem erhöhten Platz aus.

Von einem erhöhten Platz aus aufzusteigen hat nur Vorteile. Ich tue das seit mehr als 25 Jahren grundsätzlich. Die Pferde empfinden das Aufsteigen nicht mehr als unangenehm, man hängt nicht an einer Seite und zieht nicht den Sattel schief und herunter. Die Pferde stehen beim Aufsteigen immer ruhig.

Der nächste Schritt ist Antreten lassen

Der nächste Schritt ist, das Pferd antreten zu lassen. **Da die Pferde den Schenkeldruck als vortreibende Hilfe noch nicht verstehen können, ist ganz wichtig, dass jemand das Pferd anführt.** Diese begleitende Person muss nebenher gehen und das Pferd führen. Aus pferdepsychologischen Gründen ist es sehr effektiv, bei diesen ersten Schritten unter dem Reiter das Pferd mit kleinen Möhren- oder Brotstückchen vom eigentlichen Geschehen abzulenken. Die jungen Pferde sind dann nicht so sehr auf den Reiter auf ihrem Rücken fixiert und verbinden das Gerittenwerden mit angenehmen Dingen; sie orientieren sich mehr an der Begleitperson.

Das Anreiten eines rohen Pferdes ist grundsätzlich ein starker Eingriff in die Freiheit und das Unbelastetsein eines Pferdes.

Auseinandersetzungen vermeiden

Körperliche Verspannungen und psychischer Widerstand müssen unbedingt vermieden werden. Es darf nicht zu irgendwelchen Auseinandersetzungen mit dem jungen Pferd kommen.

Erstes Reiten nur ganz kurz

Das hinterließe tiefe negative Spuren im Gemüt des Tieres. Ganz wichtig ist, dass dieses erste Reiten immer ganz kurz gehalten wird. Ich habe mit fünf Minuten oben sitzen und einmal um die Bahn führen angefangen. **Die jungen Pferde sind sehr schnell überfordert,** weniger körperlich, als vor allem mental und psychisch. Dieses langsame und schrittweise Vorgehen und das Bemühen, es dem Pferd so einfach und angenehm wie möglich zu machen, zahlt sich aus. Die Pferde „spielen" leichter und besser mit, sie bleiben für die menschlichen Belehrungen offen und bemühen sich, diesen zu folgen. Das ist von unschätzbarem Wert.

Lange auf einer Hand bleiben

Dieses nur Oben-Sitzen und das Führen-lassen sollte einige Tage so durchgeführt werden. Dabei bleibt man am besten in den ersten zwei bis drei Tagen nur auf einer Hand; auf der anderen Hand ist für das Pferd alles wieder neu und ganz anders. Auf die andere Seite sollte erst dann gewechselt werden, wenn sich das Pferd auf der einen Seite an das Gehen mit Reiter gewöhnt hat. Nach einigen Tagen bleibt die begleitende Person nach und nach zurück bzw. geht in einem zunehmend größeren Abstand nebenher. Hat das Pferd mehr Sicherheit gewonnen, kann es alleine gehen.

Dieses langsame und sehr behutsame Anreiten, das anfangs etwas mehr Zeit in Anspruch nimmt, lohnt sich. Unliebsame Widerstände und Verspannungen werden so vermieden. Die Pferde gewöhnen sich leichter an den Reiter und arbeiten später problemlos mit.

Anfangs lange Zeit Schritt reiten

Anfangs bin ich immer lange Zeit Schritt geritten, rechte Hand, linke Hand und auf einem großen Zirkel. Die jungen Pferde haben so viel mit der verloren gegangenen Balance zu tun und dem vielen Neuen und Unbekannten, dass Schritt die geeignetste Gangart ist. In dieser langsamen, schwunglosen Bewegung können die Pferde am besten mitdenken und ihren eigenen Körper „sortieren". Mit dem Antraben habe ich immer gewartet, bis die Pferde **von sich aus angetrabt** sind. Ich habe stets vermieden, die jungen Pferde in den Trab hinein zu treiben. Jedes junge Pferd ist irgendwann – früher oder später – von sich aus angetrabt; das kann manchmal ein paar Tage dauern; dann braucht dieses Pferd eben seine Zeit, vor allem auch dann, wenn es beim Anreiten noch sehr jung ist. Traben die Pferde von sich aus an, dann können sie die Energien, die entstehen, unter dem Reiter problemlos auch selbst „verwalten".

Das Pferd soll von sich aus antraben

Eine Sache der Sicherheit

Das selbständige Antraben ist überwiegend eine Sache von Sicherheit und Temperament. Je schneller die Pferde in dieser neuen Situation Sicherheit gewinnen, je bewegungsfreudiger sie sind, umso schneller finden sie in den Trab. Um die Bereitschaft zum Antraben zu testen, kann man auch einmal beim Pferd „anfragen", mit dem Schenkel oder auch durch Zungenschnalzen; erfolgt keine Reaktion, sollte man noch warten. Oftmals traben die Pferde nur ein paar Tritte oder nur eine kurze Strecke und fallen dann wieder in den Schritt. Das muss man zulassen, denn dann ist ihre momentane „Kapazität" schon wieder zu Ende.

Pferde werden heute allgemein sehr früh angeritten, aus unterschiedlichen Gründen. Zu Zeiten de la Guérinières wurden die Pferde erst mit sieben oder acht Jahren angeritten, wenn sie ausgewachsen waren. Ein dreijähriges oder dreieinhalbjähriges Pferd ist körperlich und mental noch ein „Baby". Auch Vierjährige sind noch „grün".

Auf die mangelnde körperliche und mentale Reife dieser sehr jungen Pferde und das Instabile in jeder Hinsicht muss Rücksicht genommen werden; das ist nicht nur „Horsemanship", sondern auch das

Horsemanship

bewusste Vermeiden vieler Probleme, die sich zwangsläufig einstellen, geht man schneller und weniger behutsam vor.

Es kommt in diesen frühen Phasen des Anreitens nicht auf schwungvolles Vorwärtsgehen an. Die Pferde müssen sich zuerst an das Reitergewicht gewöhnen, mit dem verloren gegangenen Gleichgewicht fertig werden, sowie die Anfangsbegriffe der Hilfengebung lernen.

Eine enorme Umstellung

Viele Reiter und Ausbilder machen sich keine Gedanken darüber, was für eine enorme Umstellung es für ein Pferd ist, plötzlich einen Menschen auf seinem Rücken zu haben und dieses ganze „unbequeme Paket" durch die Gegend tragen zu müssen. Es spielen sich dann solche Veränderungen im ganzen Körper und im Gehirn des Pferdes ab, dass die Pferde wirklich „alle Hufe voll zu tun" haben; dazu noch das viele andere Neue, wie z.B. die Einwirkungen des Reiters mit Schenkel und Zügel, das sie auch noch verstehen und verarbeiten müssen.

Langsam ist am schnellsten

Je langsamer und einfühlsamer der Reiter vorgeht, je mehr er sich auch zunächst dem Pferd anpasst, umso weniger ist das Pferd überfordert; umso **schneller und besser** kann es mit allem fertig werden und das Neue verarbeiten. Das ist **die beste Voraussetzung,** um möglichst **„rasch"** mit der Ausbildung weiterzukommen.

Ist es nicht erstaunlich und bewunderungswürdig, wie die Pferde sich grundsätzlich dies alles gefallen lassen? Hätten sie etwas mehr von einem Löwen oder Panther, müssten die Menschen zwangsläufig vorsichtiger sein. So sollte man die Gutwilligkeit und Gutmütigkeit dieser Tiere auch nicht ausnutzen.

Grundsätzliches:

- **Das Reiten erfolgt mit deutlich durchhängenden Zügeln**
- **die Pferde werden in diesem Stadium auch nicht in die Tiefe geritten**
- **sie sollen an losen, durchhängenden Zügeln einfach dahingehen**
- **sie sollen lernen, das Gewicht selbst auszubalancieren**
- **den treibenden Schenkel zu verstehen sowie**
- **auf einfache Richtungsänderungen zu reagieren** ***(Bezüglich des losen Zügels lesen Sie bitte das Kapitel „Der lose Zügel")***

Die Hilfen in der ersten Ausbildungsphase

- Zur Richtungsänderung wird die Gewichtshilfe benutzt; sie ist eine mechanische Hilfe, die von jedem Pferd ganz selbstverständlich verstanden und auch umgesetzt wird.
- Um die Gewichtshilfe zu unterstützen und auch um die Pferde zu lenken, werden die äußere drückende Hand am Hals und der innere „öffnende" Zügel eingesetzt. *(Vergleichen Sie hierzu das Kapitel „Die seitliche Biegung")*

- Den treibenden Schenkel kann das junge Pferd immer mit Unterstützung der Gerte verstehen: also Schenkeldruck und **sofort anschließend** Berührung mit der Gerte, touchieren oder diese leicht drückend einsetzen. Es dauert meist nicht lange, bis die Pferde die Assoziation hergestellt haben, dass Schenkeldruck vorwärts gehen bedeutet; dann ist die Gerte nicht mehr nötig.
- Die Paraden können jetzt schon wie beschrieben eingeübt werden. Die Stimmhilfe wird in diesem Stadium eine noch größere Rolle spielen. *(Lesen Sie hierzu ggf. das Kapitel „Die Paraden“)*

Erst dann, wenn das Pferd den Reiter akzeptiert und das schlimmste Hin- und Herschwanken aufgehört hatte, habe ich angefangen, die Pferde in die Dehnungshaltung beziehungsweise in die Tiefe zu reiten. Das kann einige Tage dauern; wie lange hängt davon ab, wie oft das Pferd geritten wird, wie geschickt der Reiter ist und von dem individuellen Verhalten des Pferdes. Sind die jungen Pferde an der Longe gut vorbereitet, bereitet ihnen die Dehnungshaltung unter dem Reiter keine Probleme. Lassen sie den Hals zwanglos fallen, können sie in der Regel auch schon mehr vorwärts geritten werden.

Die Vorzüge der Methode sind schon erkennbar

Die Vorzüge der Natürlichen Pferdeausbildung sind jetzt schon erkennbar:

- Durch den Effektiven Leichten Sitz ist der Rücken weitestgehend entlastet
- der lose Zügel behindert das Pferd nicht und lässt ihm volle Halsfreiheit
- mittels korrekter Dehnungshaltung wird der Rücken aufgewölbt
- dadurch können die Hinterbeine zu energischem und weitem Vor- und Untertreten veranlasst werden
- Schub- und Schwung fließen ungehindert über den Rücken- und Halsbogen nach vorne
- diesen kann dann die ebenfalls freie Vorhand weit nach vorne ausschwingen
- dadurch zeigen die Pferde schon bald raumgreifende und schwungvolle Bewegungen
- dieser Schwung hilft, das neue Gleichgewicht zu finden, und er hilft beim Geraderichten

In diesen ersten Phasen der Ausbildung reitet man vorwiegend ganze Bahn, auf der rechten und linken Hand und auf einem großen Zirkel. Kann man die Pferde in die Tiefe reiten und gehen sie schwungvoll vorwärts, können schon alle beschriebenen Lektionen geritten werden:

- Das Biegen (dabei werden große gebogene Linien noch bevorzugt),
- Schenkelweichen,
- halbe und ganze Paraden,
- Rückwärtsrichten,
- Übergänge von einer Gangart in die andere,
- Tempounterschiede,
- Cavaletti-Arbeit und
- Bahnfiguren.

Alle diese Lektionen sind bereits reitbar

Haben die Pferde diese langsame Phase des Anreitens durchlaufen, machen sie in der Natürlichen Pferdeausbildung schnell Fortschritte, im Sinne einer klassischen Ausbildung.

Schnelle Fortschritte

Das langsame und behutsame Vorgehen beim Anreiten zahlt sich ebenso aus, wie die längere Vorbereitung an der Longe und an der Hand.

Selbstverständlich ist alles, was jetzt geritten wird, noch nicht perfekt; vieles ist nur in Ansätzen möglich und richtig. Hier gilt: Übung macht den Meister. Es ist hier wie überall, wenn es um Bewegungslernen geht, dass nur durch ständige Wiederholung die Bewegungsabläufe verbessert werden können.

Perfektion nur durch ständige Wiederholung

Weniger ist mehr. Die jungen Pferde brauchen lange Zeit, bis sie mehr zu leisten vermögen. Ich habe immer mit 10 bis 15 Minuten Arbeit angefangen; nach einiger Zeit dann 20 Minuten; später bis zu 30 Minuten, einschließlich aller „Denkpausen“; eine halbe Stunde habe ich nicht überschritten. 20 Minuten korrektes und gezieltes Reiten bringt die jungen Pferde schon weiter.

Weniger ist mehr

Ganz ungut ist, das junge Pferd an einem Tag eine Stunde zu reiten und sehr viel zu üben und dann zwei oder drei Tag wieder gar nichts zu tun. Gerade bei jungen Pferden muss man „dranbleiben“, weil man ihnen das Gerittenwerden und vieles andere erst zur Gewohnheit machen muss. Gewohnheiten bilden sich nur, wenn man über längere Zeit intensiv immer das Gleiche tut. Ein älteres, gut gerittenes Pferd verträgt auch einmal eine Pause.

Bei jungen Pferden muss man „dranbleiben“

Fredy Knie sagt: „Jeden Tag einen Zentimeter Fortschritt bringt schließlich auch einen Meter.“ Meine Erfahrung ist, dass dieser eine Zentimeter Fortschritt nicht nur nötig ist, damit sich das Pferd weiter entwickelt, sondern auch möglich. Irgendwo, an irgendeiner Stelle ist dieser eine Zentimeter Fortschritt jeden Tag

Jeden Tag ein Zentimeter Fortschritt

erreichbar. Aber mehr ist auch nicht zu erwarten. In der Ausbildung von Pferden geht es immer nur langsam weiter, das aber sollte kontinuierlich sein.

Keine Rückschläge

Hält der Reiter sich konsequent an die hier dargestellten Prinzipien, Vorgehensweisen und Techniken der Natürlichen Pferdeausbildung, dann gibt es keine Rückschläge. Der Reiter kann sich nicht irgendwann an einer Stelle festfahren. Die Pferde sind nicht früher oder später steif, fest, verritten und sauer. Die Entwicklung des Pferdes geht kontinuierlich voran.

Dieser am Anfang etwas langsamere Weg ist im Endeffekt der schnellere und der sicherere Weg.

Eine weiterführende Ausbildung und alle schwierigeren Lektionen müssen eine sichere und korrekte Basis haben, sonst gelingen sie nicht und der Reiter bleibt irgendwann „stecken". Dann muss doch wieder zurückgegangen werden bis auf unterste Stufen. Es bringt daher nichts, die Ausbildung forcieren zu wollen. Das Können eines guten Bereiters besteht unter anderem auch darin, genau zu wissen, wann ein Pferd für den nächsten Ausbildungsschritt wirklich reif ist und wie dieser auszusehen hat. Den Moment zu verpassen, in dem man in der Ausbildung weiter vorangehen kann, hat auch Nachteile; diese sind aber weniger gravierend als zu schnelles Vorgehen. Ist man sich nicht sicher, ob das Pferd zu einer nächst höheren oder schwierigeren Lektion fähig ist, kann die Übung versucht werden; hat das Pferd noch größere Probleme mit der Ausführung, ist es besser, noch zu warten; meistens müssen dann die Voraussetzungen weiter verbessert werden.

Der Galopp

Zuerst vorwiegend im Schritt und Trab reiten

Der Galopp spielt am Anfang der Ausbildung eines jungen Pferdes keine bedeutende Rolle. Durch die Fußfolge, zweimal eine Einbeinstütze, ist diese Gangart für die Pferde bezüglich der Balance viel schwieriger als der Trab. Sind sie im Schritt und im Trab in allem, besonders in ihrem neuen Gleichgewicht, sicherer geworden, bereitet auch der Galopp meistens keine Probleme; dabei muss dem Angaloppieren besondere Aufmerksamkeit gewidmet werden. Wann die Pferde für die Galopparbeit reif sind, ist sehr unterschiedlich. Das hängt besonders auch von der natürlichen Veranlagung ab. Lässt man in den ersten Wochen den Galopp weg, wird nichts versäumt. Grundsätzlich vollzieht sich in der ersten

Zeit die Ausbildung im Trab und im Schritt. Um die Pferde zu schulen und weiterzubringen reicht das auch vollständig aus.

Wollen die Pferde **von sich aus** galoppieren, lasse ich das zu; das kommt der Galopparbeit entgegen. Ich habe nur immer darauf geachtet, dass die Pferde an den Hilfen blieben; vor allem für junge Pferde ist der Galopp oft etwas Aufregendes und sie wollen sich gerne „verselbständigen".

Anreiten an der Longe

Die Methode, das junge Pferd mit einem Reiter an der Longe zu longieren, um es so an das Gewicht zu gewöhnen, halte ich nicht für gut. Das Tier hat mit dem Gleichgewicht schon erhebliche Schwierigkeiten und soll sich gleichzeitig auch noch auf einem relativ kleinen Kreis korrekt biegen. Das macht ihm die Sache zusätzlich schwer. Die Pferde tun sich sehr viel leichter, wenn sie anfangs geradeaus gehen können, um sich an das Gewicht zu gewöhnen.

Reiten im Gelände

Reiten im Gelände

Mit dem Reiten im Gelände habe ich mir immer viel Zeit gelassen. Die Pferde mussten unter dem Sattel einen guten, gesicherten Gehorsam gelernt haben, bevor ich mit ihnen hinausgegangen bin; auch die Hilfengebung sollten die Pferde bereits sicher verstanden haben.

Anfangs bin ich nur ganz kurze Strecken vom Stall weg geritten, dabei möglichst immer in Begleitung eines anderen, älteren Pferdes, das zuverlässig im Gelände war. Viel Schritt und kurze Trabreprisen, keinen Galopp. Das Verhalten der Pferde im Gelände ist sehr unterschiedlich. Manche sind zuerst sehr ängstlich, andere wollen gleich „auf und davon"; das habe ich **immer ganz energisch** unterbunden. Um die Pferde später dann auch in einem höheren Trab- und vor allem Galopptempo im Gelände reiten zu können – was Lebensqualität für sie bedeutet – brauchen sie sehr viel Gehorsam und Sicherheit, die sie gleich von Anfang an lernen müssen.

Den wirklichen und zuverlässigen Gehorsam lernen die Pferde vorwiegend durch die Gymnastizierung in der Reitbahn.

Untugendens

Untugenden vermeiden

Sind die Pferde mit Untugenden wie Durchgehen, Steigen, Buckeln, den Reiter absetzen auch **nur einmal** durchgekommen, wird das **sofort zu einem tief eingravierten „Muster“.** Aus der Sicht des Pferdes heißt das: „Damit habe ich doch schon einmal Erfolg gehabt, das probiere ich wieder.“ Dann besteht immer die Gefahr, dass die Pferde wieder so reagieren, wann immer es ihnen passt. Daher ist **ganz wichtig,** dass solche Reaktionen des Pferdes **von vornherein** vermieden werden, am besten durch eine sorgfältige Vorschulung und langsame Vorgehensweise.

Junge Pferde durchlaufen auch mental unterschiedliche Phasen der Entwicklung. Im Alter von drei bis vier Jahren sind viele Pferde noch „kindlich“ in ihrem Verhalten. Dann kommen viele in die „Flegelphase“, wo sie sich ihrer Kräfte bewusst werden, ausprobieren und wissen wollen, was sie sich denn alles so erlauben können. Etwas „vernünftiger“ werden auch Pferde meistens nur mit zunehmendem Alter – und natürlich nur bei richtiger Schulung. Pferde sind mental wie drei- bis sechsjährige Kinder (ein zehnjähriges Pferd ist vergleichbar mit einem sechsjährigen Kind). Wenn man dementsprechend mit ihnen umgeht, liegt man immer richtig.

Damit Sie einen besseren „Durchblick“ haben, möchte ich hier noch einmal kurz die wichtigsten Aspekte zusammenfassen:

- Das junge Pferd sorgfältig an der Longe (mit dem Gogue) und an der Hand ausbilden bzw. vorbereiten für das Anreiten;
- Immer von einem erhöhten Platz aufsteigen;
- Zuerst das Auf- und Absteigen üben;
- Dann das Pferd von einer zweiten Person vom Boden aus anführen lassen (ablenken mit Lob und Leckerlis).
- Wenn sich das Pferd nach zwei oder drei Tagen an den Reiter gewöhnt hat, kann es alleine gehen.
- Zunächst nur im Schritt reiten, ganze Bahn, auf der rechten und linken Hand und auf dem Zirkel.
- Möglichst warten bis das Pferd von sich aus antrabt oder vorsichtig mit den Schenkeln oder Zungenschnalzen einmal „anfragen“.
- Reiten mit zwei losen, durchhängenden Zügeln
- Ist das Pferd in seiner Balance sicherer geworden, dann kann es im Schritt in die Tiefe geritten werden.
- Lassen sich die Pferde im Trabe in die Tiefe reiten, kann man sie vermehrt vorwärts reiten und auch schon mit den Lektionen anfangen.

Das Gogue

Unter dem ganzen Sammelsurium sogenannter Hilfszügel ist das Gogue nach meinen Erfahrungen der einzige wirklich pferdegerechte. Man kann ihn sowohl zum Longieren wie auch zum Reiten benutzen.

Ich habe schon erwähnt, dass ein Hilfszügel die Aufgabe hat, dem Pferd etwas verständlich zu machen, auf eine für das Pferd besonders leicht fassbare Art. Er muss also dem Pferd helfen, etwas leichter zu verstehen.
Leider werden die meisten „Hilfszügel" dazu benutzt, schlechtes Reiten zu kompensieren. Sie sollen dem Reiter helfen, auf eine zwanghafte und mechanische Weise beim Pferd etwas durchzusetzen bzw. ihm abzuzwingen, was es ansonsten nicht freiwillig hergibt. Damit wird dem Pferd jedes Verständnis unmöglich gemacht. Die meisten „Hilfszügel" sollen das Pferd auf mechanische Weise durchs Genick und in eine bestimmte „Haltung" zwingen.
Aber jeder Zwang verhindert das Lernen!
Ich hoffe, dass Ihnen inzwischen bewusst geworden ist, wie falsch dieser Weg ist, sollten auch Sie ihn eingeschlagen haben. Er kann nicht zum Erfolg führen und schadet dem Pferd.

Nur für die Dehnungshaltung

Das Gogue dient nur dazu, dem Pferd die Dehnungshaltung verständlich zu machen. Es hat nur diese eine Aufgabe, und dafür ist es hervorragend geeignet.

In der Geschichte der Reiterei gab es immer wieder einmal eine geniale Erfindung. Das Gogue ist eine solche. Es wurde 1949 von einem Franzosen namens René Gogue erfunden, der als Offizier in Saumur ritt.

Was ist ein Gogue?

Im Grunde ist das Gogue ein verbessertes Chambon (auch eine französische Erfindung). Der gravierende Unterschied zum Gogue besteht darin, dass beim Chambon der Druck überwiegend aufs Maul erfolgt. Beim Gogue wirkt der Druck – also die Kopf und Hals senkende Kraft – vorwiegend auf das Genick und das Maul wird geschont. Außerdem kann man mit dem Gogue auch reiten, was mit dem Chambon nicht möglich ist, weil es sich nicht mit der Hand von Sattel aus führen lässt.

„Pferdisch"

Dieses Instrument ist „pferdisch" (pferdegerecht), weil es dem Pferd auf eine leicht begreifbare Art die Dehnungshaltung verständlich macht. Ich benutze es seit vielen Jahren und habe stets erfahren, dass die Pferde es gut annehmen und damit besser gehen. Ich bin auch immer damit geritten, wenn die Pferde die Dehnungshaltung noch zu lernen hatten.

Beim Reiten entfaltet das Gogue eine noch bessere Wirkung als beim Longieren, wenn man es mittels eines zweiten Zügels „in die Hand" nimmt.

Das Maul wird geschont

Das Maul wird geschont, was auch für den Reiter deutlich fühlbar ist – und die Dehnungshaltung kann besser und schneller herausgearbeitet werden.

Die Teile des Gogues

Das Gogue besteht aus

- dem Kopfstück (das unter das Genickstück der Trense geschnallt wird)
- zwei Schnüren (aus Baumwolle oder Nylon mit je zwei Karabinerhaken)
- einem Ausbinder (aus Leder, damit man zusätzliche Löcher hinein machen kann)
- einem Halsriemen (das kann auch ein Anbindestrick sein)
- einem zweiten Zügel (der wird zum Reiten benötigt)

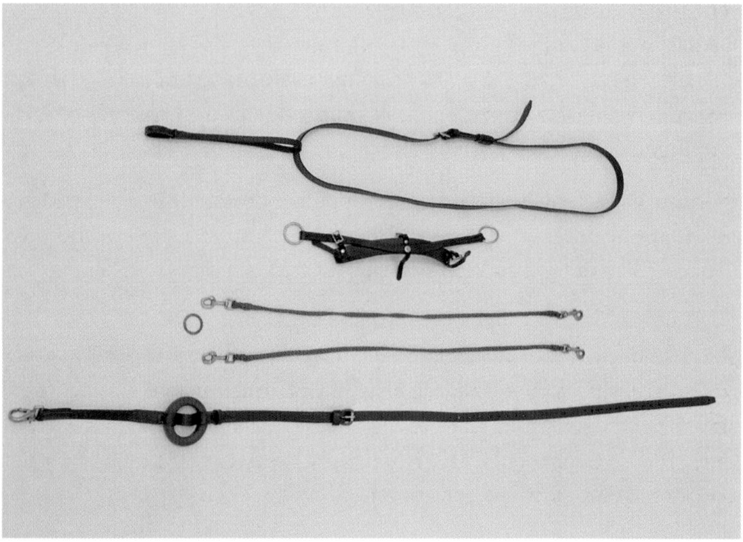

Die einzelnen Teile des Gogue:
- der Halsriemen, mit Lederriemchen zum Fixieren am Longiergurt
- das Kopfstück
- die zwei Schnüre mit Karabinerhaken
- ein Metallring
- der Ausbinder

Wenn Sie sich ein Gogue zulegen wollen, rate ich Ihnen Folgendes:

Das Gogue, wie es in den Reitsportgeschäften angeboten wird, halte ich für nicht praktisch; es lässt sich nicht problemlos und individuell genug verschnallen; außerdem ist es teuer. Bei einem Chambon haben Sie zwar das Kopfstück, aber nur eine Schnur; Sie benötigen aber zwei Schnüre mit je 2 Karabinerhaken. Ein Ausbinder aus Leder ist am praktischsten, weil er sich mittels zusätzlicher Löcher individuell verstellen lässt. Wenn Sie diese Teile (Kopfstück, zwei Schnüre, einen Ausbinder) nicht einzeln kaufen können (nur wenige Reitsportgeschäfte haben das einzeln), dann besorgen Sie sich ein Chambon und einen Ausbinder. Aus der einen Schnur des Chambons können Sie sich eventuell den Halsriemen machen. Aus einer Baumwoll- oder auch Nylonschnur können Sie sich selbst (oder vom Sattler) zwei Schnüre machen mit je zwei Karabinerhaken. Dann haben Sie alles, was Sie brauchen.

Nach welchen Prinzipien wirkt das Gogue?

Die Wirkungsweise

Um diese Prinzipien verstehen zu können, muss man Folgendes wissen: Man kann sich mit einem Pferd nur verständigen, also sein Verständnis erreichen, indem man es auf den beiden Gefühlsebenen angenehm und unangenehm

angenehm **und** **unangenehm**
▼ ▼
Lob **und** **Tadel**

anspricht.

Das bedeutet:

- Alles, was das Pferd tun soll, muss ihm in irgendeiner Weise angenehm sein – oder man muss es ihm „versüßen", durch Loben (mit der Stimme, der Hand oder mit Leckerli).
- Alles, was das Pferd nicht tun soll, muss ihm in irgendeiner Weise unangenehm sein – oder man muss es ihm „vermiesen" – durch Strafen (mit der Stimme, der Hand oder evtl. durch einen einmaligen Schlag mit der Gerte)

Nimmt das Pferd den Kopf hoch – was es nicht soll, weil es dann nicht mehr über den Rücken- und Halsbogen geht – übt das Gogue über das Genickstück einen Druck auf das Genick aus. Das ist unangenehm, gleichsam eine Strafe.

Das Pferd muss den Ausweg selbst finden

Das Pferd muss nun lernen, diesem Druck auszuweichen, indem es genau das tut, was es soll, nämlich Kopf und Hals in die Tiefe zu strecken bzw. fallen zu lassen. Das Pferd muss also den Ausweg aus dem Unangenehmen selbst finden und verstehen, dass der Druck aufhört, wenn es mit Kopf und Hals in die Tiefe geht.

In der Natürlichen Pferdeausbildung ist das Belehren des Pferdes eine „tragende Säule". Das Pferd muss verstehen, was es tun soll. Lernen kann es nur durch eigene Erfahrung. Die Pferde brauchen auch – genauso wie der Mensch – dieses „Aha-Erlebnis": „Aha, so muss ich das machen; so funktioniert das".

Jetzt kommt etwas **ganz Wichtiges,** was unbedingt so geschehen muss, sonst kann das Pferd den Zusammenhang nicht erfassen:

Wichtig!

In dem Moment, wo das Pferd mit Kopf und Hals in die Tiefe geht, muss sich das Gogue sofort völlig ausschalten. Der Druck muss also sofort vollständig aufhören. Das ist angenehm – gleichsam die Belohnung.

Für das Pferd heißt das:

Kopf und Hals oben	➤	**Druck**	➤	**unangenehm**
Kopf und Hals tief	➤	**Druck weg**	➤	**angenehm.**

Diesen Zusammenhang hat bisher noch jedes Pferd verstanden. Damit hat das Pferd etwas **gelernt.** Es wird schließlich – wie der Mensch es auch tut – das Unangenehme vermeiden und das Angenehme suchen. Aufgrund dessen wird es immer häufiger mit fallengelassenem Kopf und Hals gehen, weil das angenehm ist – und immer weniger hoch kommen, weil das unangenehm ist. Das Pferd hat nun den Zusammenhang **verstanden.**

Das Pferd muss reflexhaft reagieren

Hat sich dieses Verständnis im Gehirn des Pferdes durch ständige Wiederholung „verankert", bleiben die Pferde zunehmend von sich aus in der Tiefe und kommen immer seltener nach oben. Mit der Zeit entsteht so ein Reflex.

Ein neues Bewegungsmuster

Dann hat sich ein **neues Bewegungsmuster** entwickelt, nämlich immer mit fallengelassenem Kopf und Hals zu gehen – und damit ständig über den Rücken- und Halsbogen.

Es ist ein „Kernstück" in der Natürlichen Pferdeausbildung, dass die korrekte Dehnungshaltung – und die sich daraus entwickelnde zwanglose Genickbiegung – nicht ständig vom Reiter erneut mit der Hand hergestellt werden muss, sondern die Pferde sie weitestgehend von sich aus einnehmen, weil sie das im Laufe ihrer Ausbildung **gelernt** haben und als angenehm empfinden!

Einige Pferde brauchen, um dieses Verständnis zu finden, etwas länger, andere kommen schneller dahin. Das Prinzip haben die meisten Pferde schnell verstanden. Was vielen Pferden aber im Wege ist:

Das ist hinderlich

- Versteifte und verkrampfte Muskeln und/oder verkürzte Sehnen und Bänder
- ein dicker Unterhals
- falsche Reflexe, zum Beispiel immer mit hohem Kopf und Hals zu gehen und / oder mit weggedrücktem Rücken.
- Manche haben vorher nie in die Tiefe gedurft und „trauen" sich das daher nicht.

Wenn Pferde diese Probleme haben, benötigen sie meistens etwas mehr Zeit, bis sie mit Hilfe des Gogues eine korrekte Dehnungshaltung einnehmen können. Damit der so wichtige Effekt zu Stande kommt, dass sich das Gogue sofort ausschaltet, wenn das Pferd in die Tiefe geht, muss es lang genug verschnallt sein (hierzu später mehr).

Hierin kann eine gewisse Schwierigkeit (für den Reiter) liegen:

Richtig einstellen

Das Gogue muss unbedingt richtig eingestellt sein.

Beim Einstellen des Gogues müssen Sie Folgendes beachten:

Das grundlegende Prinzip

- Das Gogue soll einerseits so lang geschnallt sein, dass es sich wirklich sofort ausschalten kann, wenn das Pferd in die Tiefe geht
- andererseits muss es kurz genug sein, damit ein Druck im Genick entstehen kann, wenn das Pferd Kopf und Hals so hoch nimmt, dass es nicht mehr über den Rücken- und Halsbogen geht, sonst ist es wirkungslos.

Da das Gogue am Ausbinder, der zwischen den Beinen des Pferdes verläuft, fixiert ist, kann durch Verstellen des Ausbinders das Gogue eingestellt werden.

Zu kurz eingestellt

Ist das Gogue zu kurz eingestellt und schaltet sich deshalb nicht sofort aus, wenn das Pferd in die Tiefe geht, dann hört der Druck nicht auf; das Pferd kann sich von dem Druck nicht befreien, egal wie hoch oder tief es Kopf und Hals trägt.

Völlig verwirrend

Das ist für jedes Pferd furchtbar unangenehm und völlig verwirrend.

Die Pferde drücken dann permanent gegen das Gogue und fangen an mit Kopf und Hals herauf und herunter zu stoßen, weil sie nichts mehr begreifen. Jeder Lerneffekt ist damit ausgeschlossen. Dann verkehrt sich dieses hervorragende Instrument in sein Gegenteil und hat fatale Wirkungen:

Fatale Auswirkungen

- Das Pferd hat keine Chance mehr, zwanglos den Hals fallen zu lassen
- es entstehen Spannungen und Verkrampfungen im Kopf- und Halsbereich – und damit immer auch im Rücken
- das Pferd lernt keine zwanglose Dehnungshaltung und damit auch keine zwanglose Genickbiegung
- es entsteht nicht der positive Reflex, ständig über den Rücken- und Halsbogen zu gehen, sondern ein negativer, nämlich ständig gegen das Gebiss zu drücken.

Diese negativen Auswirkungen müssen unbedingt vermieden werden.

Leider muss gesagt werden, dass die meisten Reiter, die das Gogue benutzen, dieses viel zu kurz einstellen. Das kommt offensichtlich daher, dass man allgemein von der Vorstellung ausgeht, das Pferd müsse immer eine „Anlehnung" haben und der Hals müsse immer „eingerahmt" sein. Diese Auffassung ist nicht richtig und richtet viel Schaden an. (Lesen Sie bitte hierzu auch die Kapitel „Der lose Zügel" bzw. „Die Anlehnung")

Die Länge des Gogues

richtet sich

Die Länge des Gogues

1. nach der Länge des Halses und
2. nach dem Ausbildungsstand.

Zu 1. Einstellen nach der Länge des Halses

Bei einem längeren Hals muss natürlich das Gogue länger geschnallt sein als bei einem kurzen Hals.

Die Fixierung der Karabinerhaken der beiden Schnüre im Ausbinder sollte etwa in der Mitte des Halses liegen, also weder zu nahe am Kopf des Pferdes noch zu nahe an der Brust.

Zu 2. Einstellen nach dem Ausbildungsstand

Grundsätzlich muss das Gogue immer ein „Spiel" haben, d. h. es muss immer mehr oder weniger durchhängen.

Es darf **nie stramm** verschnallt sein.

Das Gogue niemals stramm verschnallen

Ist das Gogue stramm und steht an, schaltet sich seine Wirkung, also der Druck, nicht aus, wenn das Pferd mit Kopf und Hals in die Tiefe geht. Je leichter die Pferde den Weg in die Tiefe finden, umso länger kann das Gogue sein, es muss aber immer noch eine Wirkung haben.

Hier ist das Gogue zu kurz

Hier ist das Gogue zu lang

Hier ist das Gogue passend. Es schaltet sich vollständig aus, wenn das Pferd in die Tiefe geht.

Bleiben die Pferde schon vorwiegend mit Kopf und Hals unten – und fangen sie an, schwungvoll und raumgreifend vorwärts zugehen – müssen sie unbedingt Hals, Kopf und Nasenlinie ungehindert **weit nach vorne** dehnen können, sonst sind sie in ihren Bewegungen eingeschränkt. Das kann bedeuten, dass das Gogue länger geschnallt werden muss. Hat ein Pferd noch Schwierigkeiten mit der Dehnungshaltung und kommt daher zu oft wieder mit Kopf und Hals hoch, weil ihm beispielsweise ein dicker Unterhals im Wege steht oder sehr verspannte Muskeln, dann muss das Gogue vorübergehend etwas kürzer geschnallt werden, damit es mehr Druck im Genick des Pferdes ausüben kann.

Vorsicht beim Verkürzen des Gogues!

Schnallen Sie den Ausbinder jeweils immer nur ein bis zwei Löcher kürzer.

Die Löcher sollten nicht mehr als etwa zwei Zentimeter auseinander liegen. Oft macht ein Loch (ca. zwei Zentimeter) kürzer oder länger das Gogue genau passend. Bei den meisten Ausbindern muss man Zwischenlöcher stanzen.

Nach dem Kürzerschnallen lassen Sie das Pferd wieder losgehen – im Schritt und Trab, und beobachten Sie, wie das Gogue jetzt wirkt. Nur in der Bewegung – und am besten im Trabe – ist zu sehen, ob das Gogue passt. Gegebenenfalls müssen Sie dann den Ausbinder noch etwas kürzer oder auch wieder länger einstellen. Meistens muss man ein paar Mal hin- und herschnallen bis das Gogue wirklich passend ist.

Bei Pferden, die ich nicht kenne, muss ich immer einige Male den Ausbinder verlängern oder verkürzen und dann jeweils wieder das Pferd in der Bewegung beobachten, bis ich die Länge des Gogues für dieses Pferd genau austariert habe.

Die genaue Länge finden

Die genaue Länge zu finden, fällt Ihnen leichter, wenn Sie Folgendes beachten:

Beim Verkürzen:

- Wenn das Pferd noch Schwierigkeiten hat, in die Tiefe zu gehen, dürfen Sie auf gar keinen Fall das Gogue immer kürzer schnallen, um zunehmend Druck auszuüben, bis das Gogue auf einmal ansteht.

Bedenken Sie:
Niemals darf ein Pferd in die Tiefe gezwungen werden! Jeder permanente Druck erzeugt Gegendruck. Man kann es immer nur in die Tiefe „locken“. Die Pferde kommen nur dann aus ihren Problemen heraus, wenn sie verstanden haben, was sie tun sollen, und wenn sie körperlich dazu in der Lage sind; d. h. hier vor allem, wenn sie lockerer und losgelassener geworden sind. Und so lange muss man warten und mit dem Pferd darauf hinarbeiten.

Das Gogue ist immer zu kurz, wenn es kein „Spiel“ mehr hat; es muss immer wenigstens leicht durchhängen oder einen leichten Bogen haben. Nur dann kann es sich wirklich **völlig ausschalten,** wenn das Pferd in die Tiefe geht – und **dieser Effekt muss unbedingt gegeben sein.**

Sind Sie unsicher, ob die Länge des Gogues richtig ist oder nicht, verschnallen Sie es lieber ein Stück länger. Das ist immer der geringere, weil weniger schädliche Fehler.

Lieber ein Stück länger verschnallen als zu kurz

Fangen die Pferde an, die Dehnungshaltung besser zu verstehen, weil sie auch mit der Zeit aus ihren Verspannungen und Verkrampfungen herauskommen, muss das Gogue unbedingt wieder länger geschnallt werden, damit die Pferde sich mit Kopf und Hals **weit nach vorwärts-abwärts** dehnen können. Das ist auch deshalb so wichtig, weil sie anders den energischen Schub aus der Hinterhand nicht weit genug nach vorne ausschwingen können. Diese energischen, schwungvollen und raumgreifenden Bewegungen sind aber unbedingt erforderlich. *(Siehe hierzu auch das Kapitel „Die Dehnungshaltung").*

Beim Verlängern:

- Das Gogue ist zu lang, wenn das Pferd Kopf und Hals beliebig weit nach oben nehmen kann, ohne dass ein Druck erfolgt. **Bevor** das Pferd mit Kopf und Hals über den „Punkt" hinauskommt, von dem an es nicht mehr über den Rücken- und Halsbogen geht, muss das Gogue wirksam werden. Das ist meistens dann der Fall, wenn das Pferd sich mit Kopf und Hals über die horizontale Linie von Rücken und Hinterhand hinaushebt.

Die Pferde sollen sich mit dem Gogue nicht aufrichten. Sie sollen mit dem Hals in die Tiefe gehen und lernen, ihn fallen zu lassen.

Mit dem Gogue nicht aufrichten

Gehen die Pferde dann schwungvoll und raumgreifend mit aktiven Hinterbeinen über den Rücken – heben sie sich immer automatisch etwas an. Diese Art des Anhebens des fallengelassenen Kopfes und Halses aufgrund schwungvoller und raumgreifender Bewegungen ist erwünscht; dazu muss das Gogue lang genug sein.

Je mehr die Pferde longiert werden, umso schneller entwickeln sie sich in der gewünschten Weise. Wenn Sie abwechslungsreich longieren – d. h. unter anderem, dass Sie **nicht** auf einem Fleck stehen bleiben, sondern mitgehen und das Pferd begleiten, um es immer wieder auf **anderen** Linien zu longieren, wobei die Longe stets einen **leichten Bogen** haben soll, sodass die Pferde **nie stramm** an der Longe gehen –, dann können Sie ein Pferd vier bis fünf Mal in der Woche ca. 20 bis 30 Minuten lang longieren, ohne dass es Schaden nimmt. Dabei sollte das Pferd unbedingt energisch vorwärtsgehen. Anschließend können Sie immer noch reiten.

Longieren Sie mit dem Gogue ein Pferd, das noch nie mit irgendeiner Begrenzung an Kopf und Hals gegangen ist, müssen Sie die

Eine Vorsichtsmaßnahme

ersten Male das Gogue ganz lang schnallen, so lang, dass es zunächst keine Funktion hat. Lassen Sie das Pferd sich ganz langsam an das Gogue und die Begrenzung von Kopf und Hals gewöhnen. Schnallen Sie es nur allmählich, Loch für Loch kürzer und beobachten Sie jeweils, wie das Pferd sich verhält.

Diese Vorsichtsmaßnahme hat sich sehr bewährt; sie fördert das Verständnis und die Lernbereitschaft des Pferdes. Selbstverständlich muss ein Pferd das Gogue zuerst an der Longe kennen gelernt haben, bevor Sie es damit reiten.

Was fördert das Verständnis des Pferdes?

Längere Schrittreprisen und kurze Trabreprisen

Ein häufiger Wechsel zwischen längeren Schrittreprisen und kurzen Trabreprisen fördert das Verständnis des Pferdes für die Funktion des Gogues. In der schwunglosen Gangart Schritt werden dem Pferd auf natürliche Weise Kopf und Hals schwer; aufgrund dessen lässt es den Hals im Schritt leichter fallen. Dann schaltet sich das richtig verschnallte Gogue aus – und die Pferde erfahren, dass der Druck im Genick aufhört, wenn sie in die Tiefe gehen. Nach einigen Runden Schritt lassen Sie das Pferd antraben; dabei nehmen die Pferde den Kopf wieder hoch und erhalten einen Druck im Genick. Nach etwa ein bis zwei Runden Trab nehmen Sie das Pferd in den Schritt zurück; Kopf und Hals werden dem Pferd wieder schwer und es lässt sie fallen. Durch den Wechsel von längeren Schrittreprisen und kurzen Trabreprisen lernen die Pferde schneller, wie das Gogue wirkt und was sie tun sollen.

Im Schritt muss das Pferd auch immer fleißig vorwärts gehen; es darf nicht „dahinlatschen". Sollen die Pferde arbeiten, müssen sie sich in ihren Bewegungen immer engagieren, vor allem mit ihren Hinterbeinen.

Das Gogue verschnallen

Wie wird das Gogue verschnallt?

a) Zum Longieren:

Die Trense muss dann ein Loch tiefer eingegeschnallt werden, weil das Genickstück etwa einen Zentimeter Platz in Anspruch nimmt, und sonst das Gebiss im Maul zu hoch läge.

1. Das Kopfstück des Gogues unter das Genickstück der Trense schnallen. Die Ringe müssen dabei nach hinten (zum Schweif hin) zeigen.

Das hat den Sinn, dass die Schnur „glatt" läuft – sozusagen ohne um die „Ecke" zu müssen. Damit kann das Gogue insgesamt ungehindert gleiten.

2. Nehmen Sie den Karabinerhaken einer Schnur in die Hand und fädeln diesen zuerst oben durch den Ring des Kopfstückes, von außen nach innen, und dann weiter unten durch den Trensenring, hier von innen nach außen.

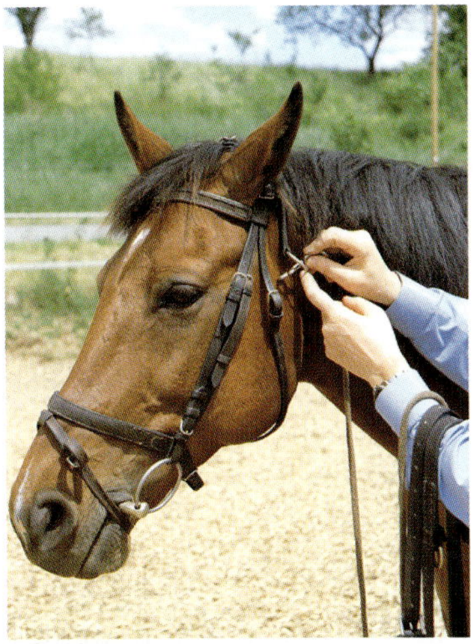

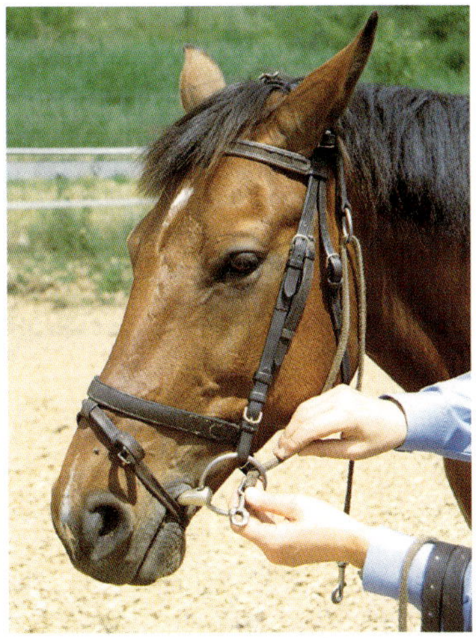

Man fängt oben an und fädelt die Schnur durch den Ring am Kopfstück, von außen nach innen…

…und dann weiter durch den Trensenring, von innen nach außen

Das Gogue vollständig verschnallt

3. Zum Longieren werden alle vier Karabinerhaken der beiden Schnüre in den Ausbinder geschnallt, der zwischen den Vorderbeinen des Pferdes verläuft.

Besorgen Sie sich einen festen Schlüsselring und befestigen diesen am Ausbinder; dann die vier Karabinerhaken der beiden Schnüre in diesen Schlüsselring einhaken; das ist einfach und bequem.

b) Zum Reiten:

Einen zweiten Zügel benutzen

Ich habe junge Pferde oder auch Korrekturpferde anfangs immer mit dem Gogue geritten. Das hat nur Vorteile. Die korrekte Dehnungshaltung ist leichter und besser damit herauszuarbeiten und das Maul wird geschont. Die Pferde gehen gerne damit, wenn es richtig verschnallt ist.

Zum Reiten mit Gogue ist ein zweiter Zügel nötig. Dieser wird mittels eines Karabinerhakens – oder besser mit einem kleinen Ring – in den Karabinerhaken der Schnur eingehängt, die durch

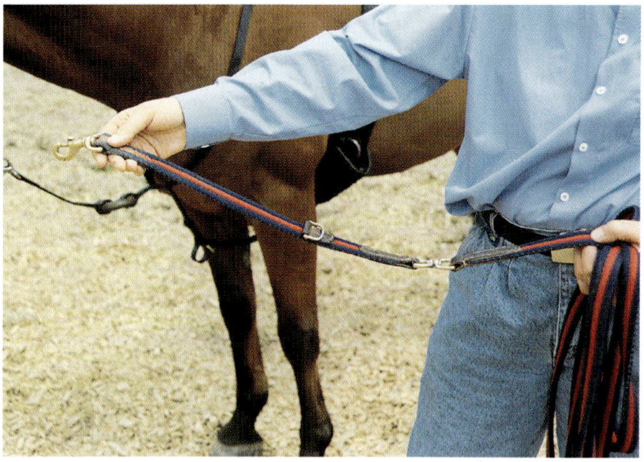

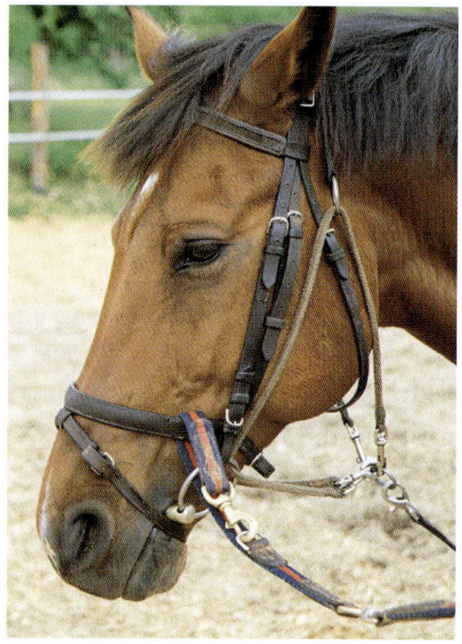

Ein guter Tipp für Ihre Longe: 30 cm rückwärts vom Karabinerhaken der Longe ist ein kleiner Ring auf der Longe aufgenäht. Dahinter liegt der Wirbel. Damit hat man die Möglichkeit, die Longe durch den Trensenring sowie durch das Reithalfter zu führen und dann den Karabinerhaken in dem kleinen Ring auf der Longe einzuhaken. Damit hat man das Pferd am „Kopf" und am Trensenring (und zieht auch nicht das Gebiss durch das Maul).

den Trensenring läuft. Der andere Teil der Schnur bleibt im Ausbinder; es sind dann insgesamt nur noch zwei Karabinerhaken im Ausbinder. Nimmt der Reiter auf diese Weise das Gogue „in die Hand", kann er über den zweiten Zügel vorwiegend im Genick des Pferdes einen Druck ausüben. Dadurch wird das Maul geschont, was auch für den Reiter deutlich spürbar ist. Auf diese Weise entfaltet das Gogue eine noch bessere Wirkung als beim Longieren.

Der normale Trensenzügel muss unbedingt im Trensenring bleiben, weil mit dem Gogue-Zügel nicht reguliert werden kann. Zieht man an diesem Zügel, hat das Pferd gleich den Kopf zwischen den Beinen. **Es ist also erforderlich mit zwei Zügeln zu reiten.**

Wird das Pferd etwa „lustig" und will wegrennen, müssen Sie den Gogue-Zügel loslassen und in den Trensen-Zügel greifen.

Der Gogue-Zügel muss **alleine** in die Hand genommen werden. Der normale Trensenzügel liegt lose auf dem Hals des Pferdes. Nimmt man beide Zügel in die Hand, also den Gogue-Zügel und den Trensen-Zügel, funktioniert das Gogue nicht mehr optimal.

Machen Sie einen Knoten in den normalen Trensenzügel, damit er nicht so weit herunterhängt. Haben Sie Schwierigkeiten, die beiden Zügel auseinander zu halten, können Sie sich auch einen Zügel markieren.

Hier muss ich eine Warnung aussprechen:

Benutzen Sie das Gogue **immer** mit einem zweiten Zügel im Trensenring; das dient vor allem Ihrer eigenen Sicherheit.

Warnung!

Ist das Gogue zum Longieren passend verschnallt, passt es auch zum Reiten. Das Gogue wird eher durch den eingeschnallten zweiten Zügel etwas länger, was nicht schadet. Zum Einschnallen in das Gogue eignet sich besser ein etwas kürzerer Zügel.

Die Einstellung des Gogues für das Reiten

Die Technik mit der Hand, um das Pferd in die Tiefe zu reiten, ist mit dem Gogue-Zügel genau dieselbe wie mit dem normalen Trensen-Zügel. Mit dem Gogue-Zügel ist nichts anders – nur viel leichter und angenehmer für Pferd und Reiter. (Lesen Sie bitte hierzu auch das Kapitel „Die Technik, ein Pferd in die Tiefe zu reiten").

Die Technik mit der Hand

Der Halsriemen

Da das Gogue immer lose verschnallt sein muss, besteht die Gefahr, dass die Pferde, wenn sie in die Tiefe gehen, in den Ausbinder und die Schnüre hineintreten. Das verhindert der Halsriemen. Aus diesem Grunde muss das Gogue **immer mit Halsriemen** benutzt werden.

Benutzen Sie das Gogue nie ohne einen Halsriemen!

Ganz wichtig! Nie ohne einen Halsriemen benutzen!

Der Halsriemen muss vom Widerrist bis zum unteren Rand der Vorderbrust reichen. Er darf nicht eng um den Hals des Pferdes anliegen, weil dann der Ausbinder einen Knick bekommt und nicht mehr „läuft". Wenn der Halsriemen zu lang ist, stört er das Pferd an den Vorderbeinen. Damit der Halsriemen dem Pferd nicht hinter die Ohren rutscht, wenn es mit Kopf und Hals in die Tiefe geht, sollte er am Sattel oder Longiergurt fixiert werden.

Als Halsriemen genügt behelfsmäßig auch ein Anbindestrick und zur Fixierung ein Strohband.

Das Gogue ausschalten

Man kann das Gogue erst dann weglassen, wenn es sich entbehrlich gemacht hat; d. h., wenn das Pferd das Gogue nicht mehr braucht, weil es nun gelernt hat, Kopf und Hals fallen zu lassen und von sich aus konstant in der Tiefe zu bleiben. Sie dürfen also nicht einfach das Gogue weglassen, weil Sie meinen, Ihr Pferd sei nun lange genug damit gegangen. Sie müssen **überprüfen,** ob es das Gogue noch nötig hat oder nicht.

Kontrolle beim Longieren:

Überprüfung, ob das Gogue noch nötig ist

Das Gogue beziehungsweise den Ausbinder allmählich Loch für Loch verlängern, um dadurch das Gogue nach und nach auszuschalten. Geht das Pferd gleich bleibend gut mit dem verlängerten Gogue, können Sie es noch länger schnallen, bis es schließlich so lang ist, dass es so gut wie keine Funktion mehr hat. Wenn auch dann noch das Pferd mit Kopf und Hals vorwiegend in der Tiefe bleibt, ohne immer wieder hoch zu kommen und konstant mit fallen gelassenem Hals geht, dann hat es den Grad der Ausbildung erreicht, ab dem man das Gogue weglassen kann.

Kontrolle beim Reiten:

Haben Sie beim Reiten den Eindruck, das Pferd bleibt von sich aus weitestgehend unten und benötigt nur noch ab und zu eine leichte Erinnerung, verlängern Sie das Gogue langsam Loch für Loch, um es auf diese Weise allmählich auszuschalten. Haben Sie das Gefühl, die Dehnungshaltung wird immer besser – leichter und konstanter – machen Sie einen weiteren Test, indem Sie ab und zu den Gogue-Zügel auf den Hals legen und das Pferd nur mit dem Trensenzügel reiten. Sie werden spüren, ob das Pferd damit genauso leicht reagiert wie mit dem Gogue-Zügel. Diesen Test sollten Sie einige Zeit lang öfter wiederholen, bis Sie sich **ganz sicher** sind, dass das Pferd das Gogue nicht mehr nötig hat. Selbst dann ist es nicht nachteilig, das länger geschnallte Gogue noch einige Zeit zu benutzen.

Das Gogue nicht zu früh weglassen

Es schadet sehr, das Gogue zu früh wegzulassen. Das führt zu Rückschlägen, die Sie vermeiden sollten. **Sie müssen über längere Zeit genau prüfen, ob Ihr Pferd das Gogue wirklich nicht mehr benötigt.** Lässt man das Gogue einfach weg und stellt dann fest, dass es zu früh war, muss es doch wieder benutzt werden.

Machen Sie in den Gogue-Zügel einen Knoten, wenn Sie ihn loslassen, damit der Zügel nicht so weit herunterhängt; im Übrigen wird der Zügel vom Halsriemen gehalten.

Das Gogue im Gelände und beim Springen

Beim Springen und im Gelände habe ich das Gogue nie benutzt.

Nie beim Springen

Beim Springen brauchen die Pferde uneingeschränkte Halsfreiheit. Hat ein Pferd auf dem Dressurviereck mit Hilfe des Gogues eine korrekte Dehnungshaltung gelernt, geht es schwungvoll und raumgreifend konstant über den Rücken- und Halsbogen, können Sie sicher sein, dass es beim Springen ebenfalls über den Rücken und mit Bascule springt – vorausgesetzt das Springen wird pferdegerecht gestaltet.

Dasselbe gilt für das Reiten im Gelände. Auch im Gelände brauchen die Pferde Kopf- und Halsfreiheit. Ich habe immer die Erfahrung gemacht, dass die Pferde – wenn sie eine richtige Dehnungshaltung gelernt haben – auch im Gelände immer wieder fallweise **von sich aus** mit Kopf und Hals in die Tiefe gehen, um ihren Rücken zu entlasten, wenn man ihnen die Freiheit dazu lässt.

Nie im Gelände

Ich hoffe, dass Ihnen am Ende dieses Kapitels klar geworden ist, dass die Benutzung dieses hervorragenden Instrumentes nur in der hier angegebenen Weise wirklich sinnvoll ist und die gewünschten und erforderlichen positiven Effekte hervorbringen kann. Jede andere Verwendung führt nicht zu einer Entspannung und wirklichen Losgelassenheit des Pferdes sowie zu einer korrekten Dehnungshaltung.

Andere Hilfszügel

Alle anderen so genannten „Hilfszügel“ zwingen das Pferd mehr oder weniger durchs Genick und in eine bestimmte Haltung. Fällt der Zwang weg, zeigen die Pferde die alten falschen Bewegungs- und Reaktionsmuster wieder oder sie haben gelernt, auf eine falsche Art nachzugeben. Auf diese Weise wird keine korrekte Dehnungshaltung mit zwangloser Genickbiegung erreicht, ebenso wenig eine zügelunabhängige Selbsthaltung des Pferdes.

Pferde-Psycho-Logie

Die dritte „tragende Säule"

Die Pferdepsychologie ist die dritte „tragende Säule“ im System der Natürlichen Pferdeausbildung – neben der Berücksichtigung der muskulären und innervativen Verhältnisse sowie der speziellen reiterlichen Techniken. Auch hier haben Fehler schwerwiegende Auswirkungen auf die Ausbildung des Pferdes.

Das sehr komplexe Thema lässt sich in zwei Bereiche unterteilen; jeder für sich hat seine Bedeutung. Andererseits sind sie miteinander verbunden und ergänzen sich.

I. Dominanz und Vertrauen.
II. Wie lernt ein Pferd – bzw. wie wird ein Pferd belehrt.

I. Dominanz und Vertrauen

Über diesen Begriff ist in den letzten Jahren sehr viel geschrieben und berichtet worden. Eine Reihe sehr unterschiedlicher Meinungen und Systeme wurden entwickelt. Ganze Bücher wurden alleine über dieses Thema geschrieben.

Dominanz und Vertrauen

Meine Erfahrung ist die, dass es sehr vielen Reitern schwer fällt, den Begriff „Dominanz und Vertrauen“ wirklich pferdegerecht umzusetzen. Trotz der vielen Literatur und guten Ratschläge, die verbreitet werden, gelingt es ihnen nicht, dieses Problem zu lösen. Ohne Dominanz und Vertrauen fehlt der Beziehung „Mensch-Pferd“ das tragende Fundament, ohne das sie nicht funktionieren kann.

Ohne Dominanz gibt es keinen Gehorsam

Der notwendige Gehorsam des Pferdes seinem Menschen gegenüber kann nur aus der „Dominanz“ des Menschen hervorgehen. Ist keine Dominanz da, gibt es keinen Gehorsam – und auch kein Vertrauen!

Ein „Bluff"

Viele Kursteilnehmer haben mich gefragt, wie man das macht, ein Pferd zu dominieren. Tatsache ist, dass damit die meisten Pferdebesitzer die größten Probleme haben. Ich habe darauf immer geantwortet, indem sie eine Stärke und „Power“ demonstrieren, die größer ist als die des Pferdes. Da jedes Pony einem Menschen an Körperkraft haushoch überlegen ist, muss man glaubhaft „bluffen“ können.

Ich kann ein Pferd nur dominieren, wenn ich ihm glaubhaft machen kann, dass ich stärker bin und höher im Rang als es selbst.

Dominanz ist physische Stärke

Dominanz dem Pferd gegenüber ist also nichts anderes als Macht und Stärke ausstrahlen. Die größere Intelligenz des Menschen macht auf das Pferd nicht den entscheidenden Eindruck.

Das Gesetz der Herde

Die Natur des Pferdes ist so, dass es sich immer nur dem Stärkeren fügt. Ich nenne das „Das Gesetz der Herde".

Da Mensch und Pferd eine „Mini-Herde" sind, muss der Mensch das „Gesetz der Herde" praktizieren, also das Gesetz des Stärkeren. Er muss dem Pferd **glaubhaft** machen können, das Leittier, das Alphatier zu sein, dem es sich unterordnen muss.

Leider hat der Mensch nicht so viele Möglichkeiten, dem Pferd gegenüber glaubhaft eine größere Macht und Stärke zu demonstrieren. Vom Sattel aus noch weniger als vom Boden.

Ein entscheidendes Erlebnis

Ich möchte diesen Zusammenhang anhand eines Erlebnisses verdeutlichen:

Ich longierte ein junges, vierjähriges Pferd, das ich noch nicht lange hatte. Das Pferd war sehr intelligent, sehr dominant und hatte außerdem auch noch einen ausgeprägten Eigensinn. Offensichtlich hatte es eine Abneigung, an der Longe auf der rechten Hand zu gehen. Es zeigte daher jedes Mal massiven Widerstand, wenn es rechts herum gehen sollte. „Will ich nicht, passt mir nicht, tue ich nicht!", war seine Meinung. Es brach aus und riss sich los. Ich musste es wieder einfangen und wieder an die Longe nehmen. Kaum waren wir auf der rechten Hand, ging das „Spiel" von vorne los, das Pferd brach aus und riss sich los. Da es dem Pferd dreimal gelungen war, seinen Willen durchzusetzen und auszubrechen, wusste es ganz genau, dass es der Stärkere war. Infolgedessen hatte es keine Veranlassung zu gehorchen, was sich auch darin äußerte, dass es sich nach dem dritten Mal Ausbrechen von mir gar nicht mehr einfangen ließ; sein ganzes Verhalten sagte: „Du bist schwach, dir muss ich nicht gehorchen!" Es blieb mir nichts anderes übrig, als jemanden anderes zu bitten, das Pferd mittels einer Schüssel Futter wieder einzufangen. Etwas ratlos stand ich da und überlegte, wie ich der Sache bzw. dem Pferd „Herr werden" könnte. **Pferde lassen ihre Ungezogenheiten nur dann, wenn sie erfahren müssen, dass sie keine Chance haben, damit durchzukommen.** Ich musste also eine Möglichkeit finden, das Pferd am Ausbrechen und Weglaufen zu hindern. Leider hatte ich zu dieser Zeit den Wert der Tellington-Führkette noch nicht erkannt. Ich wickelte daher dem Pferd die Longe mehrfach über das Genick und die Nase – und hoffte, so das Pferd festhalten zu können. Kaum waren wir auf der rechten Hand, versuchte es, wieder auszubrechen. Diesmal gelang es mir, das Pferd festzuhalten, sodass es nicht wegkam. An seinem ärgerlichen und verkniffenen Gesichtsausdruck und den angelegten Ohren erkannte ich, das „Spiel" war noch nicht beendet. Auch der zweite Versuch, auszubrechen misslang. Nach dem dritten missglückten Versuch zog ich mit der Longe das Pferd zu mir heran und klatschte ihm mit der Peitsche einen kräftigen Schlag an die Beine; dabei schimpfte ich mit einer „Donnerstimme".

Und siehe da – oh welch ein Wunder! – das Pferd entspannte sich sofort völlig und bekam augenblicklich einen freundlichen und **ganz zufriedenen** Gesichtsausdruck. Nun war es auf einmal überhaupt kein Problem mehr, auf der rechten Hand zu gehen. **Jeder „Wink" von mir wurde sofort beachtet.** Und was mich am meisten erstaunte war, dass das Pferd nun **völlig zufrieden** war; alles Verkniffene, Eigensinnige, Widerwillige war aus seinem Gesicht verschwunden, die Ohren gespitzt nach vorne und große glänzende Augen. Ganz offensichtlich gehorchte das Pferd nun nicht widerwillig, zwangsweise, weil es nicht mehr weggekommen und bestraft worden war, sondern ganz selbstverständlich und bereitwilligst.

Eine Erleuchtung

Zunächst war ich ziemlich perplex; ich fragte mich, was denn da passiert war. Nach einer Weile ging mir ein Licht auf. Nun war der Kampf für das Pferd zu Ende: „Frauchen ist doch die Stärkere, nun muss ich nicht mehr kämpfen." Das Pferd hatte nun – eindeutig aus seiner Sicht – seine untergeordnete Position gefunden. Damit stellte sich sofort auch der Gehorsam ein, und zwar völlig problemlos. Die Tatsache, dass es seinen Willen, nämlich ausbrechen und wegrennen, nicht mehr hat durchsetzen können in Verbindung mit einer unangenehmen Bestrafung (ein Schlag mit der Peitsche), hatten es offensichtlich davon überzeugt, dass „sein Mensch" doch der Stärkere ist, das Alphatier, dem es gehorchen muss.

Dieses Erlebnis hat mir drei Dinge klar gemacht:

Wichtige Erkenntnisse

1. Das Pferd hat mit der Unterordnung keine Probleme, solange der andere – aus der Perspektive des Pferdes – der Stärkere ist.
2. Der andere muss **nicht wirklich** der Stärkere sein, er muss es nur **glaubhaft für das Pferd** demonstrieren können.
3. **Nur dann,** wenn das Pferd – eindeutig für es selbst – seine untergeordnete Position gefunden hat, entspannt sich seine Psyche und **es ist den menschlichen Belehrungen zugänglich.**

Kommt ein neues Pferd in eine Herde, herrscht sofort Unruhe; es wird gebissen und getreten, der eine jagt den anderen, so lange, bis jedes Pferd seine Position gefunden hat; erst dann tritt wieder Ruhe ein. Das ist genetisch in der Natur des Pferdes verankert, weil die Herde nur mit einer strikten Rangordnung bestehen kann. Die „Miniherde" Mensch und Pferd kann daher nur nach den gleichen Gesetzmäßigkeiten funktionieren.

Der Agressivste gewinnt

Was ich oft beobachten konnte ist, dass nicht immer die wirklich physisch stärkeren und intelligenteren Pferde, die sogenannten Herdenchefs sind. Oftmals sind es solche Pferde, die ihren „Willen zur Macht“ mit höchster Aggressivität, mit massiven Drohgebärden, sozusagen mit „Zähnen und Klauen“ (sprich Hufen) durchzusetzen und zu verteidigen wissen. Damit signalisieren sie den anderen, **wenn ihr nicht weicht, geht es euch nicht mehr gut.** Das ist nichts anderes, als den anderen Angst machen.

Bei diesen Beobachtungen habe ich mir oft gedacht, im Grunde muss der Mensch seinem Pferd gegenüber dasselbe tun. Bleibt nur noch zu überlegen, welche Mittel er dafür hat, da er nicht die Ohren anlegen, ausschlagen oder beißen kann.

Das Auftreten dieser „Chefs“ musste nur massiv und unangenehm genug sein, dann wurde es in den meisten Fällen „geglaubt“. Wagt einer den Widerstand, kommt es zur offenen Auseinandersetzung; dabei gewinnt derjenige, der noch um einige Grade aggressiver ist als der andere. Dabei kann ich mir vorstellen, dass ein echter Herdenführer in einer gefahrvollen Wildnis auch noch wirkliche Führungsqualitäten, sowie Intelligenz und besondere Erfahrungen besitzen muss, um seiner Aufgabe gerecht werden zu können. Unsere Herden heute sind aber meistens keine echten Herden mehr im Sinne frei lebender Pferde – und sie leben eingezäunt und beschützt auf engem Terrain.

Um einem Pferd gegenüber Dominanz, also eine beherrschende Stärke zu demonstrieren, haben ich immer Folgendes benutzt:

Vom Boden aus:

1. die Körpersprache
2. die Stimme
3. die Peitsche

Die Hilfsmittel, um Dominanz zu demonstrieren

Damit sind die Möglichkeiten auch schon erschöpft.

Zu 1. Die Körpersprache

Die Körpersprache

Die Körpersprache ist die ureigenste Sprache des Pferdes. Das Pferd nimmt daher ganz instinktiv, mit seismographischer Genauigkeit, auch die feinsten Körpersignale wahr – und kann sie in den meisten Fällen auch sehr genau interpretieren. Die Pferde sind uns hier haushoch überlegen, denn uns Menschen ist diese „Sprache" meistens nicht so geläufig. Tatsache ist: Was der Mensch in sich hat, das strahlt er aus, bewusst oder unbewusst. Ist ein Mensch seinem Pferd gegenüber unsicher oder ängstlich, wird er dies durch unbewusste und unwillkürliche Körpersignale ausstrahlen. Mit einer solchen Einstellung kann er nicht der Starke sein. Ein energisches, sicheres und bestimmtes Auftreten dem Pferd gegenüber ist also immer das Erste, was sein muss. Da die Menschen in ihrem Habitus sehr unterschiedlich sind, haben die einen damit keine Probleme, andere tun sich jedoch schwer. Über dieses Thema sind, wie schon erwähnt, bereits etliche dicke Bücher geschrieben worden.

Zu 2. Die Stimme

Die Stimme

Nichts beeinflusst das Pferd mehr als die menschliche Stimme. Eine sehr laute Stimme ist dem Pferd unangenehm, weil Pferde in einer doppelt so hohen Frequenz hören wie der Mensch. Diese sehr laute „Donnerstimme" (die „Tote aufwecken" kann), ist daher eine Wunderwaffe. Sie zählt zu den sogenannten „Hemmungshilfen"; man kann sagen, das Pferd erschrickt – und wird dadurch gehemmt in seinen Reaktionen. Ich habe schon manches Mal mit einem „Aufschrei" ein Unglück verhindern können. Es muss nur wirklich lautstark genug sein, sonst wirkt es nicht. Das hört sich für menschliche Ohren nicht immer gut an; es ist aber auch nicht für einen Menschen bestimmt, sondern für ein Pferd.

Andererseits habe ich meinen Pferden auch gerne etwas ins Ohr geflüstert; sie lauschten dann immer ganz aufmerksam, als würden sie jedes Wort verstehen; zumindest haben sie verstanden, dass es etwas sehr Freundliches war. Nur kann man damit natürlich keine Dominanz signalisieren. Ich hatte aber immer den Eindruck, dass die „Flüsterstimme" ein wirkungsvolles Gegenstück zur lauten Stimme ist.

Die Peitsche

Zu 3. Die Peitsche

Die Peitsche habe ich dann benutzt, wenn Körpersprache und Stimme nicht ausreichten, um meine „Überlegenheit" dem Pferd gegenüber glaubhaft zu machen und dadurch den notwendigen Gehorsam zu bewirken.

Hierbei ist zu beachten, dass man die Peitschenschnur nur flach über den Boden ziehen darf, um damit dem Pferd ein oder zwei Schläge an die Beine zu geben; es ist gefährlich, mit der Peitsche von oben zu schlagen, weil man damit das Pferd an empfindlichen Körperteilen und auch sich selber treffen kann. Ein Schlag mit der Peitsche an die Beine ist ausreichend unangenehm, um vom Pferd als Strafe verstanden zu werden. Ist es einmal erforderlich das Pferd vom Boden aus mit der Peitsche zu strafen, geht es nicht darum, das Pferd zu verprügeln, sondern darum, eine eindeutige und unmissverständliche Grenze zu setzen: bis hierher und nicht weiter.

Vom Sattel aus:

1. meine Stimme,
2. meine Hand am Hals des Pferdes.

Hier sind die Möglichkeiten noch begrenzter.

Zu 1. Die Stimme

Die Stimme vom Sattel aus

Ich habe schon erklärt, wie wirkungsvoll die Stimme vom Boden aus ist. Genauso wirkungsvoll, wenn nicht noch mehr, ist sie es auch im Sattel. Ich bin geradezu dankbar, dass die menschliche Stimme diesen Einfluss auf das Pferd hat. Ich habe immer die besten, wirkungsvollsten Erfahrungen damit gemacht. Was das Pferd beeindruckt an der Stimme ist die Lautstärke (weil unangenehm) und die „Power", die zum Ausdruck kommt.

Das Problem für manche Reiter besteht nur darin, dass sie sich nicht trauen, „stimmlich" aus sich herauszugehen. Ein freundliches Pieps-Stimmchen ist natürlich kein machtvolles Instrument, das Eindruck auf ein Pferd machen kann. Manche Leute meinen auch, es würde sich nicht „schicken", die laute Stimme einzusetzen. Dem stimme ich zu, wenn es sich um einen Menschen handelt; bei einem Pferd aber sind die Verhältnisse anders.

Zu 2. Meine Hand am Hals des Pferdes

Die Hand am Hals des Pferdes

Der Hals ist bei jedem Pferd ein ganz **außerordentliches „Stimmungsbarometer"**. Offensichtlich gehen von hier die Signale, die Zeichen, die der Reiter mit der Hand gibt, direkt und unmittelbar in das Gehirn des Pferdes – und damit in sein Verständnis.

Im Effektiven Leichten Sitz kann man durch den vorgeneigten Oberkörper mit den Händen bequem am Hals des Pferdes sein. Meine Hände sind dort immer – und geben dem Pferd alle möglichen Zeichen und Signale, die jedes Pferd sofort versteht und umsetzt, weil es sich dabei wieder um Körpersprache handelt. Aus dem Dressursitz heraus ist diese Möglichkeit sehr eingeschränkt.

Da ich Pferde nur dann aus dem Dressursitz heraus reite, wenn sie schon eine sehr gute Rittigkeit und einen entsprechenden Gehorsam haben, ist die Hand am Hals auch nicht mehr in dem Maße erforderlich; trotzdem gebe ich manchmal auch dann noch kleine Signale, oftmals nur mit den Fingern.

Die Hände am Hals des Pferdes sind von erstaunlicher Wirkung. Auch hier muss man die ganze mögliche Skala der Einwirkungen nutzen, von sanftem Streicheln, über Drücken und Stupsen, bis zum kraftvollen Schlag. Mehr als einmal haben sich sehr nervöse, aufgeregte Pferde alleine dadurch sofort beruhigt, dass ich meine Hand sanft an den Hals gelegt und leise „Hoo" gesagt habe.

Will ich ein ungezogenes Pferd, das den Gehorsam verweigert, strafen, gebe ich ihm mit der flachen Hand ein bis zwei sehr kräftige Schläge an den Hals; gemessen an den Huftritten, die Pferde untereinander austeilen, sind das sicherlich „Peanuts". Trotzdem macht es – erstaunlicherweise und zum Glück – immer großen Eindruck auf alle Pferde, vor allem in Kombination mit der lauten Stimme.

Ich muss aber betonen, dass die Stimme wirklich laut und der Schlag wirklich kraftvoll sein müssen; führt man die Bestrafung nur halbherzig durch, etwa mit dem Gedanken: „Oh, ich trau mich doch nicht", hat sie nicht die gewünschte Wirkung, weil dann die Power fehlt, die das Pferd beeindruckt.

Die sehr laute Stimme und der kraftvolle Schlag mit der Hand an den Hals des Pferdes haben noch nie ihre Wirkung verfehlt, bei keinem Pferd. Diese „Instrumente" sind wirkungsvoll und harmlos zugleich; damit kann man nie einem Pferd schaden oder es verletzen.

Stimme und Hand kombinieren

Nicht mit der Gerte strafen

Ganz selten habe ich im Sattel mit der Gerte einem Pferd einen strafenden Hieb versetzt. Ich habe immer versucht zu vermeiden, das Pferd vom Sattel aus mit der Gerte zu strafen. Meine Erfahrung ist, dass die Gerte die meisten Pferde zu noch mehr Widerstand reizt. Außerdem ist sie ein ganz wichtiges Ausbildungsinstrument, das die Pferde respektieren, aber nicht fürchten sollen.

Ein dominiertes Pferd

Ich möchte Ihnen folgendes Erlebnis erzählen:
Eines Tages kam eine Frau mit einem Haflinger in meinen Lehrgang „Die Natürliche Pferdeausbildung". Der hübsche, kleine Kerl war sehr intelligent und hatte es faustdick hinter den Ohren. Ich sah mit einem Blick, dass er seinem Frauchen restlos auf der Nase herumtanzte. Die Reiterin mühte sich redlich, den pfiffigen Burschen unter Kontrolle und in den Gehorsam zu bringen, was ihn aber offensichtlich in keiner Weise beeindruckte. Hier stimmte – wie in sehr vielen Fällen – die Beziehung nicht. Das ist immer fatal, weil dann die erste und wichtigste Voraussetzung für jede Art von Reiten und Ausbilden fehlt. Meistens gipfelt das in gegenseitigem permanentem Frust. Ich hieß die Frau absteigen und setzte mich auf „Hansi", der natürlich meinte, er könne seine Spielchen auch mit mir so weiter treiben. Bei der ersten Gelegenheit eines Ungehorsams nahm ich blitzschnell die Zügel in eine Hand und versetzte ihm mit aller Kraft zwei Schläge mit der freien Hand an den Hals, dazu donnerte ich mit lauter Stimme ein paar unfreundliche Worte. Ob dieses „Unwetters" zutiefst erschrocken schüttelte „Hansi" ein paar Mal seinen Kopf und Hals – und dann geschah wieder das Wunder, das ich so oft schon erlebt hatte: das Pferd entspannte sich völlig, ließ den Hals fallen und lief wie ein Uhrwerk; auch nicht ein Schatten mehr von irgendeinem Ungehorsam oder einer Unwilligkeit. Worauf ich dann das Pferd sehr ausgiebig lobte.
Die Besitzerin des Pferdes und die umstehenden Kursteilnehmer waren ob dieser Wirkung sehr beeindruckt. Die Reiterin von „Hansi" ezählte mir später, dass sie zwar gewusst habe, dass man ein Pferd dominieren muss, nie aber habe ihr jemand sagen können, wie man das macht, schon gar nicht vom Sattel aus.

Dann berichtete sie mir noch folgendes Interessante und Wichtige: „Als ich dann wieder auf meinem Pferd saß, spürte ich wie ‚Hansi' immer zu Ihnen wollte. Da habe ich mir gesagt, mein intelligentes Pferd kann nicht irren – genau so muss man es machen." Einige Wochen nach dem Kurs erhielt ich die Information, dass „Hansi" und seine Besitzerin jetzt ein wirkliches Team seien, dass beide zum ersten Mal Freude und Erfolg miteinander erlebten und das Pferd sich in kurzer Zeit sehr entwickelt hätte.

„Unglückliche" Pferde

Pferde, die nicht vom Menschen dominiert sind, kämpfen ständig in irgendeiner Weise gegen ihren Menschen; sie sind dauernd psychisch gespannt, unsicher und unausgeglichen; sie können nichts lernen und nichts verstehen, weil ihr zentrales und vegetatives Nervensystem, ihre gesamte Psyche nicht befriedet sind und sich ständig in Alarmbereitschaft befinden; diese Pferde sind immer ganz unglückliche Geschöpfe. Sie sind ständig auf der Suche nach ihrem Platz, ihrer Position in der Miniherde Mensch / Pferd.

Kein Pferd hat mit der Unterordnung unter den Menschen Probleme, wenn dieser es versteht, dem Pferd eine größere Macht und Stärke als es selber hat – **glaubhaft für das Pferd** – zu vermitteln. Gelingt das nicht, ist man hoffnungslos beim Pferd „unten durch".

Nur die starken werden geliebt

Pferde lieben nur die Starken, denn nur im „Schatten" des Starken kann das Pferd seine notwendige Sicherheit und damit Entspanntheit finden.

Der Mensch hat nicht viele Möglichkeiten, um einem Pferd – **glaubhaft und pferdegerecht** – seine Dominanz zu vermitteln.

Im Sattel fehlt die Körpersprache als Dominanzmittel – abgesehen von der Hand am Hals. Vom Boden aus kann ich mit meinem Körper wirksame „Drohgebärden" ausüben, wie auf das Pferd zuspringen bzw. ihm ins „Gesicht springen" oder entsprechende drohende Gebärden mit den Händen und Armen machen oder sonst einen Ausdruck finden, der Stärke demonstrieren soll.

Pferde benötigen unterschiedlich viel Dominanz

Da die Pferde im Charakter und Temperament sehr unterschiedlich sind, ist auch unterschiedlich, wie viel Demonstration von Stärke bei einem Pferd jeweils nötig ist, bis es den Menschen als seinen „Herrn und Meister" in jeder Situation anerkennt. Intelligente, charakterstarke und eigensinnige Pferde, die selber einen Dominanzanspruch für sich geltend machen, brauchen meistens ein hohes Maß an Dominanz seitens des Menschen. Andererseits gibt es Pferde die „sanftmütig und demütig von Herzen" sind; hier genügt manchmal der erhobene Zeigefinger.

Jedes Pferd reagiert immer und grundsätzlich entsprechend seinem natürlichen und genetisch verankerten Herden-Gesetz.

Kann der Mensch dem nicht gerecht werden, können beide nicht glücklich miteinander werden.

Dazu möchte ich Ihnen noch folgendes Erlebnis schildern, um einen weiteren wichtigen Aspekt verständlich zu machen:

Ein wichtiger Aspekt

Eines Tages kam eine Frau mit einer Schimmel-Stute in meinen Longier-Lehrgang; ein schönes, intelligentes Pferd, nicht schwierig im Charakter, aber sehr selbstbewusst. Ich sah bald, dass auch hier die Beziehung nicht stimmte. Das Pferd war auffallend nervös, unkonzentriert, machte alle möglichen Ausweichmanöver, um nicht tun zu müssen, was die Besitzerin wollte. Da die Frau mit keiner Anweisung von mir das Pferd in den Griff bekommen konnte, nahm ich das Pferd selbst an die Longe. Beim ersten Versuch des Pferdes meinen Anweisungen nicht zu folgen, machte ich blitzschnell einen ganz energischen und unmissverständlich dominanten Ausfallschritt auf seinen Kopf zu und gab in scharfem, lautem Ton ein Kommando. Die Stute stutzte, sah mich an – worauf ich nochmals eine sehr energische Körperbewegung auf das Pferd zu machte und mein Kommando laut und scharf wiederholte. Das Pferd hatte sofort verstanden, dass nun die „Musik anders spielte". Im Pferd vollzog sich eine völlige Wandlung: es entspannte sich auffallend, bekam ein ruhiges, friedliches Auge und war voller Aufmerksamkeit auf mich.

Ich habe dann eine Weile mit dem Pferd an der Longe gearbeitet, auf allen möglichen Linien und in unterschiedlichen Wendungen und Aufgaben. Das Pferd war sichtlich bemüht, alles richtig zu machen. Selbst als mir ein Fehler unterlief, über den das Pferd sich eigentlich hätte aufregen können, blieb es ruhig und versuchte sogar, diesen Fehler auszugleichen. Ich war ganz begeistert von diesem Pferd. Als ich es anhielt, um es ausgiebig zu loben, legte es seinen Kopf auf meine Schulter.

Als ich dann die Stute ihrer Besitzerin übergab, trat bald wieder eine Wandlung ein: der gespannte, nervöse Ausdruck kam zurück, die Unaufmerksamkeit und Widerwilligkeit. Die Frau stand lasch und ausdruckslos in der Mitte des Zirkels, die Kommandos kamen mit leisem Stimmchen; die Frau bewegte sich kaum von der Stelle; ihre Reaktionen waren meistens unklar und kamen zu spät. Das Pferd war bald wieder völlig irritiert und führungslos. Den Ungehorsam, den die Stute wieder zeigte, kommentierte die Frau nur mit freundlichen Worten. Ich versuchte, ihr klar zu machen, dass ihre Art, mit dem Pferd umzugehen, nicht die Richtige sei, dass sie viel energischer sein müsse, dass sie die Ungezogenheiten des Pferdes zu sanktionieren habe; dass sie das Pferd dafür auch bestrafen müsse, notfalls auch einmal mit einem Peitschenschlag und dass es hin und wieder auch eine lautere „Ansprache" nötig hätte. Darauf hin erklärte mir die Besitzerin, dass sie das nicht wolle; sie meinte, ihr Pferd müsse muss doch verstehen, dass sie es gern habe und ihm nur Gutes tun wollte; wenn sie nur sanft und lieb zu ihm wäre, müsse das Pferd doch auch sanft und lieb zu ihr sein.

Es ist mir nicht gelungen, die Frau von diesem fatalen Irrtum – der leider häufig vorkommt – zu überzeugen, obwohl das Verhalten des Pferdes so eindeutig gewesen war. Als die Besitzerin die Stute vom Platz in den Stall führen wollte, stand das Pferd mehrfach auf zwei Beinen im totalen Widerstand. Ich nahm ihr das Pferd aus der Hand und führte es völlig problemlos in den Stall. Leider habe ich nichts mehr von den beiden gehört.

Dominanz und Vertrauen

Aber Dominanz alleine genügt nicht. Der Rahmen, in dem sich das Pferd bewegen muss, heißt: Dominanz und Vertrauen. Hier ist die Reihenfolge wichtig: **zuerst** muss die Dominanz hergestellt sein, **daraus** kann das Vertrauen erwachsen. Umgekehrt geht es nicht. Zu glauben, man könne zuerst das Vertrauen des Pferdes zum Menschen herstellen und daraus würde der Gehorsam entstehen, ist ein fataler Irrtum.

Dominanz und Freundschaft

Ich möchte sogar noch einen Schritt weiter gehen und sagen: Dominanz und Freundschaft. Mir war immer wichtig, dass mit der Zeit aus dem Vertrauen eine Freundschaft erwachsen ist. Das ist eine Steigerung, auf die ich stets viel Wert gelegt habe. Das macht die Beziehung zu einem Pferd erst wirklich schön und befriedigend.

Auch hier hatte ich ein Schlüsselerlebnis: Eines Tages las ich in einem Buch über Fredy Knie seine folgenden Worte: „Schenken Sie Liebe, von den Pferden kommt sie immer zurück!". Als ich das las, stutzte ich und fragte mich, was hat der Mann da gesagt? Eine ganze Weile musste ich darüber nachdenken – bis mir auffiel, dass es ein großer Unterschied ist, ob ich ein Pferd ganz gerne habe, für das Pferd sorge, meine Freizeit damit verbringe – im übrigen aber meine Beziehung zum Pferd keinen weiteren „Tiefgang" hat.

Dieser große Pferdmann hat mit Liebe bestimmt keine Gefühlsduselei gemeint, sondern ganz ernsthaft wirkliche Liebe, mit allen Ansprüchen und Aspekten, die dieses Wort beinhaltet. Dazu gehören auch Toleranz, dem anderen einen Freiraum gewähren, Verständnis für dessen Andersartigkeit, Opferbereitschaft, Mitgefühl, ein Bewusstsein für Zusammengehörigkeit und eine aus dem Herzen kommende Zuneigung.

Liebe versteht jedes Lebewesen

Liebe ist eine universale Energie, die jedes Lebewesen versteht.

Als ich einem jungen Pferd, das ich erst ein paar Tage hatte, einen Kuss auf die Nase drückte, hat es nur den Kopf geschüttelt, als wollte es eine Fliege verscheuchen; damit konnte es noch nichts anfangen. Es hat aber nicht lange gedauert, da wusste es, was das zu bedeuten hat und wenn ich seinen Kopf einmal liebevoll in den Arm genommen habe.

Auch die Pferde wollen – wie jedes andere Lebewesen auch – im Grunde vor allem Liebe und Aufmerksamkeit für sich selbst. Ich bin mir ganz sicher, weil es meiner Erfahrung entspricht, dass ein Pferd weiß, dass es diese Liebe nur bei seinem Menschen bekommt – und nicht bei seinen Kumpels. Wenn die Pferde Liebe erfahren, dann wollen sie diese auch immer wieder spüren. Nicht zuletzt fördert das sehr die Anhänglichkeit an den Ausbilder.

Dazu ziehe ich das Pferd auch immer nahe zu mir heran und suche den engen Kontakt mit ihm. Ich bin eher verschwenderisch mit Lob und Streicheleinheiten. Ich kann mich bedanken, manchmal auch entschuldigen für Fehler, die ich gemacht habe und zeige meine Begeisterung über jeden Fortschritt. Das drücke ich in Worten aus – wobei ich wieder die ganze Skala der stimmlichen Modulation benutze – und mit meiner Körpersprache. Die Pferde verstehen das sehr genau; sie registrieren sehr präzise, welche Grundeinstellung man zu ihnen hat.

Freundschaft muss wachsen

Diese grundsätzlich freundliche und wohlwollende Einstellung hindert mich aber nicht, meinem Pferdefreund ein paar „hinter die Löffel" zu hauen, wenn er es denn wirklich nötig hat. Wobei mich aber meine Freundschaft und mein Wohlwollen nicht verlassen.

Wie jede echte, tragfähige Freundschaft muss auch eine Pferdefreundschaft wachsen; das braucht seine Zeit – und seitens des Menschen auch viel Bemühung. Aber wie Fredy Knie sagte, von den Pferden kommt die Liebe immer zurück.

Liebe und Begeisterung verschönt alles – auch die Reiterei und die Ausbildung eines Pferdes!

Pferde sind nicht dumm

Es mag Tiere geben, die grundsätzlich intelligenter sind als Pferde, zum Beispiel Delphine. Das heißt aber noch lange nicht, dass Pferde dumm sind. Wenn sie das wären, könnte man nicht soviel mit ihnen machen. Große Leistungen im Sport sind auch immer Intelligenzleistungen der Pferde. Wenn man sieht, was Tiertrainer im Zirkus den Pferden alles beibringen, kommt einem nicht mehr der Gedanke, diese Tiere seien unintelligent. Die Intelligenz bei Pferden ist jedoch so unterschiedlich ausgeprägt wie beim Menschen. Manches Pferd mag auch darum dumm erscheinen, weil sein Mensch nicht verstanden hat, es richtig zu belehren und zu schulen, sodass es sich mental nicht entwickeln konnte. Den Ruf, sie seien dumm, hat den Pferden in vielen Fällen auch ihre manchmal unglaubliche Gutmütigkeit eingebracht. Pferde sind von Natur aus friedliebende, eher ängstliche Pflanzenfresser; bei Gefahr ergreifen sie die Flucht; es fehlt ihnen das Aggressive eines Raubtieres. Oftmals kann man schon denken, sie seien dumm, weil sie sich so viel vom Menschen gefallen lassen, der oft dazu neigt, diese Gutmütigkeit als angeborene Eigenschaft für seine egoistischen Zwecke auszubeuten. Wenn die Pferde mehr von einem Raubtier hätten, müssten die Menschen vorsichtiger sein.

Direkte Gedanken-Assoziationen

Pferde denken anders als Menschen; sie können nicht logisch und folgerichtig denken; sie vollziehen immer nur direkte, unmittelbare Gedankenassoziationen bzw. Gedankenverknüpfungen.

Bleibt ein Pferd vor einer roten Mauer stehen statt zu springen und der Reiter straft das Pferd mit der Gerte dafür, dann verbindet es die Prügel **direkt** mit der roten Mauer. In der Vorstellung des Pferdes heißt das dann: rote Mauer tut weh! Und da es ein Fluchttier ist, will es weg von dem, was ihm Angst macht. Zu denken – wie der Mensch es gerne möchte: jetzt bin ich verprügelt worden, weil ich nicht gesprungen bin, das nächste Mal springe ich aber bestimmt, damit ich nicht wieder verdroschen werde – diesen logischen Gedankengang kann das Pferd nicht nachvollziehen.

Falsch zu strafen erzeugt Angst

Manchmal sieht man dann, dass Pferde beim nächsten Anreiten gegen die rote Mauer tatsächlich springen. Mancher Reiter denkt dann: „Aha, jetzt springt es, weil es sich die Prügel gemerkt hat." In Wahrheit ist der Sachverhalt ganz anders: Das Pferd hat immer zwei Möglichkeiten: es springt, weil die Angst vor dem Reiter und seiner Strafe größer ist als die Angst vor der roten Mauer; oder es springt nicht, weil die Angst vor der roten Mauer größer ist als die Angst vor dem Reiter. In dieser Situation erzeugt der Reiter mit seiner Strafe Angst. Und Angst ist immer der schlechteste Wegbegleiter. Der Reiter muss analysieren, warum das Pferd stehen geblieben ist und die Ursachen beseitigen; dann wird die Auswirkung, nämlich das Stehen bleiben, verschwinden.

Sofort loben und tadeln

Weil Pferde nur direkte, unmittelbare gedankliche Verknüpfungen vollziehen können, müssen Lob und Strafe immer sofort, à tempo kommen. Sonst kann das Pferd den Zusammenhang nicht mehr herstellen.

Ein weiterer wichtiger Aspekt ist:

Lernen durch Erfahrung

Das Pferd lernt nur durch eigene Erfahrung.

Viel Abwechslung in der Arbeit

Der Mensch kann auch durch Einsicht lernen. Diese Möglichkeit hat das Pferd nicht. Das Pferd richtet sein Verhalten und seine Reaktionen immer nach dem aus, was es selber erfahren hat – und natürlich nach seinen Instinkten. Je mehr eigene Erfahrungen das Pferd macht, umso besser und schneller kann es Zusammenhänge erfassen, umso intelligenter wird es. Daher sollte die Ausbildung so vielseitig wie eben möglich sein, auf allen Gebieten, in der Dressur, im Springen und im Gelände. Ganz gleich, ob es sich um ein Sportpferd oder Freizeitpferd handelt. Nur die Maßstäbe werden andere sein.

Pferde sind sehr schnell gelangweilt; dann driftet ihre Aufmerksamkeit ab und sie interessieren sich für alles mögliche andere, nur nicht mehr für den Reiter. Hier ist der Reiter gefragt, der mit viel Phantasie und Engagement für Abwechslung sorgen muss.

Lernen aus Fehlern

Wenn Pferde durch eigene Erfahrung lernen, ergibt sich daraus, dass sie auch aus Fehlern, die sie machen, lernen können (wie der Mensch auch); das setzt voraus, dass der Mensch sie über richtig oder falsch informiert. Daher sollte man sich nicht scheuen, Pferde auch Fehler machen zu lassen.

Lernen durch Nachahmung

So habe ich junge Pferde auch immer viel im Freispringen und in der Springgymnastik trainiert. Dieses Training eignet sich wunderbar dazu, Pferde zum Mitdenken und zur Selbständigkeit zu erziehen, abgesehen von den gymnastizierenden Effekten. Dabei habe ich so wenig wie möglich auf ihr Verhalten Einfluss genommen; wenn sie beispielsweise untertourig auf ein Hindernis zugelaufen sind oder auch zu hektisch, habe ich sie einfach machen lassen; wenn es nicht gepasst hat und sie in Schwierigkeiten kamen, mussten sie ihre Erfahrungen sammeln. Ich habe dann ihre Fehler immer nur mit Stimme und Körpersprache kommentiert. Bei diesem Training hat es sich stets nur um kleine Abmessungen gehandelt, die das Pferd auf jeden Fall bewältigen konnte. Viel wichtiger als große Höhen und Weiten waren mir das Erlernen von Geschicklichkeit, Selbständigkeit, Mitarbeit und das Vertrauen in die eigenen Fähigkeiten.

Bekanntlich lernen Pferde auch durch **Nachahmung**, am häufigsten von ihren Artgenossen. Diesen Nachahmungstrieb schult das Fohlen schon, indem es seiner Mutter zusieht. Auch in der Ausbildung muss man ihn unbedingt nutzen, weil das manchmal, vor allem beim Springen und im Gelände, die Schulung sehr vereinfacht.

Das Wichtigste in der Ausbildung ist, dass der Reiter das Verständnis des Pferdes erreicht.

Pferde müssen verstehen

Haben die Pferde **verstanden,** was sie tun sollen und sind sie körperlich und psychisch überhaupt in der Lage, die Aufgabe zu bewältigen, dann **tun sie das auch.** Das ist unter anderem das Wunderbare an diesen Tieren. Es setzt aber auch voraus, dass die Beziehung zwischen Mensch und Pferd stimmt.

Das Verständnis des Pferdes erreicht man immer nur über

Lob und Tadel – angenehm und unangenehm.

Lernen nur durch Lob und Tadel

Daher muss

- alles, was das Pferd **tun soll,** ihm in irgendeiner Weise angenehm sein – oder man muss es ihm **„versüßen“,** durch Lob aller Art;
- alles, was das Pferd **nicht tun soll,** muss ihm in irgendeiner Weise **unangenehm** sein – oder man muss es ihm **„vermiesen“,** durch Tadel aller Art.

Viele Reiter verstehen es nicht, ihre Pferde zu belehren. Wenn man von unten den Pferden in die Augen blickt, sieht man das völlige Unverständnis; sie können nicht verstehen, was der Reiter von ihnen will. Die Einwirkungen sind unklar, diffus und entbehren der Logik; die Pferde erhalten kein Feedback. Trotzdem soll das Pferd irgendwie das Richtige treffen. Tut es das nicht, heißt es, das Pferd sei dumm oder unwillig.

Besonders in der Phase des Einübens, der Belehrung, muss man daher alles, was das Pferd macht, sofort kommentieren, durch Lob oder Tadel.

Alles sofort kommentieren

Woher soll das Pferd sonst wissen, ob das, was es gerade tut, falsch oder richtig ist? Also nicht erst am Ende einer Ausführung oder Lektion das Pferd loben oder tadeln, sondern bei **jedem Lernschritt.** Das auch darum, weil dieser eine Schritt, diese eine Bewegung noch richtig sein kann, die nächste aber schon falsch. Noch weniger belehrend ist es, wenn Reiter einfach über alles hinwegreiten, war es nun richtig oder falsch, ohne eine Information an das Pferd.

Auch der zweibeinige Reitschüler lernt nichts, wenn er vom Lehrer nicht ständig ein Feedback, eine Rückmeldung erhält. Erst dann kann er begreifen: „Aha, so muss ich das machen, so fühlt sich das an."

Das Pferd braucht zum Lernen, zum Verstehen ebenso dieses Aha-Erlebnis.

Das Aha-Erlebnis

Man kann wunderbar das Pferd mit der Stimme und den Händen am Hals informieren. Dadurch entsteht ein ständiger Dialog zwischen Reiter und Pferd. Das hat außerdem noch den großen Vorzug, dass das Pferd mit seiner Aufmerksamkeit beim Reiter bleibt, weil dieser ihm so viel zu sagen hat – und das Pferd muss ständig mitdenken. Damit vermehren sich die „grauen Gehirnzellen" und das Pferd entwickelt deutlich seine Intelligenz.

Das Pferd soll selbständig sein

Die Natürliche Pferdeausbildung legt großen Wert darauf, dass das Pferd weitestgehend selbständig seine Aufgabe ausführt. Das kann es nur, wenn es genau weiß, was es tun soll.

Ich habe in meiner Ausbildung noch gelernt, man müsse jeden Schritt und Tritt des Pferdes herausreiten. Das halte ich heute für grundsätzlich falsch. Das Pferd muss verstanden haben, was es tun soll und muss auf feine, leichte Impulse und Zeichen hin weitestgehend selbständig die Ausführung vornehmen. Erfahrungsgemäß gelingt den Pferden die Aufgabe damit besser, weil sie nicht mehr ständig bei jeder Bewegung auf die Anweisungen des Reiters warten müssen und darauf angewiesen sind.

Dieses Eigenengagement macht den Pferden mehr Freude; sie werden so zum Partner des Reiters. Im Idealfall ist das Pferd der Ausführende – und der Reiter „begleitet" das Pferd nur.

Nichtverstehen macht den Pferden Angst.

Angst bewirkt Widerstand. Je nach Temperament und Charakter regen einige Pferde sich dann auf, andere schalten ab oder werfen auf einmal alles durcheinander. Es geht sozusagen im Kopf des Pferdes „die Lampe aus".

Das Pferd psychisch und körperlich entspannen

Hat man den Eindruck, das Pferd versteht nichts mehr, muss man als erstes das Pferd zur völligen psychischen und körperlichen Entspannung bringen. Am besten ist dann, man gibt die Übung zunächst auf, reitet im Leichtraben mit tiefer Dehnungshaltung vorwärts, oder man legt den Zügel auf den Hals und lässt sich das Pferd im langsamen Schritt entspannen. Gut ist auch, beruhigend mit dem Pferd zu sprechen.

Das Pferd lernt in der Pause.

Die Wissenschaft sagt, der eigentliche Lernprozess sei ein chemischer Vorgang im Gehirn, auf den der Mensch keinen Einfluss habe. Man könne nur Reize ausüben, die das Gehirn dann verarbeitet.

Als Beweis dafür wird zum Beispiel das Phänomen angeführt, dass man manchmal abends etwas liest – und den Eindruck hat, eigentlich nichts von dem Gelesenen zu verstehen. Plötzlich in der Nacht oder am Morgen wacht man auf und das Gelesene steht klar und völlig verstanden vor dem geistigen Auge.

Die „Denkpause"

Beim Pferd läuft der Vorgang des Lernens als chemischer Prozess in der gleichen Weise ab. Daraus ergibt sich die Notwendigkeit der **„Denkpause"**. Soll das Pferd beispielsweise das Rückwärtsrichten lernen, so lässt man es ein bis zwei Tritte zurücktreten, hält das Pferd an und lobt es. Dann legt man eine Pause ein, die **kreative Pause.** In dieser wird am besten ein ruhiger Schritt geritten, in dem **sonst weiter nichts geschieht** und der Reiter jede weitere Einwirkung unterlässt. In dieser Pause hat das Gehirn die Gelegenheit, den ausgeübten Reiz – also den Vorgang des Zurücktretens – zu verarbeiten.

Eine klare Vorstellung

Auch hier zeigt sich wieder, wie notwendig das Feedback ist. Wird das Pferd nicht ständig darüber informiert, ob das, was es macht, richtig oder falsch ist, kann im Gehirn des Pferdes keine klare Vorstellung entstehen.

Jeder versierte Ausbilder hat schon erfahren, dass bei schwierigen Übungen ein Pferd manchmal nichts zu verstehen scheint. Nach mehrmaligen mehr oder weniger erfolglosen Versuchen lässt man die Sache auf sich beruhen und spart die Übung für einige Zeit aus. Nimmt man sie dann wieder auf, beherrscht das Pferd sie nun auf einmal. Dies ist offensichtlich ein weiterer Beweis für obige These.

Denkpausen sind kein Zeitverlust

Viele kleinere und größere „Denkpausen" – vor allem immer in der Phase des Einübens, der Belehrung – sind kein Zeitverlust. Hat das Pferd die Lektion verstanden, kommt von alleine der Fluss in die Bewegung.

Ein mitdenkender Partner

Werden diese Zusammenhänge nicht beachtet, erreicht man niemals das Verständnis des Pferdes. Damit kann das Pferd auch nicht zum **mitdenkenden Partner** werden. Es wird sich weniger engagieren, weniger Freude haben an dem, was es tut; allem fehlt der „stille Glanz".

Dem Menschen geht es auch nicht anders. Ein Mitarbeiter, der selbständig und in Eigenverantwortung arbeiten kann, wird immer sehr viel motivierter sein und sich mehr einsetzen als einer, der nur Befehlsempfänger ist.

Aufhören, wenn es gut ist

Früher vertrat man die Auffassung, es müsse alles viele Male geübt werden, noch einmal und noch einmal wiederholt werden. Vor allem auch dann, wenn die Übung richtig war, sollte sie durch ständige Wiederholung dem Pferd „eingeprägt" werden. **Mit diesem Verfahren lernen die Pferde nichts.** Wenn es einmal richtig war – oder auch nur annähernd – muss das Pferd sofort in die „Denkpause" entlassen werden. Macht man dann weiter, wird es meistens nur schlechter; muss mit der schlechteren Ausführung aufgehört werden, bleibt ein negativer Eindruck.

Es erfordert von jedem engagierten Reiter sehr viel Selbstdisziplin, aufzuhören, wenn es am besten läuft. Leider lässt man sich immer wieder verführen, dieses wichtige Prinzip zu missachten, was nur Nachteile hat.

Stundenlang, „windelweich und klatschnass" hat noch nie zu einem Erfolg geführt.

Die ständige Wiederholung hat auch zur Folge, dass die Aufmerksamkeit der Pferde nachlässt. Sie fühlen sich gelangweilt, verlieren den Spaß und das Interesse an der Sache.

Ständige Wiederholungen langweilen

Ein weiterer wichtiger Aspekt ist, dass die Pferde am schnellsten lernen, wenn in der Phase des Einübens, also der Belehrung, die einzelnen Sentenzen oder Bewegungsabläufe im **Zeitlupentempo** erfolgen.

Belehren im Zeitlupentempo

Je langsamer die Bewegungen ablaufen, umso schneller können die Pferde die Übung in ihren einzelnen Phasen verstehen.

Soll ein Pferd beispielsweise das Schenkelweichen lernen, veranlasst man es, sich in **ganz langsamen Bewegungen** vorwärts-seitwärts zu bewegen, Schritt für Schritt, **im Zeitlupentempo.** Dabei bekommt das Pferd bei **jeder Bewegung, bei jedem Schritt** eine Rückmeldung darüber, wie diese Bewegung, dieser Schritt gewesen ist. Das Pferd kann dadurch am besten mitdenken.

Die Pferde sind nicht dumm, aber sie können offensichtlich Dinge, die nicht in ihrem natürlichen Programm vorhanden sind, wie etwa eine so künstliche Bewegung wie Schenkelweichen, am schnellsten begreifen, wenn man den ganzen Komplex in ganz **kleine Teilschrittchen** aufteilt und diese in **zeitlupenartigem** Tempo ablaufen lässt. Dazu ist erforderlich, dass die Einwirkungen nur feine, leichte Impulse sind, deren Auswirkungen man immer zuerst abwartet, bevor wieder ein Impuls erfolgt.

Mit diesem Verfahren lassen sich die Pferde bei vielen Übungen und Lektionen am schnellsten belehren. Es ist geradezu erstaunlich, wie rasch sie auf diese Weise begreifen.

Je langsamer die Bewegungen ablaufen, je mehr Rückmeldungen sie dabei bekommen, umso schneller haben die Pferde verstanden, was sie zu tun haben. Dann ist auch bald eine fließende Bewegung kein Problem mehr.

Wie motiviert man ein Pferd?

1. Am besten mit der eigenen Begeisterung
2. durch viel Lob und Leckerli
3. durch Absteigen und mit der Arbeit aufhören

Zu 1. Motivieren mit der eigenen Begeisterung

Auch der Mensch erbringt bei größerer Motivation bessere Leistungen. Beim Pferd ist das genauso.

Motivieren mit der eigenen Begeisterung

Ich habe immer die Erfahrung gemacht, dass man mit der eigenen Begeisterung die Pferde am besten motivieren kann.

Natürlich muss man diese den Pferden auch mitteilen.

Wenn eine Übung geglückt ist und die Pferde werden von ihrem „Herrn und Meister" dafür ausgiebig gelobt, auch einmal überschwänglich, sind auch sie stolz auf sich selbst; das ist ganz eindeutig zu spüren. Die Pferde reagieren da nicht anders als der Mensch. Ich habe oft erlebt, dass Pferde dann **von sich aus** die Lektion wiederholt haben, weil sie spürten wie sehr ihr Reiter begeistert war – und sicherlich auch, um wieder so gelobt zu werden. Dann hat man ihr Herz gewonnen und sie engagieren sich noch mehr.

Zu 2. Lob und Leckerli

Über das Verabreichen von Leckerlis gehen die Meinungen auseinander.

Rolf Becher hat mir häufig gesagt: „Gehen Sie in den Zirkus und schauen Sie den Zirkus-Leuten zu – und dann machen Sie's genauso. Diese Leute arbeiten auch mit Raubtieren und Elefanten und sie wissen, warum sie immer mit Leckerli arbeiten".

Es besteht kein Zweifel darüber, dass die Leckerli einen noch größeren Eindruck machen als nur ein Lob mit Stimme und Hand. Das ist eine Verstärkung, die sich noch tiefer in der Psyche des Pferdes einprägt. Die Sache hat damit für das Pferd quasi einen guten „Geschmack" gewonnen.

Das Leckerli macht einen stärkeren Eindruck

Es ist natürlich unsinnig, dem Pferd Leckerli zu geben, **damit** es brav, lieb und gehorsam ist. Das kann kein Pferd in einen sinnvollen Zusammenhang bringen. Aber das Leckerli **weil** es brav, lieb und gehorsam gewesen ist, macht immer Sinn; es fördert das Verständnis und bewirkt einen nachhaltigeren positiven Eindruck im

Gemüt des Pferdes. Da für jedes Pferd Fressen „das Größte“ ist, bekommt es auf ganz natürliche Weise den Eindruck vermittelt, dass es sich lohnt zu gehorchen und sich anzustrengen, weil es dann etwas Gutes zu fressen gibt. Trainer im Zirkus arbeiten immer mit diesem Prinzip.

Betteln ist eine Sache der Erziehung

Das Argument vieler Reiter, sie füttern keine Leckerli, weil dann die Pferde das Betteln anfangen, kann ich nicht gelten lassen. Auf derartige Argumente habe ich immer geantwortet: „Meine Pferde betteln nicht!“ Warum betteln sie nicht? Weil sie genug bekommen und daher keinen Grund haben zu betteln. Wenn ich dann einmal keine „Bonbons“ habe, ist das auch kein Problem; sie bekommen ja sonst genug.

Hat der Mensch nichts Gutes für sein Pferd in seinen Taschen, ist er doch ziemlich uninteressant für das Pferd. Kleine Geschenke erhalten die Freundschaft! Meine Erfahrung ist, dass Pferde, die ganz selten einmal ein Leckerli bekommen, oftmals richtig gierig werden und damit lästig. Fängt ein Pferd an, in meinen Taschen zu suchen, gibt es einen Klaps ans Maul mit einem scharfen „Nein!“ – und die Sache ist geregelt.

Ich erinnere mich an ein stark verrittenes Pferd, das ich zur Korrektur hatte, dem ich das Schenkelweichen beibringen wollte. Obwohl das Pferd diese Lektion an der Hand schon sicher ausführte, konnte – oder wollte! – es die Übung unter dem Sattel nicht so recht verstehen. Nach zwei, drei Tagen vergeblichen Bemühens machte es auf einmal drei ganz korrekte Tritte im Schenkelweichen. Ich sprang ab und lobte es ganz begeistert. Am nächsten Tag kamen wir an die gleiche Stelle und das Pferd ging von sich aus – ich hatte das gar nicht vor – einige Tritte ganz korrektes Schenkelweichen. Das begeisterte Abspringen hatte offensichtlich einen so starken Eindruck hinterlassen, dass nicht nur der Bann (in diesem Falle: Der Widerwille gegen das Schenkelweichen) gebrochen war, sondern diese Lektion war künftig die Lieblingsübung des Pferdes.

Zu 3. Absteigen und mit der Arbeit aufhören.

Das ist für jedes Pferd das größte Lob, das den tiefsten, nachhaltigsten Eindruck im Gemüt des Pferdes hinterlässt.

Zum Lob gehört auf der anderen Seite die Strafe. **Strafe muss sein!** Das ist ein grundlegendes Lebensprinzip auf allen Ebenen.

Strafe muss sein

Eine berechtigte und angemessene Strafe wird akzeptiert

Beim Pferd ist das auch nicht anders. Ich hatte immer den Eindruck, dass Pferde eine berechtigte und angemessene Strafe akzeptieren.

Das Leben erzieht den Menschen auch nicht anders. Wer sich falsch verhält, muss die Konsequenzen dafür tragen. Dies ist nicht nur ein materielles, sondern auch ein psychologisches Prinzip. Ist es nicht in vielen Fällen so, dass auch wir uns erst dann bequemen, an unserem Verhalten etwas zu ändern, wenn wir auf die „Nase gefallen“ sind und es richtig weh tut?! Das Wirkungsprinzip von Lob und Belohnung sowie Tadel und Strafe ist immer, dass man das Angenehme (Lob) sucht und sich darum bemüht und das Unangenehme (Strafe) meidet. Das ist bei jedem Lebewesen ein grundlegendes Verhaltensmuster; in den meisten Fällen ist nur so eine Erziehung zum Besseren, zum Guten möglich. Durch Einsicht lernt auch der Mensch am wenigsten.

Die Strafe darf das Pferd nicht verletzen, sie darf ihm keinen Schmerz zufügen; dadurch wird der Widerstand größer und man erzeugt Angst.

Die Strafe darf das Pferd nicht verletzen

Sie muss aber **ausreichend unangenehm** sein, dass die Maßnahme auch als Strafe verstanden wird, sonst verfehlt sie ihre Wirkung.

Das Problem liegt wieder überwiegend beim Menschen.

Strafen muss man deutlich, aber ohne Emotionen.

Strafen muss man emotionslos

Ärgert der Mensch sich wirklich, verliert er das richtige Maß; vor allem kommt man nicht schnell genug von diesem Level wieder herunter, um in der **nächsten Sekunde** das Pferd wieder **freundlich zu loben,** wenn es auch nur den geringsten Ansatz macht zu gehorchen.

Sich wirklich nie zu ärgern, wenn Pferde manchmal den „Geduldsfaden“ auf harte Proben stellen, ist sicherlich nicht einfach und wird wohl auch nicht immer gelingen; man muss nur möglichst bald wieder seine Gelassenheit finden. Denn bekanntlich liegen in der Ruhe die Kraft und klare Gedanken.

Es ist ganz wichtig, dass im nächsten Moment, in dem das Pferd sich auch nur um Gehorsam bemüht, die Strafe sofort wieder „aufgelöst“ wird, indem man es deutlich dafür lobt. Das ist ein ganz wichtiges Prinzip, das unbedingt beachtet werden muss.

Die Strafe muss wieder aufgelöst werden

Die Strafe versetzt das Gemüt und die Psyche des Pferdes in eine negative Spannung. Da Pferde nur lernen können, wenn ihr zentrales und vegetatives Nervensystem befriedet ist, sich also in einem harmonischen Einklang befindet, muss die negative Spannung wieder aufgelöst werden, damit das Pferd den menschlichen Belehrungen zugänglich bleibt.

Strafe erzeugt eine negative Spannung

Das habe ich von einem hoch intelligenten, ungewöhnlich eigensinnigen und dazu sehr sensiblen Pferd gelernt. Wenn ich dieses Pferd berechtigter Weise gestraft hatte, weil es sehr ungezogen gewesen war und ich anfangs – weil ich diesen Zusammenhang noch nicht verstanden hatte – seine Bemühungen, zu folgen und zu gehorchen nicht **sofort** durch Loben honorierte, rastete es plötzlich völlig aus. Ich habe mir lange Zeit dieses eigenartige Verhalten nicht erklären können. Bis ich eines Tages erkannte, dass ich die aufgrund der Bestrafung entstandene negative Spannung im Gemüt des Pferdes durch Loben wieder „auflösen" musste, um eine Befriedung der Psyche herzustellen. Ich musste sozusagen den „schiefen Haussegen" wieder gerade rücken. Nachdem ich das erkannt hatte, habe ich bei allen Pferden dieses Prinzip praktiziert; dabei machte ich die Erfahrung, dass dies offensichtlich etwas Grundlegendes ist, das unbedingt beachtet werden muss.

Eine Erklärung

Eines Tages kam in meinen Lehrgang eine Psychologin, mit der ich mich über diese Sache unterhielt. Sie sagte mir, dass man diesbezüglich Experimente gemacht habe mit Müttern und kleinen Kindern und das Gleiche erfahren habe. Sie erklärte das so, dass durch die Strafe die „Brücke" zwischen Mutter und Kind nicht einbrechen dürfe, denn dann wäre die Beziehung zwischen beiden gestört und das Kind hätte keine Veranlassung mehr zu gehorchen und müsse für die Mutter nichts mehr tun. Das schien mir eine plausible Erklärung zu sein, die auch auf Pferde anwendbar ist.

Eine weitere wichtige Hilfe zur Belehrung des Pferdes und um schneller sein Verständnis zu erreichen, ist, dass man beim Einüben von etwas Neuem anfangs

Gleicher Ort und gleiche Reihenfolge

immer an die gleiche Stelle geht, an den gleichen Ort und die gleiche Reihenfolge, den gleichen Ablauf wählt.

Diese Vorgehensweise erleichtert dem Pferd das Lernen sehr.

Konzentration

Konzentration ist bei allem sozusagen **„das Salz in der Suppe".** Sind die Pferde unaufmerksam, können sie nichts begreifen. Das geht dem zweibeinigen Schüler nicht anders. Wie erreiche ich Konzentration bei einem Pferd?

Am besten mit der eigenen Konzentration.

Es ist schon sehr erstaunlich, wie schnell die Pferde bemerken, wenn der Reiter unkonzentriert ist. Denn dann gelingt sofort nichts mehr.

Womit kann ein Pferd konzentriert werden?

Um die Pferde konzentriert, also bei der Sache zu halten, muss die Arbeit interessant und abwechslungsreich sein; durch Feedbacks, durch Loben und Tadeln muss ein ständiger Dialog zwischen Reiter und Pferd bestehen; die Pferde sind dann immer genötigt mitzudenken.

Wirklich erstaunliche Verständigungserfolge erziele ich immer bei allen Pferden dadurch, dass ich mit ihnen rede. Ich beuge mich zum Pferd herunter und erkläre verbal etwas; die Bedeutung bestimmter Wörter kennen Pferde, die ich ständig reite, sehr genau; dazu benutze ich die Körpersprache, indem ich mit Händen und Armen entsprechende Zeichen mache. Das tue ich bei schwierigen Übungen, die das Pferd mit den normalen Hilfen nicht richtig verstehen kann. Ich muss sagen, dass ich über den Erfolg dieses Verfahrens jedes Mal aufs Neue höchst erstaunt bin. Oftmals denke ich, es kann eigentlich nicht wahr sein, dass mein Pferd die verbalen Erklärungen einschließlich der Körperzeichen nun viel besser verstanden hat als die normalen Hilfen – aber offensichtlich ist das so. Eines jedenfalls habe ich dabei immer, die totale Aufmerksamkeit des Pferdes und sein „angestrengtes Mitdenken". Bei der Bodenarbeit mache ich das genauso, mit dem gleichen Erfolg.

Penelope Smith sagt in ihrem Buch „Gespräche mit Tieren", dass die Tiere nicht wollen, dass man ihnen einfach etwas „überstülpt"; sie wollen informiert werden darüber, was man mit ihnen vorhat und was sie tun sollen. Nachdem ich das gelesen hatte, habe ich mir noch mehr als zuvor angewöhnt, mit den Pferden zu reden. Vielfach erkläre ich verbal und immer mit Körpersprache, was ich meine und vorhabe. Meine Erfahrung damit ist, dass die Aufmerksamkeit, die Willigkeit zu folgen und die Denkfähigkeit der Pferde dadurch sehr gesteigert werden.

Ich beuge mich herunter und erkläre dem Pferd etwas verbal und mit Körpersprache. Das Pferd hört zu, mit uneingeschränkter Aufmerksamkeit.

Die Bildung von Reflexen

Mit der Zeit müssen in der Ausbildung Reflexe entwickelt werden, nach denen das Pferd reflektorisch, automatisch reagiert. Beim Einüben, beim Erlernen von etwas Neuem geht der Reiz immer zuerst über das Gehirn und dann erfolgt die Reaktion. Mit der Zeit, durch ständige Übung, entsteht ein reflektorisches Verhalten, das heißt, nach dem Reiz erfolgt die Reaktion, ohne zuvor noch im Gehirn verarbeitet zu werden. Das Gehirn hat durch ständige Übung ein optimales Bewegungsmuster herausselektiert, das nun automatisch abläuft. Das ist eine **notwendige Entwicklung,** denn nur damit werden die Bewegungen fließend, ausdrucksvoll und erfolgen schnell genug. Das ist nur möglich, wenn man nicht mehr ständig bei allem, was man tut zuerst nachdenken muss.

Wie lernt ein Pferd – wie wird ein Pferd belehrt?

Lernvorgang

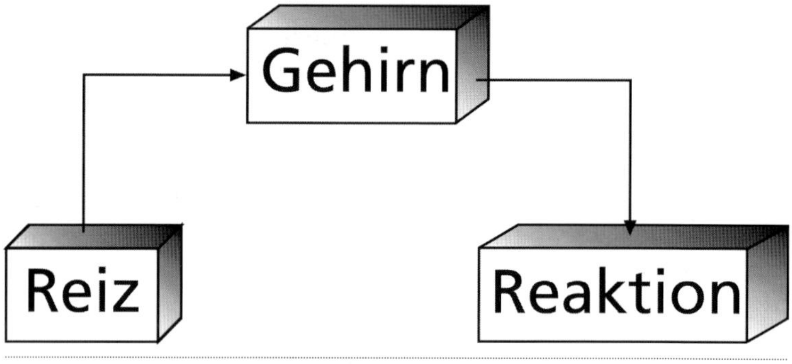

Automatisierte Reiz-Reaktion

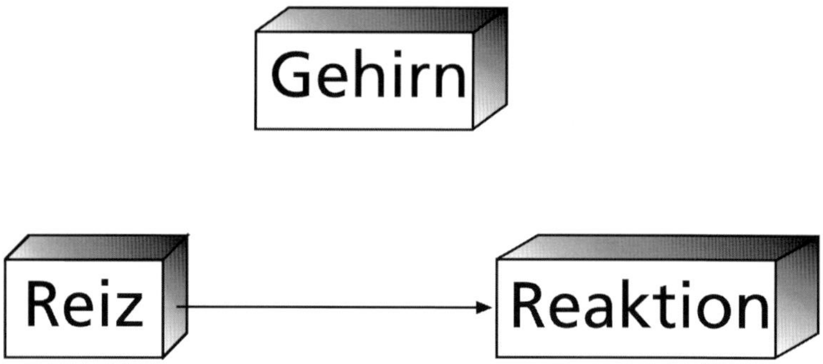

Lupinacci

Wenn ein Pianist 15 und mehr Jahre lang täglich geübt hat, muss er nicht mehr darüber nachdenken, wann er welche Taste anschlagen muss; „es“ spielt in ihm, und er braucht sich nur noch auf das Besondere und Wesentliche zu konzentrieren. Das ist in andere Bereichen auch so.

Negative Reflexe vermeiden

Leider kann man bei Pferden nicht nur positive Reflexe bilden, sondern auch negative, auf die das Pferd dann ebenfalls reflektorisch reagiert. Wird ein Pferd immer mit einer harten Hand geritten und hat es sich angewöhnt, ständig gegen diese harte Hand zu drücken, dann ist ein negativer Reflex entstanden; aufgrund dessen drückt das Pferd auch dann noch gegen die Hand, wenn eigentlich gar kein Grund mehr vorhanden ist. Das hört nur auf, wenn es gelingt, diese Gewohnheit zu durchbrechen und dem Pferd ein neues Gefühl und einen neuen positiven Eindruck zu vermitteln.

Ich habe früher, als ich noch keine anderen technischen Möglichkeiten hatte, in solchen Fällen die Pferde mit einer mechanischen Hackamore geritten. Damit hatte das Pferd nichts mehr im Maul, es bekam den Druck auf die Nase. Für das Pferd ein völlig anderes, neues Gefühl. Damit war der Reflex, ständig gegen die Hand zu drücken, unterbrochen – und die Pferde liefen auf Anhieb wie die „Glöckchen“.

Die Korrektur von verdorbenen Pferden ist schwierig, weil sie ein fast unfehlbares Erinnerungsvermögen haben.

Sie können daher nicht umlernen, sondern nur neu lernen.

Die Korrektur von Pferden

Das bedeutet, man muss die alten, falschen Eindrücke „zuschütten“, jeden Tag mit einem weiteren „Schäufelchen Sand“, das heißt, die alten negativen Reflexe dürfen nicht mehr berührt werden und das Pferd muss neue, positive Eindrücke und Empfindungen erhalten.

Leider sind die alten, falschen Eindrücke nur zugeschüttet – und nicht ausgelöscht. Kommt das Pferd nach einiger Zeit wieder in bestimmte Situationen, in denen es gelernt hatte, negativ, also unerwünscht zu reagieren, sind die alten Erinnerungen wieder da und das Pferd verhält sich wieder nach seinem alten, falschen Muster.

Auch das ist ein Grund, warum man sehr bemüht sein muss, die Pferde von Anfang an richtig zu schulen und zu belehren.

Alles auf einen Blick

Zur besseren Übersicht möchte ich die einzelnen Punkte noch einmal zusammenfassen:

1. Pferde stellen immer nur direkte, unmittelbare Gedanken-Assoziationen, Gedankenverknüpfungen her. Logisches, folgerichtiges Denken ist ihnen nicht möglich.
2. Lob und Tadel müssen daher immer sofort, a tempo erfolgen, sonst kann das Pferd den Zusammenhang nicht erfassen.
3. Pferde lernen nur durch eigene Erfahrung, nicht durch Einsicht.
4. Sie lernen auch durch Fehler, die sie machen; das setzt voraus, dass der Reiter sie über Richtig und Falsch informiert.
5. Sie lernen auch durch Nachahmung; am meisten von ihren Artgenossen.
6. Pferde können nur hinzulernen, wenn sie verstehen, was sie tun sollen. Dieses Verständnis erreicht man nur zwischen Lob und Tadel, Angenehm und Unangenehm. Alles, was das Pferd tun soll, muss ihm irgendwie angenehm sein; alles, was es nicht tun soll, muss ihm irgendwie unangenehm gemacht werden.
7. Daher muss ganz besonders in der Phase der Belehrung das Pferd über alles, was es macht, sofort ein Feedback, eine Rückmeldung erhalten.
8. Das Pferd soll selbständig seine Aufgabe ausführen, weil es sie verstanden hat und ein motivierter Partner des Reiters ist.

9. Nichtverstehen macht den Pferden Angst – und das erzeugt Widerstand.

10. Das Pferd lernt in der Pause. Deshalb ist die kreative Pause notwendiger Bestandteil der Belehrung.

11. Ständige aneinander gereihte Wiederholungen müssen vermieden werden; sie verhindern den Lernprozess und vermindern die Aufmerksamkeit und das Interesse des Pferdes.

12. Am „schnellsten" lernen die Pferde im Zeitlupentempo. Deshalb müssen vor allem in der Phase der Belehrung die Bewegungsabläufe ganz langsam, in Zeitlupe erfolgen.

13. Je besser ein Pferd motiviert ist, umso mehr wird es von sich aus mitarbeiten, umso besser sind seine Leistungen, umso mehr Freude hat es an der Zusammenarbeit mit dem Reiter und umso ausdrucksvoller wird es sich bewegen. Die beste Motivation ist die eigene Begeisterung, die man dem Pferd mitteilt.

14. Lob mit Stimme, Hand und Leckerli sind weitere wirkungsvolle Mittel, ein Pferd zu motivieren. Nach einer besonders gut gelungenen Übung zur Belohnung abzusteigen und mit der Arbeit aufzuhören hinterlässt bei allen Pferden einen ganz besonders nachhaltigen Eindruck.

15. Strafe muss sein. Wenn sie berechtigt und angemessen ist und vom Menschen emotionslos erteilt wird, akzeptieren die Pferde sie.

16. Die Strafe muss im nächsten Moment wieder „aufgelöst" werden, wenn sich das Pferd auch nur bemüht, zu gehorchen, damit seine Psyche befriedet ist und es den menschlichen Belehrungen zugänglich bleibt.

17. Ein schnellerer Lerneffekt wird erreicht, wenn in der ersten Zeit beim Erlernen neuer Lektionen diese immer an der gleichen Stelle und in der gleichen Reihenfolge geübt werden; das fast unfehlbare Erinnerungsvermögen hilft dem Pferd dann, schneller zu verstehen.

18. Ohne Konzentration kann ein Pferd nichts lernen. Am besten lassen sich Pferde durch die Konzentration des Ausbilders ihrerseits konzentrieren. Durch ständige Rückmeldungen, durch Lob und Tadel wird das Pferd zum Mitdenken veranlasst; und es entsteht zwischen Reiter und Pferd ein Dialog, der das Pferd auf den Reiter konzentriert hält.

19. In der Ausbildung müssen sich positive Reflexe bilden, nach denen das Pferd reflektorisch und automatisch reagiert. Die Bildung negativer Reflexe muss von vornherein vermieden werden.

Gustav Steinbrecht hat gesagt, dass in dieser Art der Unterrichtung das Pferd unendlich intelligent und die Anhänglichkeit an den Lehrmeister immer größer wird. Das ist auch meine Erfahrung.

20. Da Pferde nicht umlernen, sondern nur neu lernen können, ist die Korrektur von Pferden oftmals schwierig und langwierig. Umso wichtiger ist es, sie von Anfang an richtig zu belehren und zu schulen.

Pferde sind vom Mentalen her nicht mehr als drei- bis höchsten siebenjährige Kinder. Ein vierjähriges Pferd ist mental wie ein dreijähriges Kind; ein zehnjähriges und älteres Pferd ist wie ein sechs- oder höchstens siebenjähriges Kind. Geht man mit den Pferden in der beschriebenen Weise um, liegt man immer richtig.

Nachwort

Nun sind Sie am Ende dieses Buches angekommen. Sicherlich werden Sie dieses oder jenes Kapitel mehrmals lesen. Manches wird sich Ihnen vielleicht erst im Laufe der Zeit wirklich erschließen, wenn Sie sich darum bemühen und selbst auch mehr reiterliche Erfahrungen mit diesem System gesammelt haben.

Wenn Sie geduldig und konsequent den hier aufgezeigten Weg der Ausbildung gehen, werden Sie mit Ihrem Pferd zu wunderbaren Ausbildungsergebnissen kommen.

Besonders die reiterlichen Techniken, die ich im zweiten Teil beschrieben habe, werden Ihrer besonderen Aufmerksamkeit bedürfen. Je präziser die Technik des Sitzens und Einwirkens ist, umso besser kann das Pferd gehen. Erfahrungsgemäß muss auch der versierteste Reiter sich ständig um weitere Verbesserung und Perfektionierung bemühen.

Dem Pferd eine pferdegerechte Ausbildung zu geben, auf der Basis klassischer Reitlehre in Verbindung mit modernen, wissenschaftlichen Erkenntnissen aus der Verhaltens- und Bewegungslehre, ist eine faszinierende Aufgabe. Dabei kann sich das Pferd optimal in allen seinen Möglichkeiten entwickeln, körperlich und mental. Aber nicht nur das Pferd, auch der Mensch hat die Chance zu einer persönlichen Weiterentwicklung; und das nicht nur in seinen reiterlichen Fähigkeiten und Fertigkeiten, sondern auch in seinen menschlichen und geistigen Qualitäten.

Die Natürliche Pferdeausbildung ist ein modernes Ausbildungssystem, mit anderen Ansätzen und einer zum Teil neuen Sicht der Schulung von Pferden, die seinen Verhältnissen und Bedürfnissen gerechter wird.

Ein Pferd auszubilden ist im Grunde eine Kunst und eine Wissenschaft; Kunst und Wissenschaft kommen an kein Ende. So ist man in der Reiterei auch nie an einem Ende. Immer wieder erfährt und erfühlt man etwas Neues und lernt etwas hinzu, wenn man dafür offen ist. Das ist unter anderem das Faszinierende am Reiten.

Die Reiterei hat eine Geschichte und eine Entwicklung, die nach meiner Meinung noch keineswegs abgeschlossen ist. Je mehr wissenschaftlich fundierte Kenntnisse der Mensch über das Pferd erwirbt und je mehr sich sein eigenes Bewusstsein erweitert, umso mehr werden sich auch seine Perspektiven verändern und damit seine Einstellung zum Reiten und sein Umgang mit dem Pferd.

Mit keinem anderen Tier in der Schöpfung kann der Mensch eine solche Einheit und Harmonie – sogar eine geistige Beziehung – herstellen wie mit einem Pferd. Daher hat gerade das Pferd als Geschöpf in dieser Zusammenarbeit mit dem Menschen enorme Möglichkeiten für seine eigene Entwicklung – wenn der Mensch sich um eine entsprechende, dem Pferd wirklich gerecht werdende Schulung und Beziehung bemüht.

Der Mensch hat darum dem Pferd gegenüber eine hohe Verantwortung. Ein Mensch kann sich auch bei einem schlechten Elternhaus noch optimal entwickeln. Ein Pferd hat diese Möglichkeit nicht. Wird es nicht richtig und pferdegerecht geschult und belehrt, hat es keine Chance zur Weiterentwicklung. Dann wird es körperlich, psychisch und geistig verkümmern.

Das Reiten und die Ausbildung von Pferden sind heute oftmals oberflächlich, nicht durchdacht und nicht pferdegerecht. Es ist sehr zu wünschen, dass hier ein Wandel eintritt. Das Materielle und Kommerzielle in der Reiterei und die Sucht nach dem schnellen Erfolg um jeden Preis, vor allem im Sport, hat viel verdorben. Andererseits ist die Masse der Freizeitreiter oftmals von Gleichgültigkeit und Unwissenheit geprägt.

Da wir am Beginn einer neuen Zeit stehen, ist zu hoffen, dass auch in der Reiterei ein Wandel eintreten wird, zum Wohle des Pferdes – und zur Freude des Menschen.

Man kann die Wahrheit
nicht ins Feuer werfen,
sie ist das Feuer.
Dürrenmatt

Laudatio

Laudatio

Ausgesucht hatte ich mir ein ganz anderes Pferd. Ein richtiges Dressurtalent. Nach kurzer Zeit stellte sich heraus, dass das junge Pferd schwere gesundheitliche Schäden hatte. Der Züchter nahm das Pferd zurück – hatte aber leider im Tausch nur noch „Laudatio“. Eigentlich hätte ich auch dieses Pferd gleich wieder abgeben müssen. Er war zwar gesund, hatte aber vieles, was ich gar nicht haben wollte. Vom Interieur und Exterieur ein Springpferd, mit kurzer, steiler Schulter, nur mittelmäßige Gänge, überbaut und nicht gerade begabt für die Dressur; alles, was mich nicht begeistern konnte. Aber das war noch nicht das Schlimmste. Mit der Zeit stellte sich heraus, dass das Pferd einen wirklich außerordentlichen, ganz ungewöhnlichen und manchmal schon brutalen Eigensinn hatte. So etwas war mir bis dahin noch nicht begegnet und ich hatte daher auch keine Erfahrung damit. Die aus diesem ungewöhnlichen Eigensinn erwachsende Problematik unterschätzte ich damals auch.

Meine anfänglichen Versuche, das Pferd wieder loszuwerden, waren nicht erfolgreich; es wollte ihn keiner haben, weil er viel zu schwierig war. Für einen Profi war er nicht erfolgversprechend und für einen Freizeitreiter völlig ungeeignet. Ich war mir dann auch bald darüber im Klaren, dass das Pferd, wenn ich es abgäbe, wahrscheinlich keine Zukunft mehr hätte. Es wäre von Hand zu Hand gewandert und schließlich zu dem geworden, was man einen „Verbrecher“ nennt, unreitbar und nicht mehr zu „handeln“ – ein Pferd, das seine ganze Intelligenz und seinen starken Willen gegen den Menschen richtet, weil es sich von niemandem verstanden fühlt und nirgendwo zuhause ist.

Das wollte ich dem Pferd dann doch nicht antun. Trotz seiner deutlichen Mängel war er enorm intelligent und ein „seelenvolles“ Pferd, das sehr anhänglich war. Aber manches Mal haderte ich mit „Gott und der Welt“, warum ich ein so schwieriges Pferd haben musste, das mich ständig vor irgendwelche Probleme stellte. Am allerschlimmsten war sein abartiger Eigensinn. Ich hatte noch nie ein Pferd erlebt, das ständig alles und jedes so hinterfragt hat: „Muss ich das wirklich tun? Warum muss ich das denn tun?“ Das sich bei allem zuerst überlegen musste, ob es selbst das auch wollte und dessen grundsätzliche Einstellung war: „Will ich nicht, tue ich nicht.“ Den Kopf ständig voller eigener Ideen, die es auch immer zunächst durchsetzen wollte. Oftmals dachte ich, Laudatio fehlte die natürliche Gutmütigkeit, die Pferde normalerweise haben. Mit so einem Pferd zu arbeiten ist mühsam.

Wenn die Hilfen beim Reiten nicht verständlich genug waren, reagierte er nicht. Wo andere Pferde sich noch bemühten, irgendwie zu gehorchen, blockierte er völlig. „Kann ich so nicht verstehen“, war sein „Kommentar“. Ich merkte bald, dass alles über seinen „Kopf“ gehen musste. Da er auf Dressurtalent nicht zurückgreifen konnte, musste ihm alles äußerst präzise erklärt werden. Aber das viel größere Problem war, dass ich stets zuerst den immer präsenten Eigensinn zu überwinden hatte. Meine ständige Frage war: Wie bringe ich dieses Pferd dazu, hier mitzuspielen, zumal er von der Dressurarbeit grundsätzlich nicht begeistert war.

Nicht nur war ich gezwungen, auch selbst alles zu hinterfragen und neu zu durchdenken – die ganze „Pferdepsychologie" habe ich von diesem Pferd gelernt. Die außerordentliche Intelligenz des Pferdes und seine besondere Fähigkeit, sich auszudrücken, haben mich vieles erkennen und verstehen lassen, was ich vorher nicht wusste. Nach einiger Zeit wurde mir klar, dass dieses Pferd eine echte Herausforderung war, der ich mich zu stellen hatte. Wir entwickeln uns nämlich vorwiegend dann, wenn wir gravierende Probleme haben und sie lösen.

Ohne Laudatio wäre dieses Buch sicherlich nicht in dieser Form entstanden. Eine Tierärztin, mit der ich darüber sprach, meinte: „Aha, er ist der Co-Autor!" Ich denke, das kann man so sagen.

Heute, nach mehr als neun Jahren, haben Laudatio und ich eine wunderschöne Beziehung. Heute liebe ich dieses Pferd. Er hat sich – wenn auch mit vielen Mühen – zu einem wirklich guten Reitpferd entwickelt. Er ist mir zu einem treuen und wertvollen Weggefährten geworden, den ich nicht mehr missen möchte.

Für Kursinformationen und Anregungen besuchen Sie meine Webseite unter

www.ina-cygon.de

oder schicken Sie mir eine Email unter

ina.cygon@vr-web.de

Abbildungsnachweis

Die Fotos auf den Seiten 16 (Cesare Paderni), 17 (Federico Caprilli), 24 (Ein Offizier in gutem Springstil)
wurden freundlicherweise zur Verfügung gestellt aus dem Besitz von Brigitte Williges v. Pritzbuer.

Abbildungen der Seiten: 32, 33, 36, 41, 44 und 52:
Mit freundlicher Genehmigung des FN*verlages* entnommen aus:
Udo Bürger, Otto Zietzschmann: Der Reiter formt das Pferd
Nachdruck der Ausgabe 1939, FN*verlag* der Deutschen Reiterlichen Vereinigung, Warendorf 1987.

Zeichnungen auf den Seiten 126, 128, 133, 135, 136, 137, 140, 141, 142, 177, 181, 182, 183 und 294: © Silvia Lupinacci

Alle anderen Fotos stammen aus privatem Archiv.

Literaturnachweis:

Udo Bürger, Otto Zietzschmann: Der Reiter formt das Pferd
Nachdruck der Ausgabe 1939, FN*verlag* der Deutschen Reiterlichen Vereinigung, Warendorf 1987. Zitate auf den Seiten 32–38, 44–46, 51–54, 74 und 75: mit freundlicher Genehmigung des FN*verlages*

Philippe Karl: ReitKunst. München; Wien; Zürich: blv, 2000.

Heinz Meyer: Die Rollkur. Aus: St. Georg 11/1992

Empfohlene Literatur:

Rolf Bechers Springschule. Das Chiron-System
Erziehung des Pferdes zu Selbständigkeit und Partnerschaft.
Aktualisierte, erweiterte Neuausgabe. Creußen: Reitergemeinschaft Chiron, 2002

Udo Bürger, Otto Zietzschmann: Der Reiter formt das Pferd
Neuauflage 2003. Nachdruck der Ausg. 1939.
Warendorf: FN-Verlag, 2003

Penelope Smith: Gespräche mit Tieren
Frankfurt a. M.: Zweitausendeins, 1995

David und Kaethe Zemach-Bersin, Mark Reese:
Gesundheit und Beweglichkeit. München: Kösel 1992